U0611499

中国社会科学院研究生重点教材

MAJOR TEXTBOOKS FOR POSTGRADUATE STUDENTS
CHINESE ACADEMY OF SOCIAL SCIENCES

俄罗斯东欧中亚国家的对外关系

An Introduction to Foreign Policy of Russia, Eastern European and the Central Asian Countries

郑羽 主编

中国社会科学出版社

图书在版编目（CIP）数据

俄罗斯东欧中亚国家的对外关系：1991～2005/郑羽主编．—北京：中国社会科学出版社，2007.7
（中国社会科学院研究生重点教材系列）
ISBN 978-7-5004-6272-9

Ⅰ.俄… Ⅱ.郑… Ⅲ.①对外关系-研究-俄罗斯-1991～2005-研究生-教材②对外关系-研究-东欧-1991～2005-研究生-教材③对外关系-研究-中亚-1991～2005-研究生-教材 Ⅳ.D851.2 D836.2

中国版本图书馆CIP数据核字（2007）第095802号

责任编辑 韩育良
责任校对 修广平
封面设计 王 华
版式设计 王炳图

出版发行 中国社会科学出版社
社 址 北京鼓楼西大街甲158号 邮 编 100720
电 话 010-84029450（邮购）
网 址 http://www.csspw.cn
经 销 新华书店
印 刷 北京奥隆印刷厂 装 订 三河鑫鑫装订厂
版 次 2007年7月第1版 印 次 2007年7月第1次印刷
开 本 710×980 1/16
印 张 17.75 插 页 2
字 数 295千字
定 价 35.00元

凡购买中国社会科学出版社图书，如有质量问题请与本社发行部联系调换
版权所有 侵权必究

中国社会科学院
研究生重点教材工程领导小组

组　长： 陈佳贵

副组长： 武　寅

成　员： 陈佳贵　武　寅　黄浩涛　施鹤安　刘迎秋

秘书长： 刘迎秋

中国社会科学院
研究生重点教材编审委员会

（按姓氏笔画排序）

主　任： 刘迎秋

副主任： 王　巍　王逸舟　李培林　金　碚　侯惠勤　党圣元

委　员：

于　沛	牛凤瑞	王　巍	王国刚	王建朗
王逸舟	任宗哲	刘迎秋	朱　玲	江时学
邢广程	张车伟	张汉亚	张星星	张蕴岭
李　扬	李　周	李　林	李宇明	李国强
李培林	杨　光	汪同三	沈家煊	陆建德
陈祖武	房　宁	罗红波	金　泽	金　碚
侯惠勤	洪银兴	胡国成	逄锦聚	党圣元
唐绪军	袁　卫	顾海良	高培勇	曹宏举
黄　行	朝戈金	舒　元	蒋立峰	谢地坤
靳　诺	蔡　昉			

总　　序

中国社会科学院研究生院是经邓小平等国家领导人批准于1978年建立的我国第一所人文和社会科学研究生院，其主要任务是培养人文和社会科学的博士研究生和硕士研究生。1998年江泽民同志又题词强调要“把中国社会科学院研究生院办成一流的人文社会科学人才培养基地”。在党中央的关怀和各相关部门的支持下，在院党组的正确领导下，中国社会科学院研究生院持续健康发展。目前已拥有理论经济学、应用经济学、哲学、法学、社会学、中国语言文学、历史学等9个博士学位一级学科授权、68个博士学位授权点和78个硕士学位授权点以及自主设置硕士学位授权点5个、硕士专业学位2个，是目前我国人文和社会科学学科设置最完整的一所研究生院。建院以来，她已为国家培养出了一大批优秀人才，其中绝大多数已成为各条战线的骨干，有的已成长为国家高级干部，有的已成长为学术带头人。实践证明，办好研究生院，培养大批高素质人文和社会科学人才，不仅要有一流的导师和老师队伍、丰富的图书报刊资料、完善高效的后勤服务系统，而且要有高质量的教材。

20年多来，围绕研究生教学是否要有教材的问题，曾经有过争论。随着研究生教育的迅速发展，研究生的课程体系迈上了规范化轨道，故而教材建设也随之提上议事日程。研究生院虽然一直重视教材建设，但由于主客观条件限制，研究生教材建设未能跟上研究生教育事业发展的需要。因此，组织和实施具有我院特色的“中国社会科学院研究生重点教材”工程，是摆在我们面前的一项重要任务。

“中国社会科学院研究生重点教材工程”的一项基本任务，就是经过几年的努力，先期研究、编写和出版100部左右研究生专业基础课和专业课教材，力争使全院教材达到“门类较为齐全、结构较为合理”、“国内同行认可、学生比较满意”、“国内最具权威性和系统性”的要求。这一套研究生重点教材的研究与编写将与国务院学位委员会的学科分类相衔接，以二级学科为主，适当扩展到三级学科。其中，二级学科的教材主要面向硕士研究生，三级学科的教材主要面向博士研究生。

中国社会科学院研究生重点教材的研究与编写要站在学科前沿，综合本学科共同的学术研究成果，注重知识的系统性和完整性，坚持学术性和应用性的统一，强调原创性和前沿性，既坚持理论体系的稳定性又反映学术研究的最新成果，既照顾研究生教材自身的规律与特点又不恪守过于僵化的教材范式，坚决避免出现将教材的研究与编写同科研论著相混淆、甚至用学术专著或论文代替教材的现象。教材的研究与编写要全面坚持胡锦涛总书记在2005年5月19日我院向中央常委汇报工作时对我院和我国哲学社会科学研究工作提出的要求，即“必须把握好两条：一是要毫不动摇地坚持马克思主义基本原理，坚持正确的政治方向。马克思主义是我国哲学社会科学的根本指导思想。老祖宗不能丢。必须把马克思主义的基本原理同中国具体实际相结合，把马克思主义的立场观点方法贯穿到哲学社会科学工作中，用发展着的马克思主义指导哲学社会科学。二是要坚持解放思想、实事求是、与时俱进，积极推进理论创新。”

为加强对中国社会科学院研究生重点教材工程的领导，院里专门成立了教材编审领导小组，负责统揽教材总体规划、立项与资助审批、教材编写成果验收等等。教材编审领导小组下设教材编审委员会。教材编审委员会负责立项审核和组织与监管工作，并按规定特邀请国内2—3位同行专家，负责对每个立项申请进行严格审议和鉴定以及对已经批准立项的同一项目的最后成稿进行质量审查、提出修改意见和是否同意送交出版社正式出版等鉴定意见。各所（系）要根据教材编审委员会的要求和有关规定，负责选好教材及其编写主持人，做好教材的研究与编写工作。

为加强对教材编写与出版工作的管理与监督，领导小组专门制定了《中国社会科学院研究生重点教材工程实施和管理办法（暂行）》和《中国社会科学院研究生重点教材工程编写规范和体例》。《办法》和《编写规范和体例》既是各所（系）领导和教材研究与编写主持人的一个遵循，也是教材研究与编写质量的一个保证。整套教材，从内容、体例到语言文字，从案例选择和运用到逻辑结构和论证，从篇章划分到每章小结，从阅读参考书目到思考题的罗列等等，均要符合这些办法和规范的要求。

最后，需要指出的一点是，大批量组织研究和编写这样一套研究生教材，在我院是第一次，可资借鉴的经验不多。这就决定了目前奉献给大家的这套研究生教材还难免存在这样那样的缺点、不足、疏漏甚至错误。在此，我们既诚恳地希望得到广大研究生导师、学生和社会各界的理解和支持，更热切地欢迎大家对我们的组织工作以及教材本身提出批评、意见和改进建议，以便今后进一步修改提高。

陈佳贵

2005年9月1日于北京

目　　录

序　言 …………………………………………………………………………… (1)
第一章　俄罗斯的对美政策与俄美关系 ………………………………………… (1)
　第一节　俄罗斯对美政策的演变 ……………………………………………… (1)
　第二节　俄美核裁军与导弹防御问题 ………………………………………… (13)
　第三节　俄罗斯与美国的经贸关系 …………………………………………… (26)
第二章　俄罗斯的对华政策与中俄关系 ………………………………………… (40)
　第一节　叶利钦时代俄罗斯对华政策与中俄关系 …………………………… (40)
　第二节　普京时代俄罗斯对华政策与中俄关系 ……………………………… (53)
　第三节　中俄经贸合作现状及其发展前景 …………………………………… (64)
　第四节　苏联解体以来中俄美三角关系的演变 ……………………………… (74)
第三章　俄罗斯与北约和欧盟 …………………………………………………… (86)
　第一节　"9·11"事件前俄罗斯与北约关系 ………………………………… (86)
　第二节　"9·11"事件之后的俄罗斯北约关系 ……………………………… (98)
　第三节　俄罗斯与欧盟的经济和政治关系 …………………………………… (112)
第四章　俄罗斯的独联体政策 …………………………………………………… (128)
　第一节　叶利钦政府的独联体政策 …………………………………………… (128)
　第二节　普京政府的独联体政策 ……………………………………………… (145)
第五章　剧变后中东欧国家的对外政策与巴尔干问题 ………………………… (164)
　第一节　剧变后中东欧国家的对外政策 ……………………………………… (164)
　第二节　中东欧国家与北约关系 ……………………………………………… (168)
　第三节　中东欧国家与欧盟关系 ……………………………………………… (175)
　第四节　中东欧国家与美国关系 ……………………………………………… (182)
　第五节　中东欧国家与俄罗斯关系 …………………………………………… (188)
　第六节　中东欧国家与德国关系 ……………………………………………… (198)
　第七节　欧洲一体化与巴尔干欧洲化 ………………………………………… (202)

第六章　中亚和南高加索国家的对外政策 …………………………… (212)
　第一节　中亚国家与俄罗斯的关系 …………………………………… (212)
　第二节　中亚国家与美国的关系 ……………………………………… (226)
　第三节　中亚国家与中国的关系 ……………………………………… (237)
　第四节　南高加索国家与俄罗斯和美国的关系 ……………………… (252)

序　言

本书是为中国社会科学院研究生院编写的国际关系课程教材，其内容包含了苏联解体（1991 年 12 月）到 2005 年底这一时段俄罗斯、东欧和中亚南高加索各国的对外政策和对外关系。

由于本教材涉及的国家和地区较多，而且由于总体篇幅的限制，本书在结构上只能避繁就简，有选择的论述上述国家和地区对外政策的优先方向和相关领域的对外关系。为了使本教材的使用者能够在需要时了解本书没有涵盖的其他相关内容，同时也基于本教材的体例要求，本书在每章的最后部分选列了有关的中文、俄文和英文阅读书目。

本教材的俄罗斯外交部分论述了俄罗斯对美国的政策及俄美关系，俄罗斯对华政策及俄中关系，俄罗斯对北约和欧盟的政策及其双边关系，俄罗斯的独联体政策；东欧地区（包括原华沙条约组织成员国和巴尔干各国）部分论述了该地区各国对美国的政策、对俄罗斯的政策、对欧盟的政策及该地区与上述国家和组织关系的总态势，此外，由于两极格局解体后巴尔干仍然是国际政治中的热点地区，经历南斯拉夫解体和两次地区战争，本教材的东欧部分专门用一节的篇幅论述了巴尔干各国的外交政策走向及其与外部世界的关系；本教材的最后一部分论述了中亚五国和南高加索三国对外政策的主要方面，及其与世界和该地区相邻的主要国际行为主体的关系。

俄罗斯独立以来，其外交政策和与外部世界的关系经历了大幅度的调整和变动。在其独立的最初几年，俄罗斯政府根据向西方政治体制和市场经济体制转轨的基本国策、依赖西方大规模经济援助迅速摆脱经济危机，实现国家复兴的政策构想，在对外政策上表现出了向西方，实质是向美国“一边倒”的总体倾向。1994 年 12 月欧洲安全合作会议上俄美两国领导人因北约东扩问题发生的激烈争吵，可以被看作是俄罗斯“一边倒”政策结束的标志。此后，俄罗斯从制衡美国的单极霸权政策的考虑出发，与中国建立了旨在推进世界多极化，牵制美国对俄挤压政策的战略协作伙伴关系，同时不断发展与欧盟多方面的合作，加紧推进独联体地区的各领域一体化，以求改善本国的国际处境与周边安全环境，充分利用外部各种资源来推进本国的经济复兴和重塑大国地位。在这一过程中，美国主导的北约东扩一直是困扰俄罗斯国家安全和其与西方总体关系的外交难题。“9·11”事件之后，俄罗斯抓住国际反恐成为美国全球战略的迫切任务的历史机遇，力图通过与美国建立反恐伙伴关系和一系列重大妥协，来根本改变美国长时间内奉行的遏制俄罗斯的重新崛起，围堵和挤压其发展空间的对俄政策。但2003年以来美国在独联体地区支持和鼓动“颜色革命”等一系列外交举措，使普京政府重新认识到俄美之间的战略矛盾不可克服，因而在独联体地区开始了一系列外交反击，从而使俄美关系陷入了新一轮危机。上述俄罗斯对外政策演变的轨迹，构成了在本教材前四章内容的主线。

1989年开始的东欧政治体制剧变，华沙条约组织和经互会在1991年3月和7月相继解散，最终完成了东欧各国脱离苏联的政治经济模式和军事安全机制的过程。此后，除了南斯拉夫以外的东欧国家的外交政策，全部确立了与北约和欧盟实现安全与经济一体化的政策目标。因而，苏东集团瓦解以后东欧国家与西方国家的关系的主线，在军事安全方面，主要是这些国家与美国为首的北约不断扩大合作关系，直至通过北约的两轮扩大加入北约。而在经济关系方面，则不断扩大与欧盟的合作，直至加入欧盟。作为上述两个过程的产物，中东欧国家之间的关系也得到了进一步梳理，解决了彼此间的历史遗留问题。东欧国家的向西靠拢，伴随着这些国家不断疏远俄罗斯的过程。同时，原南斯拉夫地区出现的民族独立和分离运动，使冷战结束以后的巴尔干地区仍然处于不间断的战乱之中，先是波黑战争，然后是科索沃战争，美国、欧盟、俄罗斯和德国成为这一地区国家对外关系和处理地区危机的主要角色。上述历史进程构成了第五章内容的主线。

苏联解体后，中亚五国和南高加索三国成为独立国家，并很快得到了国际社会各国的承认。然而，这些国家不仅在政治上处于建设主权国家完整的政权体系的过程，经济上面临着严重困难，而且很多国家处于严重的种族冲突和宗教冲突所导致的内战之中。当美国和欧盟等西方国家忙于处理南斯拉夫分裂危机和在东欧接收冷战结束的成果时，这些国家只能接受俄罗斯的调停和安全保障，中亚和南高加索国家参加的俄罗斯领导的独联体集体安全机制，就是在这种背景下建立的。同时，由于这些国家对外交往和对外经合作多元化的进展非常有限，在20世纪90年代的大多数时间里，俄罗斯在中亚和南高加索地区的经济和安全领域占据主导性的影响。从1997年开始，美国政府出于能源利益和瓦解俄罗斯在该地区领导权的考虑，通过北约“和平伙伴关系”机制以及扩大经济和军事援助等手段，加强了在中亚和南高加索的政策实施力度，中亚的乌兹别克斯坦，南高加索的格鲁吉亚和阿塞拜疆开始明显表现出近美疏俄的政策取向，其典型例证是上述三国在1999年5月正式推出俄罗斯领导的《独联体集体安全条约》。2001年“9·11”事件之后，美国政府以反恐名义派兵进入中亚，并且在2002年春季向格鲁吉亚派出军事顾问人员，加大了对有关国家的外交往来和财政援助，在2002年9月开始修建瓦解俄罗斯对里海石油外运垄断地位的“巴库—第比利斯—杰伊汗”石油管线，进一步削弱了俄罗斯在上述地区的传统影响，也对刚刚建立的上海合作组织的功能和向心力形成了很大的冲击。美国直接鼓动和支持格鲁吉亚“玫瑰革命”的成功和继续在中亚地区推进“颜色革命”，加剧了中亚和高加索地区的政治动荡和外交冲突，加剧了俄美两国在该地区的地缘政治争夺。为了保持政权稳定，中亚国家纷纷对美国采取防范政策（其中突出的事例是乌兹别克斯坦政府在2005年7月要求美国限期撤军）和进一步向俄罗斯靠拢，上海合作组织框架内的安全与经济合作迅速发展，中亚地区成为俄美之间进行外交角逐的主战场。上述中亚和高加索国家对外政策和对外关系演变的历程，构成了本教材第六章的基本内容。

本教材各章节的作者是：

郑羽（中国社会科学院研究生院俄罗斯东欧中亚系教授、博士生导师），第一章第一节；第二章第一节和第四节；第三章第一节和第二节；第四章第一节；第六章第三节；各章内容提要和小结，各章思考题与阅读参考文献。

李建民（中国社会科学院研究生院俄罗斯东欧中亚系教授、博士生导师），第一章第三节；第二章第三节。

朱晓中（中国社会科学院研究生院俄罗斯东欧中亚系教授、博士生导师），第五章。

吴大辉（中国社会科学院俄罗斯东欧中亚研究所研究员、博士），第一章第二节；第二章第二节；第四章第二节。

柳丰华（北京大学国际关系学院博士后，中国社会科学院俄罗斯东欧中亚研究所副研究员、博士），第六章第一节、第二节和第四节，第三节部分内容。

罗英杰（中国现代国际关系研究院俄罗斯研究所副研究员，博士），第三章第三节。

本书是中国社会科学院研究生院本专业领域的第一部正式教材。全体作者希望得到教材使用者和广大读者的批评意见，以便在修订之时作进一步的完善。

郑　羽

2006年6月于中国社会科学院

俄罗斯东欧中亚研究所

第一章　俄罗斯的对美政策与俄美关系

内容提要

本章的内容包括苏联解体之后俄罗斯对美政策和双方关系的演变，俄美核安全关系以及俄美经贸关系，其时间跨度为1991年到2005年。在这一时期，俄罗斯对美政策经历了由“一边倒”、谋求平等的伙伴关系、试图牵制美国的单极霸权和谋求建立反恐伙伴关系政策的演变，双方的矛盾大于合作。在核安全领域，尽管双方出于各自需要而出现了大幅度裁军的趋势，但由于在导弹防御问题上不可化解的矛盾，两国仍然处于或明或暗的核竞赛状态。同时，由于政治和经济多种因素的制约，两国间的经贸关系发展缓慢。

第一节　俄罗斯对美政策的演变

1991年到2005年间俄罗斯对美政策的演变，大体上可划分为以下几个发展阶段：“一边倒”政策（1992年1月至1994年12月）；谋求建立平等伙伴关系的政策（1994年12月至1999年3月）；谋求牵制美国单极霸权的政策（1999年3月至2001年9月）以及谋求建立反恐伙伴关系的政策（2001年9月至2005年）。

一　独立之初俄罗斯对美国的“一边倒”政策

所谓的“一边倒”政策，是指在独立之初俄罗斯丧失了民族自我意识，将美国为首的西方的利益完全等同于本国的国家利益，急于加入西方大家庭和获得西方的经济援助，而在国际事务的各个领域无条件地与美国保持一致的对外政策。

其一，独立之后的俄罗斯政府在1993年4月30日批准了由外交部起草的第一份关于本国外交战略的官方文件——《俄罗斯联邦外交政策构想》，其基本原则构成了“一边倒”政策的理论基础。该文件指出：西方国家"将是可以预见的未来的世界文明进步的动力"；西方国家和新兴工业国家"能够在帮助俄罗斯复兴方面发挥重要的作用"；俄罗斯和西方国家具有对"世界文明的主要价值的共同理解和处理全球形势的主要问题的共同的利益，这些问题包括促进和平与安全，支持俄罗斯改革，保证后极权主义社会的稳定，防止作为第三世界国家逆向发展的结果的紧急状态的出现"；与美国的关系应该是俄罗斯最优先考虑的问题之一，"这反映了美国在世界事务中的地位"。这份外交战略文件还将尽快融入西方大家庭，首先是加入七国集团作为俄罗斯外交的迫切任务。① 科济列夫本人的一篇文章则表达得更加明确：俄罗斯外交政策的目标是"在遵循共同的民主价值观的基础上同西方国家建立伙伴关系和盟友关系"。② 应该强调的是，早在1991年12月，叶利钦就写信给北约总部要求接纳俄罗斯为北约成员国。③

其二，在最敏感的核裁军领域，叶利钦政府匆忙和盲目地迎合美国的要求，不惜在核安全领域对美国做出若干重大让步，包括放弃本国核武库中美国最为忌惮的核心弹种。1992年1月28日，出于对苏联解体可能造成其核武器管理失控的担忧，美国总统布什在年度《国情咨文》中提出进一步削减战略武器的建议，叶利钦立即在翌日发表声明给予积极的响应。几天之后，在华盛顿的两国总统会晤中，布什建议将双方的战略核武器削减到4500—5000枚，叶利钦则更爽快地建议双方削减到2000—2500枚。④ 在四个月后叶利钦对华盛顿的正式访问中，俄美两国总统6月16日在华盛顿签署了《削减战略武器谅解协议》。叶利钦对此喜形于色，完全不顾俄罗斯谈判专家和军方在具体条款上的不同意见，在正式接待晚宴开始前对布什说："乔治，我的朋友乔治，我们把它搞定了。"⑤ 叶利钦本人不仅压制国内的反对意见，还在1993年1月3日，也就是老布什即将离任的前17天，匆忙与其在莫斯科签署《美俄第二阶段削减战略武器条约》(US-Russia Strategic Arms Reduction Treaty Ⅱ)，在形式上成了对老布什政治生涯结束的献礼。根据该条约内容，俄罗斯不仅要放弃80年代对美国在

---

① Концепция внешней политики Российской Федерациии, *Дипроматический вестник*, специалиное издание, 1993 г.

② А. Козырев, Внешняя политика России, *Российская газета*, 3 декабря 1992 г.

③ A. Felkay, Yeltsin's Russia and the West, London, 2002, p. 96.

④ Ibid., p. 90.

⑤ Ibid., p. 92.

陆基多弹头重型洲际战略导弹的优势，而且还面临着重组本国核力量时难以克服的困难。因此，俄罗斯国家立法机构在长达7年多的时间内一直拒绝批准该条约。

其三，在作为俄罗斯核心利益的独联体问题上，叶利钦政府对美国毫无戒备，甚至认为由于俄美两国在该地域利益的一致性，俄罗斯需要美国介入独联体事务，以便帮助俄罗斯来保持地区稳定。《俄罗斯联邦外交政策构想》指出："优先任务是把美国人承认俄罗斯是原苏联地区市场改革的火车头和民主改造的保证人的主导作用的立场肯定下来，要积极地使美国参加调解独联体各国和波罗的海沿岸地区的冲突和保卫那里的人权。"①

其四，在地区冲突问题上，俄罗斯也丧失了自己的利益判断，盲目地配合美国的政策，这一立场在1992年3月份开始的南斯拉夫波斯尼亚—黑塞哥维那的内战问题上表现得最为典型。1993年5月，科济列夫外长呼吁塞尔维亚共和国领导人停止对波黑塞族的支持。叶利钦还在1993年7月东京七国集团首脑会议上表示支持对南斯拉夫实行更严厉的制裁。直到1994年12月北约布鲁塞尔外长会议表明开始为北约东扩做准备以后，俄罗斯开始根本调整本国在波黑问题上的政策，并在安理会对波黑塞族进行粮食禁运的议案使用否决权。

其五，在与发展中国家的关系方面，俄罗斯政府在这个时期也明显地表现出倒向西方的倾向，其典型的例子是其对朝鲜的政策。苏联解体后俄罗斯开始疏远被美国称为"流氓国家"的朝鲜，不仅在1992年完全中断了对朝鲜的武器供应，而且双边贸易额从1992年的2.92亿美元下降到了1994年的0.96亿美元，叶利钦还在1994年6月2日正式宣布废除1961年签署的《苏朝友好合作互助条约》中关于确定两国军事联盟关系的第一款。② 此外，叶利钦政府也明显地疏远了苏联时代的盟友古巴与阿富汗。

二　寻求平等的伙伴关系的政策

导致俄罗斯对美"一边倒"政策结束的关键因素是北约东扩。美国领导的北约不仅提出了"和平伙伴关系"计划作为北约东扩的过渡性措施，而且从1994年12月开始在此基础上迅速推进北约东扩的前期准备，使叶

---

① Концепция внешней политики Российской Федерациии, *Дипроматический вестник*, специалиное издание, 1993г.

② Кан Вон Сик, Отношения между Россией и Северной Кореей: реальность и перспективы, *Мировая экономика и международные отношения*, No. 12/ 1999г.

利钦政府终于认识到美国并没有像他一厢情愿地认为，尽管没有法律条约，但却实际存在着美俄盟友或战略伙伴关系，而是将俄罗斯当作新的遏制对象。这一时期俄罗斯既与美国拉开距离，又尽可能保持总体合作关系的政策主要表现在以下方面：

其一，反对单极世界的多极世界理论逐步形成，成为这一时期对美政策的理论基础。1994 年以后，随着俄美两国的政策和利益矛盾日益明显，俄罗斯逐步形成了本国反对单极世界，主张多极世界的学说。科济列夫外长在 1994 年年中的一篇文章中写道："俄罗斯希望冷战后的世界是一个力量均衡的世界。21 世纪的国际秩序不会是在美国统治下的和平，或者任何其他形式的一极或两极主宰局面。美国没有能力单独统治世界。"① 尽管这主要还是提醒美国与俄罗斯保持合作关系的重要性，但已与"一边倒"时期的提法有明显不同。

在意识到北约东扩可能给俄罗斯国家安全造成的威胁，特别是美国将垄断欧洲安全事务的前景，叶利钦政府开始寻求其他国际力量的支持。1994 年 9 月的《中俄联合声明》指出，两国"互视对方为在多极世界体系形成条件下在维护和平与稳定方面发挥重要作用的大国"，两国共同"反对霸权主义和强权政治，反对建立对立的政治、军事和经济集团"。②这是俄中两国最高领导人联合签署的官方文件中第一次使用"多极世界"的概念。1997 年 4 月两国进一步明确将建立多极化世界为共同的战略目标："通过双方合作和共同努力，促进国际局势的缓和与稳定，推动世界多极化趋势的发展和公正合理的国际新秩序的建立。"③

其二，叶利钦政府反对北约东扩的立场和为此所做出的外交努力，比较集中地反映了这个时期俄罗斯防范西方，维护自己大国地位的政策意图。也就是说，反对北约东扩的目的不仅在于阻止北约这个历史上敌对的军事集团靠近自己的家门，而且还要阻止其垄断欧洲大陆的安全事务，削弱俄罗斯在欧洲事务中的发言权和决策权。

其三，在核安全领域放弃对美国的盲目信任，重新执行相互确保摧毁基础上的对等安全的核政策。这一立场在反对美国研制全国性的战略反导系统的外交行为中表现最为典型。

其四，立足于抵制美国压缩俄罗斯外交与安全空间的政策，叶利钦政

① A. Kozyrev, The Lagging Partnership, FOREIGN AFFAIRS, No. May/June, 1994.

② 《中俄联合声明》，《人民日报》1994 年 9 月 4 日。

③ 《关于世界多极化和建立国际新秩序的联合宣言》，《人民日报》1997 年 4 月 24 日。

府开始将独联体看作自己的战略后方与保持大国地位的关键地区。1995年9月经叶利钦批准的《俄罗斯联邦对独联体国家的战略方针》则进一步指出："应使独联体国家履行不参加针对这些国家中任何一国的联盟和集团的义务。""鼓励集体安全条约参加国以共同的利益和军事政治目标为基础联合成防御联盟。"①

其五，在地区安全问题上，俄罗斯与美国的分歧也表现明显。继1994年12月2日俄罗斯在安理会否决对波黑塞族进行食品禁运的议案之后，1998年夏，多次表示将否决美国等西方国家因科索沃问题提出的制裁南斯拉夫的议案，使美国不得不放弃通过联合国授权的方式，这也是美国与北约在1999年3月绕过联合国对南斯拉夫动武的重要原因之一。

同时，必须说明，这一时期俄罗斯对美政策还存在着另一方面内涵。俄罗斯这时所提出的平等的伙伴关系，不仅是为了表明其主张的多极世界并不是要与美国对抗，而且还表明愿意在尊重俄罗斯利益的前提下，在诸多领域保持合作关系。这一政策意图在以下诸方面表现得相当明确。

其一，尽管明确反对北约东扩，俄罗斯还是与北约保持了一定程度的合作关系。继1994年6月22日俄罗斯签署《和平伙伴关系框架文件》，②正式成为成员国之后，1995年5月31日又与北约签署了原定于1994年12月签署的两个表明具体合作领域的文件。1997年5月27日，叶利钦和克林顿为首的北约国家元首在巴黎签署了《北约和俄罗斯关于相互关系、合作和安全的基本文件》，成立双方间的合作机构——北约—俄罗斯联合常设理事会（NATO-Russia Permanent Joint Council），俄罗斯与北约建立了工作接触和磋商机制。

其二，在战略武器裁减和防止大规模杀伤性武器扩散领域，叶利钦政府继续执行与美国合作的政策。尽管《美俄第二阶段削减战略武器条约》招致俄罗斯国内政界和军界相当多的反对意见，为了保持俄美在核安全领域的合作趋势，叶利钦本人仍然多次敦促国家杜马尽快批准该条约。

其三，在这个时期，叶利钦政府对美国为首的西方国家的经济援助仍然有较大的依赖。例如，1996年初，叶利钦在即将举行的总统选举中遇到共产党候选人久加诺夫的严重挑战，为了给自己增加获胜的政治筹码，

① Стратегический курс России с государствами— участниками Содружества Независимых Государств, *Российская газета*, 23 сентября 1995 г.

② 根据北约关于和平伙伴关系计划的规定，除了有一个阐述该计划一般原则的文件供有关国家签字加入外，成员国还可以与北约签署单独文件来确定与北约的合作范围。

他亲自出面要求克林顿、希拉克、科尔和梅杰等西方国家领导人向俄罗斯提供经济援助。

其四，在这一时期，叶利钦政府力图保持与美国的伙伴关系的政策还体现在积极谋求加入七国集团并与其保持合作关系方面。1994 年 7 月，为了“奖励”俄罗斯在同年 6 月加入北约领导的和平伙伴关系计划及在解决波黑问题上加强与俄罗斯的协调，西方七国集团邀请俄罗斯总统参加在意大利举行的年会，俄罗斯开始参与七国首脑会议的政治议程，在“7 + 1”机制下，成为准成员国。1997 年 6 月在美国丹佛召开的年会上，俄罗斯获得了其正式成员国地位，叶利钦参加会议的讨论并首次与七国集团首脑以“八国首脑会议”名义共同发表《最后公报》。

其五，在对美国所指定的所谓流氓国家的政策上，叶利钦政府也对美国做出了很多妥协。例如，1995 年 6 月 30 日，两国的双边经济与科技合作委员会主席切尔诺梅尔金和戈尔还签署了一个关于俄罗斯不向伊朗销售武器的为期 5 年的秘密协定。

总之，叶利钦政府这一时期的对美政策的核心内容，是既要维护自己的利益（如反对北约靠近自家门和挤压本国的势力范围空间的东扩）和不当西方的忍气吞声的小兄弟的国际形象，又要总体上保持与西方的合作关系（有利于获得经济援助、核裁军与核武库维护援助以及保持全球和地区稳定的共同利益）。

三 试图牵制美国单极霸权的政策

1999 年 3 月 17 日和 18 日，美国国会参议院和众议院分别通过《全国导弹防御系统法案》（The National Missile Defense Act of 1999），[①] 彻底推翻了美俄历次最高级会晤所做出的不进行该武器系统的研制和部署的承诺，实际上已经撕毁了对此加以禁止的《反导条约》，从而必然破坏现有的全球战略稳定。3 月 24 日美国不顾俄罗斯的坚决反对，绕开联合国开始轰炸塞尔维亚，并抛出所谓“人权高于主权”的理念论证其干预的合理性，直接涉及俄罗斯政府解决车臣问题的方式，使俄美矛盾迅速升级。此后，俄罗斯对美政策开始出现试图抵制美国单边主义政策的倾向，这种抵制主要是围绕阻止美国研制和部署全国导弹防御系统问题进行的。这一政策同样

① US Senate NMD Legislation: Statement by President Clinton, The White House, Office of the Press Secretary, 17 March 1999; CNN News, House OKs Missile Defense Plan, March 18, 1999, http://www.cnn.com/ALLPOLITICS/stories/1999/03/18/missile.defense.

表现在诸多领域。

其一，在俄美各级别的领导人会晤中，清楚地阐明反对修约和反对美国研制和部署 NMD 的立场。从 1999 年 6 月八国集团首脑科隆首脑会议到 2001 年 11 月普京访问美国期间的俄美历次正式与非正式会谈中，俄罗斯政府反对修改 1972 年《反导条约》立场始终没有变化。

其二，在联合国等多边外交场所多次提出维护《反导条约》，保持全球战略稳定的议案。1999 年 11 月 5 日，根据俄罗斯联合中国、白俄罗斯等国家提出的议案，在日内瓦第 54 届联大裁军委员会第一次会议表决通过了题为《维护和遵守〈反弹道导弹条约〉》的决议。同年 12 月 1 日，第 54 届联合国大会表决结果通过了上述决议，2000 年第 55 届联合国大会期间，俄罗斯和中国等国家再次提出同类议案，并再次获得通过。

其三，利用西欧国家和美国在 NMD 问题上的分歧，提出欧洲的 TMD 计划，以解除欧洲国家的安全担忧，消除他们对美国 NMD 计划的依赖，试图以欧制美。此外，普京政府还试图用与欧洲国家扩大经济合作的方式减轻对美国在经济上的依赖，以便更有利地进行牵制美国的单极霸权的外交斗争。

其四，联合其他国家共同反对美国修约和美国的单极霸权。在美国国会通过 NMD 法案不久，俄罗斯外交部与中国外交部就这一重大事态进行紧急磋商。2000 年 7 月 18 日，总统普京在他首次访华期间，与中国国家主席江泽民在北京签署了《中华人民共和国主席和俄罗斯联邦总统关于反导问题的联合声明》。2000 年 7 月 19 日，普京进行了作为俄罗斯独立后对朝鲜的首次总统访问，与朝鲜领导人金正日签署联合声明，表示坚决维护《反导条约》，2001 年 2 月普京访问了韩国，与金大中总统发表联合声明，强调 1972 年《反导条约》是维护战略稳定的基石和国际社会裁减核武器和核不扩散努力的重要基础。

2000 年 11 月 23 日，普京政府通知美国不再执行 1995 年 6 月由切尔诺梅尔金与戈尔签署的俄罗斯不向伊朗销售武器的协定。[①]

2000 年 12 月，普京总统出访了古巴和加拿大。在与古巴领导人卡斯特罗的会晤中，普京谴责了美国对古巴的长期经济封锁。在加拿大与克雷蒂安总理一道批评了美国部署 NMD 计划，认为它将引发新一轮军备竞赛

① RFE/RL News, U. S. to Try to Change Moscow' s Mind over Arms Sales to Iran, RFE/RL NEWSLINE Vol. 4, No. 234, Part I, 5 December 2000, http://www.fas.org/news/russia/2000/russia-001205-iran.htm.

并对国际安全构成新威胁。[①]

因而，可以认为，在1999年3月之后到“9·11”事件之前，特别是2000年，也即普京开始执政第一年和小布什政府上台之前，俄罗斯以往的对美政策的核心内容——通过在核安全与核裁军领域与美国的密切合作，在北约东扩和其他地区安全问题上不断做出妥协，进而保持总体上的合作关系和赢得美国对俄罗斯的经济援助——已经发生了根本性变化。这一时期普京政府的对美政策目标由于俄罗斯认为美国缺乏经济合作诚意而变得单一化了，即力争通过进一步对等裁军与美国保持低水平的核军备平衡，阻止美国继续研制和部署NMD，既要避免被美国拉入新一轮核竞赛泥潭，也要避免美国获取单方面的核优势从而进一步助长其单极霸权和单边主义政策，同时在全球各地区和各问题领域通过频繁的外交活动，牵制美国的政策和削弱美国的影响。美国学者也认为，在这一时期，普京的“几乎所有外交措施目的在于对华盛顿的世界唯一超级大国地位提出挑战”。[②]

同时，也必须指出，由于普京政府的国内政策核心是迅速重建当时已衰弱不堪的国力，上述政策实际上难以长期为继。因而，当小布什在2000年底的美国大选中胜出之后，普京开始多次向布什政府表达改善关系的愿望。尽管这一努力最初颇不顺利，但“9·11”事件最终为其提供了难得的历史机遇，从而开始了俄罗斯对美政策的新阶段。

四 谋求与美国建立反恐伙伴关系的政策

“9·11”事件之后俄罗斯谋求与美国建立反恐伙伴关系的政策目标，可以归结为以下几个方面：1）保持和推进两国在核安全领域的合作关系，进一步裁减战略核武器，在防止核扩散问题上保持密切协作，同时坚持本国拒绝修改《反导条约》的立场。2）抓住国际反恐的有利形势，为本国政府的车臣政策扫清国际障碍，打击威胁中亚安全的独联体内外恐怖势力。3）加强与北约的合作，减弱北约东扩的消极影响。4）以反恐为旗帜，加强独联体的军事安全组织，抵制美国和北约在该地区扩大影响，巩固本国的最后一块势力范围。5）扩大与美国和欧盟的经济合作，为加入世界经济一体化进程，特别是加入世界贸易组织（WTO），以服务于加速

① RFE/RL News, Russia, Canada Stress Commitment to ANM, RFE/RL NEWSLINE Vol. 4, No. 244, Part I, 19 December 2000, http://www.fas.org/news/russia/2000/russia-001219b.htm.

② Edited by D. R. Herspring, Putin's Russia, Past Imperfect, Future Uncertain, 2003, New York, p. 233.

发展本国经济的核心任务。

在对美政策的这一时期，俄罗斯与美国采取的合作政策主要表现在：

其一，以实际行动支持美国进行的阿富汗战争。虽然俄罗斯政府表示不会派部队直接参与阿富汗战争，但除了为美国军事力量进驻中亚大开绿灯之外，俄罗斯的有关部门为美国提供了大量有关塔利班和基地组织军事力量的情报，为拉巴尼领导的阿富汗北方联盟政府的武装力量提供大量军事装备，使其在美国发动空袭时从陆地击溃塔利班武装。

其二，在伊拉克战后重建问题上，有保留的采取了与美国的合作态度。当大规模军事行动基本结束（布什政府认定为2003年5月1日）后几个月，普京改变了原有的在该问题上对美国的反对立场，转而采取合作政策。2003年8月末，在出访意大利期间，普京表示：俄罗斯愿意在伊拉克战后稳定与重建过程中发挥自己的作用，并支持向伊拉克派驻一支由联合国安理会批准的多国部队，即使这支部队由美国来领导。

其三，与反恐领域的合作相联系，俄罗斯在反扩散领域与美国也采取了积极合作的政策。当美国在伊拉克的大规模军事行动结束后，布什政府提出伊朗的核问题。普京本人在一次讲话中明确表示，伊朗不存在任何发展核武器的问题，也不支持对伊朗的国际核查，但很快就改变了立场，在2003年夏季表示支持国际核查。① 在朝鲜核危机问题上，俄罗斯同美国一样支持朝鲜半岛应该保持无核化状态，同时强调应该向朝鲜提供安全保障。②

其四，普京政府在战略核武器的裁减方面也与布什政府采取了合作态度。由于本国的核武库日益老化，经济上的困难使俄罗斯既没有足够的经费保养现有的核武库，更没有足够的经费大批量地生产出新弹种来对老化的弹种进行快速更新，只能寄希望于与美国进行大幅度地对等裁减来保持低数量基础上的核力量均衡。

同时，俄罗斯仍然在一系列问题上与美国存在着深刻的政策分歧和利益矛盾。

首先，俄罗斯虽然力图避免俄美两国在NMD问题上的分歧破坏“9·

① J. M. Goldgeier and M. McFaul, Power and Purpose, US Policy toward Russia after the Cold War, Washington, 2003, p. 326.

② Remarks by the President of Russia and the President of the United States and their replies to Media Questions Following the Talks at Camp David, September 27, 2003, RF Ministry of Foreign Affairs, Information and Press Department, September 29, 2003.

11”事件之后大为改善的双边关系，但仍然坚持不与美国共同修改《反导条约》，使得美国只能宣布退出该条约，从而单方面承担了破坏原有战略稳定机制的责任。尽管俄罗斯对美国的行动采取了默认的态度,① 在2002年6月13日美国的退出声明正式生效前的莫斯科最高级会晤中签署的一系列文件中都没有表述俄罗斯的不同意见，但两国间在相互防范的态势是显而易见的，俄罗斯显然在加紧研制突破性武器，力图重新建立相互确保摧毁基础上的对等安全。

其二，俄罗斯对北约第二轮东扩的反对没有停止。2002年11月21—22日在捷克首都布拉格召开的北约首脑会议是俄罗斯与北约关系中的一个重要事件。这次北约峰会的主要议题是确定第二轮东扩的名单。被列入这一名单的不仅有与俄罗斯隔海相望的罗马尼亚和保加利亚，而且北约已将战略前沿深入到了原苏联共和国境内——波罗的海三国。② 在2004年3月28日上述7国正式签约之时，从南到北沿俄罗斯和独联体国家的西部边境出现了一个新的军事安全分界线：波罗的海三国—波兰—斯洛伐克—匈牙利—罗马尼亚—保加利亚—土耳其，北约成员国在地理上已经连成一片。

俄罗斯政府对这次北约东扩的反应相当冷静，普京总统在重申北约东扩是错误的，但对北约的批评措词相当温和，与叶利钦政府对北约第一轮东扩的反应大相径庭。应该特别指出的是，俄罗斯对新一轮北约东扩的温和反应，不仅仅是出于无奈，俄罗斯既不希望无谓的过激反应影响改善了的俄美关系，也不希望恶化它与欧洲国家特别是欧盟国家日益紧密的经贸合作。同时，俄罗斯反对东扩的立场仍然表述得相当明确。2004年4月2日，普京总统在结束与来访的德国总理施罗德会谈后举行的记者招待会上说，俄罗斯专家正在仔细研究北约基础设施向本国边境移动的情况，并将

① 俄罗斯对美国在2001年12月13日宣布退出《反导条约》的反应相当温和。普京在12月14日接受西方媒体采访时表示：“美国退出《反导条约》是错误的。”“美国的导弹防御系统不会影响俄罗斯的安全。”（A Statement Made by Russian President Vladimir Putin on December 13, 2001, Regarding the Decision of the Administration of the United States of America to Withdraw from the Antiballistic Missile Treaty of 1972, http://www. iss. niiit. ru/sobdog-e/sd-67. htm.）俄罗斯国家杜马也没有就这一重大事件做出正式反应，不再提及2000年4月通过《美俄第二阶段削减战略武器条约》时发表的将批准该条约与《反导条约》挂钩的声明。

② NATO Summit Meeting of Heads of State and Government, Prague, Czech Republic, November 21—22, 2002, Summit Declaration, November 21, http://www. acronym. org. uk/docs/0211/doc10. htm.

对本国军事政策做出相应的修订。① 俄罗斯外交部发言人雅科文科 3 月 23 日指出，从丹麦起飞的 4 架北约 F—16 战斗机进入波罗的海三国上空，在俄罗斯边界地区飞行，“俄罗斯有权得出自己的结论并被迫做出相应的反应”。②

其三，俄罗斯坚决反对美国发动伊拉克战争。出于保护自己在伊拉克经济利益特别是能源利益，俄罗斯在战争开始前对伊拉克战争持坚决的反对态度，并联合法国、德国和中国等安理会常任理事国和理事国成功地阻止了美国企图获得安理会合法授权的外交努力。

2003 年 3 月 20 日战争开始后，普京谴责美国发动这场战争“是一个巨大的政治错误”，强调国际社会应尽力制止战争，使伊拉克问题重新纳入联合国政治解决的轨道。③ 俄罗斯国防部长取消了访美计划。在军事上，调动一切手段收集情报，向阿拉伯海派出约 10 艘舰船，实施监视和侦察，并有选择地在网上先于美军公布美方伤亡和战役细节，揭示战争真相。普京政府还试图利用美国的盟国牵制美国的政策。4 月 11—12 日，普京总统同时还邀请法德两国领导人聚会彼得堡，明确表示反对国际事务中的强权政治，主张维护国际法和联合国的权威。④ 这虽然无法阻止美国的一意孤行，但却使俄罗斯与法德两国的外交合作有所加深，为未来俄罗斯外交利用美欧矛盾埋下了伏笔。在 9 月联合国举行例行年会期间，针对美国企图将维持伊拉克战后秩序的重担转嫁给联合国的计划，俄罗斯与法德等国保持政策同步。9 月末，普京在戴维营与布什会晤期间，对美国虚与委蛇，实际上却不派一兵一卒。

其四，俄罗斯采取一系列措施加强本国在独联体，特别是在中亚的地位，试图遏制美国影响力的扩大。美国至今没有就何时从中亚地区撤军做出明确承诺，并且在乌兹别克斯坦、吉尔吉斯斯坦和塔吉克斯坦的 6 个美军已进入的机场修筑永久性设施。美国还加紧与中亚国家就修建绕过俄罗斯的里海油气输出管道问题进行磋商，已于 2002 年 9 月 18 日在阿塞拜疆

---

① Putin's Remark at Press Conference Following Meeting with Federal Chancellor of Germany Gerhard Schroeder, Novo-Ogaryovo, April 2, 2004, http://www.ln.mid.ru/brp_4.nsf/0/bf6468745f6bdbfac3256ec9001c93a9OpenDocument.

② Tom Miles, Russia Growls at NATO Air Patrols on Borders, http://www.latvians.com/en/Mailer/envelope.php2004_04_26.htm#news1.

③ В. Путин, Война в Ираке—политическая ошибка, *Независимая газета*, 21 марта 2003 г.

④ Reuters News, France, Russia Want Key Role for UN in Iraq, http://www.tribuneindia.com/2003/20030413/world.htm#1.

首都巴库郊区举行了里海石油西运管道——巴库—第比利斯—杰伊汉管线的奠基仪式。乌兹别克斯坦的离心倾向进一步抬头，不但拒绝参加5月15日在莫斯科召开的上海合作组织国防部长会议，而且在6月初该组织的圣彼得堡元首会议上也缺乏积极合作态度。

面对这种形势，普京政府采取了一系列举动来加强本国在中亚和南高加索地区的影响力。在俄罗斯的经济实力还不允许他采用扩大经援的方式阻止独联体的离心力的时候，不得不采取扩大军事影响和扩大军事存在的方式。例如，2002年5月14日在莫斯科成立了独联体集体安全条约组织；2002年8月1—15日，俄罗斯在黑海举行了前所未有的大规模军事演习，在该地区面临的诸多问题上显示自己的军事存在；9月11日俄罗斯总统普京表示准备对格鲁吉亚境内的恐怖分子采取空袭行动；11月30日，俄罗斯的一个空军大队和750人的部队以加强快速反应部队的名义进驻吉尔吉斯斯坦坎特空军基地。

2003年11月下旬，在格鲁吉亚执政长达11年的谢瓦尔德纳泽在国内亲美反对派的逼迫下自动辞职，实际上美国在其中起了推波助澜的作用。自从格鲁吉亚同年10月陷入政治危机之后，美国便打着“谋求格鲁吉亚议会选举能够自由、公正进行”的旗号，接连派特使进入格鲁吉亚，与反对派进行接触。而在11月23日后的短短两周内，美国又在11月末和12月初相继派出了助理国务卿帮办林恩·帕斯科和国防部长拉姆斯菲尔德前往访问。俄罗斯在格鲁吉亚采取了一系列外交反击措施：除了在危机期间派出外长伊万诺夫亲自前往调解外，还提议召开独联体国家元首会议，提醒各国对该事态保持警觉，实际上是警告各国防备美国的政治颠覆；其次，俄罗斯在格鲁吉亚政权更迭后立即在莫斯科接待了来访的该国主张分立的三个地区的领导人，力图牵制新政府的对俄政策。

2004年2月，俄罗斯举行了20年以来的最大规模的核演习，其核导弹打击目标明显针对美军驻扎的中亚地区和美国东海岸。① 2004年12月，在美国的政治经济和舆论支持下，乌克兰亲美势力通过选举方式掌管了国家政权。这一事态使普京政府彻底放弃了“9·11”事件之后，希望通过对美国的一系列战略妥协（例如，允许美军进驻中亚、与美国签署毫无约

---

① 2004年1月30日俄罗斯《生意人》（*Коммерсанты*）报已经披露，俄军的图-160“海盗旗”战略轰炸机将在演习中露面，并向北大西洋试射新型的巡航导弹。军事分析家认为，此类演习项目的目的是在模拟对美国实施核攻击。与此同时，俄军其他的战略轰炸机群将在俄北极地区进行巡航飞行，并在靠近中亚的里海南岸地区进行导弹试射的演习科目。

束力的《削减进攻性战略武器条约》，对美国退出《反导条约》和推进北约第二轮东扩采取了相当温和的立场）和反恐领域的积极合作，来实现俄美关系的总体稳定，使美国不再将俄罗斯作为遏制对象的幻想。

因此，普京政府采取了一系列措施来巩固本国在独联体地区的地位，同时对美国发起了直接的外交进攻。从2005年开始，俄罗斯开始对亲美的乌克兰尤先科政府实行经济制裁。7月初，卡里莫夫总统访问俄罗斯时，表示乌兹别克斯坦决定将外交政策取向由美国转到俄罗斯。普京总统趁机劝说卡里莫夫总统排挤美国在乌兹别克斯坦的军事存在，卡里莫夫表示将重新考虑乌美两国签署的25年期的汉纳巴德军事基地使用协议。俄罗斯国防部长谢·伊万诺夫在与卡里莫夫总统会谈时，进一步提出俄罗斯可否在乌兹别克斯坦建立军事基地的问题。对此，卡里莫夫总统表示，乌兹别克斯坦暂时不会同意俄罗斯在其境内部署军事基地，但是愿意在中亚出现危机形势时，向俄罗斯提供布哈拉、安集延、汉纳巴德等10个机场。① 俄罗斯还联合中国及中亚国家，将要求西方国家在中亚驻军最后期限的内容写入7月5日上海合作组织成员国元首阿斯塔纳会议的宣言中。在俄罗斯的支持下，乌兹别克斯坦在7月29日正式要求美国在180天内撤除其军事基地。

2005年10月7日，中亚合作组织圣彼得堡峰会作出决定，将该组织与俄罗斯主导的欧亚经济共同体合并，俄罗斯进一步扩大了对中亚国家的经济影响。

11月14日，俄罗斯总统普京与到访的乌兹别克斯坦总统卡里莫夫在莫斯科签署了俄乌联盟关系条约。条约规定，如果缔约的一方遭到第三国侵略，另一方有义务提供包括军事援助在内的一切必要帮助。两国必要时有权使用对方的军事基地和军用设施。双方将在军队装备更新和军事改革等方面加强合作，在打击国际恐怖主义和极端主义方面协调行动。

2005年的态势表明，俄美之间在“9·11”事件之后建立起来的反恐伙伴关系已经名存实亡，两国关系主要由于在独联体地区展开的外交角逐而陷入了新一轮危机。

第二节 俄美核裁军与导弹防御问题

作为当今世界最主要的两个核大国，美国与俄罗斯之间的核安全联动

---

① Виктория Панфилова, Владимир Мухин, Меняю Вашингтон на Москву, *Азия-плюс*, 7 июля 2005г.

依然是影响国际核安全的主线。如果说冷战时期大国间的核安全关系更多地表现为防范性和对抗性，那么在后冷战时期俄美核安全关系中的防范性与对抗性则趋于弱化，合作性进一步增强。即便如此，俄美两国间在核安全领域的彼此防范从未消失，也不可能消失。这种防范性在某一时间段、某一事件当中会突然增强，有时甚至出现演化为对抗的可能。美国与俄罗斯先后宣布将实行“先发制人”的核武器使用原则就已经表明，美国与俄罗斯间的核安全互动不仅仅是合作，还有防范，甚至是对立。

一 《第二阶段削减战略武器条约》的签署与废止

1993 年 1 月 3 日，俄罗斯总统叶利钦和美国总统布什在莫斯科签署《美俄第二阶段削减战略武器条约》。依据条约，第二阶段削减战略武器的实施分两个阶段进行。第一阶段，到 2000 年底（根据 1997 年 9 月两国达成的《关于 START 的延长协议》该期限顺延至 2004 年 12 月 31 日），即条约生效后 7 年内，双方将各自部署的洲际弹道导弹、潜射弹道导弹和重型轰炸机所载的核弹头总数削减到 3800—4250 枚。其中部署的陆基多弹头洲际弹道导弹弹头不超过 1200 枚、部署的潜射弹道导弹弹头不超过 2160 枚，重型洲际弹道导弹弹头不超过 650 枚。第二阶段，到 2003 年底（根据《关于 START 的延长协议顺延至 2007 年 12 月 31 日》），双方将上述各类弹头总数削减到 3000—3500 枚，潜射弹道导弹弹头 1700—1750 枚。双方销毁所有的陆基多弹头洲际导弹和重型洲际导弹。多弹头的洲际弹道导弹的发射井或者销毁或者改为部署单弹头的非重型的洲际弹道导弹，但改造数目不得超过 90 个。允许通过减少载弹数的方式将多弹头洲际弹道导弹改造成单弹头导弹：允许美方将 500 枚（携带 3 弹头的 500 枚“民兵Ⅲ”），俄方将 105 枚（携带 6 弹头的 SS-19）多弹头导弹改装成单弹头导弹。允许每一方保留 100 架已经改为执行非核任务的重型轰炸机，不必改变飞机的结构，且不计入限额总数（这主要针对美国，因为俄罗斯的重型轰炸机不足 100 架，而且并无这种军事需求）。但是部署基地必须同执行核任务的轰炸机分开，并且与机载核弹贮存库相距 100 公里以上。此类非核轰炸机可以重新用于执行核任务，但此后不得再次转为执行非核任务。

《美俄第二阶段削减战略武器条约》是一个不对等的裁军条约，美国在条约中处于比俄罗斯更为有利的地位。这种不对等体现为两国在核武库削减水平与重组能力上的不对等。

第一，依据《美俄第二阶段削减战略武器条约》，美俄两国将销毁全部携带分导式多弹头的陆基洲际导弹。美国长期以来最为关注的俄罗斯战略核力量的支柱SS-18（可携带10个弹头）将全部销毁。遏制俄罗斯在分导式多弹头陆基洲际弹道导弹方面的优势是美国政府多年以来的期待。《美俄第二阶段削减战略武器条约》将帮助美国实现这一目标。这也意味着俄罗斯放弃了长期坚持的与美国严格的核对等的地位，失去核心打击力量的俄罗斯核武库将不得不进行新的重组。

第二，《美俄第二阶段削减战略武器条约》将使俄罗斯的战略威慑发生变化，即从传统上依赖于井基分导式多弹头洲际弹道导弹转向依赖于潜射弹道导弹和机动洲际弹道导弹。由于美国海军的传统优势，特别是其在反潜艇领域的优势地位，使得俄罗斯对潜射弹道导弹的较大依赖具有一定的脆弱性。在冷战时期，苏联用于日常巡逻的潜艇数量就稍逊于美国，苏联解体后，大多数停靠在停泊地的潜艇正变得锈迹斑斑，俄罗斯潜艇的境况进一步恶化。

第三，依照条约的规定，美国必须把500枚“民兵Ⅲ”型导弹的3个分弹头改装为单弹头，但是美国国防部计划在500枚“民兵Ⅲ”型导弹上各安装1枚从条约规定销毁的“和平卫士”导弹上拆卸下来的核弹头。这形同于美国额外地保留下来500枚高精度的“和平卫士”导弹。

第四，《美俄第二阶段削减战略武器条约》为美国可以放手实现其海基核力量的更新换代计划。到条约规定的削减任务完成时，美国将拥有18艘“俄亥俄”级弹道导弹核潜艇，其中8艘携带“三叉戟Ⅰ”型导弹（命中精度300米、每枚弹头的当量100千吨）、10艘携带“三叉戟Ⅱ”型导弹（命中精度170米、每枚弹头当量500千吨）。为了不超出条约对潜射弹道导弹弹头1750枚的限定数额，美国只需将“三叉戟”的8个分弹头减少4个。

第五，《美俄第二阶段削减战略武器条约》允许双方将100架执行核任务的重型轰炸机转为执行非核任务。这主要是针对美国而言的：俄罗斯的重型轰炸机总共也不到100架，执行核任务尚嫌不足，不可能转向执行非核任务。而美国却可以受益于此项规定，额外地增加100架重型轰炸机的库存，如有需要可以随时执行核任务。

第六，条约除要求销毁多弹头陆基洲际弹道导弹外，将主要关注点放在对实际部署的核弹头的限制上，对库存核弹头并无严格限制。由于条约没有规定对拆卸下来的弹头必须进行物理销毁（只是规定采取“卸载”的方式完成裁减，即将多余的弹头从导弹上拆卸下来，就地储存），因此美国拆卸下来的2700枚的洲际弹道导弹和潜射弹道导弹弹头可能被重新使用。如果需要，美国可以迅速地将卸载下来的弹头重新安装到“民兵Ⅲ”型和“三叉戟Ⅱ”型导弹上，使自己的战略核力量超过《第一阶段削减战略武器条约》限定的水平。而俄罗斯受财力所限却缺乏这样的重组能力，即便500枚拆卸下来的弹头可以重新安装到SS-19上，但是能够使用的期限却十分有限，因为SS-19的使用寿命到2010年就将结束，届时，它们将不得不全部退出现役。

《美俄第二阶段削减战略武器条约》从一签署就受到了俄罗斯国内的猛烈抨击。最初，最猛烈的抨击来自反对派控制的最高苏维埃。1993年9月，叶利钦总统解散最高苏维埃，并随后选举产生了国家杜马，但是新的立法机构仍拒绝批准该条约，要求对现有的军控条约进行某种修改以适应新的安全现实，甚至要求重起炉灶，开始新的军控谈判。① 随着1995年北约空袭波黑塞族武装、1998年美国攻击伊拉克、1999年北约空袭南联盟以及北约首轮东扩提上日程，俄罗斯国内反对批准《美俄第二阶段削减战略武器条约》的呼声不断上扬，而且越来越多的反对者开始从俄罗斯可能面临美国与北约现实侵略的角度来看待条约对于国家安全的危害性。他们认为，在美国与北约咄咄逼人的攻势之下，批准该条约无异于军事上的“自残”，甚至“自杀”。

虽然美国国会在1996年1月就批准了《第二阶段削减战略武器条约》，但是俄罗斯立法机构在相当长的时期内拒绝批准该条约，俄美核裁军进程一度陷入僵局。普京接替叶利钦出任俄罗斯总统后，俄罗斯开始根据世界战略格局和安全环境的重大变化，重新评估自身军事安全面临的主要威胁。2000年1月和4月，普京先后签署了《俄联邦国家安全构想》② 和《俄联邦军事学说》③ 两个指导性文件，普京总统在其中所阐述的必要时使用核武器的现实核威慑战略代表了俄罗斯国内各界的共识，也得到了国家立法机构的支持。在这样的背景下，2000年4月14日，杜马投票表

① Alexander A. Pikayev, The Rise and Fall of START Ⅱ: The Russian View, CARNEGIE ENDOWMENT WORKING PAPERS, №. 6, September 1999.

② Концепция национальной безопасности Российской Федерации, http://www.scrf.gov.ru/Documents/Decree/2000/24-1.html.

③ Военная доктрина Российской Федерации, http://www.scrf.gov.ru/Documents/Decree/2000/706-1.html.

决，批准了《第二阶段削减战略武器条约》、《关于〈第二阶段削减战略武器条约〉的延长协议》以及关于导弹防御问题的一揽子协议，同时通过了两项声明作为对上述文件的法律性补充。这两项声明分别是《俄罗斯国家杜马关于削减战略武器问题以及协调国家权力机关在该领域的活动的措施的声明》和《俄罗斯国家杜马关于保障国家战略核力量的发展及其保持战斗准备的声明》。4 月 14 日，在杜马对《美俄第二阶段削减战略核武器条约》及其相关文件投票表决的当天，普京总统在杜马发表演讲说，在批准该条约后，俄罗斯的遏制力量依然能够在世界上的任何地方随时消灭任何敌人，即使与几个核大国同时作战，这种力量也是有保证的；批准条约之后，俄罗斯可以节省大量开支用于研制新型的核武器，使军队更具活力与战斗力；如果美国一旦退出《反弹道导弹条约》，俄罗斯可以退出有关限制和控制战略武器与常规武器的条约体系。[①] 这实际上表明俄罗斯已经将《第二阶段削减战略武器条约》的生效同维系《反弹道导弹条约》联系在一起。俄罗斯杜马在批准《第二阶段削减战略武器条约》及其相关文件时所发表的两项声明也证明了这一点。

随着克林顿的卸任，《美俄第二阶段削减战略武器条约》虽已签署却迟迟未能生效的僵局被抛给了共和党人小布什。小布什入主白宫后采取了比克林顿总统更为激进的导弹防御政策。2001 年 5 月 1 日，刚上台百日的小布什在国防大学发表演讲时宣布，美国将突破 1972 年美苏签署的《反弹道导弹条约》，以建立对付弹道导弹袭击的全球防御系统，并宣称要以新的框架代替《反弹道导弹条约》。“9 · 11”事件不仅使美国国内在防御和安全问题上态度趋向一致，更为美国政府发展导弹防御系统提供了借口。2001 年 11 月 13 日，小布什在与普京总统会晤时表示，《反弹道导弹条约》已经过时，俄美两国应该超越该条约。布什还在两国领导人联合举行的记者招待会上宣布，美国将在未来 10 年内单方面地将其实战部署的核弹头削减到 1700—2200 枚。普京总统虽然表示欢迎美国的核裁减承诺，并宣布俄罗斯政府也将把实战部署的核弹头削减到 1500 枚，但坚持认为作为战略稳定基石的《反弹道导弹条约》不能被超越。[②] 2001 年 12 月 13 日，美国不顾国际社会的强烈反对，正式宣布将在 6 个月后退出《反弹道

① Стенограмма Дневного пленарного заседания Госудамы 14 апреля 2000г. Информационный канал Государственной Думы РФ, http://www.akdi.ru/gd/PLEN_ Z/2000/S14-04_ d.htm.

② Philipp C. Bleek, Bush, Putin pledge nuclear cuts: implementation Unclear, ARMS CONTROL TODAY, December 2001.

导弹条约》。次年6月13日，美国正式退出《反弹道导弹条约》。次日，俄罗斯宣布，将不再遵守《美俄第二阶段削减战略武器条约》的限制。至此，在纸面上存在了9年之久、也争论了9年之久的《美俄第二阶段削减战略武器条约》最终未能摆脱被废止的命运。

二 《莫斯科条约》与传统战略削减模式的颠覆

1993年俄美领导人签署《第二阶段削减战略武器条约》时就表示，将把该条约作为两国继续进行第三阶段削减战略武器谈判的起点而不是终点。然而，在此之后的近10年的时间里，俄美两国在进一步战略削减的问题上并未取得任何实质性的进展。2001年11月，俄美两国首脑在华盛顿会晤期间，布什总统在白宫联合记者招待会上宣布，美国将在未来的10年内单方面将其实战部署的战略核弹头削减到1700—2200枚。普京总统也随即郑重表示，作为对美国这一积极的战略削减态度的回应，俄罗斯政府将把本国实际部署的核弹头削减到1500枚。虽然俄美两国在华盛顿首脑会晤中就进一步裁减核武器问题达成了初步一致，但两国在战略削减细节问题上仍未达成共识。这实际上体现出俄美两国在是否保留传统核军控机制问题上的重大分歧。

第一，俄美两国在将允诺的战略削减以何种方式编成法律条文上存在分歧。俄罗斯方面坚持认为，新的战略削减必须以军控条约的方式完成，强调一个具有法律约束力的协定对确保俄美核政策的可预见性是必需的，而美国方面则明确表示反对俄罗斯关于把平行的或单方面的削减核武器的许诺以具有法律约束力的军控协议形式将其整理成文的要求。

第二，俄美两国在是否需要对从实战部署中拆下的多余弹头进行有效核查的销毁问题上存在分歧。俄罗斯认为，这个协定应该包含像《第一阶段削减战略武器条约》中所规定的行之有效的核查安排，而且从运载工具上拆下的多余弹头必须予以销毁，而美国则反对在核裁减过程中实施透明的核查监督，并拒绝销毁从运载工具上拆卸下来的弹头，坚持“转移式”的削减，即将拆解下的弹头储存起来，以备不时之需。

第三，俄美两国在战略核弹头具体削减的数量上存在分歧。俄罗斯方面坚持将两国实际部署的战略核弹头削减至1500枚，这正是俄罗斯有能力维系的核武库的水平，而美国则坚持将两国实际部署的核弹头削减至1700—2200枚。因为以美国战略司令部总司令理查德·米斯将军为代表的军方领导人坚决反对超越美国安全界限的战略削减，认为如果实际部署的核弹头低于2000—2500枚，就无法满足对已列入美国核作战计划——“统一联合作战计划”的既定战略打击目标的有效威慑。[①]

经过短暂的战略削减谈判，2002年5月24日，俄罗斯总统普京与美国总统布什在莫斯科签署了《美俄削减进攻性战略武器条约》，又称《莫斯科条约》。[②] 条约规定，到2012年12月31日，双方各自拥有的实战部署的战略核弹头总数不得超过1700—2200枚；《美俄第一阶段削减战略武器条约》继续有效；每一方在所限定的弹头总数内自行决定进攻性战略武器的组成和结构；双边履约委员会每年至少举行两次会议，讨论条约的执行情况；条约期满后，可经双方协商予以延长，或在条约期满之前用随后的其他条约代替；每一方有权退出条约，但需提前3个月通知对方。2003年3月和5月，美俄两国立法机构先后批准了《莫斯科条约》，同年6月1日，俄美两国总统在圣彼得堡交换批准书后，条约正式生效，开始进入实施阶段。

一般来说，任何国际条约的达成都是缔约双方妥协的结果，《莫斯科条约》的最终签署也是俄美双方彼此妥协的结果。美国方面最大的让步主要体现在最终满足了俄罗斯方面提出的以双边条约的形式进行核削减的要求。美国之所以最终同意以国际条约的形式实施战略削减，主要有以下几个原因：

第一，俄罗斯平静地接受了美国退出《反弹道导弹条约》的事实，美国同意以条约的形式进行战略削减可能是对俄罗斯的政治“示好”，而非出自其真实的核裁军理念，更多的是一种“投桃报李式”的政治连带效应的体现。

第二，布什政府执意退出《反弹道导弹条约》并部署导弹防御系统的做法受到了盟国和国际社会的谴责，美国同意以条约的形式进行战略削减是为平息来自方方面面的伐挞之声，使其起到政治“减压阀”的效用，以避免陷入更为不利的境地。

第三，美国已经展开的全球反恐斗争更似是一条看不到尽头的漆黑

① Statement on Command Posture by Admiral Richard Mies, Commander-in-Chief, US Strategic Command, before the Strategic Subcommittee, US Senate Armed Services Committee, July 11, 2001, http: //www. senate. gov/—armed_ services/hearings/2001/f010711. html.

② 《莫斯科条约》全称《美俄削减进攻性战略武器条约》(Treaty between the United States of America and the Russian Federation on Strategic Offensive Reductions, 简称SORT)。条约详细内容可参看U. S. Department of State, Text of Treaty between the United States of America and the Russian Federation on Strategic Offensive Reductions, http: //www. state. gov/t/ac/trt/18016. htm。

“隧道”，布什政府无论如何都需要俄罗斯这样的同盟者，因而希望借助同俄罗斯在战略削减上的合作赢得俄罗斯对其“反恐”战争的继续支持。

不管从何种角度分析，俄罗斯在《莫斯科条约》中所做出的让步都大于美国。俄罗斯在《莫斯科条约》中所做出的重大让步应该源于对国家利益损益度的以下基本判断：其一，俄罗斯方面十分清楚，不管是否接受这样一个更似“君子协定”的裁军条约，美国都将单方面大规模削减自己的核武库；其二，俄罗斯部署的战略核武器半数以上已经超期服役，即使不同美国缔结该削减条约，俄罗斯也必须在未来10年内不可避免地自行裁减战略核武器。因此，与其单方面削减，不如做出某些让步，促成双方在国际条约机制下的共同削减。这不仅可以限制美国在单方面核裁军的道路上渐行渐远，而且也可以在某种程度上减缓传统双边核裁军机制的瓦解速度。

分析家在谈及俄罗斯议会批准《莫斯科条约》的时候，常常忽略与之捆绑批准的3个重要官方文件：《关于批准削减进攻性战略武器条约的联邦法新草案》、《关于国家杜马确保维持俄联邦战略核力量战备状态及其发展的声明》和《关于联邦会议之国家杜马在削减进攻性战略武器问题上的立场及其协调国家政权机关在该领域的行动措施的声明》。它们规定了俄罗斯退出《莫斯科条约》的3种情况：如果美国严重违反该条约；如果他国或国家联盟发展了危及俄罗斯战略核力量有效性的导弹防御系统；如果他国或国家联盟增添了进攻性战略武器的数量或通过了对俄联邦最高利益构成威胁的军事决定，俄罗斯可以退出本条约。这些文件所规定的附加条件表明，俄罗斯方面已经充分地认识到了《莫斯科条约》的局限性，并且开始努力寻求维护俄罗斯安全利益和延缓原有战略稳定机制崩溃速度的有效路径。

《莫斯科条约》的最终签署反映出美国核安全战略的全新变化以及俄罗斯国力上的衰退与政治上无奈，标志着俄美两国间传统的战略削减模式的颠覆和“自助式”核裁军的开始，并将对国际核安全态势产生深远的影响。

第一，俄美间传统的战略削减模式正在走向终结。《莫斯科条约》标志着形成于冷战时期的传统战略削减模式正在走向终结，而一种更自由、更主动、更灵活的核裁军模式正在形成。

第二，俄美两国核武库进入全面的结构调整时期。《莫斯科条约》是进入后冷战时期俄美两国战略核力量大调整的催生物；反之，它的签署将进一步推动俄美两国战略力量的结构调整。

第三，美国独一无二的核优势地位正在日渐巩固。《莫斯科条约》所包含的主体精神就是以我为主的“自助式”战略核裁军。这是美国核安全意志的主要体现，它建立在布什政府对本国战略威慑力量优势充分自信的基础之上，而处于弱势地位的俄罗斯不得不顺势而为。

第四，美国的核武库出现了常规化、战场化的趋势。综合美国政府最新出台的包括《核态势评估报告》在内的各种官方文件，可以判断出美国动用核武器的三原则：如果出现常规武器攻击无法完成的军事目标；如果发生对美国的核生化武器攻击；如果对手的军力发展出现了“令人吃惊的”情况，美国将有选择地使用核武器。

三　俄美间的导弹防御之争

1994 年共和党在国会中期选举中获胜，并同时在参众两院成为多数党。由此开始，主张恢复“星球大战”计划（原文为“战略防御倡议”，SDI）、要求发展“全国导弹防御”计划（NMD）的声音在美国再次喧嚣起来。共和党指责克林顿的民主党政府“故意将美国的城市与国土暴露在导弹攻击的威胁之下”,[①] 要求克林顿政府在 2003 年开始部署 NMD。在党派政治压力下，1995 年下半年，克林顿政府对 NMD 计划进行了全面审查。1996 年 2 月，克林顿政府宣布，把 NMD 由“技术准备阶段”提升为“部署准备阶段”，并为此制定了“3 + 3 计划”，即先用 3 年时间发展 NMD 所需的各种技术，于 1999 年进行系统综合试验，再用 3 年时间完成 NMD 的部署。1997 年 5 月，美国国防部公布《四年防务评估报告》，建议部署 NMD 系统，以防止小规模的洲际弹道导弹的攻击。[②] 1998 年 5 月，极力渲染朝鲜、伊朗等国导弹威胁的《拉姆斯菲尔德报告》被提交给国会。[③] 1999 年 1 月，国防部长威廉·科恩宣布，为对付朝鲜、伊朗等国的导弹威胁，美国将调整 NMD 和 TMD 计划，着眼于在 2005 年部署有限的 NMD。为此，将增拨 66 亿美元用于发展 NMD，使今后 6 年用于 NMD 的经

① Missile Defense Milestones, http//www. acq. osd. mil/bmdo/bmdolink/html/milstone. html.

② Craig Cerniello, QDR Supports Nuclear Status Quo, Adds Billions More to NMD Program, ARMS CONTROL TODAY, May 1997.

③ Report of the Commission to Assess the Ballistic Missile Threat to the United States, July 15, 1998, http: //www. fas. org/irp/threat/missile/rumsfeld.

费增至105亿美元。科恩的讲话预示着克林顿政府在NMD部署问题上态度的转变。[①] 1999年3月中旬，美国参众两院相继通过“国家导弹防御法案”，以国会立法的形式，正式敦促克林顿政府尽快在本土部署NMD。同年7月，克林顿正式签署国会通过的“国家导弹防御法案”。这意味着部署NMD已经成为美国法律驱动下的国家诉求。克林顿在签署该法案的同时也表示，最终决定能否部署取决于以下几个因素：飞行试验和其他发展努力的结果、NMD的成本核算、导弹威胁程度、对实现军控目标的影响，特别是能否与俄罗斯达成修改《反弹道导弹条约》的协议。[②] 1999年10月2日，美国成功地进行了首次NMD拦截试验。但于2000年1月18日和7月8日进行的两次拦截试验均告失败。这为克林顿延缓部署NMD提供了借口。

“9·11”事件不仅使共和党与民主党在防御和安全问题上态度趋向一致，更为美国政府发展导弹防御系统提供了借口。2001年12月13日，美国不顾国际社会的强烈反对，正式宣布将在6个月后退出《反弹道导弹条约》。次年6月13日，美国正式退出《反弹道导弹条约》。2002年1月4日，美国国防部将弹道导弹防御局正式更名为导弹防御局[③]。同年12月17日，就在美国跨太平洋导弹拦截试验刚刚失败的一周后，小布什正式抛出部署弹道导弹防御系统的时间表。2003年10月，美军首个陆基中段防御旅正式成立。2004年7月3日，美国在阿拉斯加的格里利堡空军基地部署首枚陆基中段防御拦截导弹。美国导弹防御局宣布，弹道导弹防御系统将在2004年年底前具备实战能力。同年12月10日，美国在位于加利福尼亚州范登堡空军基地部署了首枚陆基中段防御拦截弹。2005年1月12日，美国导弹防御局负责人表示，虽然美国官方没有发布弹道导弹开始服役的正式声明，但美国的导弹防御系统实际上已经准备就绪，只要布什总统一声令下，该系统即可立即担负起保卫美国本土的重任。

美国部署弹道导弹防御系统必然要触及1972年美苏两国签订的《反

① Craig Cerniello, Cohen Announces NMD Restricting, Funding Boost, ARMS CONTROL TODAY, January/February 1999.

② John E. Pike, National Missile Defense: Rushing to Failure? F. A. S. PUBLIC INTEREST REPORT, №6, 1999.

③ DOD Establishes Missile Defense Agency, US DOD NEWS, January 4, 2002, http://www.defenselink.mil/news/Jab2002/b01042002_bt008-02.html.

弹道导弹条约》的有关限定。美国国防部长拉姆斯菲尔德曾经说过，“最有效、最先进的防御系统不可能受制于《反弹道导弹条约》。”[①] “国家导弹防御系统并不是《反弹道导弹条约》的人质。”[②] 从克林顿政府开始，美国一直在试图说服俄罗斯同意对《反弹道导弹条约》进行修改，但是俄罗斯始终不肯做出让步，因此布什政府决定单独退出条约。俄罗斯一直强调《反弹道导弹条约》对于国际战略稳定的重要意义。美国退出《反弹道导弹条约》意味着国际战略稳定基础的被毁，同时将对俄罗斯安全产生深远的影响。

第一，俄罗斯战略核力量的威慑能效受到制约。按照美国军方的设想，在敌国导弹的助推阶段使用小型卫星拦截器进行拦截效果最佳且成本最低。这种重量在10—12千克的小型卫星拦截器在里根“星球大战”计划时期就已经研发出来。如果俄罗斯的战略核弹头削减至1700—2200枚，那么美国只需要部署1万—1.5万个卫星拦截器，加之在高度约1万公里的绕地球轨道上部署30个以上装备激光武器的作战航天器，就可以将俄罗斯的这些核弹头进行有效拦截。目前以“波音－747”飞机为基础的空基激光武器的研制工作已取得很大进展。即便俄罗斯的弹头在助推阶段不能被全部拦截，美国已经研发并开始部署的海基和陆基拦截器也会在其飞行的中段和末段进行补充拦截。而且美国导弹防御系统所具有的强大的反卫星作战能力也将对俄罗斯战略核力量的太空指挥系统造成严重威胁。

第二，俄罗斯在应对NMD的军事准备上陷入进退两难境地。“如果俄罗斯参与这种新型的军备竞赛，就要重新进入它不久前已经退出的某些领域，例如，假设俄罗斯拒绝承认监视卫星飞越自己领土上空的合法性，并对其进行反制，即等于把太空变成了军事对抗的场所。不排除在美国NMD系统部署完毕的情况下俄罗斯重新将战略核力量恢复到‘接到预警即进行发射’状态或者重新提升战术核武器在俄罗斯军事战略中的作用，拒绝对其进行任何限制等等。但是俄罗斯能否在财政上承受新一轮的军备竞赛令人质疑。即便预算上暂时不存在疑问，但随着美国导弹防御计划的进一步

① Wade Boese, Bush Administration Stresses Commitment to Missile Defense, ARMS CONTROL TODAY, March 2000.

② Philip E. Coyle, NMD Development Is Not Hostage to the ABM Treaty, DEFENSE MONITOR, №5, June 2001.

展开可能将引爆更大规模的军备竞赛，届时俄罗斯的财政恐怕难以为继。”① 如果俄罗斯放弃军事上的准备，国家的安全环境将面临严峻挑战。

第三，俄罗斯在国际社会的发言权将受到削弱。无论美国部署 NMD 系统是否将俄罗斯作为最优先考虑的因素，但是部署完毕后对俄罗斯造成的直接政治影响已经清晰可见：“美国想通过废除《反弹道导弹条约》来继续发展大规模导弹防御系统，使俄罗斯的核威慑失效；美国将因此获得一个成倍增长的军事优势，这将使美国根据自己的喜好来单方面地改变全球秩序。”

第四，俄罗斯的国际威望遭到直接打击。小布什政府退出《反弹道导弹条约》发生在“9·11”事件之后俄罗斯对于美国的国际反恐怖斗争给予积极支持之际——“9·11”事件后俄罗斯领导人第一个给予美国以道义上的声援；为支持阿富汗反恐战争，俄罗斯第一次允许美国军队进入中亚地区；俄罗斯还将关于塔利班政权的第一手情报资料同美国交流；第一时间为进攻塔利班的“北方联盟”提供大批武器装备等等。然而，俄罗斯对美关系中所体现出的合作精神并未得到美国对等的政治回报。俄罗斯精英阶层认为，美国退出《反弹道导弹条约》意味着俄罗斯已经“失去了表面上和美国平起平坐的最后机会”，“在有可能出现历史性的东西方和解进程中，美国的这一举措实际上是特意要让俄罗斯丢脸”。②

从 20 世纪 90 年代后半期开始，当弹道导弹防御问题成为俄美关系中的敏感问题之后，俄罗斯一直在寻求对美国导弹防御系统的破解之道。在现有国力的情况下，俄罗斯在不得不接受美国部署导弹防御系统的同时，开始逐步采取力所能及的战略反制措施。

第一，加强本国导弹防御力量的建设。2001 年 1 月 25 日，鉴于美国决意部署 NMD，并将其延伸至太空的策略，俄罗斯制定了 2010 年航天发展计划，并于 2001 年 3 月 24 日组建了以军事航天部队和太空导弹防御部队为基础的“天军”——俄罗斯航天兵。俄罗斯还从 20 世纪 90 年代后半期开始在多个重要战略方向增加部署了 S－300 和 S－400 等反导武器系统。

第二，调整并完善战略进攻力量的配置。在陆基洲际导弹方面，俄罗

---

① Владимир Барановский, Планы США в области ПРО: международнополитические последствия, *Научные Записки ПИР -Центра*, №15, 2000г.

② 斯德哥尔摩国际和平研究所：《SIPRI 年鉴 2002：军备、裁军和国际安全》，世界知识出版社 2003 年中文版，第 709 页。

斯目前增强突防能力的主要技术手段是改进现有导弹和再入弹头的设计技术，核装置部分的设计基本未加改变。SS－27（白杨－M）是俄罗斯突防技术理念的集中体现。进入 21 世纪，俄罗斯加快了该型号导弹的生产与部署步伐。在海基战略力量方面，俄罗斯重点开发新一代的弹道导弹核潜艇——“北风之神”。该型潜艇有针对性地提高了隐蔽性能和作战性能，其作战性能超过了同级别的所有潜艇。该级的首艇“尤里·多尔戈鲁基”已进入正式服役前的准备阶段，并正在试验装备潜射的白杨－M 导弹。2005 年 9 月，俄罗斯试射了白杨－M 的潜射型——圆锤洲际弹道导弹，即 SS－NX－30。这表明白杨－M 已经具有了竖井式、公路机动式和潜射式三种发射方式。这是俄罗斯战略核武库实现白杨化的重大进展。俄罗斯还对最后一种第二代导弹核潜艇“德尔塔Ⅳ”所携带的 SS－N－23 弹道导弹进行了分弹头扩容处理，将其携带的分导式多弹头的数量由 4 枚增至 10 枚。在战略空基进攻力量方面，普京总统在“安全—2004”战略演习中就宣布俄罗斯试验了一种新型的核弹头。这种弹头能够做复杂的机动变轨，具有超音速的飞行速度，能够躲过反导装备的拦截。同年 11 月，普京再次宣称已部署了一种新型远程巡航导弹。该导弹可携带核弹头，可用图—95MS 和图—160 型战略轰炸机为平台发射。这说明俄罗斯已经打破美国在远程巡航导弹领域的垄断地位。

第三，尝试加强与欧美国家在导弹防御领域的合作。2000 年 6 月 9 日，俄罗斯向北约提出关于建立全欧导弹防御系统的计划，建议联合评价核扩散和可能性的核威胁的性质和规模；联合拟定全欧非战略性反导弹系统的概念以及建立与部署这一系统的程序；联合建立有多方参加的全欧导弹预警中心；联合举行司令部演习、研究和试验；联合研制非战略性反导弹系统。尽管俄罗斯与欧洲国家在建立全欧非战略性导弹防御系统方面的合作进展缓慢，但仍然取得一定成果。目前双方已经统一了该系统的技术标准，建立预警数据交换机制，并进行了多次战略预警演练。[①] 此外，俄罗斯还尝试与美国开展导弹防御合作，尤其是在东北亚地区的合作，但是进展不大。主要症结在于美国想购买俄罗斯的 S－300 甚至 S－400 反导系统，但是俄罗斯一直持保留态度。显而易见，俄罗斯与欧美国家在反导领域的合作虚多实少，在现今阶段更多的是一种策略性的选择，短期内恐难

---

① Юрий Подгорных、Евгений Сиротинин，Нестратегическая европейская ПРО：возможные концепции построения，*Ядерный Контроль*，№ 2，2003.

有实质性的突破。

第三节 俄罗斯与美国的经贸关系

俄罗斯独立之初，叶利钦政府曾经将迅速摆脱国内经济危机的希望寄托在美国为首的西方大规模经济援助和与西方国家的经贸合作上，而美国政府至少在1995年以前，从本国的国家安全利益出发，也曾认真组织过对俄罗斯的援助。本节将讨论美国和由美国组织的对俄罗斯官方援助的种类、规模和资金来源，美国对俄援助的几个发展阶段和俄罗斯国内对援助效果的评价。同时，本章也将梳理出1991—2005年俄罗斯与美国经贸合作，投资合作的发展线索，阐述其经贸合作的规模和特点，分析这些特点产生的内在原因。

一 美国对俄官方经济援助的种类和规模

美国对俄援助是俄美经济关系的重要层面。美国的对外经济援助是为其总体外交目标，即建立起“冷战后时代世界新秩序”，“按美国的价值观和理想建立新的国际体系”服务的。冷战后，在美国三位五届总统执政期间，对俄经济援助都是美国实现其对俄政策的重要手段，但在援助方向、重点和规模上有明显的不同。而在苏联和俄罗斯的三位五届总统执政期间，其对美援助政策也发生了从积极谋求援助到拒绝援助的变化。从援助主体看，美国对俄经济援助并不是由美国独立进行，还包括国际货币基金组织、世界银行和欧洲复兴与开发银行等。研究美国对俄经济援助问题有多个切入点，如国际金融组织在经济转轨中的作用、俄罗斯的外债问题、俄美在金融领域的合作、俄罗斯与国际金融组织的关系等，本文侧重从俄美经济关系以及俄美相互政策的角度对该问题进行分析。

根据美国的官方数据，在1991—1998年底是实施对俄援助的主要阶段，不包括食品和人道主义援助、商业贷款和债务重组，仅国际援助就达660亿美元。在援助的主要提供者中，国际货币基金组织220亿美元、世界银行75亿美元、欧洲复兴与开发银行22亿美元、作为独立贷款国的美国23亿美元（此处仅限支持自由化法案下的援助）、欧盟的塔西斯计划16亿美元。

在1992—2000年间，美国向俄罗斯提供的官方援助达到了82.7亿美元，下表反映这些援助的使用方向。

1992—2000 财政年度美国对俄罗斯提供的官方援助　（亿美元）

援助计划名称	1992	1993	1994	1995	1996	1997	1998	1999	2000	合计
支持自由法案	0.90	3.10	10.00	3.60	2.20	1.40	2.10	1.60	1.80	26.7
纳恩—卢加尔计划①	0.10	1.70	2.60	1.50	1.70	2.50	2.80	3.90	4.30	21.1
农业援助	1.30	10.30	0.30	0.30	0.20	0.10	—	11.60	2.00	26.1
其他	0.20	0.40	0.30	0.20	1.40	1.90	2.20	4.20	2.50	13.3
总计	2.50	15.50	13.20	5.60	5.50	5.90	7.10	21.30	10.60	87.2

资料来源：Foreign Assistance：International Efforts to Aid Russia’s Transition Had Mixed Results，November 2000，General Accounting Office，Washington ，DC.，GAO 01-08。

在美国对外援助中，俄罗斯是重点对象之一，其原因不言自明。苏联解体之后，长期存在的对美国的军事威胁大为下降，美苏意识形态对抗已经结束，尽管作为苏联继承国的俄罗斯其实力较之昔日的苏联已不可同日而语，但俄罗斯未来的政治、军事和经济走向对美国仍具有重大的利害关系，始终是美国外交长期关注的问题之一。同时，美国将俄罗斯视为最重要的经济转型国家，认为其发展对其他国家具有示范效应，因而在冷战后结束初期，俄罗斯成为美国对该地区援助的重点对象，有数据表明，在苏联解体后的头两年，美国对俄罗斯的援助大约占它对独联体地区援助总额的60%，尽管从1995财政年度之后，俄罗斯在美国对独联体地区援助总额中的比例持续下降，但在援助总额中的比例仍然最高。

按年代划分，从1991—2000年，美国对俄援助大体分为三个阶段，其中各有不同的优先援助方向。1991—1992年为第一阶段，优先方向是人道主义援助；1993—1995年为第二阶段，优先方向是市场化改革；1996—2000年为第三阶段，优先方向是民主化改造。

如果按执政的领导人划分，美国对俄经济援助始于老布什当政时期，大规模援助高峰在克林顿时期，到小布什时期，特别是其第二任期，已明确提出将停止对俄经济援助。

① “纳恩—卢加尔计划”：1991年11月25日，美国国会通过了一项帮助苏联销毁核武器的计划。该计划由参议员纳恩和卢加尔提出，故此，该计划后来被称作“纳恩—卢加尔计划”或“纳恩—卢加尔减少威胁合作计划”。

老布什1989年上台后，苏联和东欧发生重大剧变，经济困难，政治不稳，社会动荡，对外竞争的意志和实力均大大下降。而美国在综合国力的各个方面，无论是经济、科技，还是军事力量，都已占据对苏优势。美国认为，对苏冷战和遏制已取得历史性的胜利，与苏联的争夺已从军事、政治的硬对抗为主变为经济、科技、文化的软渗透为主，俄罗斯向“民主和市场经济”的转变是美国的根本国家利益之所系，因此极力鼓励和“帮助”俄罗斯向这一方向转变。从1990年开始，拉开了美国对俄援助序幕。这一时期的援助主要包括人道主义援助和食品援助在内的统一的特别计划（ad hoc），也有美国经济学家的咨询。但系统的财政援助是在1992年通过“支持自由法案”（The Freedom Support Act）之后开始的。

1993年，克林顿上台后，继续将俄罗斯作为外交关系的重点之一，对俄罗斯继续发展“伙伴关系”，坚持“援俄保叶”的方针。在对俄援助问题上，克林顿批评布什政府过于谨慎，认为通过援助，使俄罗斯成为民主国家，继续朝市场经济方向发展，继续裁减核军备，减少核威胁，最符合美国利益。克林顿多次强调继续消化“民主成果”，援助俄罗斯是为美国的利益和安全进行“战略投资”。统计资料表明，在克林顿第一任期内，美国积极实施“支持自由化法案”，对俄各项援助都达到了高峰（详见前表）。

“支持自由法案”的基本目标是对俄罗斯政治和经济转轨提供支持，1992—2000年间，该法案项下的贷款额在美国对俄官方援助中所占比重最高，达30.6%。该法案共提出了美俄开展双边合作的13个经济部门，包括人道主义援助、教育、国家管理和法律、民用核能等。在“支持自由法案”的四大援助重点方向中，用于发展市场改革的费用比重最高，占该法案提供全部援助27.4亿美元的53.77%，达14.73亿美元。用于推进民主化的费用占23.43%，达6.42亿美元。

1994年之后，美国对俄援助的一个重要特点是，援助对象重点逐步从俄罗斯向其他独联体国家倾斜，俄罗斯在美国对该地区援助中的比重下降；在援助的优先方向选择上，对发展市场改革的援助下降，对推进民主化进程的援助逐步扩大。发生上述变化的主要原因是，美国的许多决策者对俄罗斯的内外政策不满，要求以削减对俄罗斯的援助或者利用援助计划作为杠杆来改变俄罗斯的行为。克林顿执政后期，其对俄政策更是受到了猛烈抨击。美国政界和学界曾以“谁失去了俄罗斯”和“谁在怂恿俄罗斯”两个问题展开大辩论。

"支持自由法案"对俄罗斯援助项目（1992—2000 财政年度）（百万美元）

	1992	1993	1994	1995	1996	1997	1998	1999	2000
人道主义援助	44.86	45.41	123.32	62.58	27.84	15.76	18.10	28.80	23.32
核不扩散	16.14	10.25	92.28	11.50	12.00	9.50	9.05	15.45	58.35
推进民主化	8.05	52.86	213.33	74.00	42.40	57.48	57.48	72.44	64.06
发展市场改革	17.58	205.09	572.30	210.83	136.66	125.69	125.69	46.83	32.53
总计	86.63	313.61	1001.23	358.91	218.9	208.43	210.32	163.52	178.26

资料来源：Foreign Assistance：International Efforts to Aid Russia's Transition Had Mixed Results，November 2000，General Accounting Office，Washington ，DC.，GAO 01—08。

小布什时期，美国对俄援助表现为逐步减少，直到从其政策中退出的过程。实际上，小布什在其上台之前，在对俄关系上就已表现出与其前任明显不同的强硬风格。在 2000 年的美国大选中，小布什曾严厉批评克林顿政府对俄政策"没有成效"，并将俄罗斯国内民族主义上升、经济改革失败归咎于克林顿的对俄政策。指责由于美国对俄政策的失误导致俄罗斯国内政治"背离民主的原则"，公开反对国际货币基金组织向俄提供贷款，认为俄罗斯至今仍缺乏法治，金融环境不安全，声称他若当政，必将把克林顿政府所确定的俄美"战略伙伴关系"改为"战略竞争关系"。2001 年初，小布什上台后即显示出对俄强硬态度，将美俄关系由"特殊关系"降为"普通关系"。取消了克林顿时期设立并赋予较大权限的负责俄罗斯和独联体问题的总统特别助理一职，并开始逐年降低对俄援助额。"9·11"事件之后，尽管由于全球反恐斗争的需要，美国迅速改善了与俄罗斯的关系状况，但由于小布什政府对普京的国内政策不满，2002 年度，美国对俄罗斯的财政援助由克林顿任内最后一年（2000 财政年度）的 10.6 亿美元降至 1.59 亿美元，2003 年降至 1.48 亿美元。由于对"支持自由法案"对俄罗斯的作用彻底失望，美国决定从 2004 年起将对俄罗斯的援助降至 7300 万美元，2005 年降至 4800 万美元。[①] 美国政府在对 2004 年美国联邦预草案的说明中提出，随着俄罗斯经济的好转，今后要逐步解除对俄罗斯的财政援助。对此小布什在声明中指出，"我们不应该借钱或鼓励其他人借钱给那些不执行自己以前承诺的国家"。美国国会的结论则是："是到停

---

① ОПЕК，По мнению США，Россия больше не нуждается в помощи в области экономики，08/02/2005，http：//www. opec. ru.

止给俄罗斯和部分其他原苏联共和国提供经济援助的时候了"，计划将俄罗斯从受援国名单中彻底划去。[①] 2005 年，美国政府在向国会提交的 2006 年联邦预算说明中明确提出，俄罗斯经济再也不需要美国财政援助来促进，2006 年将是把对俄援助纳入美国联邦预算的最后一年。但美国将一如既往地对俄罗斯的其他项目拨款，其中包括支持非政府组织和独立媒体，以及防止艾滋病计划。[②]

总体来看，俄罗斯国内对美国和西方经济援助效果的看法可以归纳为以下几点：

第一，肯定援助对俄罗斯经济转轨初期在弥补市场短缺、稳定宏观经济方面的一定作用。认为国际货币基金组织在提供贷款时提出的遏制通货膨胀、强化财政纪律、克服预算赤字等目标对于任何一个转型经济都是十分必要的。[③]

第二，对援助在俄罗斯经济稳定和增长中的作用评价较低。认为西方援助并未完全兑现，所提供的援助与俄罗斯实际需求存在较大差距，无论是弥补预算赤字、抑制通货膨胀、稳定卢布币值，还是促进经济增长所起的作用都微乎其微。特别是在俄罗斯经济危机初期，国家援助行动迟缓，使危机加剧。

第三，对国际金融组织在提供贷款时提出附加条件的做法持强烈批评。认为俄罗斯经济转轨方案正是在国际金融组织专家（来自国际货币基金组织的美国专家一直是俄罗斯政府的经济顾问）参与下制定的，由于国际金融组织把适用于一些国家的做法作为普遍经验强加于俄罗斯，导致俄罗斯经济转轨失败。莫斯科市市长卢日科夫甚至称俄罗斯向国际货币基金组织借债为"国耻"。

第四，认为俄罗斯之所以成为债务大国，与国际金融组织的政策直接有关，长期累计的外债对俄罗斯的货币信贷政策、汇率政策和财政政策都造成了负面影响，并导致 1998 年金融危机。

第五，认为美国对俄经济援助有明显的功利性，即通过对俄罗斯的援

---

① Газета. Ru Новости, Доллары для России заканчиваются, 04/02/2004, http: //sm. aport. ru.

② РИА "Новости", США: экономика России не нуждается в финансовой помощи, http: //www. allmedia. ru.

③ М. М. Магомаева, Влияние Международного Валютного Фонда на трансофрмацию российского общества, http: //www. sovmu. spbu. ru.

助计划，为美国出口提供补贴，对美国的国有和私人公司提供金融支持，活跃美国公司在俄罗斯市场上的业务。实际上华盛顿通过支持美国人的商务活动，实现了巩固美国战略地位的总体目标。美国对俄罗斯军工部门的援助也具有最终弱化俄罗斯军事潜力的图谋等。

1999 年之后，随着俄罗斯外交政策的调整和国内经济形势的逐步好转，俄罗斯政府层面已经在探讨接受国际援助对俄罗斯经济安全造成的负面影响，并提出要减少和停止向国际货币基金组织举债，提前偿还外债，将国家债务重组转换为企业债务的设想。

二　俄美经贸关系的演变与现状

冷战时期，苏联实行的是一种封闭型经济体系，其对外贸易集中在经互会和其他社会主义国家，与世界经济始终处于低水平衔接。1991 年经互会的解体使原卢布贸易区崩溃，如何使原来封闭半封闭的经济逐步转变为积极参与国际交换和合作的开放型经济，使国内市场尽快与国际市场接轨，优化资源配置就成为俄罗斯在经济转轨中必然要碰到和必须解决的问题。俄罗斯在 1992 年底独立后，不仅把对外贸易自由化与对外开放作为经济转轨的主要内容，同时作为一项基本国策，开始摆脱苏联时期意识形态的束缚，积极与世界各国、各地区进行广泛合作。由于国际政治气候的改变和国家关系的改善，与美国发展经贸关系对俄罗斯具有越来越重要的意义。俄罗斯视美国为最重要和最有前景的商业伙伴之一，而美国也看好俄罗斯巨大的出口市场潜力。

（一）双边贸易概况。1992—2004 年，俄美经贸关系与苏美经贸关系相比取得了长足的发展，1992—2004 年，共实现双边贸易额 941.71 亿美元，其中俄罗斯对美贸易顺差 154.04 亿美元。

从 1992 年至 2005 年，俄美经贸合作大致经历了以下三个阶段：

1992—1998 年为双边贸易快速发展阶段。1993—1998 年，俄美双边贸易一直保持正增长，贸易额增长 80% 以上，年均增幅达 13%，其中俄对美出口增长两倍多，年均增幅达 25%。这一时期的政策背景是，俄罗斯在美国和国际金融组织的建议下进行激进的改革，实行对外贸易自由化和价格自由化，取消国家对对外经贸的垄断，卢布实行国内自由兑换，在商品进出口管理方面，取消非关税限制，逐步降低和取消出口关税，在 1992 年 6 月以前一直实行免征进口关税的政策，对外经济活动放开经营，俄罗斯希望通过西方援助迅速融入世界经济体系。由于激进改革措施并未产生预期效果，1994 年，俄罗斯进行政府改组并对前期政策进行调整。在上述大背景下，俄美贸易规模扩大主要是由一些粗放性因素决定的，从长期看，并不具备牢固的基础。

1992—2004 年俄罗斯与美国贸易情况 （亿美元）

年份	俄美贸易总额	同比增长(%)	俄对美出口	出口同比增长(%)	俄自美进口	进口同比增长(%)	俄全年外贸总额	外贸同比增长(%)	俄美贸易占俄外贸(%)
1992	36.60	+56	7.62		28.98		970.0	-58.37	3.77
1993	43.01	+17.5	19.97	+162	23.04	-24.5	1030	+6.19	4.18
1994	57.21	+33.02	36.51	+82.82	20.70	-10.2	1178.31	+14.39	4.85
1995	71.85	+25.59	45.37	+24.27	26.48	+27.92	1450.22	+23.07	4.95
1996	80.25	+11.69	50.68	+11.7	29.57	+11.67	1577.77	+8.79	5.08
1997	88.68	+10.5	47.46	-6.35	41.12	+39.06	1588.78	+0.06	5.58
1998	95.36	+7.53	53.78	+13.32	41.58	+1.12	1324.59	-16.62	7.19
1999	74.43	-22	50.23	-6.6	24.20	-41.8	1150.88	-13.11	6.46
2000	73.387	-1.4	46.442	-7.5	26.945	+11.3	1498.95	+30.24	4.89
2001	81.809	+11.48	41.982	-9.6	39.827	+47.7	1556.48	+3.83	5.25
2002	69.658	-14.85	39.873	-5.0	29.785	-25.2	1682.67	+8.10	4.13
2003	71.694	+2.92	42.077	+5.5	29.617	-0.56	2119.99	+25.98	3.38
2004	97.827	+36.45	65.862	+56.5	31.965	+7.92	2805.89	+32.35	3.48

资料来源：1992—1999 年俄美贸易额数据引自［俄］《美国与加拿大》2002 年第 4 期；2000—2005 年俄美贸易额数据引自俄罗斯海关统计（http：//www. vch. ru.），1994—2004 年全俄外贸额数据引自俄罗斯中央银行外贸统计（http：//www. cbr. ru/statistics/credit_ statistics.），每年增幅由作者计算得出。

1999—2000 年为双边贸易下滑阶段。1998 年俄罗斯爆发了金融危机，危机对俄美双边贸易造成一定影响，但这一影响滞后表现在 1999 年双边贸易额大幅下降（-22%）、2000 年继续下降（-1.4%）。俄美贸易下降，除金融危机的冲击造成外贸整体下降外，国际原材料价格大幅下跌，使以原材料出口为主的俄罗斯遭受重大损失。同时由于卢布在金融危机中大幅贬值，使进口大幅度缩减。1998 年金融危机表明了前期激进改革的失败，俄罗斯开始反思改革模式选择的教训，并对改革和发展政策进行进一步调整。

2001—2005 年为双边贸易波动发展阶段。2001 年俄美贸易额回升（11. 48%）之后，2002 年又出现了下降（ -14. 85%），2004 年再次大幅增长（36. 45%）。这一时期的背景是，俄罗斯进入了社会经济政策更为全面调整、探索符合本国国情的发展道路、振兴国内经济的新时期，开始逐步放弃以美国政府援助和国际金融组织提供贷款为主的经济合作形式，对外经济方面采取了在保护本国民族经济基础上，循序渐进地融入世界经济的方针。同时国际市场行情、俄罗斯国内经济复苏、美国对俄采取的反倾销政策对俄美贸易波动产生了重要影响。

纵观苏联解体之后俄美贸易发展情况，可以看到，其贸易规模 1994 年突破 50 亿美元，之后一直在 70 亿美元之上波动。1997 年，美国在俄罗斯外贸额中的占比达到 5. 6%，比 1987 年的 0. 9% 提高了 5 倍，其中在出口中的占比为 5%，在进口中的占比为 6. 2%。1999—2000 年，贸易额经过金融危机后的明显下降后，重新恢复了增长趋势。2004 年俄美贸易额达到 97. 827 亿美元，成为苏联解体之后双边贸易额最高的年份。总体看，双边贸易额在俄罗斯外贸总额中大体保持 5%—7% 的占比，而在美国外贸总额中的占比一直保持在 0. 5% 左右。2004 年，美国为俄罗斯第五大贸易伙伴（位德国、荷兰、意大利和中国之后），俄罗斯在美国的贸易伙伴中排名第 29 位。①

俄罗斯对美国出口以资源型产品为主，主要包括黑色和有色金属、贵宝石和半宝石、化工产品和矿物燃料等。俄罗斯自美国进口以机器设备等高附加值制成品和食品为主，其中最大宗产品是石油天然气设备、航空器材、食品、电动设备和电子技术、交通工具、光学和检测仪表、医疗设备、烟草制品、药品、塑料及其制品。

长期以来，俄美贸易商品结构并无实质性变化，但 2000 年之后，由于卢布升值和国际市场石油和原材料涨价，俄罗斯对美出口构成中，矿产品比重进一步上升，而自美进口构成中，机器设备比重进一步提高。根据美国商业部统计，2004 年俄罗斯对美出口构成中，矿产品占比 35. 9%，金属及其制品占比 34. 7%，化工产品占比 13. 5%，珍珠、宝石和半宝石

① ФТС России, Состояние торгово-экономических связей между Россией и США, http: // www. vneshmarket. ru. 此外，根据俄罗斯国家统计署最新数据，2004 年，美国在俄罗斯出口中的比重 3. 6%，进口中比重 4. 2%。长期以来，美国商务部与俄罗斯海关统计存在较大缺口，以 2004 年进出口额为例，俄罗斯海关统计为 97. 827 亿美元，美国商务部统计为 148 亿美元。

等占比5.4%，纺织品及其制品、鞋类占比2.9%，食品及其原料占比2.7%，木材及其制品占比1.8%，而机器制造业产品不足2%。在俄罗斯自美国进口构成中，机器、设备和交通工具的占比50.6%，食品和农业原料占比29.7%，化工产品占比9.6%，其他类商品占比3.2%，纺织类产品和鞋类占比2.3%。[①]

（二）双边贸易发展特点。从上文中可以看到，苏联解体以来俄美之间的贸易总额始终没有超过100亿美元，与两国之间的经济总量很不相称，双边贸易关系的下述特点，从经济的角度说明了双边贸易不够活跃的原因。

第一，俄美贸易具有明显不平衡的特点。如上所述，在贸易结构中，俄罗斯对美出口制成品比重低，具有明显的原材料特征，而进口则是高技术产品和食品。很难用互补性来解释这种低度化的贸易结构，俄罗斯学者认为，这表明俄罗斯主要是作为经济潜力较低的发展中国家与美国进行贸易。[②]

第二，俄美贸易根本改变了冷战时期苏联对美国存在贸易逆差的局面。从1994年开始，俄罗斯已经连续12年对美保持贸易顺差。之所以出现大量顺差，既与转轨时期俄罗斯采取限制进口的措施有直接关系，同时也与俄罗斯对美出口商品构成有关。

第三，金融危机之后俄美地区间贸易日趋活跃。地区合作是俄美经贸合作的重要层面。在美国对俄出口的主要几个州中，出口构成有明确的专业分工。以1998年为例，佛罗里达州出口中91%为农产品，华盛顿州出口中78%为航空器材、亚利桑那州出口中78%是电子产品、伊利诺伊州出口中62%是工业设备、弗吉尼亚州57%为烟草。

第四，冷战时期苏美贸易构成中的两类最大宗产品——石油和粮食已经退出。在俄罗斯出口构成中占主导地位的天然气、石油和石油制品比重在俄美贸易构成中呈下降趋势。

第五，服务贸易开始在两国经贸合作中发挥重要作用，如1997年俄罗斯发射卫星中的1/3——48颗中的18颗是美国卫星。但起步较晚，合

① ФТС России，Состояние торгово-экономических связей между Россией и США，http：//www.vneshmarket.ru. Интервью Торгового представителя Российской Федерации в США А. П. Долгорукова для журнала "America Illustrated"，5/03/2005，http：//www.economy.gov.ru.

② Супян Виктор Борисович，Российско-американские отношения：состояние и перспективы http：//www.kennan.ru/index.php.

作领域还不够广泛。

三　俄美之间的相互投资合作

投资合作是俄美经济关系的重要领域。90 年代由于俄罗斯经济严重衰退，国民生产总值连年下降，主要是美国对俄投资。1999 年之后，随着俄罗斯经济的复苏，其投资开始进入美国市场。

（一）投资规模。从累计投资额看，美国是俄罗斯的主要外资来源国之一。整个 90 年代，美国的投资规模在外国投资中一直占领先地位。1999—2001 年，美国投资额在对俄投资的 100 多个国家中一直名列第一位（1999 年——96 个国家，2000 年——108 个国家，2001 年——107 个国家）[①]，直到最近几年，才退居德国等国之后。

据俄罗斯国家统计署数据，到 2004 年，美国对俄累计投资 66.2 亿美元，在全部投资国中排第六位，占累计外资余额 711.5 亿美元的 8.1%。到 2005 年 9 月，美国对俄累计投资 71.57 亿美元，占累计外资余额 964.74 亿美元的 7.4%，在全部投资国中继续保持第六的位次。

（二）投资结构。美国对俄投资构成包括直接投资、证券投资和其他投资三种方式，其中以直接投资方式为主，在不同的年份，占全部投资的 65%—81% 不等；其次为证券投资，占全部投资的 6%—27%；其他投资约占 7%—8%。美国投资中直接投资占比远远高于其他国家，从长期看有利于俄罗斯经济的发展。

（三）投资地区和行业选择。美国对俄投资一般根据获利标准独立进行地区和行业选择，而作为东道国的俄罗斯政府对这一进程并没有进行实质性的影响。美国投资一般选择那些市场改革进程较快、金融业等基础设施发达、居民具有更高支付需求能力的中心地区和城市以及资源丰富的地区优先进入，同时也更愿意流向以下地区，即当地政府能够制定较优惠的外资政策，能够提供无偿使用土地或租赁土地周期更长。

（四）投资方式。美国对俄投资初期，建立合资企业是合作的主要方式。在俄罗斯注册的合资企业中约有 1/5 是由美国资本参与建立的。之后由于俄美合资双方在投资理念、管理方式、利润分配等方面的矛盾，独资企业逐步取代合资企业成为合作的主要方式。

---

① ИЭПП，Инвестиционные процессы в реальном секторе экономики，http：//www.iet.ru/trend/2001/17.htm.

四 经济关系在俄美关系体系中的地位和意义

双边贸易额和投资额是衡量两国经济的相互依存度和经济关系质量水平的重要指标。通过以上对俄美经贸和投资合作进程和现状的分析，可以看到，尽管存在较大潜力，但90年代以来，两国的贸易和投资合作都还处于较低水平。目前俄美贸易额和投资额在对方的外贸总额和累计外资余额中所占的位次都不在前列，从俄罗斯看，与美国的贸易额和投资额大大低于与欧盟的同类指标，从美国看，与俄罗斯的合作水平甚至大大低于与拉美一些发展中国家的同类指标。同时，俄美贸易水平还低于中俄、中美贸易的水平。对此学术界存在不同的评价，有观点（特别是俄罗斯国内）认为，这种状态显然与俄美两国的经济规模、各自在国际上的地位和两国目前的政治关系水平不相称。对这一问题的判断与对冷战结束后经济因素是否成为国际政治的主导因素的认识有关。本文认为，冷战后，经济因素在一国外交政策中的分量有所提高，但远不是国际政治中的决定性因素和变量，政治、意识形态、地缘和军事等因素的地位和作用并没有降低，战略安全考虑仍是影响国际关系，特别是大国关系的首要因素。从这一前提出发，可以对冷战后俄美经济关系的现状与前景做以下判断：

首先，俄美经贸关系与政治关系发展水平基本符合。对双边贸易产生影响的有多种因素，如贸易伙伴各自的经济潜力、一国的国际专业化即参与国际分工的水平和能力、国产商品的质量和价格竞争力等，这些都是与双边政治关系水平没有联系的因素。从横向比较看，苏联解体后的15年，俄罗斯对外贸易规模随着其总体经济实力的萎缩已大大缩小，与苏联时期相比，俄罗斯在国际贸易中的地位大大下降，与主要贸易伙伴国的贸易额普遍处于较低水平。但仍保持了增长势头。根据美国商务部统计，2004年双边贸易额达到148亿美元，是1999年的两倍。应该说，俄美之间所确立的政治伙伴关系在很多方面有助于经贸合作的快速发展，俄美经贸关系发展的方向与政治关系发展的进程基本是一致的。

其次，经济关系在俄美关系体系中仍然处于次要层面。尽管在俄美所发表诸多声明、宣言当中，双方都把经济合作看作加强双边关系的重要因素和两国新型关系的基石，① 但从现阶段发展看，实际上俄美关系仍然属

① Интернет-пресс-конференция посла США в России Александра Вершбоу: Новый этап экономического сотрудничества России и США после Московского саммита, http: // www. rbc. ru27/06/2002.

于“高层外交”的范畴，经济关系在双边关系中处于从属地位的状况并没有实质上的改变。对于俄美这两个大国来说，维护和加强自己在世界的领导地位、谋求在全球和地区事务中的主导权，始终是其对外战略的首要和长期目标，这决定其最主要的合作领域是在战略和安全层面。对美国来说，所依靠的主要资源是其在军事、经济和科技方面的优势，而俄罗斯主要是靠其在军事特别是核力量方面的优势。对俄罗斯来说，在对美关系体系中，经济关系暂处于第二层次的重要地位，而在美国对俄关系中，经济关系则处于更低的第三层次地位。在 21 世纪，由于美国领导人的立场，俄美经济关系仍然服从于政治关系，并成为华盛顿内部政治斗争的人质。① 俄美经济关系确实掩盖在政治关系的影子下边，更多的时候还直接以其为前提。② 美俄关系仍像当年苏美关系一样，其基本点在于相互关系的政治和军事层面，区别只是双方没有使意识形态冲突更复杂化。还有一些观点甚至认为，美国未必是愿意特别加强俄罗斯经济，在国内和国外再出现一个竞争对手。③ 当然，对俄美经济关系发展水平的这种判断并不意味着经济合作在俄美关系中不重要，从长远看，两国有必要加强这方面的合作。如同俄罗斯外交部长拉夫罗夫在 2005 年 1 月 27 日在会见俄美实业合作理事会成员的讲话中指出的，俄罗斯与美国应当加强经济合作，因为经济合作问题在俄美关系中占有特殊地位。俄美在经济合作方面需要取得实质性突破，以使两国活跃的政治对话建立在稳固的经济基础之上。④

再次，俄美经济关系对双方的重要性和意义不同。俄美经济关系的重要性和意义显然不能简单用数量指标来衡量。对俄罗斯而言，目前在所有可能和必须进一步扩大经济贸易合作的伙伴中，排序居第一位的是欧盟，之后是日本、印度、中国和其他亚太国家和独联体国家，在俄罗斯的国际经济关系体系中，未来与美国的关系将起特殊的作用。俄罗斯发展与美国的经济关系，更看重的是其在世界高技术市场中的地位、它的投资能力、

---

① Российско-американские отношения в экономической области, Российско-американские отношения на рубеже веков, http://www.svop.ru/live/materials.asp? m_id = 6957&r_id = 6971.

② Баранова Екатерина, Российско-американские экономические отношения: 1990 - 2000-е гг., 2004г., http://amstd.spb.ru/Library/student_works/Rus-US_econ_relations.htm.

③ Супян Виктор Борисович, Российско-американские отношения: состояние и перспективы http://www.kennan.ru/index.php.

④ Тезисы выступления Министра иностранных дел России С. В. Лаврова перед членами Российско-американского совета делового сотрудничества, http://www.embrus.org.ua.

科学技术潜力，以及在国际经济和金融组织中的主导作用。在冷战后初期，俄罗斯急需美国为首的西方提供大笔经济援助（但西方的承诺没有真正兑现）。随着市场化改革的推进，俄罗斯开始更重视来自美国的投资、伴随投资而来的西方商业文化的传播以及美国在俄罗斯入世问题上的决定权。对美国而言，尽管俄罗斯在美国对外经济关系中也占有重要地位，但这显然低于其对俄罗斯的意义。由于地理、劳动力价格、贸易商品结构等原因，拉美的发展中国家、中国和印度都是比俄罗斯更具吸引力的贸易伙伴。俄罗斯对美国暂时还是原材料供应者的地位。而俄罗斯对美国的出口，美国可以不费力地从其他市场得到。[①] 俄罗斯还远不是美国的优先市场，处在美国的前 20 个贸易伙伴行列之外，俄罗斯落在瑞士、巴西、委内瑞拉和尼日利亚之后。[②] 美国对吸引俄罗斯资本也不感兴趣。但俄罗斯对美国具有特殊的利益，随着俄罗斯经济的复苏，其作为巨大的商品市场和投资市场的潜力日益突出。而“9·11”之后，除了安全利益和消费品市场外，美国与俄罗斯发展经济关系则更多考虑的是能源利益，看重的是俄罗斯作为能源大国的地位。

由于这些原因，在经济政策调整中，美国通常处于主动一方，俄罗斯则被动地接受。但 1999 年俄罗斯经济复苏之后，俄在处理双边经济关系中的筹码相对增加。

本章小结

尽管俄罗斯政府的有关外交文献，并不总是将美国放在其外交优先方向的第一位，但实际上俄罗斯在任何领域外交活动的展开，都面临着是与美国合作还是竞争的问题。苏联解体以来俄美关系的历史表明，美国历届政府所奉行的确保美国单极霸权地位的国家战略没有变化，即使在“9·11”事件之后特别需要有关大国密切合作的时期也是如此。而且，美国政府将遏制俄罗斯崛起作为维护其单极霸权地位的国家战略的核心内容，这就与国力日益恢复、力图在国际社会谋求更多权益的俄罗斯产生了许多领域的矛盾，形成了两国关系竞争大于合作的关系总态势。

---

① Российско-американские отношения в экономической области, Российско-американские отношения на рубеже веков, http: //www. svop. ru /live/materials. asp? m _ id = 6957&r _ id = 6971.

② Тезисы выступления Министра иностранных дел России С. В. Лаврова перед членами Российско-американского совета делового сотрудничества, http: //www. embrus. org. ua.

思　考　题

一、名词解释

“一边倒”政策　七国集团　NMD　“9·11”事件　单极与多极世界

二、简答题

1. 苏联解体后俄美核裁军的几个主要条约的主要内容是什么？

2. 苏联解体后俄美经贸关系的基本情况如何？

三、论述题

1. 俄罗斯的对美政策经历了哪几个发展阶段，其变化的主要原因是什么？

2. 美国对俄罗斯实施经济援助的目的是什么？其政策经历了哪些变化？

3. 俄罗斯为什么反对美国的 NMD 计划？

阅读参考文献

郑羽主编：《既非盟友，也非敌人：苏联解体后的俄美关系（1991—2005）》两卷本，世界知识出版社 2006 年版。

吴大辉著：《防范与合作——苏联解体后的俄美核安全关系》，人民出版社 2005 年版。

И. Иванов, Новая российская дипломатия, десять лет внешней политики страны, Москва, 2001.

С. Кройцбегер, С. Грабовски, Ю, Унэер, Внешняя политика России: От Ельцина к Путину, Киев, 2002.

A. Felkay, Yeltsin's Russia and the West, London, 2002.

Edited by D. R. Herspring, Putin's Russia, Past Imperfect, Future Uncertain, 2003, New York.

J. R. Wedel, Collision and Collusion, The Strange Case of Western Aid to Eastern Europe, 1989—1998, New York, 1999.

第二章　俄罗斯的对华政策与中俄关系

内容提要

本章将探讨苏联解体之后俄罗斯政府的对华政策及中俄关系的发展，俄罗斯与中国的经贸关系以及苏联解体后中俄美三角关系的演变。在20世纪90年代，中俄政治关系经历了由互视为友好国家到建立战略协作伙伴关系的三次升级，进入21世纪以后，不仅两国的政治与安全合作日益发展，经贸合作也在经历了磨合期后出现了迅速发展的良好态势。冷战格局解体后，中俄谋求国际新秩序与多极化的共同的利益诉求和相互间的战略倚重，成为两国政治关系的不断升级和战略协作关系充实发展的基本动力，并由此形成了具有不同于冷战年代诸多特点的中俄美三角关系。

第一节　叶利钦时代俄罗斯对华政策与中俄关系

1991年12月25日晚，苏联总统戈尔巴乔夫宣布辞职，12月26日上午，苏联最高苏维埃共和国院宣布苏联停止存在，俄罗斯正式独立。1991年12月27日，中国外交部长钱其琛照会俄罗斯外交部长科济列夫，宣布中华人民共和国承认俄罗斯联邦政府，中国与苏联的大使级外交关系自动转为中国与俄罗斯的大使级外交关系。此后，中俄关系开始了一个新的时代。

一　中俄政治关系的三次升级

俄罗斯独立后，中俄两国双边关系的发展经历了三个阶段。

1991年12月至1994年9月为第一阶段。这一阶段双边关系的性质是互视为友好国家。1991年12月27日，中国外交部长钱其琛照会俄罗斯外交部长科济列夫，宣布中华人民共和国承认俄罗斯联邦政府，中国与苏联的大使级外交关系自动转为中国与俄罗斯的大使级外交关系。同时，以中国外贸部部长李岚清和外交部副部长田曾佩为首的中国政府代表团访问了莫斯科。1992 年 1 月 31 日，中国国务院总理李鹏在出席联合国大会期间与俄罗斯总统叶利钦举行了非正式会晤。通过上述访问和会晤，中俄双方在以下问题上达成了共识：1. 中国承认俄罗斯是苏联国际法地位的继承国，是联合国安理会的常任理事国；2. 双方确认和平共处五项原则是两国关系的基础，1989 年 5 月戈尔巴乔夫访华时和 1991 年 5 月江泽民主席访苏时两国领导人签署的两个联合公报中关于发展双边关系的政策原则仍然适用于中俄关系；3. 以往中苏之间签署的条约和双边关系文件继续有效；4. 过去中苏间进行的关于在边境地区裁减军事力量和加强军事领域信任的谈判和边界谈判将继续下去，双方将尽快批准已经签署的东部边界协议。上述共识的达成，表明两国关系完成了由中苏关系向中俄关系的顺利过渡。

1992 年 3 月中旬，俄罗斯外长科济列夫访问北京，中俄双方交换了本国最高立法机构对 1991 年 5 月签署的《中苏国界（东段）协定》的批准书。1992 年 12 月俄罗斯总统叶利钦访华期间，中俄两国最高领导人发表了《中华人民共和国和俄罗斯联邦相互关系基础的联合声明》，声明中强调：两国“互视为友好国家”，“两国所有的问题将以和平方式解决，相互不以任何形式，包括不利用同对方接壤的第三国领土、领水、领空，不使用武力或威胁使用武力，并为此建立相互对话机制。”① 这既是对以往历史经验的总结，也是两国新型关系的核心原则。在这次访问期间，双方还签署了《关于在边境地区相互裁减军事力量和加强军事领域信任问题的谅解备忘录》，表示将进一步推动双方（包括与中国接壤的独联体其他三国）在此领域谈判进程。此外，在这次访问期间，双方有关部门签署了在经贸、科技、文化等领域的 20 多个合作文件。

在中俄关系发展的第一阶段，两国的军事合作关系已经开始启动。1992 年 8 月末中国国防部长秦基伟访问了莫斯科，正式建立了两军之间的联系，双方探讨了两国军事技术交流及在更广泛的领域加强合作与交流的问题。1993 年 6 月和 8 月，中国国家军委副主席和总参谋长分别访问了莫斯科，进一步探讨了双方在军事技术和军转民领域的合作。1993 年 11 月，俄罗斯国防部长格拉乔夫访问了北京，签署了俄中两国国防部合作协议，确立了国防部长定期会晤机制。1994 年 7 月，中国国防部长迟浩田访

① 《中华人民共和国和俄罗斯联邦相互关系基础的联合声明》，《人民日报》1992 年 12 月 19 日。

俄罗斯，双方签署了《中俄两国政府预防危险军事活动协定》。

1994年9月到1996年4月是中俄关系发展的第二个阶段。在这个阶段，两国建立了“建设性伙伴关系”。1992年12月叶利钦总统首次访华以后，两国在各领域的合作迅速发展起来，两国在政治、经济、科技和文化等领域的交往日益密切，据统计，1993年内两国副部长以上级别代表团的互访达25次，1994年则达到了36次，两国关系的全面发展为两国关系水平的提升作出了准备。1994年1月，叶利钦总统致信江泽民主席，提出俄中两国建立“面向21世纪的建设性伙伴关系”的建议。同年5月末，江泽民主席在会见来访的俄罗斯总理切尔诺梅尔金时表示，完全同意叶利钦关于两国关系发展的建议，“我也认为，应着眼于21世纪，从战略的高度来考虑和处理中俄关系。”① 1994年9月初，中国国家主席江泽民访问了莫斯科，这是中国国家元首在俄罗斯独立后首次访问莫斯科。两国领导人签署的《中俄联合声明》中指出：“双方高度评价1992年第一次中俄高级会晤以来两国关系充满活力的顺利发展，并认为两国已具有新型的建设性伙伴关系。”②

建设性伙伴关系的建立表明中俄两国关系在互视为友好国家基础上的进一步发展。因为，互视为友好国家只是表明两国建立睦邻关系和发展经贸领域合作关系的愿望，而建设性伙伴关系的建立则表明两国致力于建设特殊友好关系，双方合作领域更加广泛和深刻。因而，在这次访问期间，两国除了签署《中俄国界西段协定》外，双方签署的联合声明还突出强调了两国在安全领域和在全球事务领域加强合作的愿望。

在军事安全领域，两国首脑签署了《关于不将本国战略核武器瞄准对方的联合声明》，这一举措虽然从军事技术的角度说是象征性的，但却反映了两国的关系水平和在军事安全领域内的相互信任。中俄两国在上述领域合作与交流机制的发展，使得两国在边境裁军领域的合作建立了巩固的政治基础和足够的相互信任。因而，在这次访问中签署的《联合声明》中双方表达了“努力加速制定边境地区相互裁减军事力量和加强军事领域信任的协定”的共同立场。

在全球事务领域，《联合声明》明确指出，两国“反对霸权主义和强权政治；反对建立对立的政治、军事、经济集团”。

---

① 《人民日报》1994年5月28日。
② 《中俄联合声明》，载《人民日报》1994年9月4日。

1996年4月开始了中俄关系发展的第三阶段。在一直延续到今天的这一阶段，中俄两国建立起了战略协作关系。1996年4月23日，叶利钦总统在来华访问的专机上，亲自将事先拟定好的联合声明作了修改，将表明双方关系性质的“面向21世纪的建设性伙伴关系”的表述，修改为“平等、信任和面向21世纪的战略协作伙伴关系”。这一修改得到了中国政府的赞赏。这里的“战略”是指中俄关系作用范围的全局性和全球性，“协作”是指双方在保持外交独立性的同时，在双方达成共识的领域举行密切的外交合作。在这次访问期间，双方领导还就建立实际运作战略协作关系的机制问题达成了共识：1. 两国国家元首每年分别在莫斯科和北京各会晤一次；2. 成立两国总理委员会，每年分别于双方首都各会晤一次；3. 双方外交部长随时举行会晤；4. 建立两国最高领导人之间的热线电话联系。1997年4月，江泽民主席再次出访莫斯科，两国元首签署了《关于世界多极化和建立国际新秩序的联合宣言》，详细阐述了中俄战略协作的政策目标：1. “深入发展双边合作，保持长久的睦邻友好，促进两国共同发展与繁荣，造福于两国人民。”2. “密切双方在国际事务中的磋商与协调，维护各自的独立、主权和民族尊严，维护各自在国际上应有的地位和正当权益。”3. “通过双方合作和共同努力，促进国际局势的缓和与稳定，推动世界多极化趋势的发展和公正合理的国际新秩序的建立。”①

中俄战略协作伙伴关系建立之后，1997年4月（莫斯科）、1997年11月（北京）、1998年11月（莫斯科）、1999年12月（北京）、2000年7月（北京）、2001年7月（莫斯科）、2002年12月（北京）、2003年5月（莫斯科）、2004年10月（北京）、2005年7月（莫斯科）、2006年3月（北京），中俄两国国家元首多次举行了在该机制框架下的正式和非正式会晤，使两国战略协作关系不断发展。两国总理也在该机制的框架下于1996年12月（莫斯科，第一次会晤）、1997年6月（北京，第二次会晤）、1998年2月（莫斯科，第三次会晤）、1999年2月（莫斯科，第四次会晤）、2000年11月（北京，第五次会晤）、2001年9月（圣彼得堡，第六次会晤）和2002年8月（上海，第七次会晤）、2003年9月（北京，第八次会晤）、2004年9月（莫斯科，第九次会晤）、2005年11月（北京，第十次会晤）进行了多次会晤，力图解决两国在发展经贸和其他领域的双边合作所面临的具体问题。

---

① 《关于世界多极化和建立国际新秩序的联合宣言》，载《人民日报》1997年4月24日。

二　中俄两国的合作领域

1996年4月以后到叶利钦时代结束，中俄双方根据战略协作的原则，在维护联合国在处理全球安全事务的主导地位问题上，在维护全球战略稳定，倡导建立合理公正的国际秩序领域，在反对单极霸权和推进多极化的领域，在维护相关地区（特别是中亚地区）的稳定和繁荣的问题上，在推进和加深双方的经贸合作和军事技术合作的领域，进行了广泛的成效显著的协作，对推进冷战后世界向多极化方向发展，巩固世界和平和地区稳定，对巩固发展中俄两大民族的友谊和睦邻关系，产生了积极的持久的影响。

中俄军事技术领域的合作是引起普遍关注的领域。1997年4月，当时的俄罗斯国防部长罗季奥诺夫在访华前夕接受记者采访时谈道："近几年俄中签署了一系列关系到两国武装力量的重要条约和协定。军事领域的联系和接触已扩大到了后勤保障、通讯、地形测绘、军事教育和军事科学、医疗、军队建设和部署、航空等领域。俄中两国各军种、相邻军区之间的接触更是多种多样，多方面的军事技术合作也在增加。"

在台湾问题上，俄罗斯政府严格遵守了不与台湾发展政治关系的立场，1992年9月15日，叶利钦总统签署了俄罗斯与台湾关系的总统令，明确承认中华人民共和国是中国唯一合法政府，台湾是中国的一部分，不与台湾发展官方关系。规定俄罗斯和台湾间的经济、科技和文化等非官方联系将由公民个人和非政府组织进行，国家公职人员不得成为与台湾进行联系的非政府组织和机构的成员。在俄台交往协议和文件中，均不得使用俄罗斯国家标志和"中华民国"的称谓和标志。

"上海五国"机制是中俄两国进行地区安全合作的重要机制。在该机制的框架下，不仅解决了中国与俄罗斯等独联体国家边境地区的军事领域信任和裁减军备的问题，也使与中国和俄罗斯接壤的中亚地区的安全与稳定得到了巩固。需要强调的是，"上海五国"机制的建立和运作，创立了一种不同于冷战模式的新的安全观和非军事联盟的安全合作新模式。在叶利钦执政年代，"上海五国"元首会晤共举行了四次。

"上海五国"第一次元首会晤于1996年4月26日至27日在中国第一大城市上海举行。这次会晤的主要成果是签署《中国同俄哈吉塔关于在边境地区加强军事领域信任的协定》。

1996年4月26日下午，中国国家主席江泽民、俄罗斯总统叶利钦、哈萨克斯坦总统纳扎尔巴耶夫、吉尔吉斯斯坦总统阿卡耶夫和塔吉克斯坦总统拉赫莫诺夫在上海展览中心签署了《中国同俄哈吉塔关于在边境地区加强军事领域信任的协定》。该协定共 16 款，其主要内容为：①双方部署在边境地区的军事力量互不进攻，不进行威胁另一方及损害边境地区安宁与稳定的任何军事活动。②双方交换部署在边界线各自一侧 100 公里地理区域内的陆军、空军、防空军航空兵、边防部队人员数量和武器装备、军事技术基本种类数量的资料。③双方不进行针对对方的军事演习，限制实兵演习的规模、范围和次数，在边界线各自一侧 10 公里的区域内，除边防部队以外，双方不部署新的战斗部队。④相互通报边境 100 公里纵深地区的重要军事活动情况，相互邀请观察实兵演习。⑤采取措施预防危险军事活动。⑥加强双方边境地区军事力量和边防部队之间的友好交往。⑦该协定无限期有效。经各签署国的最高立法机关批准后，该协定于 1998 年 5 月 7 日生效。

这次会晤的重要意义在于，它建立五国元首会晤机制，通过边境地区加强军事领域信任措施协定的签署，将中国为一方、独联体四国为另一方的“双边关系推上了一个新的台阶，形成了好邻居、好朋友、好伙伴这一新型国家关系”。使双方在其他领域的合作“步入健康有序的轨道”。[①]

“上海五国”第二次元首会晤于 1997 年 4 月 24 日至 25 日在俄罗斯首都莫斯科举行。4 月 24 日，中国国家主席江泽民、俄罗斯总统叶利钦、哈萨克斯坦总统纳扎尔巴耶夫、吉尔吉斯斯坦总统阿卡耶夫和塔吉克斯坦总统拉赫莫诺夫在克里姆林宫签署了《中国同俄哈吉塔关于在边境地区相互裁减军事力量的协定》。该协定同时附有关于协定适用范围议定书、关于裁减程序议定书、关于交换资料议定书和关于监督和核查议定书四个附件。这个同样含有 16 项条款的协定除了再次重申《中国同俄哈吉塔关于在边境地区加强军事领域信任的协定》中的一些基本原则外，强调双方裁减和限制部署在边界线两侧各 100 公里纵深地区内的陆军、空军、防空军航空兵的人员和作战坦克、装甲作战车、火炮、战术导弹发射架、作战飞机、战斗直升机等主要种类武器和军事技术装备的数量，确定其最高限额，规定了在边界线两侧各 100 公里纵深区域内的边防部队人员（13.04 万人）及其主要种类的武器装备和军事技术装备的数量的最高限额，确定了武装部队人员和军事技术装备的裁减方式及其期限（两年），并交换有

① 《举世瞩目的协定》，载《人民日报》1996 年 4 月 27 日。

关资料和进行相互监督等等。该协定的有效期至2020年12月31日，经双方同意可以延长。

这次五国元首会晤的意义在于，《中国同俄哈吉塔关于在边境地区相互裁减军事力量的协定》是亚太地区历史上第一个国家间的裁军文件，它对维护亚太地区乃至世界的和平、安全与稳定提供了一种不同于冷战思维的安全模式。

“上海五国”第三次元首会晤1998年7月3日至4日在哈萨克斯坦首都阿拉木图举行。会晤之后，五国外长代表本国政府签署了联合声明。其主要内容如下：①各方将采取一切必要措施保障严格执行1996年4月26日《中国同俄哈吉塔关于在边境地区加强军事领域信任的协定》和1997年4月24日《中国同俄哈吉塔关于在边境地区裁减军事力量的协定》，重申举行定期磋商讨论上述协定执行情况具有重要意义。②各方从本地区实际出发，同意就安全问题积极进行双边和地区对话与磋商，并欢迎本地区对此感兴趣的所有国家参与这一进程。各方同意根据需要举行专家级、外长级、政府首脑和国家元首间的会晤。③各方支持哈萨克斯坦提出关于亚洲相互协作与建立信任措施会议建议的基本构想，积极评价中亚国家提出的建立中亚无核区的倡议。④各方表示愿意就重大国际问题和亚洲局势问题继续深入磋商。⑤各方一致认为，任何形式的民族分裂主义、民族排斥和宗教极端主义都是不能接受的。各方将采取措施，打击恐怖主义、有组织犯罪、偷运武器、贩卖毒品和麻醉品以及其他跨国犯罪活动，不允许利用本国领土从事损害五国中任何一国的国家主权、安全和社会秩序的活动。⑥各方愿意积极发展相互间的经济合作，特别是相互间的水陆空运合作。⑦各方对阿富汗的紧张局势感到不安，呼吁尽快解决阿富汗内部冲突。⑧各方对南亚核试验后该地区的紧张局势表示严重的关切，呼吁所有尚未加入《不扩散核武器条约》和《全面禁止核试验条约》的国家尽快加入该条约。⑨共同努力使五国间的睦邻、友好和合作关系成为整个欧亚地区稳定、安全与发展的长期有效的重要因素。

第三次五国元首会晤的意义在于，它表明了在五国之间的边境地区信任和裁军协定签署之后，五国将继续使该机制的功能得到“扩大和加强”，成为维持地区和平与稳定的“长期有效的重要因素”；五国间讨论的内容进一步扩展到彼此间的经济合作，和本地区的非传统安全问题，并开始对五国所在地区周边国家和邻近地区的形势表明自己的立场；明确了五国间磋商的四个层次（专家级、部长级、政府首脑和国家元首间的会晤），这就为“上海五国”元首会晤发挥更大的实际功能作了准备。

第四次“上海五国”元首会晤于1999年8月25日在吉尔吉斯斯坦首都比什凯克举行，讨论中亚地区和周边的安全形势，五国进一步加强在安全领域和经济领域的磋商与合作的一系列问题。会晤结束后五国元首发表了《比什凯克声明》，再一次阐明了五国政府在一系列问题上的共识和加强合作的愿望：

其一，重申打击三股势力、打击武器走私、毒品交易、非法移民等跨国犯罪对地区稳定的重大意义。特别指出：“为此，五国主管部门将采取措施开展实际协作，包括举行磋商并在1999—2000年间制定有关联合行动计划。”①

其二，各方支持吉尔吉斯斯坦总统阿卡耶夫提出的复兴丝绸之路的“丝路外交”构想，以促进该地区有关国家的经济合作的进一步发展。

其三，再次对阿富汗局势的发展表达了共同的关注，并支持吉尔吉斯斯坦政府提出的召开阿富汗问题的比什凯克会议的倡议。

其四，决定成立五国联合磋商小组，以便寻求在五国范围内开展双边和多边经济合作的途径，为五国元首会晤准备建议。

本次会议的重要意义在于，五国元首决定就反对三股势力和其他领域的跨国犯罪采取联合的实际行动，从而为五国元首会晤机制功能的扩大做了准备。

2000年7月5日，“上海五国”元首在塔吉克斯坦首都杜尚别举行了第五次会晤、五国元首签署的《杜尚别声明》。乌兹别克斯坦总统卡里莫夫列席了会议，并正式提出了参加“上海五国”元首会晤机制的申请。本次会议在以下几个方面取得了进展：

首先，有关五国一致同意致力于使“上海五国”会晤机制向建立该框架内的多层次合作机制过渡。例如，同时举行“上海五国”首次外长会晤，五国国防部长的会晤机制已经在2000年3月正式启动。

其次，明确认定了当前影响五国周边地区稳定的破坏性因素是民族分裂主义，国际恐怖主义和宗教极端主义，决定“尽早制定相应的多边纲要，签署必要的多边合作条约与协定，定期召开五国执法、边防、海关和安全部门负责人会晤”，这实际上深化了五国地区安全合作的力度。

再次，“上海五国”第五次元首会晤，将有关五国在本地区安全与合

① 《中吉俄哈塔五国元首发表声明》，载《人民日报》1999年8月26日。

作问题上的共识与一致性进一步扩大到一系列全球性问题上。例如《杜尚别声明》明确提出："各方强调必须无条件地维护并严格遵守1972年签署的禁止建立国家导弹防御系统的反导条约。""各方反对未经联合国安理会批准在国际关系中使用或威胁使用武力，反对任何国家或国家集团出于私利垄断全球和地区事务的企图。"[①] 这使得"上海五国"机制的影响不仅仅局限于本地区事务。

最后，杜尚别会议决定进一步扩大"上海五国"的合作范围。例如本次会议的有关各国"全面鼓励在五国框架内理顺和发展经贸伙伴关系"，"有效利用'上海五国'的能源潜力"，进一步推动文化交流以及在环境和水资源利用等领域的合作。同时，各国元首一致表达了将元首会晤机制发展成为区域性多边合作组织的共同愿望。

经济合作是中俄两国双边关系中的重要内容。在叶利钦执政年代，双方的贸易形式、贸易内容和贸易主体等等都发生了一系列变化。例如，贸易方式由以易货贸易为主转向易货贸易、现汇贸易和经济技术合作等多种贸易方式；贸易商品结构逐步由初级商品为主向中高档商品、科技含量高和附加值高的商品结构转变；贸易主体的转变包括，中方贸易主体逐步由分散的、多层次的中介贸易公司向有实力的和有一定经营规模的外贸企业和企业集团转变，俄方贸易主体则逐步由公有制企业向股份制企业和私有制企业转变，由单纯性贸易公司为主向以生产厂家等实体转变；贸易结算方式由主要通过依赖商业信誉的公司间结算逐步向依赖金融信誉的银行间结算转变。上述转变的出现，为两国间未来更大规模的更深层次的合作作出了必要的准备。

中俄两国以互谅互让的原则成功地解决彼此间的边界分歧。中俄国界东段的划分协定是在苏联时期签署的。1987年2月中苏双方代表在莫斯科恢复边界谈判。经过两年多的详细磋商，中苏双方就东段边界走向达成了原则协议（额尔古纳河流域的阿巴该图洲渚，俄方称为大岛，黑龙江和乌苏里江汇合处的黑瞎子岛，俄方称为大乌苏里岛和塔拉巴洛夫岛为待议地区）。1991年5月，中国国家主席江泽民访问莫斯科期间，双方外交部长签署了《中苏国界东段协定》。该协定共有10项条款，其主要内容为：确定了中苏边界东段除黑瞎子岛等两块争议地区以外的边界走向，同意继续谈判解决尚未达成一致地区的边界走向问题；通航河流国界线沿主航道中

---

① 《哈中吉俄塔元首杜尚别声明》，载《人民日报》2000年7月6日。

心线行、非通航河流国界线沿河流中心线行，并依此划分岛屿归属；双方各类船只，包括军用船只，可从乌苏里江经哈巴罗夫斯克城下至黑龙江无阻碍地航行；中国船只可沿图们江下游通海往返航行；成立联合勘界委员会负责实施勘界立标工作。1992 年 2 月 13 日，俄罗斯联邦最高苏维埃批准该协定，同年 2 月 25 日中国全国人大常委会批准了该协定，1992 年 3 月 16 日，俄罗斯外长科济列夫访华期间双方互换了批准书，协定从当日起生效。

1994 年 9 月中国国家主席江泽民访问俄罗斯期间，双方签署了《中俄国界西段协定》（位于中俄蒙哈斯国相邻处，总长约 54 公里，没有争议点），该协定在 1995 年 10 月 17 日两国在互换两国最高立法机关的批准书后开始生效。1997 年 11 月，叶利钦总统第三次访华，两国元首签署的《中俄联合声明》写道："中俄两国元首郑重宣布，根据 1991 年 5 月 16 日协定进行的中俄国界东段勘界的所有问题业已解决，中俄东段已勘定的边界（约 4200 公里）在两国关系史上首次在实地得到准确标示。……双方宣布愿在商定的期限内完成中俄边界西段（约 54 公里）的勘界工作。双方将继续谈判公正合理地解决遗留的边界问题，以便将共同边界全部确定下来。"① 1999 年 4 月 27 日，在 1992 年 6 月开始工作的中俄边界联合勘界委员会的俄罗斯代表团团长基列耶夫对新闻界宣布，俄中联合勘界部门共绘制和完成了有关两个边界协定的 175 张详尽地图及辅助文件，"双方已经沿东部 4195 公里长的边界——从蒙古至图们江，及沿西部 54 公里长的边界——从哈萨克斯坦至蒙古，立下 2084 个界标及界碑"。待议地区的"三座岛屿（中方认为是两个岛屿）的命运将留待未来决定"。② 在 1999 年 12 月上旬叶利钦总统对北京进行非正式访问期间，中俄两国外长代表本国政府签署了《中俄关于中俄国界线东段的叙述议定书》和《中俄关于中俄国界线西段的叙述议定书》。

应该指出，中俄之间在叶利钦时代在解决边界问题上的合作政策，不仅为后来两国全面解决边界划分问题奠定了良好的基础，而且有力地推动了中国与原苏联三个加盟共和国——哈萨克斯坦、吉尔吉斯斯坦和塔吉克斯坦的边界划分问题，并直接促进了"上海五国"论坛和上海合作组织的建立和逐步完善。

① 《中俄联合声明》，载《人民日报》1997 年 11 月 12 日。

② "中俄边界纠纷，俄称已解决"，载纽约《世界日报》1999 年 4 月 28 日。

三 叶利钦时代中俄两国的战略协作及其特点

1996年4月中俄战略协作关系建立后，双方在1997年4月中国国家主席江泽民访俄期间明确了战略协作的三个层次，即全球性问题领域、地区安全领域和双边合作领域。由于国际形势的迅速变化，自那时以来，双方在全球问题上的战略协作关系经历了三个发展阶段。

在1996年4月到1999年3月的第一阶段，双方在主张多极世界，反对集团政治和滥用国际干预，主张协作安全等共识的基础上，使中俄两国的合作领域超出了纯双边关系的范畴。在这一阶段，两国协作的核心问题是两国在反对北约东扩和反对外部势力干预台湾问题的解决。这一时期的协作特点是协作的利益重心并不重叠。

1999年3月到2001年9月是中俄协作关系发展的第二阶段。1999年3月末美国绕过联合国对南斯拉夫实施大规模空袭，同月，美国国会通过《全国导弹防御系统法案》。上述事态促使中俄两国进一步加深了在国际舞台上加强战略协作，使双方协作的关注视野从北约东扩问题和台湾问题集中于维护联合国在后冷战年代防止和处理地区冲突中的地位和作用，维护1972年《反弹道导弹条约》以确保全球核领域的战略稳定，这就使中俄双方协作领域更加具体化和明确化，而且与以往相比，中俄双方在全球问题上的战略协作方向在上述两个问题上实现了完全重叠，并联合采取了实际外交步骤。例如，在1999年11月和2000年9月中俄两国联合20多个国家两次向联合国提出反对违背1972年《反弹道导弹条约》，维护全球战略稳定的议案。

在“9·11”事件后开始的新阶段，中俄战略协作的重心开始由全球层面和地区层面向双边合作层面转移。这主要表现在中俄加紧筹划开发由西伯利亚伊尔库茨克到中国东北的油气管道项目，从俄罗斯希望加紧开发东部与其欧洲部分的经济振兴相配合的角度看，从中国经济可持续发展的角度和能源安全的角度看，这种合作与筹划中的中俄大型企业间的合作一样是两国国家发展战略的一部分，是中俄战略协作新的同样重要的领域。此外，中俄军事技术合作对于振兴俄罗斯军工产业，对于迅速提升中国的国防实力都具有战略意义。同时，应该指出，中俄在全球问题和地区安全问题领域进行战略协作的机制和潜力依然存在。

由于俄罗斯民族不会甘心于成为屈从他国意志的仆从角色，而美国又不肯与其他国家平等地分享国际权利并时常将自己的意志强加于人。因此，旨在反对强权政治和单边主义政策，植根于双方的共同需要和共同利益的中俄战略协作是有生命力的。这种战略协作的紧密性和有效性，不仅依赖于利益共同和理论共识，更加依赖于由两国的国家实力所形成的协作外交的操作能力。

中俄战略协作关系具有以下特点。

其一，中俄的战略协作不针对第三国，这绝不是一句宣传口号或外交辞令，其根源与中俄两国总的外交构想中都不将任何一国当作自己的固定的敌人，双边内容外的中俄战略协作只是针对可能损害两国国家利益的某种政策。当美国在一定程度上放弃单边主义，愿意在某些领域与俄中任何一国保持合作关系时，这符合中俄战略协作的本意，并能够同时有益于中俄两国，例如，俄美之间新的核裁军条约的签署也同样符合中国的核安全利益。

其二，中俄的战略协作不是基于一方对另一方的单方面支持，而是基于双方的共同利益。例如，中国积极支持和配合了俄罗斯在维护《反导条约》问题上的外交斗争，因为战略稳定的破坏对中俄双方都有损害。俄罗斯在拒绝修改《反导条约》问题上坚持了始终如一的立场，并不是因为对中国作出了某种承诺，而是出自本国的战略利益。可以认为，如果中俄两国中任何一方的外交行为损害了中俄的战略协作关系，那么它有可能首先损害了本国的国家利益。

其三，由于美国的国家实力远远超过中俄两国，甚至远远超过中俄两国的总和，使美国能够同时对中俄采取强硬政策，例如小布什政府上台到“9·11”事件出现之前一段时间内，就是如此。同样，美国政府也可以根据本国的战略需要，同时对中俄两国采取一定程度的合作政策，例如“9·11”事件后美国对俄和对华政策的基本态势。因而，应该看到，美国对华政策和对俄政策的基本出发点，并不是通过厚此薄彼来离间中俄关系，而是根据自己的全球性战略安排。中俄两国改善中美关系和俄美关系的政策，在客观上都不存在祸水东引或祸水西引的可能。

其四，中俄战略协作关系不能涵盖两国外交政策的所有领域，两国也都不谋求对对方政策的刚性约束。此外，由于两国地理位置不同和国情不同，中俄两国的战略利益重心也存在不同，这必然导致两国不能完全依赖或完全通过中俄战略协作来实现自己的政策目标。应该看到，当前中俄战略协作形势变动的原因，既有俄罗斯政策调整的因素，也有国际形势变动的因素。这主要表现在以下几个问题上：在韬光养晦的政策背景下，俄罗斯官方舆论不再谈及主张多极世界和反对单极世界，这曾经是中俄战略协作最重要的理论基石；美国退出《反导条约》的既成事实，也使中俄在维持战略稳定领域的协作失去时效；由于美国从 2001 年 10 月初开始相继进入中亚三国，妨碍了刚刚在 3 个多月前成立的“上海合作组织”功能的发挥，中俄的地区安全协作受到阻碍。但同时也应该承认，俄罗斯并没有接受单极世界的原则；俄罗斯—北约新关系的建立使俄罗斯在特定领域对北约的行为构成了一定程度的制约；新核裁军条约的签署使美国在核军备领域的单边计划受到了一定的限制。这既符合国际社会的利益，也符合中国的利益。

四 中俄关系由叶利钦时代向普京时代的顺利过渡

1999 年 12 月 31 日，俄罗斯联邦总统叶利钦总统突然宣布辞职，并在同时任命当时担任政府总理的普京为代总统，中俄关系发展史上的叶利钦时代因此宣告结束。

2000 年以来中俄关系的状况表明，中俄关系不仅顺利完成了两个时代的平稳过渡，而且在世纪之交的新的国际背景下，两国在一系列重要的全球性问题上的战略共识更加接近，中俄合作的战略基础得到了进一步巩固。2000 年内，中俄战略协作在三个层面：即全球问题领域、地区问题和双边合作领域都取得了重要进展。

普京总统访华推进了中俄关系的发展。2000 年 7 月 17—19 日，普京总统对中国进行了他担任总统以来的第一次正式访问，在与中国领导人举行会谈后，双方签署了两个重要文件：其一是中俄《北京宣言》，其二是《中华人民共和国主席和俄罗斯联邦总统关于反导问题的联合声明》。这次访问实现了中俄关系由叶利钦时代到普京时代的平稳过渡，在以下几个方面推动了中俄关系的进一步发展：

（一）确认了叶利钦时代两国签署的各项法律文件的有效性和推进两国各领域合作的愿望。两国元首一致认为：“中国和俄罗斯签署和通过的所有政治文件是两国关系得以良好发展的牢固基础。中国和俄罗斯恪守其各项原则和精神，决心不断努力，将两国关系提高到新的水平。”① 这就表明俄罗斯新政府承认叶利钦签署的关于两国关系的所有文件的有效性，将其作为进一步推进双方合作的法律基础。

① 《北京宣言》，载《人民日报》2000 年 7 月 19 日。

（二）进一步明确了中俄在战略协作的不同层次上的操作方向，即在全球问题领域，“共同努力维护联合国安理会在国际事务中，首先是维护国际和平与安全方面的主导作用”；“巩固全球和地区战略稳定，维护现有军控和裁军条约体系”，即反对有关国家研制和部署 NMD，也坚决反对“某些国家在亚太地区部署非战略性导弹防御系统的计划”。在地区问题领域，双方强调在当前形势下，“民族分裂主义、国际恐怖主义、宗教极端主义及跨国犯罪活动及对主权国家的安全以及世界和平与稳定构成了严重威胁。中俄决心在双边和多边的基础上采取积极有效的具体步骤打击上述行为”。在双边合作领域，双方强调“中国和俄罗斯进一步全面综合发展经贸、科技和军控领域的合作，是扩大和深化中俄平等互利的战略协作伙伴关系的重要方向之一”。①

同时，两国在“上海五国”元首会晤的机制内继续合作，2000 年 7 月举行的第五次五国元首会晤和 2001 年 6 月“上海合作组织”元首会晤中，中俄两国在地区问题层面的战略协作得到了进一步的发展。

（三）两国的高层会晤机制继续顺利运转。2000 年 11 月 3—4 日，俄罗斯总理卡西亚诺夫访问中国，并与中国总理举行了 1996 年以来的第五次中俄总理定期会晤。双方在会晤期间签署了一系列合作文件，其中主要有：《中华人民共和国和俄罗斯联邦政府关于建立两国总理直通保密电话通讯线路的协定》，《中华人民共和国和俄罗斯联邦政府 2001—2005 贸易协定》，关于在中国江苏建造田湾核电站过程中中俄合作的协议；关于吸收韩国天然气公司进入中俄筹备开发俄罗斯科维克金凝析气田可行性研究的协议，等等。

第二节　普京时代俄罗斯对华政策与中俄关系

自普京总统入主克里姆林宫以来，中俄两国的战略协作伙伴关系沿着日臻成熟的轨道不断攀升新的台阶，进入了历史上双边交往的最好的时期。这主要表现为：两国间的政治互信已经达到历史上的新高度，影响双边关系发展的现实隐患——边界问题得以最终排除，以能源合作为核心的两国间经贸关系终入正轨，两国间的军事合作向更高水平、更广领域发展。这预示着中俄战略协作在经历了近十年的磨合后，正在步入稳定发展

① 《北京宣言》，载《人民日报》2000 年 7 月 19 日。

的新阶段——既重视政治利益，又不忽视经济利益；既重视明天的预期利益，又不忽视今天的现实利益；既追求本国的合理利益，又尊重对方的合法利益；既有平等的长期性合作，又有公平的经常性竞争；既要适当地照顾对方，又不过分地委曲求全。

一 两国间的政治互信达到历史新高度

政治互信是国家间良好关系的基础。中俄战略协作伙伴关系既非一般意义上的国家间关系，也非传统的同盟国间的关系。作为一种全新的特殊的国家间关系，中俄战略协作伙伴关系对双边政治互信的全新要求显然不能等同于一般的国家间关系。普京总统当政以后，在国际形势发展的大背景下，中俄两国经过十多年的探索与磨合，双方的政治互信呈现出全新而独特的发展势头，并达到了两国关系史上的新高度。

2001 年 7 月 16 日，江泽民主席与普京总统在莫斯科签署的《中俄睦邻友好合作条约》（以下简称《条约》）将两国关系作了定性、定位与定向，堪称是指导中俄关系发展的“宪法”，是“两国关系发展进程中的重要里程碑，是指导中俄关系发展的纲领性文件”。[①]《条约》将中俄关系定位为平等信任的战略协作伙伴关系，明确将双方永做好邻居、好伙伴、好朋友的坚定意志用法律的形式固定下来。

第一，《条约》强调互相尊重主权和领土完整、互不侵犯、互不干涉内政、平等互利、和平共处五项原则是指导两国关系的基本准则，并将其具体细化——在相互关系中不使用武力或以武力相威胁，也不相互采取经济及其他施压手段，以和平方式解决分歧，承诺互不首先使用核武器和互不将战略导弹瞄准对方；双方尊重对方选择的发展道路，确保两国关系长期稳定发展；双方支持对方在维护国家统一和领土问题上的政策，俄罗斯承认世界上只有一个中国，中华人民共和国是代表全中国的唯一合法政府，台湾是中国不可分割的一部分；双方相互没有领土要求，决心并积极致力于将两国边界建设成为永久和平、世代友好的边界；双方将加强边境地区军事领域的信任和相互裁减军事力量；双方不参加任何损害缔约另一方主权、安全和领土完整的联盟或集团。

第二，《条约》规定，两国将加强在国际事务中的合作。双方反对以任何借口对主权国家搞武力施压；将在预防国际冲突及其政治解决方面相

---

① 《中俄元首莫斯科联合声明》，载《人民日报》2001 年 7 月 17 日。

互协作；共同致力于维护全球战略平衡与稳定；积极推动核裁军和裁减化学武器进程，促进加强禁止生物武器的制度，防止大规模杀伤性武器扩散；加强联合国在处理国际事务中的中心作用。

第三，《条约》规定两国将加强在地区安全事务上的合作。双方将大力促进加强两国周边地区的稳定，确立相互理解、信任和合作的气氛，推动周边地区建立符合其实际的安全和合作问题多边协作机制。

第四，《条约》规定要促进双方在经贸、文化领域的全面合作，并将完善定期会晤机制。

以五项原则作为两国发展双边关系的指针正是十多年来两国战略协作实践最成功的经验，《条约》将其作为今后发展两国关系的基本准则，这为中俄战略协作伙伴关系的进一步发展夯实了基础；《条约》重申双方没有领土要求，有助于增强两国间的互信，尤其能够打消俄罗斯的后顾之忧——一部分俄罗斯民众担心中国强大后可能会夺回沙俄时期抢占的领土；《条约》强调两国在全球、地区和双边层面的合作，确定了两国战略协作的基本方向，表明中俄战略协作伙伴关系正在由构建框架阶段向不断充实内容阶段深入发展。①

2004 年 10 月，中俄两国领导人批准了《〈中俄睦邻友好合作条约〉实施纲要（2005 年至 2008 年）》（以下简称《实施纲要》）。《实施纲要》实际上是两国间具体的中期合作规划，它把两国在今后 4 年内在各个领域内和各个部门间的重要合作内容，用可操作的制度的形式敲定了下来，使两国间今后的合作有章可循，有规可依。这将极大地避免双边合作进程中人浮于事、流于形式和政治热、经济冷，高层热、地方冷的现象，从而给中俄两国加强和巩固战略协作伙伴关系，增添了具体而实在的内容。该《实施纲要》无疑是中俄深化战略协作的有力保障。俄罗斯驻华大使罗高寿在谈到《〈中俄睦邻友好合作条约〉实施纲要（2005 年至 2008 年）》时表示："这份计划的实施将在很大程度上决定（两国）近期各领域合作的性质和水平。"因此他认为《实施纲要》对于巩固俄中长期战略伙伴关系，具有"里程碑"式的意义。俄罗斯国内许多媒体更是将其视为"深层次的中俄战略协作元年开始的标志"。②

进入新世纪以来，中俄战略协作业已形成的保障机制得到了进一步

① 《中俄睦邻友好合作条约》，载《人民日报》2001 年 7 月 17 日。

② ［俄］弗拉基米尔·库泽里："不需要完成任何决议的峰会"，载［俄］《红星报》2004 年 10 月 16 日。

的完善，确保了双边交往的稳定发展。首先，中俄两国国家元首之间密切的定期会晤和随时热线沟通达到了前所未有的水平。仅以2001年为例，中俄两国国家元首举行了3次会晤，并6次通过热线电话讨论共同关心的国际问题。两国国家元首的会晤和随时沟通机制保证了双方在涉及两国根本利益和重大的国际问题上的战略协作。其次，中俄两国政府首脑的定期会晤机制保证了两国重大合作的落实。为确保该机制的运作，2000年两国建立了俄中政府教育文化卫生体育合作委员会。普京执政以来，中俄间所建立的定期会晤机制及其包括分委会和工作小组在内的分支机构在解决各个领域的双边协作问题时表现出很高的效率。两国总理的频繁会晤极大地推动了大型双边合作项目的制定和实施、各级贸易关系的发展以及高效的合作机制的建立。另外，中俄两国间的副总理、议会、部门首脑、中俄教育文化卫生体育委员会机制框架内的13个分委会的定期磋商会晤机制以及以中俄友好和平与发展委员会为主体的民间沟通协商机制也都呈现出良好的发展势头。上述机制的职能正在适应新的形势而不断发展和完善，为发展和巩固双边战略协作伙伴关系发挥着日益重要的机制保障作用。

自普京执政以来，中俄战略协作伙伴关系经受住了美国退出《反导条约》、“9·11”事件、阿富汗战争、伊拉克战争和朝鲜核危机等重大国际事件的考验。双方在解决许多国际热点问题和地区冲突问题上加强了战略协作。为反对美国进行NMD试验，中国、俄罗斯、白俄罗斯分别在第54届和第56届联大上提出了“维护和遵守《反导条约》”的议案，并以压倒多数获得了通过，确认了《反导条约》作为维护全球战略稳定基石的重要作用，呼吁国际社会为维护《反导条约》做出进一步努力。2002年6月，为防止太空武器化，中国与俄罗斯向日内瓦裁军谈判会议提交了关于《防止在外空部署武器、对外空使用或威胁使用武力的国际法律文书要点（草案）》的工作文件，呼吁不向环绕地球的轨道放置任何携带任何武器的物体，不在天休安装此类武器、不以任何方式在外空部署此类武器；不对外空物体使用或威胁使用武力；不协助、不鼓励其他国家、国家集团和国际组织参与本条约所禁止的活动。这是中俄首次在国际裁军问题上统一协调行动，对于防止太空武器化，起到了实质性的推动作用。中俄两国在关乎世界稳定与和平问题上进行的有效合作，表明中俄战略协作伙伴关系已经成为影响和推进世界格局多极化和国际关系民主化进程的重要因素。

二　双边关系的现实隐患——边界问题得以最终排除

中国与俄罗斯拥有4300多公里的漫长边界线。从1689年中俄两国签署《尼布楚条约》至今，在中俄300多年的交往史上，边界纠纷曾经是影响两国关系正常化的最主要难题。此前，在边界问题上，经过40逾年的努力，中俄双方在平等协商、互谅互让的精神下，通过1991年签署的《中国和苏联关于国界东段的协定》及1994年签署的《中俄关于中俄国界西段的协定》确定了中俄98%的边界线走向。2004年10月普京访华期间，中俄两国签署了《关于中俄国界东段的补充协议》，双方充分考虑了两国的地方利益，就额尔古纳河上游阿巴该图洲与黑龙江中游黑瞎子岛的两个地段的边界达成最后协议。2005年4月27日、5月20日中国人大和俄罗斯议会分别批准了2004年普京总统访华期间两国签署的《关于中俄国界东段的补充协议》，6月2日中俄两国外长互换了该协议的批准书，协议正式生效。该协议连同1991年签署的《中国和苏联关于国界东段的协定》和1994年签署的《中俄关于中俄国界西段的协定》，标志着长达4300多公里的中俄边界线走向在两国300多年的交往史上首次全部确定。

《关于中俄东段国界的补充协议》在中俄两国的批准进程并非一帆风顺。两国国内都对该协议的签署存在着一些反对意见，尤其在俄罗斯国内，土地割让问题一向十分敏感。普京总统就曾有句名言："俄罗斯的土地很多，但是没有一寸是多余的。"为阻挠该协议的批准进程，俄罗斯国内的某些政治势力甚至发起了反对批约的征集签名运动，认为俄罗斯政府不应该把统治多年的领土让与中国，因为"俄国从没有把已经占领的土地拱手相让的传统"。该协议在中俄两国的批准与生效、两国边界问题的最终解决的确来之不易。这再次表明，中俄两国政府与民众已经能够从两国战略协作的大局出发，而不是从狭隘的民族主义角度来看待两国关系中存在的最复杂的问题。俄罗斯外长拉夫罗夫在中俄元首北京会谈结束后向记者表示，俄中两国在边界问题上达成的协议具有"突破性意义，长达40年的谈判画上了句号"。他强调，这一事件表明，"当国家关系上升到真正的伙伴关系水平时，任何问题，甚至是最复杂、最敏感的问题都可以得到解决"。① 正如2004年《中俄联合声明》所言："两国国界协定及其他与

① ［俄］阿·马卡洛夫："300年的争端划上句号"，载［俄］《新消息报》2004年10月16日。

边界有关的协定对双方在边境地区环境保护、合理利用自然资源、航运、经济合作、保障边境地区安全与稳定等具体领域采取共同行动创造了新的条件，这将丰富中俄战略协作伙伴关系的内容。”

中俄边界问题的最终解决，不仅是两国人民世代友好、睦邻合作的可靠保证，也是对亚太地区及世界安全与稳定做出的重要贡献，为国际社会和平解决边界争端树立了典范。中俄双方以实际行动表明，和平对话、公正公平、平等协商、互谅互让、利益均衡是解决诸如边界纠纷这样复杂而敏感问题的正确和有效的途径。

三　两国间的能源合作终入正轨

经过10年的发展，目前中国已经成为俄罗斯第四大贸易伙伴，俄罗斯成为中国第八大贸易伙伴。2000—2004年，中俄两国贸易额从80.03亿美元升至212.3亿美元，增长了165%，提前实现了胡锦涛主席和普京总统2003年5月提出的在近年内使双边贸易额提升到200亿美元的目标。2005年中俄贸易额达291亿美元，比上年增长37.1%。这一增幅也大大超过中俄经贸中长期规划所确定20%—25%的年均增速，有理由相信，两国领导人提出到2010年贸易额达到600亿—800亿美元的目标完全可以实现。[①] 两国经贸合作水平长期滞后于政治合作水平的状况已得到初步扭转。尤为可喜的是，中俄两国间的能源合作也呈现出不同于以往的发展势头，进入正常的发展轨道。

2004年10月，普京总统访华期间，虽未能最终敲定久拖未决的俄罗斯远东石油管线走向，但他再次重申了9月中俄总理会晤时双方在油气合作问题上达成的共识：俄罗斯将“坚定不移”地加强与中国在油气领域的合作；不管远东石油管道走向采取何种方案，都将积极考虑将石油管道通往中国；增加俄罗斯对华的陆路石油出口，使俄罗斯通过铁路向中国输出石油的总量在2005年达到1000万吨，并争取在2006年达到1500万吨；尽快制定中俄天然气合作开发计划。普京总统在接受中国媒体采访时承诺，只要俄中协商一定能够找到一个令双方都满意的解决方案；俄罗斯远东石油管道无论选择哪种方案都将考虑中方的利益。此间，俄罗斯天然气工业公司还与中国石油天然气公司确定了具体的战略合作计划。2004年

① 为落实两国领导人提出的到2010年中俄贸易额达到600亿—800亿美元的目标，商务部与俄经贸部成立了专门工作组，制定了《2006—2010年中俄经贸合作发展规划》，并于2005年11月初中俄总理第十次定期会晤期间签署。

10 月，普京总统在访华时再次强调了两国经贸合作的现实目标——在近 5—6 年内使双边贸易额达到 600 亿美元。他甚至表示，考虑到两国贸易的发展速度，不排除双边贸易额在近年内达到 1000 亿美元的可能性。①

2005 年 5 月 30 日，在普京总统亲自主持召开的政府工作会议上，俄罗斯能源工业部长赫里斯坚科正式宣布：外界广泛关注的远东石油管道项目（泰纳线）一期工程，即泰舍特—腾达—斯科沃罗季诺石油管道项目，将在 2008 年完工交付使用。预计一期管道项目年输送西西伯利亚和东西伯利亚各大油田的原油 3000 万吨左右。这里所说的远东石油管线一期工程，实际上就是把产自俄罗斯西伯利亚地区的原油，运至离中国边界仅仅 60 公里的石油输出终点站斯科罗洛季诺，然后再通过铁路或者石油管道的分线向中国供应石油。俄罗斯政府做出的这一重大决策表明，中国日益扩大的能源消费市场，实际上已成为俄政府首选目标。赫里斯坚科在向普京总统报告时指出：俄罗斯能源工业部会同俄经济贸易发展部、俄自然资源部一道，已经在 4 月 26 日正式签署了分阶段修建俄远东泰舍特至纳霍德卡的石油管道命令，并指示在该地区拥有石油开采许可证的俄苏尔古特石油公司和尤科斯石油公司，共同参与修建和使用这一石油输出管道，以保证有充分的原油资源用于管道出口。远东石油管道的设计工作将尽快完成，并交由专家及有关部门进行技术审批，与此同时也将具体落实远东石油管道项目的投资问题。赫里斯坚科向普京总统保证：远东石油管道会在预定的时间内全线贯通。

2005 年 7 月，在中国国家主席胡锦涛访问俄罗斯期间，两国能源企业达成了 3 项重要的战略协议：①《中国石油天然气集团公司与俄罗斯石油公司关于长期合作的协议》——双方合作的内容涉及石油贸易、石油工程技术服务、石油勘探开发以及科技信息交流等。目前中国石油天然气集团公司与俄罗斯石油公司已经签订了有关原油进口的中长期合作协议，2005 年俄罗斯石油公司计划向中石油提供 400 万吨原油。根据中国与俄罗斯 2004 年签订的协议，俄罗斯在 2005 年和 2006 年应分别向中国交付不少于 1000 万吨和 1500 万吨原油。②《中石化上海石油化工股份有限公司与俄罗斯石油公司关于成立合资企业的议定书》——双方将成立一家合资企业，共同开发库页岛的油气资源，并优先向中国供应。这预示着中国石油

① “普京总统会见中俄地区领导人时的讲话”，参见俄罗斯总统网，http://president.kremlin.ru/appears。

企业在屡受挫折之后终于得以进入俄罗斯油气资源的上游开发领域。③《中国国家电网公司与俄罗斯统一电力系统股份公司关于长期合作的协议》——合作包括加大向中国的电力供应、共同项目的开发、输电线路的架设与改造、发电设施的制造、设备供应等电力行业的各个方面。可以预见，在这种合作模式下，东北地区的电力短缺现象将得到改善，同时中方将不再单纯地进口俄罗斯电力，同样也获得了投资获利的机会。

2005 年 7 月 8 日，俄罗斯总统普京在八国首脑峰会后亲自宣布，俄罗斯将优先让中国成为其远东石油管道的接受者。这一消息表明，俄罗斯政府对拖延了 5 年之久的远东石油管线的走向问题已作出最后决定，中日对管线走向的“争夺战”可能已尘埃落定，更让日本出乎意料的是，根据俄能源部 2005 年 5 月下旬出台的最新报告，目前俄正进行一项为期 3 年的地理勘探，如果发现远东石油储备不足，就将把中国作为管道的最后一站，放弃延伸到太平洋沿岸的计划。而普京在八国首脑峰会后的最新言论，对仍想争夺“泰纳线”的日本将是一个不小的打击。

2005 年 7 月发表的《中俄联合公报》着重指出，胡锦涛主席访俄期间签署的能源合作协议“标志着两国能源合作迈出新的一步”，“双方决心根据《〈中俄睦邻友好合作条约〉实施纲要（2005 年至 2008 年）》进一步推动落实中俄在石油天然气领域的合作项目，包括中俄原油管道建设项目和在两国境内共同开发油气田项目”，因为“加强能源合作对提高中俄经贸合作整体水平具有重要意义”。在普京总统的亲自敦促下，俄罗斯远东石油管线已经于 2006 年 4 月 28 日正式开工。

四　两国间军事合作的新发展

自普京入主克里姆林宫以来，中俄两国间的军事合作也随着政治关系的发展不断上升到新的台阶。中俄双方进一步巩固了以军事政治互信为基础、以军事技术合作为核心的军事战略协作关系。

在军事首脑互访方面，中俄两军保持了日益密切的高层交流，逐步完善了军事技术混合委员会、国防部长定期会晤、总参谋部战略稳定磋商和国家安全磋商等一系列双边合作与会晤机制，2004 年 10 月普京总统访华时，两国元首又同意建立国家安全磋商机制。2005 年 7 月 3 日，胡锦涛主席访俄期间两国发表的《中俄联合公报》指出，“中俄国家安全磋商机制的建立，标志着两国安全合作迈上新台阶”，“将充分发挥该机制及两国有关部门安全磋商机制的作用，共同应对新挑战和新威胁，维护两国的共同利益。”[①] 2005年中俄两国已经举行了两轮国家安全磋商。在中高层军官的交流方面，中俄两国互派军事留学生的规模不断扩大，中方已经向俄方派遣了700余名军事留学生，俄罗斯军事院校为中方培养的这批中高级军事指挥员已经成为中国军队中高级指挥层的核心力量。中俄两国还相继签署了《中俄两国国防部关于进一步加强军事领域合作的相互谅解备忘录》(2000年1月)、《关于反导问题的联合声明》(2000年7月)以及为防止太空武器化，中国与俄罗斯向日内瓦裁军谈判会议提交了关于《防止在外空部署武器、对外空使用或威胁使用武力的国际法律文书要点(草案)》的工作文件(2002年6月)等关于军政互信的指导性文件。倘若这样的军事政治互信互动发生在北约国家之间、发生在美日或者美韩之间并不足为奇，但是它发生在冷战年代剑拔弩张对峙了近40年的中俄两军之间实属不易。

中国与俄罗斯军事技术合作是中俄两国战略协作伙伴关系的重要组成部分。1996年3月，美国的两个航空母舰战斗群开进了台湾海峡对我军的军事演习进行威慑。这迫使中国政府下决心从俄罗斯购买被称作“航母杀手”的现代级导弹驱逐舰，并加大了从俄罗斯的武器采购力度。按照西方的认识，中国所购买的现代级驱逐舰在台海爆发军事冲突时将扮演重要角色。它与弹道导弹、苏-30MKK战斗机、歼-7战斗轰炸机、基洛级和宋级常规动力潜艇以及新型的攻击型核潜艇相互配合，可以对航空母舰编队形成巨大的威胁，构成了解放军针对美国航空母舰的多平台、全方位的远程精确打击系统。[②] 中国先期购买的两艘956E型现代级驱逐舰被分别命名为“杭州号”和“福州号”，分别于2000年2月和2001年1月被配属给中国人民解放军东海舰队，用于扼守台湾海峡与日本海。在解放军海军中，它们的作用也许比不上新的攻击型核潜艇，但它们所携带的解放军海军最先进的舰对舰和舰对空导弹足以令入侵者生畏。普京执政以来，中俄军技合作呈现出连年扩大的趋势。目前，中国武器进口的90%来自俄罗斯，是俄罗斯武器出口的第一大客户，2003年中国在俄罗斯的军火采购额已经占到俄罗斯军事装备和军事技术出口总额的40%。长期的军事技术合作，使两国彼此间已形成某种依赖。就俄罗斯而言，拥有3000万人(包括职工及其家属)之众的军工企业在很大程度上是靠中国的采购订单

---

① 《中俄联合公报》，载《人民日报》2005年7月4日。

② [美] 小理查德·菲舍尔：“中国再次采购俄罗斯驱逐舰”，载[美]《防务技术月刊》2002年第6期。

才得以维持生计。就中国而言，常年从俄罗斯的大规模军购使中俄两国的军备系统更为接近，并在一定意义上对俄罗斯形成部分技术依赖。目前中俄军技合作规模每年大约在20亿—25亿美元，而双方合作意向的规模是已签合同金额的2—3倍。[①] 2005年7月发表的《中俄联合公报》对两国未来的军技合作进行了更为清晰而坚定的表述："双方将在现有基础上，采取实际步骤，促进中俄军技合作向更高水平、更广领域发展。"[②] 如此明确、自信而积极的表述中俄间的军技合作，这在两国公开发表的官方文件中尚属首次。

然而，在相当长的一段时间里，中俄两国在军政互信和军技合作领域关系的深度互动并未能提升两军在军事行动协同上的合作水准，直至2005年8月中俄两军举行了"和平使命—2005"联合军事演习。2005年7月发表的《中俄联合公报》阐明了此次联合军演的目的："中俄举行联合军事演习旨在提高两军有效应对新挑战和新威胁的作战能力，不针对任何第三国。"该演习自然属于中方一再追求的中俄双边军事合作的最高层面——军事行动协作的范畴。虽然此前中俄两国已经有过在上海合作组织架构下进行联合军事演习的经历，但是无论从规模的庞大性，还是内涵的丰富性或者说复杂性上来看，上次的多边联合军事演习远不能与"和平使命—2005"同日而语，更无法划入中俄双边"军事行动协同"的范畴。此次军演的主演习场设在山东黄海与渤海附近海域，演习科目为海空联合作战和抢滩登陆作战，俄罗斯战略空军的"三驾马车"——图-160、图-95及图-22也在演习中担纲主角。

进入新世纪以来，台海局势波澜不断。陈水扁已明确了法理"台独"的时间表。中国政府早在20世纪80年代就明确了对台问题的底线：如果台湾敢于宣布"独立"，我们必然要使用武力——"台独"就是战争。[③] 就目前形势分析，台湾问题的最终解决，动武或威慑动武将不可避免。倘若台海地区开启战端，美国与日本必定介入其中，中国不得不面临着同美日等强敌开战的可能性。届时，对于中国政府而言，中俄战略协作伙伴关系的地缘意义就显现出来——保持一个稳定、友好的北线安全环境，从俄

① 斯德哥尔摩国际和平研究所：《SIPRI年鉴2002：军备、裁军和国际安全》，牛津大学出版社2003年英文版，第468页。

② 《中俄联合公报》，载《人民日报》2005年7月4日。

③ "王在希：'台独'就是战争"，见中央电视台网站：http://www.cctv.com.cn/Taiwan/20031119/101384.shtml。

罗斯获得持续有力的政治支持是中国在面对外部强敌，解决台海问题时对中俄战略协作的最基本需求；保持、扩大中俄间的军事技术合作甚至与俄罗斯进行直接或间接的并肩作战，是中国在面对外部强敌，解决台海问题时对中俄战略协作的最关键需求。在中俄举行“和平使命—2005”联合军事演习之前的近10年间，两国之间从未有过大的军事行动协同。从20世纪90年代中期开始，中国与俄罗斯军事合作的本愿已从化解敌对与稳定两国关系过渡到为对台军事斗争做准备上。比较典型的事例是，中国从俄罗斯采购的大批武器装备的主要目的在于应对未来的台海武装冲突，同时，中国早有同俄罗斯进行针对未来台海冲突的联合军事演习的设想。就此意义而言，中俄“和平使命—2005”联合军事演习是中国对俄罗斯最高军事需求的一次成功实践。值得期待的是，即将开始的中俄联合军演今后极有可能作为中俄两军合作的一个常设项目持续下去，并走向机制化、制度化的轨道。

五 中俄战略协作发展的潜力和空间

首先，中俄双边经贸合作的潜力远未得到充分的发掘。无论是从两国的经贸数量还是从两国的经贸质量来看，双边的合作仍存在着一系列问题，仍然具有巨大的提升空间。这主要体现在以下方面：双方单一的贸易商品结构有待改观——中方出口商品主要是低附加值产品，机电产品比重较小，而自俄罗斯进口主要以原材料和能源及军工产品为主；双方的经济互补优势有待于转变为切实可行的合作——两国的经济互补主要集中在自然资源、产业结构和劳动力方面，但双方在经济转型过程中均需要资金、技术和市场，互补优势转化的难度较大；双边非正常的贸易秩序问题亟待解决——俄罗斯的高关税和灰色清关现象的存在，使中国的商品难以顺利地进入俄罗斯的市场，常常不能进行合法销售，影响了双边贸易规模的扩大；双边贸易服务体系依然是中俄经贸合作的薄弱环节——俄罗斯商业银行信用较低、风险高，同时，保险、信贷领域的合作水平也不高，这都在一定程度上制约了双边经贸合作的发展。

其次，中俄两国在国际事务中的战略协调仍有一定的空间。近年来，随着中俄两国综合国力的不断增强以及美国单边主义倾向的进一步加剧，两国在国际政治领域的战略协作的空间也将进一步扩大。这主要体现在以下几个方向：反对美国在中亚地区扩展影响——美国有意长期驻军，这将成为挤压中俄两国战略空间和控制世界第二大石油储藏地区的筹码；反对美国借朝核问题推翻金正日政权——倘若美国控制整个朝鲜半岛，将对东北亚地区的安全环境形成严峻挑战；除此之外，中俄两国的战略协作在共同抵御“颜色革命”、防止美国控制国际组织机制、防止大规模武器扩散、避免太空军备竞赛等方面都大有可为。

必须强调指出的是，“9·11”事件以后，由于消防救火式的现实安全的需要，美国国家安全战略的首要目标——“寻找并确定潜在的势均力敌的全球竞争对手”似乎让位给了“国际联合反恐”。但这并不证明美国放弃了它一贯坚持的视中国与俄罗斯为主要假想敌的战略。原有的“寻找并确定潜在的势均力敌的全球竞争对手”的战略选择只是退居次席或者说被隐藏了起来。遇到风吹草动、时机成熟，这一寻找假想敌的传统战略依然会浮出水面，走向前台。美在反恐战争中肆无忌惮的单边主义行径更使我们有理由相信，美国建立单极世界的愿望比历史上任何时期都要强烈。这就是说，中俄两国战略协作的政治基础并未发生实质性的变化——推进国际政治的民主化，反对建立单极世界依然是中国与俄罗斯保持长期战略协作的最重要的政治支撑点。因此，我们必须坚持与俄罗斯的长期合作的战略，两国永远做好邻居、好朋友和好伙伴。

第三节　中俄经贸合作现状及其发展前景

经贸合作是中俄战略协作的重要组成部分。经过双方十多年的共同努力，近年来，随着两国战略伙伴关系的稳步推进以及两国经济的持续增长，双边经贸合作快速稳定发展，贸易规模不断扩大，能源、科技、通信、金融、交通等各领域合作全面、深入开展，目前中俄已互为重要的经济技术合作伙伴。经贸合作在两国战略协作关系中发挥了越来越重要的作用，将成为中俄关系中最活跃的催化剂。

一　中俄经贸合作的机制保障与合作领域

中俄经贸合作覆盖双边贸易、相互投资、资源开发、高技术合作等多个领域，目前，两国经济技术合作发展迅速。双边贸易自 1999 年以来摆脱低迷状态，进入快速发展快车道；双向投资从无到有，在能源资源开发、高新技术产业、工程承包等领域陆续启动了一批大型合作项目。

（一）合作保障机制。俄罗斯独立以来，中俄之间初步形成了较为完备的经贸合作的法律基础和制度保证。1992 年 3 月 5 日，在俄罗斯独立之初，两国就签署了《中国和俄罗斯联邦政府经济贸易关系协定》和《关于鼓励和相互保护投资协定》。之后又陆续签订了在科技合作、文化合作、运输、海关、邮电、和平利用核能、知识产权保护、外汇监管等领域的一系列双边协议，为发展双边合作奠定了良好的基础。

在中俄战略协作框架下，1996 年 12 月建立了两国总理定期会晤机制，1997 年又建立了定期会晤委员会。在总理定期会晤机制下建立了经贸、运输、能源、科技、航天、银行、核能和信息技术等 8 个合作分委员会和一系列合作工作小组，为在各个不同领域推动中俄经贸合作稳定发展提供了制度保证。

（二）经贸合作。1992 年至 2005 年，中俄经贸合作大致经历了两个大的时期：1992—1998 年为双边贸易起伏波动阶段，1999—2005 年为双边贸易恢复增长和快速发展阶段。其中可细分为四个阶段：1992—1993 年为第一阶段，在该阶段，两国贸易方式以政府协定贸易和企业间易货贸易为主，1993 年双边贸易额达到 76.7 亿美元的历史新高。1994—1996 年为第二阶段，在该阶段，双边贸易方式逐渐向现汇贸易过渡，贸易规模有所下降，1996 年降为 68.3 亿美元。1997—1998 年为第三阶段，在该阶段，双边贸易额继续下滑，1998 年降至 54.8 亿美元。1999—2005 年为第四阶段，在该阶段，双边贸易恢复增长并进入快速发展阶段。

据中国海关统计，2005 年中俄贸易继续保持良好发展趋势，连续第七年保持快速增长，贸易额达到 291 亿美元，同比增长 37.1%，超过中国对外贸易增长的总水平。其中，中国对俄出口 132.1 亿美元，同比增长 45.2%，俄罗斯对华出口 158.9 亿美元，同比增长 31%。就贸易总额而言，中国是俄罗斯的第二大贸易伙伴，位居德国之后，① 俄罗斯是中国第八大贸易伙伴。

根据世界贸易组织的界定，中俄贸易包括一般贸易、边境贸易和加工贸易三种方式，其中一般贸易为当前最主要形式。作为辅助形式的边境贸易，其中很大一部分也采用一般贸易的方式。三种贸易方式分别占双边贸易额的 70%、19% 和 11%。

---

① ［俄］谢尔盖·齐普拉科夫：“必须通过开放新的商品市场促进中俄两国贸易的增长”，载俄罗斯国际文传电讯社 2006 年 3 月 22 日。

1992—2005 年中俄贸易概况 （亿美元、%）

年　份	对　外贸易额	中国对俄罗斯出口	俄罗斯对中国出口	与上年相比增长			出口差　额
				进出口	出　口	进　口	
1992*	58.6	23.4	35.3	50	28	69	-11.9
1993	76.8	26.9	49.9	31	15	41	-23.0
1994	50.8	15.8	35.0	-34	-41	-30	-19.2
1995	54.6	16.6	38.0	8	5	9	-21.4
1996	68.5	16.9	51.5	25	2	36	-34.6
1997	61.2	20.3	40.8	-11	20	-21	-20.5
1998	54.8	18.4	36.4	-10	-9	-11	-18.0
1999	57.2	15.0	42.2	4	-19	16	-27.2
2000	80.0	22.3	57.7	40	49	37	-35.4
2001	106.7	27.1	79.6	33	21	38	-52.5
2002	119.3	35.2	84.1	11.8	29.9	5.6	-48.9
2003	157.6	60.3	97.3	32.1	71.4	15.7	-37.0
2004	212.3	91	121.3	34.7	51	24.7	-30.3
2005	291	132.1	158.9	37.1	45.1	30.9	-26.1

资料来源：作者根据中国海关和俄罗斯海关相应年份统计数据整理。

*1992 年增速是与 1991 年中国与苏联贸易额相比得出。

长期以来，中国对俄出口以纺织和轻工产品等劳动密集型产品为主，近年来，在贸易规模扩大的情况下，这种传统的贸易结构并未发生实质性改变。2004 年，此类产品在中国对俄出口总额中占比为 59.49%，2005 年进一步上升到 64%。中国自俄进口以原材料商品为主，2004 年，能源产品、钢材、化肥、原木及有色金属等大宗商品占自俄进口总额的 67.5%，2005 年上升至 70%。[①]

（三）中俄相互投资。长期以来，中俄在投资合作方面的主要特点是大型项目少、投资规模小，对双边贸易的带动作用不大。据有关资料统计，1992 年以来，体现中俄投资双向流动的中俄合资企业数量增长很快。

① 根据中国海关统计计算。

1992 年在俄罗斯注册登记的中俄合资企业只有 57 家，到 2000 年 5 月中旬，在俄罗斯国家注册局正式注册的中资企业已达 3190 家，其中合资企业 890 家，中资独资企业 2205 家，代表处 76 家，享有法人地位的中国公司分公司 19 家。到 2002 年 3 月底，俄罗斯在华兴建的企业达 1340 家。①

2004 年中俄总理第九次定期会晤期间，提出了到 2020 年中国对俄投资达到 120 亿美元的目标。近年来，在两国政府的推动下，相互投资状况正在逐步改善。截至 2005 年底，经中国商务部批准备案的中国在俄投资项目达到 657 个，中方协议投资额约 9.77 亿美元。俄罗斯在华设立企业 1849 个，合同投资金额累计约 14.05 亿美元，实际投资额累计约 5.41 亿美元。两国启动了投资促进机制，投资规模稳中有升，2005 年，中国在俄协议投资金额总共达 3.2 亿美元。这与 2004 年同期相比增长了一倍。②

中国在俄投资主要分布在莫斯科、圣彼得堡等大城市及西伯利亚和远东地区，经营范围以能源、矿产资源开发、林业、贸易、轻纺、家电、通讯、建筑、服务、房地产开发等为主；俄罗斯对华投资主要分布在黑龙江、吉林、辽宁、内蒙古、山东、江苏、浙江和天津等地，经营范围集中在核电、农机、化工、建筑等行业。2005 年，中国企业在俄工程承包、加工组装等项目取得突破性进展。中建总公司中标承建全俄最高的“联邦大厦”项目；上海实业集团在圣彼得堡总投资 13 亿美元的“波罗的海”明珠项目已奠基启动；莫斯科贸易中心项目初步确定设计方案。TCL、华为、中兴等电子通讯企业在俄市场所占份额不断扩大，汽车整车及零部件对俄出口实现“零的突破”。

（四）中国在俄劳务和工程承包。2001 年，中俄两国政府签订了《中华人民共和国政府和俄罗斯联邦政府关于中华人民共和国公民在俄罗斯联邦和俄罗斯联邦公民在中华人民共和国的短期劳务协定》，为加强两国的劳务合作奠定了法律基础。

根据中国商务部的统计，截至 2004 年，中俄双方共签署劳务和工程承包合同金额 48.92 亿美元，占中国劳务和工程承包合同总金额的 17.89%；完成合同额约 22.53 亿美元，占完成合同总额的 10.51%。统计期末，在俄劳务人数 16464 名，占中国境外劳务人员总数的 3.07%。截

---

① 施建新、王俊文主编：《今日俄罗斯市场》，中国对外经济贸易出版社 2002 年版，第 380 页。

② 俄罗斯驻华大使馆专稿“俄罗斯与中国的合作”，http://rusnews.cn/db_ezhongguanxi/db_ezhong_tongji/20060101/41412720.html.

至2005年底，中俄双方共签署劳务和工程承包合同金额55.5亿美元，完成营业额约为27亿美元，期末在俄人数约2.2万人。[①] 中国对俄劳务合作集中在俄罗斯远东、西伯利亚地区，主要从事农业种植、建筑、森林采伐、木材加工、制衣、医疗及其他服务行业。

（五）边境贸易。中国从事中俄边境贸易的主要有东三省、内蒙古和新疆。1982年，以中苏两国外贸部正式换文为起点，中国北方边境省区先后恢复了与苏联远东地区的边境贸易。此后，中国国务院出台了一系列政策措施，赋予边境贸易优惠政策，边境贸易进入了新的发展阶段。1988—1993年是对俄边贸迅猛发展的兴旺时期，正是在这一时期，边境地方贸易由对俄贸易的补充地位上升到主导地位。然而，在边境贸易进入快速发展阶段之后的一个时期，曾出现了经营秩序混乱，出口商品质量低劣等严重问题。1996年中国政府开始整顿边贸秩序，双方贸易额一度大幅下滑。1997年曾恢复到17.4亿美元左右，1998年俄罗斯金融危机后边贸额再度大幅下降。1999年之后，中俄边境贸易重新加速发展。

2000—2004年中俄地方边境贸易情况 （亿美元）

年份	全国边贸额	其中：中俄边贸额	中俄边贸额占全国边贸额的比重（%）
2000	45.6	23.7	52.0
2001	41.2	22.5	54.6
2002	57.0	31.8	55.8
2003	77.8	35.2	45.2
2004	94.7	42	44.4
2005.1—11		51.3	44

资料来源：根据《中国海关统计》相应年份的统计资料整理。

（六）中俄科技合作。在中俄科技合作中，两国政府间合作发挥着主渠道的作用。1992年12月18日，中俄签署了《中华人民共和国政府和俄罗斯联邦政府科学技术合作协定》。1997年6月在北京举行的中俄总理定期会晤委员会第一次会议上，中俄双方正式决定在中俄总理定期会晤委员会框架内设立科技合作分委会，负责统一协调和管理科技合作事宜。两

① 中华人民共和国商务部欧洲司："中俄经贸合作现状与发展"，2006年3月21日，http：//www.crc.mofcom.gov.cn/crweb/crc/info/Article.

国在分委员会框架内还设立了“中俄重点科研院所合作工作小组”，采取各项措施，支持两国科研机构和企业在科技园区推广科技成果，加强科技园区管理方面的交流。2002 年 7 月，中俄总理定期会晤委员会科技合作分委会第六届会议确定，应用化学、生物技术、基因工程、新材料、机电等将是今后中俄科技合作的优先领域。

2000 年 11 月，中俄两国总理定期会晤期间，双方正式签署了《中华人民共和国科技部和俄罗斯联邦工业、科学和技术部[①]关于在创新领域合作的谅解备忘录》。近年来，随着中俄两国科技合作领域不断扩大，双方政府正努力把合作的重点引向技术创新合作，共同推广科技合作的成果和实现高新技术产业化。在山东、浙江、黑龙江等省开始建设中俄高新技术产业化示范基地。这些基础性项目提高了两国企业合作的积极性，也为双方进一步扩大合作创造了条件。中俄双方商定，还将各推选出 5 个地方作为孵化区开发对口科技联系，其中中方为：北京丰台、无锡、西安、哈尔滨和上海；俄方为：莫斯科 3 家、圣彼得堡 2 家、新西伯利亚 1 家。2002 年，中俄总理定期会晤委员会科技合作分委会第六届会议确定了在莫斯科建立中俄科技园的项目，决定由黑龙江中俄科技合作及产业化中心与莫斯科动力学院在莫斯科合办第一个中俄科技园。

1991—1999 年，中俄两国科技合作分委员会先后商定合作计划共 288 项，所涉及的领域包括机械、电子、化工、海洋、核物理、能源、新材料、航空、航天、冶金、地质、农业、水利、信息技术、天文、地震、生物技术、医药、生态、仪器制造、矿业、轻工等 50 多个领域，在重要领域方面的合作项目达 70 个。据统计，1991—1997 年[②]，两国技术贸易总额已超过 52 亿美元，其中中国从俄罗斯进口技术和成套设备达 50.19 亿美元，签订合同总共 646 项。中国向俄罗斯出口技术和设备 1.83 亿美元，签订合同 114 项，每年技术贸易额平均约占双边贸易总额的 12.7%。2001—2005 年，中俄共签署 171 份技术引进合同，合同总金额达 1.069 亿美元。[③]

（七）中俄金融合作。近年来，中俄两国积极地扩大银行业务合作范围。在中俄总理定期会晤机制下，中俄金融界定期召开银行分委会会议，

① 目前俄罗斯科技部已经改组，其部分功能已经转给俄罗斯教育科技部和俄罗斯工业能源部。

② 因没有最新的数据，中俄科技贸易额选用的是 1991—1997 年数字。

③ 作者根据相关年度数据计算，因所掌握信息有限，可能有出入。

进行及时、有益的沟通和交流，有力地推动了两国金融合作的进程。

近年来，两国央行共同签署了5个双边协定和2个纪要。两国商业银行合作领域不断拓宽，方式不断丰富。政策性银行和商业银行间建立了更为广泛的业务关系：中国银行在俄罗斯设立了子银行，4家俄罗斯商业银行在中国设立了办事处，证券和保险领域也开展了卓有成效的对话和交往。双方代理行网络迅速扩大，双方商业银行就开立美元直接结算账户、提高相互授信额度等内容达成多项合作协议。

中国各商业银行在评估风险的基础上，不同程度地对俄银行提供了授信额度和贷款。2004年8月中国国家开发银行与全俄地区开发银行签署了合作协议，在银团贷款、结算业务和授信额度等方面开展合作；2005年10月中国国家开发银行、中国出口信用保险公司和俄罗斯外经银行、俄罗斯进出口银行签订了2+2合作协议；11月中国农业银行新加坡分行参与了国际银团向俄外贸银行为期3年、总额3亿美元的联合贷款，2005年8月，俄罗斯储蓄银行与中国出口信用保险公司签署了加强中国对俄罗斯出口买方信贷方面的合作协议。目前正在制定关于购买中国商品和服务的一揽子合同，合同总金额大约为3亿美元，涉及造船、能源、建筑领域，其中包括在莫斯科建造对外贸易银行未来总部所在的高层建筑的项目。2006年3月22日，中国人民银行与俄罗斯联邦金融监测局签署了《中国人民银行与俄罗斯联邦金融监测局关于反洗钱和反恐融资合作与信息交流协议》，国家开发银行与俄罗斯对外经济银行、俄罗斯联邦车臣共和国签署了《投资开发领域合作协议》，中国进出口银行与圣彼得堡市、上海海外联合投资股份有限公司签署了《关于圣彼得堡战略投资项目的合作协议》，合作协议主要用于“波罗的海明珠”项目，由中国进出口银行提供融资支持，由上海海外联合投资股份有限公司投资建设。以上情况表明，中俄两国在金融领域的合作正在逐步推进。

（八）中俄能源合作。中俄能源合作是充实两国战略协作伙伴关系的最重要领域。尽管中俄间扩大能源合作的潜力很大，但至今取得的实质性成果还不多。这主要是由于连接两国能源市场的基础设施还不发达，东西伯利亚和远东地区工业发展滞后。

1. 电力合作。电力合作中最大的项目，是由俄罗斯提供银行贷款和技术设备，在中国江苏省连云港合作建设田湾核电站。该项目规划装机容量为400万千瓦，第一期工程为安装2台俄制NPP－91/WWER－1000型压水堆机组。项目于1999年10月正式开工建设，预计将于2004年和2005

年分别投入使用。该电站项目总金额 32 亿美元，是目前国内建成和在建核电站中最大的。该项目的动工使中国的核电建设从此进入一个新阶段。

在成功开展田湾核电站项目合作后，俄方不止一次表示将参加中方新项目的竞标。2005 年，在中俄总理第十次定期会晤后的新闻发布会上，俄总理弗拉德科夫公开宣布，“俄罗斯准备在华建造该国所需的所有核电站与火电站”，并强调俄方具备这个能力。

除核电项目外，中俄还积极开展边境电力贸易。1992 年，中俄第一条 220 千伏输电线路布拉戈维申斯克至黑河投入运行。之后，在进一步扩大边境电力贸易的同时，已开始逐步实施从俄罗斯向中国的大规模送电。2005 年，黑龙江通过这一线路从俄方购电 1.3 亿千瓦时。

2005 年 7 月 1 日，中国国家电网公司与俄罗斯统一电力系统股份公司董事长丘拜斯签署了长期合作协议，双方就送电方式、送电规模、定价原则、进度安排等一系列重要问题达成一致。2006 年 3 月 21 日，中俄两大电力公司又签署了《关于全面开展从俄罗斯向中国供电可行性研究的协议》。未来合作的具体方案是，第一阶段，继续增大边境输电规模，到 2008 年建设 ±220 千伏边境直流背靠背工程，从俄罗斯远东电网向中国东北黑龙江省电网送电，输电功率为 600—720MW，年供电量 36—43 亿千瓦时。第二阶段，到 2010 年，建设 ±500 千伏直流输电线路，从俄罗斯远东电网向中国辽宁省电网送电，输电功率为 30000MW，年供电量 165—180 亿千瓦时。第三阶段，到 2015 年，建设 ±800 千伏直流输电线路，从俄罗斯远东电网或东西伯利亚电网向中国东北或华北送电，输电功率为 6400MW，年供电量 380 亿千瓦时。

2. 油气合作。目前，在中俄两国政府、企业的共同努力下，能源合作得到逐步推进。2005 年，俄罗斯通过铁路向中国出售的原油为 1000 万吨，2006 年将达到 1500 万吨。

2005 年 5 月 30 日，在普京总统亲自主持召开的政府工作会议上，俄罗斯能源工业部长赫里斯坚科正式宣布：外界广泛关注的远东石油管道项目（泰纳线）一期工程，即泰舍特—腾达—斯科沃罗季诺石油管道项目，将在 2008 年完工交付使用。预计一期管道项目年输送西西伯利亚和东西伯利亚各大油田的原油 3000 万吨左右。2006 年 3 月普京总统访华期间，中俄两国企业在天然气、石油、电力等领域又签署了《中石油与俄罗斯天然气公司关于从俄罗斯向中国供应天然气的谅解备忘录》、《关于中石油与俄罗斯石油公司在中国、俄罗斯成立合资企业深化石油合作的基本原则协议》和《中石油和俄罗斯管道运输公司会谈纪要》。这一管道已经于2006年4月28日正式开工。同时俄罗斯天然气公司与中国石油化学总公司和中国石油天然气总公司已达成协议，在2008年开始修建从西西伯利亚到中国新疆的天然气管道，2011年建成，东部管线在此后修建。东西管道总造价将达到100亿美元，每条管道每年可向中国出口300—400亿立方米天然气。

二 中俄经贸合作的主要问题

尽管中俄两国的经贸合作发展势头良好，但现存的问题不容忽视。

其一，贸易商品结构低度化。尽管中俄贸易规模迅速扩大，中俄贸易中的结构性问题仍然突出。近年来两国机电产品贸易比重连年下滑，据中国海关统计，2001—2005年，中俄贸易额从106.7亿美元增长到291亿美元，但机电产品贸易额却一直保持在25亿—26亿美元左右，仅占双边贸易总量的12%。俄罗斯对华机电产品出口近年来出现了滑坡，2005年俄对华机电产品出口只占对华出口总量的2.2%。中国机电产品对俄出口虽有一定增长，但以家电和消费类电子产品为主，附加值不高，与此同时，中国对俄机电产品出口规模和水平也大大低于全国整体水平。上述情况与中俄两国的制造业水平和科技实力极不相符，这一情况如果长期得不到改观，势必直接影响到双边贸易水平和质量的提高，也不利于双边经贸合作长期稳定发展。目前两国都对扩大机电及高新技术产品贸易给予高度关注。

其二，中俄相互投资规模不大，对贸易发展带动作用不够。中俄经贸合作以货物贸易为主，相互投资等还处于较低水平。按照国际标准，吸引外资与对外投资的比例，发达国家为1：1.14，发展中国家为1：0.13，中国仅为1：0.09，中俄相互投资显然大大低于上述标准。中俄相互投资无论与两国的贸易额相比，还是在两国各自对外投资总额和相互投资在对方吸引外资总量中的比重均处于绝对低水平（以2004年水平为例）：中俄相互投资额10亿美元相当于2004年双边贸易额212亿美元的4.8%弱；中国对俄累计协议投资6.82亿美元相当于中国累计对外投资总额370亿美元的1.8%，相当于俄罗斯累计实际利用外资额851亿美元的0.8%；俄罗斯对华累计投资4.45亿美元相当于俄累计对外投资总额69.73亿美元的6.3%，相当于中国累计实际利用外资额5000亿美元的0.089%。目前双方的投资规模无论对两国各自的经济增长，还是对形成稳固的市场，拉动双边经贸关系的战略升级所起的作用都十分有限。

其三，双边贸易秩序有待规范。贸易秩序混乱一度是阻碍两国经贸合作快速发展的重要因素，其中争议最大的是“灰色清关”问题。所谓灰色清关的实质，是在俄罗斯高额进口关税条件下，为避税而由俄罗斯清关公司、俄罗斯海关等多个环节联手进行的公开的半走私行为。“灰色清关”现象的产生有其特殊的背景，在短期内也有其存在的需求和可能。但作为一种非主流的贸易形式，它影响了正规贸易活动的进行，给中俄双方都带来了消极影响：不仅使在俄中国企业和商人的经济利益难以得到保障，同时也给俄方造成了关税和外汇流失、扰乱市场秩序、影响国内产业发展等一系列问题。目前这一问题已引起两国政府及领导人的高度关注，为规范双边贸易秩序，保证中俄经贸合作持续健康发展，双方于 2004 年建立规范贸易秩序联合工作组并签署《关于规范双边贸易秩序的谅解备忘录》。

其四，符合国际惯例的贸易服务体系尚未建立。中俄经贸长期在缺乏有效的贸易法律约束和可靠的安全保障机制条件下进行，符合国际惯例的贸易制度和经贸服务体系建设严重滞后，突出的有银行结算制度、法律仲裁制度、信用保险制度、质量监控制度和通关制度。

其五，管理体制上的障碍仍待克服。中俄两国均属于经济转型国家，在各自的管理体制方面均存在许多不符合市场经济要求和国际惯例之处，贸易立法和管理体制的建设跟不上经贸合作发展的需要。从俄罗斯方面看，目前其外贸管理体制限制仍较多，出口控制严格，高新技术和产品的出口门槛较高，在很大程度上限制了企业对华出口力度。

三　中俄经贸关系的发展前景

第一，中俄经济未来快速发展将为两国互利合作创造更多的机遇，开辟更广的空间。中俄经贸关系十多年的发展表明，经贸合作规模的扩大，合作质量和水平的提升，与两国各自的经济发展密不可分。目前两国都在致力于发展经济、振兴国家。经济的快速发展将不仅进一步扩大市场容量，为出口提供丰富的货源和为进口提供广阔的市场，同时还将吸纳更多的投资，促进开发具有中长期战略意义的大项目和基础设施建设。

第二，中俄经济技术合作已经进入快车道并将进一步提速。目前两国确立了明确的经贸合作中期发展目标，提出了更加注重改善贸易结构，积极扩大机电产品比重的重要任务，确定了重点合作领域，这将促进双边贸易规模和质量进一步提升，经过努力，到 2010 年使双边贸易额达到 600

亿—800 亿美元的目标完全可能实现。

第三，能源资源开发仍是合作的重头戏。两国将根据自己的能源发展战略和安全战略，开展更加广泛的能源合作。在石油、天然气、电力、核能、节能技术推广、清洁能源等方面蕴藏着巨大的合作潜力，两国将按照立足长远、互利互惠的原则建立起紧密的利益纽带。

第四，双方将在本国具有比较优势的产业内向对方增加投资。中国企业在对俄家电和电子产品组装，通讯设备制造和技术研发，农产品和海产品加工，森林、矿产、油气资源开发和勘探等领域投资具有实力，俄方则在核能、航天、化肥工业及高新技术领域具有技术优势和投资潜力，IT 业投资也将成为中俄经贸合作的新亮点，双方在上述领域内将加强相互投资，为日益升温的中俄经贸合作拓展新的合作空间。

第五，服务贸易将成为双边合作新的增长点。中俄在国际运输、工程承包和劳务合作、售后维修、保养和技术指导服务、文教卫生的国际交往服务、信息服务、国际旅游、跨国商业批发和零售服务、跨国银行和国际性融资投资机构的服务及其他金融服务、国际保险与再保险等国际服务贸易领域的合作有些开始起步并显现出较强劲的发展势头。

第四节　苏联解体以来中俄美三角关系的演变

经典意义上的中美苏三角关系存在于冷战年代的 1972 年至 1989 年间。1972 年《上海公报》的签署表明，中美联手抵制苏联霸权主义的共识已经达成，并成为当时中美双方各自做出妥协并大幅度改善双边关系的最主要动力。而 1989 年 5 月中苏关系的正常化，1989 年 5 月美国宣布开始实施“超越遏制”的对苏政策，以及同年 12 月苏美马耳他最高级会谈后宣布冷战已经结束，这种经典意义上的三角关系已经退出历史舞台。

20 世纪 90 年代中期俄罗斯对本国国际地位和国家利益的重新界定，不仅导致了对西方“一边倒”政策的终结，也在客观上使俄美分歧在一系列领域开始出现并有所扩大。俄罗斯关于多极化的主张及其政策，构成了对美国单极霸权的挑战，也表明政治转轨完成后的俄罗斯仍然是西方世界的异类，实力大减的俄罗斯同样需要国际舞台上的合作伙伴。

苏东集团解体后，中国在美国对苏战略中的借助作用消失，中美在社会制度和人权政策上的矛盾，使两国关系在 1989—1997 年陷入低谷。中国国力的迅速增长，突出了中美两国在后冷战时代关于新的世界秩序和地区秩序问题上的理念矛盾和现实政策冲突。这不仅使拟议中的中美战略伙伴关系难以实际建立，而且使双边关系处于经常性的动荡之中。中国政府经常痛切地感觉到，在中国的实力日益增长的情况下，美国的对华遏制政策实际上构成了中国国家利益的最大外部威胁，而双方力量对比的巨大差距，使中国必须寻找自己的伙伴来对美国的政策形成尽可能地牵制，中俄之间的战略协作关系正是在这种背景下形成的。

无论是奉行美国霸权下的大国合作战略（1999 年以前）还是单边主义的战略，美国都是在按照单极霸权的意愿整合后冷战时代的国际权利体系和国际秩序，必然将在某些方面能够对美国的单边主义政策提出质疑的中俄两国作为主要竞争者，并切实对两国的国家利益造成了根本性的伤害。

中俄两国关系的非结盟性质，使两国在战略协作的机制下仍然作为国际政治舞台的两个独立的力量主体发挥着作用，没有成为与美国对立的单一中心。而且，中俄之间战略合作的紧密程度和领域，都在随着国际形势的变化而出现较大的变化，特别是在“9·11”事件之后，更是如此。

一　“9·11”事件之前中美俄三角关系的形成和演变

后冷战时代的中美俄三角关系的基本框架是在 20 世纪 90 年代中期形成的。苏联解体后，俄罗斯宣布自己是苏联国际法地位的继承者，但很显然，独立后的俄罗斯与美国和中国的关系已经不能与苏联时代同日而语。独立之初的俄罗斯首先是选择了向西方“一边倒”和与中国保持睦邻合作关系的政策。

在对美政策方面，当时的俄罗斯外长科济列夫在其阐述本国外交的基本构想的一篇文章中，对此做出了清楚的表述：“在遵循共同的民主价值观的基础上同西方国家建立伙伴关系和盟友关系”，其目的在于，“使俄罗斯和谐的加入国际民主社会及世界经济联系。参与包括全球和地区稳定与安全问题在内的世界政治和经济发展进程的调节系统。保证俄罗斯经济改革获得政治、经济、财政、技术及专家的支持”。①

而 1992 年 12 月俄罗斯总统叶利钦对中国进行首次访问的时候，其对华关系的政策定位是“中国和俄罗斯相互视为友好国家。他们将按照联合国宪章，本着相互尊重主权和领土完整、互不侵犯、互不干涉内政、平等

① А. Козырев, Внешняя политика России, *Российская Газета*, 3 декабря 1992г.

互利、和平共处等原则及其它公认的国际法准则，发展睦邻友好和互利合作关系”。①

很显然，独立之初俄罗斯的外交政策是希望与美国为首的西方世界建立同盟关系，来解决俄罗斯的国际地位、参与世界事务和本国经济复兴的问题，而对华政策的核心则是避免交恶历史的重演和发展邻国间的合作。这时，中美关系由于“六四”事件的出现而陷入低谷，在对中国进行经济制裁的同时，1992—1993 年间，美国政府正忙于组织对俄罗斯的经济援助，并以此作为俄罗斯民主改革顺利进行的重要保证。② 在这一时期，还看不出，或者说三国之间的相互政策之间还不具备关联性，因此，还谈不到所谓的中美俄三角关系。

然而，三国间的关系态势很快就发生了重要变化。尽管美国为首的西方集团允诺提供的援助在 1994 年 7 月以前已经拨出了 300 亿美元，③ 但俄罗斯政府关于依靠西方援助迅速摆脱危机的幻想已经破灭。1994 年 1 月北约“和平伙伴关系”计划的出台，俄罗斯与西方在波黑问题上的矛盾也开始出现，1994 年 12 月叶利钦总统在欧安组织会议上公开指责北约的东扩计划是在重新分裂欧洲，俄罗斯与西方的蜜月关系这时已经结束。1995 年 9 月，北约的政策研究部门发表的《北约东扩研究报告》进一步刺激了俄罗斯，使它意识到西方仍然将它作为潜在的敌人，并将东扩计划看作是对本国西部安全的最大威胁。

1994 年 6 月美国宣布将对华贸易问题与中国人权问题脱钩后，中美关系的紧张度有所缓解。但 1995 年 6 月美国国会批准台湾领导人访美使美中关系出现了更严重的危机，1996 年 3 月，当中国在台湾海峡进行导弹发射演习之时，美国派出两个航空母舰编队驶近台湾海峡，对中国实施军事压力。中国政府深刻地意识到美国实际上是中华民族走向统一和强大的最大外部障碍。

上述俄美关系和中美关系事态的后果是，中俄两国深感受到美国政策的伤害而在 1996 年 4 月建立了战略协作伙伴关系（Partnership of strategic coordination），试图加强外交合作来牵制美国的对俄与对华政策，并在

① 《关于中华人民共和国和俄罗斯联邦相互关系基础的联合声明》，载《人民日报》1992 年 12 月 19 日。

② J. D. Rosner, The New Tug-of-War, Washington, 1995, p. 53.

③ B. Heifetz, Кредитная история России: От Екатерины II до Путина, Москва, 2001г, c. 99.

1997 年 4 月发表了作为双方战略协作关系理论纲领的《中俄关于世界多极化和建立国际新秩序的联合宣言》，表示双方将联手“推动世界多极化的发展和世界新秩序的建立”。①

与此同时，尽管美国的政策使中俄两国感到咄咄逼人，但在 1999 年以前，后冷战年代的美国单边主义政策还没有最终形成，美国仍然需要中俄两国在一些关键领域的合作。在 90 年代中期，美国的朝野战略家一致认为，防止全球秩序及主要制度，包括贸易、金融市场、能源和环境领域的灾难性崩溃是美国生死攸关的利益。他们认为，为了保证美国的这种全球利益，“美国的资源是有限的”。② 布热津斯基在《大棋局》中也认为，为了保持全球秩序的稳定以及以此为基础的美国领导地位，仅仅依靠北约和美国在各地区的盟友是不够的，美国必须保持与非敌非友的地区性大国的合作。他领导的一个由美国官员和学者组成的研究团体还认为：“美国无可选择的必须领导世界。这是一种建立在磋商基础上的领导地位。”“美国在下一世纪（指 21 世纪）的世界领导地位的潜在的不利条件是没有解决的国内问题和因每年的预算赤字而继续增加的数量惊人的债务。”“我们必须使我们将北约的职责扩大到中东欧国家的公开的计划与我们将俄罗斯整合到国际社会中的意图协调起来。……使中国加入到国际社会中来也符合我们的利益。”③

在这种战略考虑下，在意识到将俄罗斯完全融入西方阵营的方针很难在短时间取得成效，转而对其采取防范和遏制政策的同时，试图维持与俄罗斯在一些领域的合作关系。例如，美国反复劝说俄罗斯参与 1995 年 11 月《代顿协议》签署后波黑地区的维和，1997 年 3 月以总统联合声明的形式接受了俄罗斯维持战略稳定的立场和区分战略和战术反导武器的标准，并在同年 5 月签署了安抚俄罗斯的《北约—俄罗斯双边关系基本文件》。

在 1997 年亚洲金融危机爆发之际，美国开始意识到中国在维护亚太稳定和防止导弹技术扩散方面的重要作用，最终放弃了 1989 年以来的单

---

① 《中华人民共和国和俄罗斯联邦关于世界多极化和建立国际新秩序的联合声明》，载《人民日报》1997 年 4 月 24 日。

② The Commission on America's National Interests, America's National Interests, A Study Report, Washington, 1996, pp. 3—4.

③ Z. Brezinski as project chair, Foreign Policy into the 21st Century: The U. S. Leadership Challenge, Washington, 1996, p. 145 and p. 114.

纯遏制政策，1997 年 10 月邀请中国国家元首访美，并表示愿意着手建立双方的“建设性伙伴关系”，在售台武器方面也比较谨慎。

可以认为，1996—1997 年是新的三角关系初步形成的时期，其性质是美国主宰世界构想下的美国与中俄两国的有限合作，与中俄联手抵制美国的单极霸权。

1999 年 3 月开始了新三角关系的第二个阶段。由于北约第一轮东扩在 1999 年 3 月完成，1998 年的金融危机使俄罗斯元气大伤，而美国的 GDP 在达到 9 万亿美元后看不出任何衰退迹象，与美国海外利益密切相关的亚太经济也开始稳定和复苏。美国政府改变了 90 年代中期做出的对本国实力有限性的评估和对大国合作的需要，开始以单边主义的方式解决全球稳定与核安全问题。

1999 年 3 月，美国国会两院通过了《NMD 法案》，放弃冷战结束以来作为美俄关系基石的美俄在核裁军领域的合作关系，力图以绝对的技术优势建立单方面核安全，从而在理论上使俄中两国处于美国的单方面核威慑之下。

1999 年 3 月末到 6 月初，美国撇开联合国，不顾俄中两国的激烈反对发动科索沃战争，完全排斥了俄罗斯对欧洲安全事务的参与权。“科索沃模式”使车臣和台湾的分裂主义势力得到了空前的鼓励（同年夏季俄罗斯大城市恐怖爆炸不断，7 月 8 日台湾提出“两国论”），美国还试图将台湾拉入亚太 TMD 体系，俄中两国的国家利益受到了直接威胁。5 月 8 日中国使馆被炸事件，俄罗斯撤回驻北约代表及俄罗斯总理中断对美国的访问，更加凸显了这时中俄两国与美国的冷和平关系。俄罗斯一位学者甚至认为，上述事态使“俄中战略伙伴关系的反美趋向自 50 年代两国建立军事政治联盟以来从来没有这样明显过”。①

同时，中俄之间的战略协作真正达到了战略层面，关注重心由在北约东扩和台湾问题上的交叉支持，进一步扩展到共同坚决反对可能给美国干预车臣问题和台湾问题制造口实的“科索沃模式”，维护全球核战略稳定与维护联合国的权威和作用。为此，中俄两国领导人不仅在 2000 年 7 月联合发表了加强战略协作的《北京宣言》，还在从 1999 年到 2001 年的三年内，中俄两国联合有关国家连续三次在联合国大会和国际裁军大会提出

① А. Ларин, Американский фактор в российско-китайском стратегическом партнерстве, *Проблемы Дальнего Востока*, No. 6, 2000г.

反对破坏战略稳定的议案。

能够比较典型地反映美国在后冷战年代三角关系思维的事例，发生在小布什政府执政初期。强硬派占据主导地位的布什班底，在竞选期间就激烈地指责克林顿政府对俄罗斯过于软弱，主张对其实施“强硬的现实主义”（tough realism）政策。这一政策不仅使2001年3月来访的俄罗斯安全会秘书（相当于美国的总统安全事务顾问）谢尔盖·伊万诺夫（现任俄罗斯国防部长）受到冷遇，而且来访者刚刚离去，政府就以间谍罪名驱逐了40余名俄罗斯外交官。

然而，在2001年4月1日中美之间出现撞机事件之后，布什的班底开始认为：“中国构成了未来美国国家安全的主要威胁，而俄罗斯可能成为遏制中国的潜在的伙伴。作为战略竞争者的中国正在使亚洲力量的平衡向有利于自己的方向发展，这种努力必须被制止。为了实施这一战略，需要较少地注意俄罗斯的国内问题，而更多地关注美俄两国的安全日程。这一战略与尼克松在1970年代初关于战略三角的考虑相同，只不过现在俄罗斯和中国调换了位置。”①

为了实施这一三角关系的新的政策思路，美国政府开始拉拢俄罗斯而对中国采取更强硬的政策。布什于2001年6月与普京在斯洛文尼亚举行了首次会晤，在一个月后又在意大利举行会晤，并且开始对普京本人赞赏有加。② 而在2001年4月15日，也即中国政府刚刚释放在撞机事件中被扣押的美方军人后，布什就宣称“将采用一切手段确保台湾的防卫”。美国政府还在同年5月宣布向台湾出售导弹驱逐舰和潜艇等进攻性武器，这些都是前所未有的。

“9·11”事件的出现为三角关系的发展楔入了新的因素。

二　“9·11”事件后中美俄三角关系的演变

“9·11”事件的直接后果是摧毁了美国单边主义政策的重要基石——美国可以奉行为所欲为的国际政策而不必担心受到惩罚，结束了美国建国以来本土从未受到严重的直接打击的历史。美国的本土安全面临着超出第二次世界大战期间日本和德国一旦完成了亚欧战事后可能挥师北美大陆的

① J. M. Goldgeier and M. McFaul, Power and Purpose, U. S. Policy toward Russia after the Cold War, Washington, 2003, p. 312.

② Press Conference by President Bush and Russian President Putin, White House, Office of the Press Secretary (Slovenia), June 16, 2001.

潜在威胁的最现实的威胁，迫使美国史无前例地将本土安全置于国家安全战略的首位，从而导致了美国全球战略不可避免地出现了双重目标——既要维护单极霸权，又要维护本土安全。"9·11"事件对三角关系的直接影响是布什政府需要进一步的改善与俄罗斯的关系，并且调整撞击事件后对中国采取的高压政策。因为在美国试图建立的围堵恐怖主义的国际网络中，中俄两国都有着明显的地缘重要性。

在布什政府上台之初即开始谋求改善俄美关系的普京，迅速抓住了"9·11"事件提供的历史性机遇。除了在事件当天对白宫表示电话慰问外，2001年9月24日，普京本人通过电视讲话发表了五点声明，表示愿意为反恐行动提供空间走廊，不排除同意俄罗斯的中亚盟国向美国提供空军基地。①

出于本国的反恐战略需要，美国对俄罗斯合作政策也做出了积极反应。美国迅速减弱了对俄罗斯车臣政策的批评，而且连续进行了一系列美俄最高级会晤，其意图是劝说俄罗斯同意修改1972年《反导条约》，在防止核扩散和反恐领域加强与西方世界的合作。2002年5月下旬两国元首在莫斯科会晤期间签署的多项文件表明，俄美之间确立了反恐伙伴关系，俄罗斯默认了美国在2001年12月13日退出《反导条约》的立场，美国方面则以同意有限的提升俄罗斯在北约的地位，与俄罗斯签署新的《削减进攻性战略武器条约》，并且明显地减少了对俄罗斯车臣政策的批评。

同时，美国政府着手改善撞机事件后的美中关系。2001年10月布什出席在中国举行的APEC会议，同年底支持中国加入WTO，2002年2月在《上海公报》签署30周年之际访问中国，多次强调美国政府的"一个中国"的原则没有变化。美国学者对此评价说："在世界贸易中心和五角大楼遭到进攻之后，布什政府开始将全球恐怖主义，而不是中国看作对美国国家安全利益的最主要威胁。首先在阿富汗开始的战争，很快又试图采取行动推翻萨达姆政权，以及其他目的在于根除恐怖主义网络的努力，使布什政府将反对国际恐怖主义和大规模杀伤性武器扩散所形成的危险，以及对中东进行政治重建作为必须全神贯注的战略优先方向。"②

美国政府在"9·11"事件之后对俄中两国采取的怀柔政策，对中俄两国战略协作关系产生了较为深刻的影响。

---

① Телеобращение президента России В. Путина, *Коммерсанты*, 25 сентября 2001г.

② J. D. Pollack, ed., Strategic Surprise? U. S. -China Relations in the Early Twenty-first Century, Newport, 2003, p. 3.

首先，美国政府在2001年12月13日宣布单独退出《反导条约》，实际上使1999年以来中俄之间最重要的战略协作领域——两国在反对美国研制和部署陆基NMD方面的合作失去了现实意义，两国只得被迫退守反对太空武器化的防线；① 同时，美国政府将主要精力用于反恐，减少了对同样具有恐怖性质和形式的车臣政府的支持，减弱了车臣问题上对俄罗斯的压力，使中俄两国联手反对"科索沃模式"的现实紧迫感也随之消失。还应该指出的是，俄罗斯政府在导弹防御问题上对美国的沉默态度，对中俄两国之间的相互信任产生了消极影响。俄罗斯学者甚至认为，中国政府"怨恨莫斯科没有及时向北京通报对待全国导弹防御系统问题态度的转变"。②

在2003年3月20日美国发动伊拉克战争前后，中俄两国都在根据本国在伊拉克利益的轻重来确定反对这场战争的政策实施力度。例如，尽管中俄两国国家元首和政府首脑在一系列的会晤中表明了反对伊拉克战争的共同立场，中国政府显然回避了在安理会与俄法德组成反战外交联盟。

显然，在"9·11"事件之后的最初的一段时间内，由于美国方面需要俄罗斯的反恐合作，俄罗斯也希望与美国保持较为良好的关系而实施了一些具有战略性的妥协，中俄之间的战略协作的重心已经由全球层面向地区（例如中亚和朝鲜半岛）和双边领域转移。③

但后来的事态发展很快表明，尽管反恐的迫切性和长期性使美国不得不缓和与中俄两国的关系，但美国当前面临的恐怖威胁，在现实破坏性上还不能与在1973—1974年全球性的西方经济危机中败出越南，1975—1979年面临着苏联的全球性进攻的威胁相比，它没有改变中俄美三国力量对比，不能迫使美国在当前对俄中两国做出类似1972—1979年间对中国的战略性妥协，因而不能改变美国维护单极霸权的全球政策。美国在

---

① 《中俄两国总理第七次定期会晤联合宣言》，载《人民日报》2002年8月24日。

② B. Михеев, Китайская внешняя политика и актуальные российско – китайские отнощения перед вызовами, *Проблемы Дальнего Востока*, No. 6, 2003г.

③ 郑羽在2002年5月30日《环球时报》上发表文章指出，2002年5月莫斯科会谈后，中俄合作的重心开始向地区和双边层面转移。俄罗斯科学院远东所副所长瓦·米海耶夫教授在2003年第六期《远东问题》上撰文指出："把俄罗斯的政策焦点放到美国，以及它谋求在国际新秩序中发挥与美国相同的作用，这些自然地使俄中关系降到地区级水平。"美国哥伦比亚大学副教授伊·维什尼克在她发表于2002年9—10月号《中国展望》上的文章也指出："在目前俄罗斯基于反恐联盟选择与西方的利益进行更紧密的合作的情况下，中俄伙伴关系被降级到了双边和地区关系领域。"

NMD 问题、北约东扩问题、车臣问题上、在亚太地区加强前沿部署和台湾问题上会收敛其政策的咄咄逼人的强硬形式，并注意减少类似 2001 年 3 月和 4 月驱逐俄罗斯外交官和与中国的撞机事件那样的激烈外交摩擦，但不会有实质性的战略变化。

2002 年末以来的一系列事态，使俄美关系再度出现事实上的紧张状态。2002 年 11 月北约布拉格首脑会议决定将波罗的海三国、斯洛伐克、斯洛文尼亚、罗马尼亚和保加利亚确定为第二轮东扩的被邀请国，进一步加紧了对俄罗斯的战略围困。2003 年末和 2004 年末美国在格鲁吉亚和乌克兰成功地鼓动了这两个国家的“颜色革命”，并通过北约的《伙伴关系行动计划》和《成员国资格行动计划》加快了将这两个国家最终拉入北约的步伐。2005 年上半年，中亚国家也随之出现了较激烈的政局动荡。普京政府一方面加强了在整个独联体地区对美国政策的反击；另一方面明显加强了俄中战略协作的力度，例如，2005 年上半年，在经过长期的权衡选择之后，普京政府不顾日本方面提出的种种经济诱惑，最终决定首先将俄罗斯远东地区的石油管线建设通向中国，高度重视在上海合作组织框架内与中国的战略协作，2005 年 8 月在俄罗斯远东地区和中国山东半岛，与中国联合进行了前所未有的，出动了三军大量先进武器装备的海上和登陆作战演习，显示了中俄战略协作框架下两国军事协作的深度和力度。很显然，2005 年中俄两国战略协作关系迅速发展的深层次原因在于，在做出了一系列战略性妥协之后，俄罗斯仍然无法从美国政府得到维持俄美战略关系的稳定，承认俄罗斯在独联体地区的特殊利益的政策回报，反而面临着美国前所未有的战略围困，普京政府力图通过加强俄中战略协作机制来抵御美国咄咄逼人的对俄政策。

总之，美国的 NMD 计划和不断推进的太空武器化计划将阉割俄罗斯的核战略地位，北约不断向独联体渗透将从根本上封杀俄罗斯国际影响的地理空间，美国在伊拉克战争问题上表现出的单边主义政策，美国对中国不断增长的国际和地区影响力的防范，在台湾问题上实质上阻碍中国统一的立场，都说明俄中两国与美国的矛盾是战略性的，难以掩盖和克服的。因而，中俄两国维护和保持协作关系的利益基础和战略需求将会长期存在。

三　当前中俄美三角关系的若干特点

在苏联解体后的中俄美三角关系中，美国对其总体态势的演变始终起着重要的甚至主导性的影响。这是因为，中俄两国的对美政策不仅存在着静态劣势（实力对比的巨大差距），还存在着动态弱点，即两国国家战略的核心内容是迅速增强国力和维持必不可少的相对安全的国际环境，而两国迅速发展本国经济对外部市场和外部投资的需求远远超过了双方能够互相提供的总量，两国又都无法相互提供足够的安全保障。例如，台湾问题作为中国的战略软肋极大地消耗了中国的经济资源和外交资源（武力防独的准备和对银弹外交的反制），俄罗斯对中国的支持不能改变这一状况，中国对俄罗斯的外交支持也不能改变俄罗斯在俄美关系中所处的劣势。这迫使双方都不得不经常各自寻找与美国缓和关系的途径与契机。而美国与中俄两国任何一方关系的较大幅度的改善与缓和，都在客观上削弱了中俄战略协作的紧密程度或改变其协作领域。

此外，当前的中俄美三角关系，还有其不同于冷战年代的若干特点。

其一是总体上的非对抗性。这是由于不仅中俄两国不谋求与美国对抗，美国也在努力避免使中美关系和美俄关系恶化到对抗状态。同时，不可否认的是，如果美国未来在台海危机中试图进行武力干预，美国与中国将会出现局部军事对抗的风险。

其二是其非对称性。在冷战年代，横跨欧亚大陆的苏联在地理位置上和常规力量上占有优势，在核力量上与美国持平，美国则在总体经济实力上占有优势，在地理位置上处于劣势，在欧亚大陆上与苏联进行争夺时，有两大洋的阻隔，因而特别需要在撤出越南后借助中国的力量保持在亚太地区的力量均衡。在后冷战年代，这种力量对比的对称性完全消失了，美国不仅在总体实力上远远超出了中俄两国的总和，而且迅速发展军事科技大为扩展了美国的洲际投放能力，两个平行市场的消失使美国主导的国际经济和金融秩序的影响覆盖到世界各个角落。这种力量对比的非对称性决定了当前美强中俄弱的三角关系的总态势。

其三，非全局性是当前三角关系的另外一个特点。冷战年代的三角关系作用是全局和全球性的，从地理范围上看，苏美两个超级大国拥有各自的军事集团和在世界各地的盟友，并在中间地带——第三世界进行着激烈的争夺。从三角关系作用的问题领域来看，它表现为军事上的相互对峙，经济上的相互封锁和外交上的相互孤立（中国在其中只是部分地参与，或者说只是在亚太地区起到遏制苏联霸权的美国的伙伴作用）。

由于中俄两国无论是在总体实力上还是在外交政策的影响范围上都不构成全球性的一极，中俄与美国的矛盾也主要集中于国家安全领域，当前的三角关系远远不能覆盖国际社会的所有问题领域，甚至不能覆盖一些主要问题领域，例如经济全球化问题、南北矛盾问题、全球生态安全问题，而在冷战年代这些问题或者被两个平行市场阻隔，或者被世界大战的威胁所掩盖和冲淡。

这种非全局性还由于后冷战年代三角关系之外的国际行为主体增多，例如欧盟在世界经济体系中的作用，以及恐怖主义的全球体系等等，对国际事务起着独立于中俄美三国之外的一定程度的影响。

其四，应该指出的是，当前的三角关系还存在着某种利益共同性和非零和性。例如在发展经贸合作方面（这在中美关系中的表现最为典型），防止核技术和导弹技术扩散方面（冷战年代激烈的核竞赛掩盖了在此问题领域的一致性），在应对日益突出的非传统安全问题方面（首先是国际恐怖主义的威胁）。这种利益一致性导致了当前的三角关系不同于冷战年代的零和性质的非零和性质，即一方所得不再等于另两方所失，而在上述领域有可能表现为三赢的结果。

本章小结

苏联解体后中俄两国全面合作关系的不断充实和发展，为两极格局解体后具有不同社会制度和意识形态的国家间建立友好合作关系积累了重要经验。中俄战略协作不仅惠及两国人民，而且对地区稳定与繁荣，对冷战结束后国际关系的良性发展，对国际和平与发展事业作出了自己的贡献。随着两国经济实力的不断增强，两国的能源与经贸合作不断深化，进一步充实了两国政治关系的基础。两国在国际事务中的合作，尽管会随着国际与地区形势的变化而有张有弛，但由于战略利益的一致性而具有长期稳定性。

思　考　题

一、名词解释

互视为友好国家　　建设性伙伴关系　　战略协作伙伴关系　　《中国和苏联关于国界东段的协定》　　《中俄关于中俄国界西段的协定》　　《关于中俄国界东段的补充协定》

二、简答题

1.《中俄睦邻友好合作条约》的主要内容是什么？

2. “上海五国”论坛的主要功能是什么？

3. 中俄之间边界问题全部解决的意义是什么？

三、论述题

1. 20 世纪 90 年代的中俄关系经历了哪几个发展阶段？其不断升级的主要原因是什么？

2. 中俄战略协作关系有哪些特点？其前景如何？

3. 当代中俄美三角关系不同于冷战年代中美苏三角关系的特点及其原因是什么？

阅读参考文献

徐葵、马胜荣主编：《跨世纪的战略抉择——90 年代中俄关系实录》，新华出版社 1999 年版。

姜毅等著：《重振大国雄风——普京的外交战略》，世界知识出版社 2004 年版，第十章。

［俄］尤·米·加列诺维奇著：《世纪之交的俄罗斯与中国》，刘朝平等译，四川人民出版社 1999 年版。

薛君度、陆南泉主编：《中俄经贸关系》，中国社会科学出版社 1999 年版。

А. Д. Воскресенский, Россия и Китай: теория и история Межгосударственных отношений, Москва, 1999г.

А. Г. Яковлев, Россия, Китай и мир, Москва, 2002г.

М. Л. Титаренко, Россия: безопасность через сотрудничество, Москва, 2003г.

Отв. Ред. А. Г. Яковлев, Китай в мировой и региональной политике: История и современность, Москва, 2000.

第三章　俄罗斯与北约和欧盟

内容提要

北约东扩及俄罗斯与北约的关系问题是苏联解体后俄罗斯外交面临的最棘手最复杂的问题，也是俄罗斯与西方分歧最为尖锐的领域。尽管俄罗斯步步退让，双方在这个领域的不可调和的矛盾，从根本上恶化了俄美关系，使叶利钦政府与美国结成全面盟友关系的愿望彻底破灭，因而导致了独立后最初几年实行的对西方“一边倒”政策的迅速终结。北约下一轮东扩必将进入独联体的前景，将是对俄罗斯外交的最大挑战。无论俄罗斯采取全力抵制还是默认妥协的政策，都将加深俄罗斯的被包围感和孤立感，加深俄美之间的现实矛盾和心理嫌隙。同时，俄罗斯与北约在若干具有共同利益的领域的合作也在逐步加深，从一个方面说明了俄美之间既非盟友也非敌人的关系的复杂性。

同时，本章也将探讨俄罗斯与欧盟在政治与安全合作领域，经贸合作领域关系的发展变化，俄欧的关系演变反映了俄罗斯与西方发达国家关系的一个重要方面。

第一节　“9·11”事件前俄罗斯与北约关系

1989—1990年的东欧各国发生的政治剧变，苏联军队先后撤出东欧，以及华沙条约组织的军事机构和政治机构在1991年3月和7月宣告解散，为东欧国家安全政策的重新定位提供了客观可能。而1991年苏联出现的“8·19”政变使东欧各国担心苏联对东欧政策的变化而迅速正式提出加入北约的申请。面对东欧安全格局的迅速变化，作为北约领袖的美国对北约在冷战结束后的功能也处于重新定位之中。因而，美国相继提出了建立北大西洋合作理事会和“和平伙伴关系”计划作为过渡性的措施来迎合东欧国家寻求新的安全保证的要求。尽管1994年1月的北约首脑会议声明确定了北约扩大的方针，但仍然没有就何时扩大，如何扩大做出明确决定。

这使得叶利钦政府在 1994 年 12 月布鲁塞尔北约外长会议之前对美国搁置北约东扩问题仍然抱有希望。

“和平伙伴关系”计划没有像俄罗斯所希望的那样使北约长期搁置东扩进程，1994 年 12 月的北约外长会议可以被看作是东扩进程真正开始的起点。经过长时间的外交抗争之后，叶利钦政府在 1997 年 5 月与北约签署了《俄北关系基本文件》，默认了北约东扩，这是俄罗斯不得已的妥协。1999 年 3 月开始的科索沃战争表明，这个文件对俄罗斯来说，基本上是一纸空文。

一　独立之初叶利钦政府与北约的关系

独立以后的俄罗斯政府对北约的政策在几年内发生了很大变化。1991 年底俄罗斯外长在谈到俄罗斯对北约的看法时曾经说：北约不是侵略性的联盟，而是保证欧洲和全世界稳定的机构之一。俄罗斯当时所执行的向西方国家一边倒的外交政策的基本内容之一就是通过加入西方领导的各种国际组织来与西方实行国际领域的一体化，加入西方的大家庭。因而，俄罗斯在独立之初奉行的是积极与北约发展合作关系的政策。1992 年初，俄罗斯参加了北约于 1991 年 11 月建立的“北大西洋合作委员会”，并积极与当时还叫做欧共体的欧盟的军事机构西欧联盟发展关系。1992 年 2 月，俄罗斯与北约达成了一项协议，决定双方在军事战略、文职人员控制军队、军转民和军费开支等领域进行具体的合作。1993 年 6 月，北约批准了与俄罗斯在军事领域发展合作关系的计划。

1993 年 8 月以前，俄罗斯没有就周围邻国加入北约的申请或愿望发表过正式的意见。在事后被媒体和有关研究资料反复引证过的俄罗斯官方的就此问题的最早的正式表态，是 1993 年 8 月 25 日叶利钦总统在访问波兰时发表的言论，它也被写进了两国的联合声明。叶利钦当时对波兰渴望加入北约表示理解，他认为，波兰的“这一行动不会违背俄罗斯的利益和泛欧洲一体化的进程”。① 回到莫斯科以后不久，叶利钦改变了对这个问题的态度。同年 9 月 15 日，叶利钦写信给美国总统克林顿和其他西方主要国家的领导人，表示俄罗斯政府反对北约接纳中东欧国家，认为这一举动必然在俄罗斯的一部分人中挑起消极的反应，“不仅是反对派，甚至中间派也将毫无疑义地将此看作是对俄罗斯的一种新孤立主义，反对它自然地进入欧洲—大西洋空间”。叶利钦在给克林顿的信中力图为俄罗斯阻止北约

① Russian-Polish Joint Declaration，INTERNATIONAL HERALD TRIBUNE，Aug. 26，1993.

吸收中东欧国家找出法律依据，他谈到了1990年9月12日在莫斯科签订的关于德国统一问题的《最终解决德国问题条约》曾规定，禁止在德国东部的领土上部署外国军队，这意味着排除了北约向东部扩展的可能性。叶利钦还表示，俄罗斯希望看到这样一种情况，俄罗斯与北约的关系要比北约和中东欧国家的关系还要“热”一些。叶利钦认为，解决中东欧国家对本身安全问题担心的最好办法是“俄罗斯和北约一起向中东欧国家提供正式的安全保障，这包括确保这些国家的主权、领土完整、边界不可更改以及该地区的和平。这种保障可以以政治声明或者俄罗斯联邦与北约之间的合作协议的形式规定下来”。① 从后来的事态发展中可以看出，叶利钦对北约东扩问题立场的转变，是在访问波兰回国后受到他的一些高级助手观点的影响，特别是受到当时担任俄罗斯对外情报总局局长普里马科夫的影响。他在叶利钦写信给克林顿之后的两个半月，即11月26日在俄罗斯《独立报》上发表的题为“北约东扩的前景和俄罗斯的利益”的研究报告，不但说明了叶利钦信件的思想出处，而且最早明确地阐述了俄罗斯后来对北约东扩问题的基本立场。俄罗斯对外情报总局的官员们都是现役军官，因而，普里马科夫这篇研究报告在很大程度上反映了当时俄罗斯军方对北约东扩问题的看法，其口气要比他在1996年1月担任外交部长以后发表的言论要强硬得多：“如果这个具有巨大的进攻能力的世界上最大的军事集团推进到俄罗斯边界，它将导致俄罗斯对本国的防御战略作根本性的重新评估和武器的重新部署以及改变作战计划。”②

北约在1994年1月1日提出“和平伙伴关系”计划之后，俄美总统于1月14日在莫斯科举行了最高级会晤，叶利钦在谈到该计划时表示了赞扬态度：“和平伙伴关系计划是消除从温哥华到符拉迪沃斯托克之间可能出现的不平等安全区域的新界限而建立的一个安全体系。我们相信，和平伙伴关系计划将证明是建立新欧洲的一个方案。当然，我们将与其他欧洲集体安全结构保持密切联系，包括经受时间考验的制度机构，如：联合国、欧安会等。”③ 显然，叶利钦还寄希望于美国至少能够尽可能地推迟还

① President Boris Yeltsin's letter to US President Bill Clinton, Sep. 15, 1993, SIPRI Yearbook 1994, pp. 249—250.

② А. Полещук, Оправдно ли расширение НАТО? Особое мнение внешней разведки России, *Незавесимая газета*, 26 ноября 1993г.

③ The United States and Russia: Toward a Common Mission—President Clinton, Russian President Yeltsin, U. S. DEPARTMENT OF STATE DISPATCH, Supplement Vol. 5, No. 1, January, 1994.

没有具体化的东扩计划。因为，正是克林顿本人，在几天前的北约峰会上显得犹豫不决："为什么现在我们要仅仅往东移一点在欧洲划一条新界限呢？为什么我们现在要作某种有可能断送欧洲最美好的前景的事情呢?"克林顿认为："这种最美好的前景就是民主的俄罗斯为它的所有欧洲的邻居的安全承担起责任。这种最美好的前景就是民主的乌克兰，每一个刚刚从原苏联独立出来的国家的民主政府都为在市场基础上的合作，为共同的安全和为民主理想承担起责任。我们不应该断送这种可能性。"① 而且，上述的《框架文件》只字未提北约东扩，只是在《邀请文件》中表示"期待和欢迎"北约扩大。在莫斯科的会晤中，克林顿肯定了北约扩大的前景，但只是说北约"开诚布公地希望扩大"，对东扩的形式和时间问题都还没有明确表态。②

1994 年 6 月 22 日，俄罗斯外长科济列夫出席了在布鲁塞尔召开的北大西洋理事会（NAC），并签署了"和平伙伴关系"计划的框架性文件。双方都做出了一定程度的妥协，西方承认俄罗斯的特殊性，将与俄罗斯制定一项单独的合作计划，俄罗斯方面也不再坚持实际上不可能得到的对北约决策过程的参与权，更谈不到否决权。

1994 年下半年，正当俄罗斯政府与北约磋商具体合作事宜，并且已经商定在同年 12 月 2 日北大西洋合作委员会外长会议期间双方签署长达 50 页的"单独的伙伴关系计划"（Individual Partnership Program）和磋商与合作计划。12 月 1 日北约发表的一份联合公报引起了俄罗斯方面的强烈不满。北约成员国联合公报中明确宣布："我们决定在北约内部启动一个调研过程，以决定北约怎样扩大，并制定指导这一过程的原则和成员国的标准。为此，我们指示北约常务理事会（the Council in Permanent Session）与北约的军事署顾问处（Advice of the Military Authority）开始一项内容广泛的研究。"③ 叶利钦得知这一消息后打电话给已经动身前往布鲁塞尔的科济列夫，指示他拒绝签署合作协定。④ 结果，出席布鲁塞尔会议的科济列夫

---

① Clinton ' s Remark on NATO Conference, US Information Service, Wireless File, Jan. 10, 1994.

② J. M. Goldgeier and M. McFaul, Power and Purpose, US Policy toward Russia after the Cold War, Washington, 2003, p. 187.

③ Text of the NATO Final Communiqué, Ministerial Meeting of the North Atlantic Council, Brussels, USIS, Dec. 1, 1994.

④ J. M. Goldgeier and M. McFaul, Power and Purpose, US Policy toward Russia after the Cold War, Washington, 2003, p. 190.

外长拒绝签署一天以前他的副手向新闻界宣布的将要由科济列夫签署的俄北之间的两个文件。俄罗斯政府表示，北约建立考虑吸收新成员国的工作小组必然会引起对俄罗斯和北约合作计划更多的解释，重新思考和可能的修改。科济列夫外长宣称，北约的快速和毫无道理的扩大对俄罗斯来说是不适宜的。其实，这只是1994年6月以来俄罗斯政府关于北约正在以“和平伙伴关系”计划或某种泛欧洲安全计划来代替北约东扩计划主观幻想的破灭。而实际上，正如斯德哥尔摩国际和平研究所的观察家们所指出的那样，1994年1月的北约首脑会议“已经宣布北约打算扩大，而且还宣布，积极参与和平伙伴关系计划‘将在北约扩大的演进过程中起重要的作用’。1994年12月的联合公报没有回答‘谁’和‘什么时间’的问题，而只是回答了‘怎样’的问题。从这一点来说，1994年12月的联合公报并未包含新的内容。俄罗斯的反应可能是向北约国家施加压力，并试探北约是否将会做出妥协”。[①] 同时，还应该看到，叶利钦政府对这一事态的口气较为强硬的表态也是为了在国内反对派面前掩饰自己的尴尬，因为俄罗斯与北约的关系并不像6月俄罗斯签署《框架文件》以来政府的新闻媒介所宣传的那样，北约在扩大的问题上似乎正在考虑俄罗斯的意见。在几天以后召开的欧安会首脑会议上，俄罗斯总统叶利钦在1992年俄罗斯独立以来第一次面对面的向美国总统表示不满，叶利钦不但不像以往那样与克林顿握手拥抱，双方互不理睬，而且，叶利钦在讲话中用“冷和平”来形容北约东扩所可能形成的欧洲安全形势。俄美两国在北约东扩这一根本性的问题上所产生的不可克服的矛盾，导致了俄罗斯政府对西方对俄政策幻想的破灭和俄美蜜月关系的结束。

二 俄罗斯的反东扩措施

显然，1994年12月1日北大西洋理事会的联合公报已经表明，俄罗斯关于北约会在“和平伙伴关系”计划面前止步的期待只是一厢情愿，俄罗斯方面已经很清楚北约东扩意图已经难以改变，因而，从1995年起，力不从心的俄罗斯与美国在北约东扩问题上的外交斗争，核心问题实际上已经不是要不要东扩，而是何时东扩和怎样东扩。

对俄罗斯来说，北约东扩肯定不符合俄罗斯的利益，如果俄罗斯没有

---

① SIPRI, Yearbook, World Armament and Disarmament, Yearbook 1995, Oxford, 1995, p. 278, note, 55.

能力阻挡这一进程，那问题就变成了如何使这一过程对俄罗斯损害最小，而且同样重要的问题还有，俄罗斯如何与准备东扩的北约打交道。

俄罗斯国内的各种政治集团在反对北约东扩的问题上出现了罕见的一致。同时，俄罗斯国内的智囊机构开始考虑如何将北约外来东扩的消极影响缩小。俄罗斯"外交与国防政策协会"下属的俄罗斯与北约关系工作小组的研究报告，最早提出了北约东扩的法国模式，即作为北约新成员国的中东欧国家只参加北约的政治组织，而不参加北约的军事机构，同时建议俄罗斯与北约积极发展合作关系。①

1995 年 5 月 31 日，也即俄罗斯签署"和平伙伴关系"计划框架性文件接近一年以后，俄罗斯又与北约签署了进一步加深合作的两个文件。即《双边军事合作计划》和《定期公开磋商制度框架文件》。俄罗斯外长在签署这两个文件时强调，俄罗斯虽然同意与北约发展合作关系，但反对北约东扩的立场没有改变。

1995 年 9 月，根据 1994 年 12 月北约外长会议的指示组成的北约研究东扩问题的工作小组，发表了他们的研究结果《北约扩大研究报告》(The Study on NATO Enlargement)。这份长达 82 个段落的研究北约东扩的可行性、可能的后果以及最适宜的扩大方式的文件，将一年多以前由"和平伙伴关系"计划的实施开始的北约东扩的准备工作，再次推向了一个新的阶段，使早已开始的在西方、俄罗斯和中东欧国家关于北约东扩的争论又持续了接近两年之久。

这篇研究报告系统地探讨了北约东扩的目的和原则，提出了一个含义广泛的安全概念，即冷战结束后的安全应该包括政治、经济和防御等诸多要素，因而，欧洲的安全应该通过一个一体化和合作的渐进过程来建立。在这个过程中，欧洲现有的多边机构，例如欧盟、西欧联盟和欧洲安全与合作组织相互协调，这些组织中的每一个都根据各自的职责和实施广泛的安全构想的目的来发挥作用。北约只是作为纯粹的防御联盟。研究报告还为在北约扩大的同时，能够促进整个欧洲的安全与稳定，排除划出新的分裂线的可能性提出了建议，即通过北大西洋合作委员会和"和平伙伴关系"计划来具体推进东扩的进程。研究报告还阐述了成员国的职责范围，为此所必须完成的准备工作，东扩所应该遵循的方式。

---

① Совет по внешней и оборонной политике, Россия и НАТО, *Незавесимая газета*, 22 июни 1995 г.

《北约扩大研究报告》的发表立即在俄罗斯引起了新一轮猛烈的批评。国防部长格拉乔夫的言论最为激烈，他提出，为了对付北约东扩，俄罗斯将建立新的军事集团，将导弹瞄准波兰和捷克，与伊朗结成战略同盟。他表示，北约东扩将迫使俄罗斯在独联体、远东和中东寻找新的盟友。美国外交问题分析家们还认为，俄罗斯同时也在采取在美国身边支持其对手的办法来报复美国所一手导演的北约东扩计划的出笼。1995 年 10 月，俄罗斯恢复了与古巴的石油和食糖贸易，开始支持古巴的核能源计划，并与卡斯特罗政权建立了紧密的军事技术联系。

1996 年 7 月，接替格拉乔夫担任俄罗斯国防部长的罗季奥诺夫也表态说，俄罗斯针对北约扩大的军事战略没有变化，北约东扩将危险地改变欧洲的军事平衡。罗季奥诺夫指出，从军事的角度说，北约扩大到中东欧地区将使北约覆盖的疆域向东扩展 750 公里，这将大为减少俄罗斯反导弹系统做出反应的早期预警时间。北大西洋联盟的军事力量将出现戏剧般地扩大，这同时也意味着行动能力的扩大。这位俄罗斯国防部长认为，由于北约的扩大，它将获得 280 个不同类型的空军基地，这样就使北约的空中打击能力得到了很大的提升。同时北约的战术飞机都可以到达俄罗斯包括斯莫棱斯克、库尔斯克和布良斯克的西部地区。北约将取得波兰的具有战略意义的港口，其结果是使北约有能力完全封锁住俄罗斯的波罗的海舰队。北约也可以对中东欧国家的基础设施和其他资源进行配套和更新，使北约的战术力量有可能在俄罗斯的相邻地区在 30 天内部署完毕。最关键的是，由于东扩可直达俄罗斯和白俄罗斯边界，北约的战术核武器就变成了战略核武器。①

俄罗斯国防部长的上述观点也反映了俄罗斯国家杜马反对北约东扩的一个重要的思路，即将是否批准第二阶段削减战略武器条约与北约东扩问题挂钩。1996 年 10 月 7 日，在 1996 年总统选举期间被任命为俄罗斯总统国家安全顾问的列别德将军访问布鲁塞尔北约总部，并于当天与索拉纳联合举行了新闻发布会。他谈道，如果北约不给予俄罗斯和北约关系以特殊地位，俄罗斯国家杜马可能对武器控制的各方面的问题提出质疑，“北约东扩将导致欧洲安全形势的根本变化，因而，第二阶段削减战略武器条约是不可能被批准的。而且，我们还担心那些已经被通过的条约的命运会如

① A. Zhilin, Rodionov to NATO : Don't Bait a Wounded Bear, MOSCOW NEWS, English edition, No. 51, Dec. 26—31, 1996.

何。我们需要一个在法律含义上有其特殊性的协议或者条约。在这个背景下，第二阶段削减战略武器条约将随着销毁化学武器条约和其他条约而被批准。”①

在1996年下半年，俄罗斯政府已经清楚地认识到，它所面对的不是能不能阻止北约东扩的问题，而是北约以何种方式东扩的问题。具体地说，俄罗斯政府力图使北约在以下几个基本问题上做出适当让步：北约东扩以后俄罗斯与北约的关系以及俄罗斯在欧洲安全事务中的地位如何；作为新成员的中东欧国家是否与北约实行完全的军事一体化，以及北约是否在新成员国的领土上部署核武器和外国军队。因为，1995年9月《北约东扩研究报告》发表以后，北约东扩看起来已经是必然的趋势，以何种形式东扩却还不够明朗，一些中东欧国家，特别是维谢格拉德集团中的波兰和捷克要求完整的成员国资格，它们接受北约在本国领土上部署核武器的可能性，这加重了俄罗斯的担心。

1996年俄罗斯方面反对北约东扩的一个基本策略可以总结为，由军方表达强硬的立场，力图争取得到一些威慑性效果，而由外交部在与北约的磋商中达到双方互有妥协的结果。1996年1月开始担任外交部长的普里马科夫就北约东扩的问题在与西方国家进行的外交接触中正是采取了这一策略。1996年3月，普里马科夫承认，虽然俄罗斯反对北约东扩的立场没有任何变化，但俄罗斯在这个问题上不可能拥有任何否决权。②1996年6月，普里马科夫在出席在柏林举行的北约外长会议期间还进一步表示出寻求妥协的姿态。他说，俄罗斯理解一些国家需要加入北约的立场，但不能接受北约军事机构靠近俄罗斯边界。③6月下旬他在俄罗斯外交部所属的国际关系学院的一次讲演中比较明确的解释了俄罗斯当时的政策：“必须要有对话、解释和妥协，但只有一件事不能妥协——不能允许北约的主要机构靠近我国的边界。”④1996年7月，叶利钦还写信给美国总统克林顿，试图为北约东扩划出最后的底线。叶利钦在信中写道：“北约的行动区域扩大到波罗的海国家的可能性是不容讨论的。

---

① Press Conference of Secretary General and General Lebed, Oct. 7, 1996, http://www.nato.int/docu/speech/1996/s961007a.htm.

② В. Котин, Примаков о России и НАТО, *Незавесимая газета*, 1 марта 1996г.

③ К. Эггерт, Россия поступилась принципами в обмен на возможные гарантии, *Известия*, 6 июня 1996г.

④ Анатолий Репин, Роль ведомого-не для нас: Евгений Примаков о принципиальных направлениях внешней политики России, *Труд*, 25 июня 1996г.

这种前景对俄罗斯来说是根本不可接受的，而且，为此做出的任何步骤都被看作是对我国国家安全利益的公开的挑战，是在摧毁欧洲安全赖以存在的基石。”① 这被西方的北约问题分析家们认为是俄罗斯默认了北约接受中东欧国家。

三 《俄罗斯—北约关系基本文件》的签署与第一轮东扩的完成

尽管俄罗斯和美国之间就北约东扩问题在1996年进行了激烈的外交斗争，但在这个俄罗斯大选年，克林顿政府也在全力支持叶利钦战胜国内反对派再次当选。此后，无力阻止北约东扩的叶利钦政府在诸多领域有求于美国的情况下，只能对北约东扩采取默认和妥协态度，《俄罗斯—北约关系基本文件》的签署反映了这一政策。该文件签署之后，北约实际上就清除了东扩的最大障碍，第一轮东扩在1999年3月得以完成。

基于对北约东扩只能做出有限约束的政策考虑，俄罗斯方面与北约在1996年下半年进行了频繁的接触。同年10月，叶利钦总统就俄罗斯和北约间的关系和东扩的问题提出了“先谈判（即俄罗斯和北约进行进一步明确双边关系和各自在欧洲安全事务中的权限的谈判）、后签约（即俄罗斯和北约签署具有国际法效率的包含双方达成的协议内容及明确双方相互关系的条约）、再东扩”的三原则。② 为此，俄罗斯政府任命当时刚刚成立的国防会议秘书尤里·巴图林负责组织起草在欧洲安全问题领域俄罗斯和北约关系的文件。该文件呼吁北约对自己的军事原则、战略和战术构想做出根本性的调整。

正如俄罗斯不能用硬性对抗的方式反对北约东扩一样，以美国为首的北约对俄罗斯方面提出的各项建议也不能完全置之不理。一方面，西方集团在削减战略核武器，防止核扩散等一系列问题上仍然需要俄罗斯的合作；另一方面，西方也意识到将俄罗斯完全排除在外的欧洲安全体系未必是稳定和有效的，它可能进一步刺激俄罗斯国内的反西方情绪。因而，既不能对俄罗斯提出的各种前提条件做出实质性的让步，不能给予俄罗斯对北约行动的否决权，又要与俄罗斯建立起某种合作关系，是北约在东扩问题上的对俄基本方针。1997年上半年，北约与俄罗斯就双边关系问题举

---

① К. Эггерт, Тайная переписка Ельцина и Клинтона, Москва просит Вашингтон повлиять на прибалтов, *Известия*, 6 июля 1996г.

② А, Гольц, Россия-НАТО: диалог по- прежнему труден, на это уже не диалог глухих, *Красная звезда*, 1 октября 1996г.

行的谈判就是基于上述原则进行的。

1996 年 10 月，北约和俄罗斯双方就签署一个规定双边关系的文件各自成立了工作小组。俄罗斯方面坚持认为这个文件应该以具有法律意义的条约的形式出现，而北约则认为，根据北大西洋条约，北约与其他国家签署的条约需经北约 16 个成员国的议会分别批准方能生效。因而双方之间的这个文件可以是一个具有法律意义的、类似 1975 年欧安会《最后总文件》的条例（Act）或者宪章（Charter）。双方就文件的内容和形式进行了长达几个月的谈判。

经过五个回合的讨论之后，双方在 1997 年 5 月 14 日于莫斯科宣布，双方就此问题的谈判已经完成。1997 年 5 月 27 日，《北约和俄罗斯关于相互关系、合作和安全的基本文件》（NATO-Russia Founding Act on Mutual Relations，Cooperation and Security）由俄罗斯总统叶利钦和以美国总统克林顿为首的北约 16 个成员国的国家元首，以及北约秘书长索拉纳在巴黎爱丽舍宫联合签署。该文件被认为规定了俄罗斯和北约之间的在安全合作领域的稳定的制度性的框架。其基本内容是：

（一）《基本文件》的目的在于在民主和合作安全的原则基础上共同建立欧洲—大西洋地区的持久的内容广泛的和平。北约与俄罗斯同意围绕在《基本文件》中规定的共同承担义务的七项原则和在忠诚于它们共享的价值观、义务和行为准则的基础上发展关系。

（二）俄罗斯和北约之间磋商和合作的实施机制是北约—俄罗斯联合常设理事会（NATO-Russia Permanent Joint Council）。双方的签字代表同意这种磋商不涉及北约、它的成员国和俄罗斯的内部事务。无论是俄罗斯还是北约都没有否决对方行动的权力。《基本文件》中的任何条款都不可以被当作损害其他国家利益的工具。双方将共同承担义务来确定和寻找尽可能多的联合行动的机会。双方将互相通报它们所面临的有关安全方面的挑战和为应对挑战而要采取的措施。联合常设理事会每年将举行两次外交部长级和国防部长级会议，双方驻北约的联合常设理事会的大使或代表每月举行一次会晤。

（三）《基本文件》的第三部分阐述了双方在联合常设理事会会议框架下实施合作的 19 个领域。《基本文件》的第五部分谈及俄罗斯和北约在欧洲政治—军事事务中的关系，表示双方将在维也纳一起工作，根据欧洲变化了的安全形势和所有欧洲安全与合作组织的成员国的合理的安全利益来修改《欧洲常规武装力量条约》（Treaty on Conventional Armed Force in

Europe)。这一点，俄美总统在赫尔辛基会晤期间就已达成协议。①

（四）为了实施在《基本文件》中记载的双方的决定，双方同意执行一项工作计划。以联合常设理事会中的俄罗斯大使维塔里亚·丘尔金为首的俄罗斯驻北约使团还包括高级军事代表和军事合作参谋人员。俄罗斯还将与北约建立工作接触和磋商机制。《基本文件》中还记载了俄罗斯对北约东扩的不同看法，以及希望北约将沿着逐步演变成一个政治组织，而不是一个军事组织的方向进行自己的内部改革。②

《北约—俄罗斯基本文件》的签署为北约东扩扫清了外部障碍。1997年7月8—9日，北约国家元首和政府首脑会议在马德里召开，会议发表的《关于欧洲—大西洋安全与合作的马德里宣言》公布了这次北约最高级会议的两项重要决定，一是北约国家领导人邀请捷克、匈牙利和波兰开始进行加盟的谈判，目标是在1999年使三国加入北约，并在1999年召开下一次最高级会议的时候，将罗马尼亚和斯洛文尼亚作为可能的候选国。二是北约与欧洲的其他非北约成员国的伙伴关系的实质内容和范围将在一项特别的和平伙伴关系计划中得到扩展。

马德里最高级会议之后，美国领导的北约迅速推进了一轮东扩的进程，并为第二轮东扩做出了一定的准备。

在1997年12月例行的北约布鲁塞尔部长级会议上，波兰、捷克和匈牙利分别签署了内容相同的加入北约的议定书，这说明马德里会议后开始的入盟谈判已经顺利完成。1998年4月30日，美国参议院经过两天的听证会讨论，以压倒多数（80：19票）通过了接纳波兰、匈牙利和捷克三国在1999年4月加入北约的议定书。③ 在1998年12月1日以前，北约16国和波匈捷3国议会全部完成了对议定书的批准。1999年3月12日，美国国务卿奥尔布赖特代表北约与波匈捷3国外长在美国密苏里州杜鲁门图书馆签署三国正式加入北约的文件。

北约东扩造成了冷战结束与苏联解体后欧洲安全格局的根本变化。

（一）尽管北约表示目前没有打算，也没有理由在新成员国部署核武

---

① Совместное российско-американское заявление по европейской безопасности, *Дипломатический вестник*, No. 4, 1997г.

② Founding Act on Mutual Relations, Cooperation and Security between the North Atlantic Treaty Organization and the Russian Federation. NATO Office of Information and Press, May, 27, 1997, http://www.nato.int/docu/facts/2000/nato-rus.htm.

③ W. Boese, Senate Approves NATO Expansion, Signals Caution on Future Rounds, Arms Control Today, April 1998, http://www.armscontrol.org/act/1998_04/natap98.asp.

器和大量的作战部队，形式上不想改变目前的欧洲军事态势，但实际上，随着北约东扩的实施和北约采取的一些其他补充措施，欧洲军事态势和北约的军事功能都出现了一些重要变化。马德里北约最高级会议以后，美国及其北约盟国抓紧筹建所谓的“欧洲安全和防御共同体”（European Security and Defense Identity）。美国还在1998年初提出了建立“混成的联合特种任务部队”（Combined Joint Task Forces）的构想，其意图是加强北约指挥和控制多国多用途部队的能力，并在短时间内将这些部队部署到一个广大的范围内，以随时准备实施军事行动。它还具有两个政治功能，其一是加大非北约国家参与军事行动的可能性；其二是促进北约领导的“欧洲安全和防御共同体”的发展。因而，西方的观察家们认为，马德里会议以及会后北约的一系列措施“标志着在缩小北约成员国和非北约成员国之间的差别方面迈出了重要的一步”。①

（二）在美国一手操纵和安排的北约将一统天下的欧洲安全格局中，美国为首的西方国家希望俄罗斯扮演的角色是，在中东欧地区——一个不捣乱角色，即俄罗斯不要成为北约在这一地区政治军事领导地位的反对者和挑战者；在独联体地区——一个暂时的稳定者的作用，即在北约目前首先要吸收中东欧国家的情况下，北约希望俄罗斯在存在着国家间和族际间冲突的独联体地区发挥稳定的作用。对俄罗斯来说，比第一轮东扩更不利的前景是，在北约消化中东欧的政策基本完成以后，可能进一步蚕食独联体—俄罗斯的最后势力范围。

（三）在美国一手操纵下，将原定波匈捷三国正式签约时间提前了一个月，也即在北约开始进行科索沃战争的12天之前进行，目的在于以北约成员国阻断独联体国家与南斯拉夫的地面联系，使俄罗斯无法实施可能的对南斯拉夫的各种援助。更重要的是，正是由于北约的扩大，使美国敢于在冷战结束后第一次抛开联合国授权的形式大规模使用武力。而且，与波黑战争前后美国鼓励俄罗斯发挥协调和维和作用不同，在科索沃战争初期排斥俄罗斯的参与，表现出在地区安全问题上由大国合作原则向单边主义的过渡。

（四）1999年4月23—24日北约华盛顿首脑会议通过了新的《联盟战略概念》（The Alliance's Strategic Concept）这一新的战略文件，强调了以下新的战略原则：1. “联盟不仅要确保对其成员国的安全防御，而且要

① SIPRI, World Armament and Disarmament, Yearbook 1998, Oxford, 1998, p. 151.

对该地区的和平与稳定做出贡献。”2. 与上述原则相联系，北约的行动范围由成员国走向周边地区，有纯军事防御走向内容更广泛的维护稳定的危机处理。3. 北约确定一项行动计划，来帮助更多的申请国做好加入北约的准备工作。①

总之，美国操纵北约第一轮东扩的过程是一个不断剥夺和削弱俄罗斯在欧洲传统的影响力的过程。从俄罗斯的经济和军事实力来看，它只能是被动的接受这一过程，通过自己的作用有限的外交努力使之对自己的损害降低到最低限度，而没有其他的政策选择。冷战结束后，美国为首的西方集团用扩大基本上是传统的北约的方式来解决新环境下的安全问题，反映了美国谋求单极霸权的战略构想。但应该承认，由北约扩大在欧洲安全领域做出的制度性安排，客观上反映了这一时期北约和俄罗斯的力量对比。

第二节 “9·11”事件之后的俄罗斯北约关系

显然，“9·11”事件改变了俄美关系的总态势，也为此后的俄罗斯与北约的关系注入了新的内容。一方面，北约东扩在按照原定计划继续推进，俄罗斯反对北约东扩的立场没有改变；另一方面，北约与俄罗斯的合作关系由于共同的反恐需要而有了较大的发展，从而使“9·11”事件之后俄罗斯与北约关系的既矛盾又合作的特点更加突出。

一 北约继续推进东扩与俄罗斯的立场

1997 年 7 月，北约首脑会议在《马德里宣言》中声称，北约将继续接受新成员，“任何欧洲民主国家只要符合北大西洋公约的宗旨，都不会被排除于北约考虑之外”。这次首脑会议在上述宣言中还特别提到“关注东南欧国家的民主和法制的发展，特别是罗马尼亚和斯洛文尼亚”。② 1999 年 4 月为纪念北约成立 50 周年而在华盛顿召开北约首脑会议，这次会议发表的公报表示：“在最迟不超过 2002 年的首脑会议上，总结各申请

① The Alliance's Strategic Concept Approved by the Head of State and Government Participating in the Meeting of the North Atlantic Council in Washington D. C. on 23 and 24 April, 1999, http://www.nato.int/docu/pr/1999/p.99-065a.htm.

② Madrid Declaration on Euro-Atlantic Security and Cooperation, Issued by the Heads of State and Government, Madrid, July 8, 1997, http://www.nato.int/docu/pr/1997/p97-081e.htm.

国为达到北约成员标准而作的努力。"① 实际上表明北约已拟定出确定第二轮东扩名单的时间表。在这次北约首脑会议期间还通过了一个《成员国资格行动计划》（Membership Action Plan）文件，声称其目的是与申请国"进行紧密的单独的对话以讨论成员资格问题，强化为进一步东扩所承担的义务，帮助申请国为在未来获得可能的成员国资格做准备"。② 从2001年初开始，北约开始与申请国举行单独的会晤，检查各国对行动计划的执行情况。2001年6月中旬，布什在华沙大学发表演讲，宣称："明年，北约领导人将在布拉格召开会议，美国准备与盟国一起为推进北约的扩大做出具体的历史性的决定。"③

与此同时，各申请国开始为尽快加入北约进行外交活动。1997年7月以后，没有被马德里会议列入邀请国名单的东欧和波罗的海国家以各种形式表达他们要求尽快加入北约的愿望。特别值得一提的是，保加利亚总统斯托扬诺夫在阐述北约接纳保加利亚的重要性时指出：接纳保加利亚和罗马尼亚将使北约的南北翼连接起来，并在南斯拉夫周围形成一个稳定地带。④

在2002年11月布拉格会议之前，参加《成员国资格行动计划》的国家共有9个，即阿尔巴尼亚、保加利亚、克罗地亚、爱沙尼亚、拉脱维亚、立陶宛、罗马尼亚、斯洛伐克和斯洛文尼亚。⑤ 特别值得注意的是，在布拉格会议期间，也即2002年11月21日，乌克兰加入了《成员国资格行动计划》，并签署了《北约—乌克兰行动计划》文件。2003年3月和2004年3月以及2005年4月相继续签了年度行动计划。⑥ 格鲁吉亚在

---

① Washington Summit Communique, Issued by the Heads of State and Government Participating in the Meeting of the North Atlantic Council in Washington, D. C. on 24th April 1999, http://www. nato. int/docu/pr/1999/p99-064e. htm.

② Membership Action Plan (MAP), Press Release, NAC-S (99) 66, 24 April 1999, http://www. nato. int/docu/pr/1999/p99-066e. htm.

③ Remarks by the President G. W. Bush in Address to Faculty and Students of Warsaw University, Warsaw, Poland, 15 June 2001, http://www. whitehouse. gov/news/releases/2001/06/20010615-1. html.

④ 中国现代国际关系研究院欧美研究中心：《北约的命运》，时事出版社2004年版，第123页。

⑤ NATO Document, Enlarging the Alliance, 16 September 2002, http://www. nato. int/docu/comm/2002/0211-prague/in_ focus/enlargement/index. htm.

⑥ UA News, On 21 of April NATO to sign Membership Action Plan-2005 with Ukraine, http://eng. imi. org. ua/index. php? id = print&n = 2083; &cy = 2005&m = news.

2004年4月初向北约提交了《单独伙伴关系行动计划》（Individual Partnership Action Plan）。格鲁吉亚议会发言人认为，一旦该计划实行完毕，格鲁吉亚有望在2006年夏季加入《成员国资格行动计划》。[①]

2002年11月21—22日，北约在捷克首都布拉格召开成员国首脑会议，与1997年的马德里会议不同，本次会议大幅度地扩大了邀请国数量。北约《布拉格宣言》宣布："我们决定邀请保加利亚、爱沙尼亚、拉脱维亚、立陶宛、罗马尼亚、斯洛伐克和斯洛文尼亚开始进行加入联盟的谈判。"[②] 此后北约第二轮东扩开始进入推进法律程序的阶段。

根据北约的计划，2002年12月到2003年3月，北约专家组与被邀请国在北约总部分别举行准入谈判，内容包括新成员国对北约承担的政治军事义务及在北约预算中承担的份额等等。2003年1月到2003年3月被邀请国外长正式向北约提交申请加入的信函，该文件中包含为符合成员国资格所进行的改革的时间表。2003年3月时签署准入议定书的阶段，由北约为每个被邀请国制定准入议定书，被邀请国签字后提交给每个北约成员国签字，该议定书又被视为对《北大西洋条约》的修订。2003年4月到2004年初，北约成员国和被邀请国家的立法机构完成对议定书的法律批准程序。2004年3月29日（美国东部时间）7个被邀请国的政府总理在华盛顿以向美国国务卿递交已被签字和批准的准入文件的方式完成了加入北约的规定程序。根据北约的有关规定，2004年4月2日在比利时首都布鲁塞尔北约总部举行的新成员国升旗仪式，被视作新成员国正式加入的标志。[③]

在第二轮北约东扩过程中，最使俄罗斯政府感到恼火，同时也感受到直接的军事威胁的问题是波罗的海三国加入北约。波罗的海三国加入北约的问题在北约第一轮东扩之前就已出现。在1991年苏联八月政变后不久，波罗的海三国宣布独立。1994年1月北约宣布开始实施“和平伙伴关系”计划之后，波罗的海三国在同年1—2月迅速加入了该计划。1994年8月，俄罗斯撤出了在三国的全部驻军之后，三国借口受到俄罗斯的安全威胁而

① A Speech of H. E. Ms. Nino Burjanadze Speaker of Parliament, Georgia, http://www.dcaf.ch/_docs/Defenceinstitutionbuild/BURJANADZE.pdf.

② Prague Summit Declaration, Issued by the Heads of State and Government participating in the meeting of the North Atlantic Council in Prague, on 21 November 2002, http://www.nato.int/docu/pr/2002/p02-127e.htm.

③ NATO News, Seven New Members join NATO, http://www.nato.int/docu/update/2004/03-march/e0329a.htm.

正式提出了加入北约的申请。1997 年初，波罗的海三国已经被北约列入 12 个候选国名单之中。[①] 针对波罗的海三国谋求首批加入北约的频繁的外交活动，叶利钦政府一方面明确地向西方表达自己的观点，“接纳三国加入北约是俄罗斯不能接受的”，另一方面，则对波罗的海三国直接发出警告：“如果它们坚持加入北约将受到俄罗斯的经济制裁。”[②]

主要是由于波罗的海三国当时加入北约的准备还不够成熟，其次是仍然需要安抚叶利钦政府，因此，为准备美俄元首赫尔辛基会晤在莫斯科与普里马科夫的会谈中，美国国务卿奥尔布赖特没有提出首批东扩名单中包括波罗的海三国的问题。[③]

在赫尔辛基会谈结束几天之后，美国政府表示，将重新界定与处理与波罗的海三国的关系，美国将与三国签署的安全协定不会排除三国在未来加入北约的可能性。[④]

1997 年 7 月北约马德里首脑会议之后，俄罗斯实施了一系列外交行动，试图打消波罗的海三国加入北约的意愿。例如，1997 年 9 月 5 日，在立陶宛首都举行的“国家共处与睦邻关系是欧洲安全与稳定的保障”国际研讨会上，俄罗斯总理切尔诺梅尔金提出俄罗斯愿意为波罗的海国家提供安全保证，加强俄罗斯与波罗的海沿岸国家的军事合作，同时要求这些国家不要加入任何军事集团。同年 10 月 24 日，叶利钦在接见来访的立陶宛总统布拉藻斯卡斯时表示，俄罗斯准备向波罗的海三国提供单方面的安全保证，这种保证将通过俄罗斯与波罗的海国家签署的安全协定的方式在法律上确定下来。叶利钦的上述建议遭到波罗的海国家的拒绝，他们认为，“俄罗斯提出的是没有任何人向它请求的保证”。[⑤] 1997 年 12 月初，叶利钦在访问瑞典时再次提出，俄罗斯愿意大幅度地削减在其西北部的驻军，希望瑞典能够劝说波罗的海国家参加在该海域沿岸地区建立的“波罗的海

① J. L. Black, Russia Faces NATO Expansion, Bearing Gifts or Bearing Arms? New York, 2000, p. 203.

② А. Бангерский, Эстония не хочет вступать в НАТО, *Незавесимая газета*, 15 февраля 1997г.

③ J. L. Black, Russia Faces NATO Expansion, Bearing Gifts or Bearing Arms? New York, 2000, p. 204.

④ M. D. McCurry's Speech in the Press Conference, U. S. Considers New Link with 3 Baltic Nations, NEW YORK TIMES, March 29, 1997.

⑤ В. Шустов, Россия и проблемы безопасности в балтийском регионе, *Междунородная жизнь*, No. 11-12, 1997г.

地区建立信任机制”，这个建议再次遭到三国的拒绝。1998 年 1 月 16 日，美国与波罗的海三国元首在华盛顿签署《美国与波罗的海三国伙伴关系宪章》。克林顿在谈到签署该宪章的目的时说：“美国将进一步承担义务，帮助爱沙尼亚、立陶宛和拉脱维亚加深它们之间的一体化，并且帮助它们准备获得欧盟和北约成员国资格。”① 这说明，俄罗斯阻止波罗的海三国加入北约的外交努力已经失败。而 2002 年布拉格会议确定波罗的海三国为被邀请国，以及三国在 2004 年 4 月最终被拉入北约表明，美国没有理睬俄罗斯希望通过一系列问题上的重大让步（例如允许美国进驻中亚，签署缺乏约束力的《美俄削减战略武器条约》，对美国退出《反导条约》基本持沉默态度，等等）实现俄美关系全面稳定的政策意愿。

第二轮东扩的实施，反映了美国关于北约的战略功能，关于欧洲大陆安全机制与对俄政策的战略考虑。

首先，新一轮东扩反映了美国实施 1999 年 4 月华盛顿首脑会议通过的《联盟战略概念》所规定的北约功能将“走出地区”的战略构想，北约将日益成为美国全球霸权的战略支柱，而不仅仅局限在欧洲。罗马尼亚和保加利亚被接纳为新成员国，使北约除土耳其之外，具有更多的干预南高加索和中东地区局势的前沿军事基地。

其二，上述 7 个新成员国的加入，使北约军事网络从波罗的海到黑海从南到北的广大地区内已连成一片，独联体的西部疆界与北约成员国之间已经没有空白地带，这不仅能够进一步遏制俄罗斯对欧洲大陆安全问题的影响力，而且也能够遏制扩大了的欧盟力图扩大自己在欧洲安全事务方面的功能的战略意图，从而巩固美国在欧洲安全领域的垄断性领导地位。

其三，美国不顾俄罗斯的坚决反对，一意孤行地将北约的战略触角伸入原苏联加盟共和国，表明在美俄之间存在着反恐伙伴关系的情况下，美国政府一贯奉行的促进原苏联地区的军事安全、政治和经济领域多元化，瓦解俄罗斯大国地位的地缘支柱的战略构想没有变化，北约下一轮东扩将进入独联体的前景已经日益明朗。特别值得关注的是，在 2005 年 9 月上旬乌克兰发生“橙色危机”，极端亲美的季莫申科内阁被解散之后，9 月 26 日，乌克兰政府的高级官员在北约总部与北约开始了“深度对话”（Intensified Dialogue）框架下的谈判，主要议题是乌克兰的北约成员国资格及

① J. L. Black, Russia Faces NATO Expansion, Bearing Gifts or Bearing Arms? New York, 2000, p. 212.

为此做出相应的改革问题。[①] 说明在“橙色革命”受挫之后，尤先科政府急于加入北约的政策没有发生变化。

耐人寻味的是，与叶利钦政府对北约第一轮东扩的激烈反应不同，普京政府对北约第二轮东扩的反对立场表达得相当温和。

2004 年 4 月 8 日，普京在克里姆林宫接待了来访的北约新任秘书长，在谈到北约第二轮东扩时普京表示：“生活证明，这种机制上的扩大没能使我们更有效的应对今天我们面临的基本威胁。……每个国家都有权选择他们自己认为最有效的保证本国安全的方式。最主要的问题可能是，我们希望这种扩大将能够巩固在欧洲和世界范围内的信任，将成为全球安全的工具和组成部分。”[②] 4 月 4 日，俄罗斯外长拉甫罗夫指出：“关于北约扩大，我们首先认为，这是消极的，但我们没有据此得出悲剧性的结论。我们确信，这是一个错误，并且在威胁已经改变，成为实际上普遍的跨国的跨边界威胁的当代条件下，保证安全，应对威胁可能而且需要有其他的更有效的方法，不是互相隔绝，而是要联合行动。”[③] 此外，强硬的俄罗斯军方和国家杜马也只是做出很有限的强硬反应。当时的副总参谋长巴鲁耶夫斯基表示，“将采取对等的行动”。国防部长谢尔盖·伊万诺夫表示：“俄罗斯军事学说的核战略部分将被重新审查。”2004 年 3 月末，“国家杜马通过了一个决议，呼吁普京总统审查俄罗斯单方面退出《欧洲常规武装力量条约》的可能性”。[④]

因而，需要提出的问题是，俄罗斯为何对第二轮的东扩反应如此温和。俄罗斯著名学者，卡内基基金会莫斯科研究中心副主任特列宁在布拉格会议之前做出了自己的扼要解释。在题为《熊的沉默》一文中，他认为：“第一，俄罗斯既没有实力也没有足够的影响力来阻止北约接受其他欧洲国家。此外，如果它试图这样做，它几乎一定要失败。而且，它为此做出的努力越多，这种政策的副作用可能就越大。第二，北约的扩大，正如波兰的例子所表明的那样，没有真正削弱俄罗斯的军事安全。第三，俄

---

① NATO News, NATO and Ukraine kick off intensified staff talks, 26 Sep. 2005, http://www.nato.int/docu/update/2005/09-september/e0926b.htm.

② Информационная служба (радио “Маяк”) (2004/08/04), В. Путин провел в Кремле переговоры с генсеком НАТО, http://www.radiomayak.ru/interview/04/04/08/29026.html.

③ ОРТ, Время (04.04.04), С. Лавров о расширении НАТО, http://bd.fom.ru/report/map/special/210_14376/2425_14438/d041523.

④ П. Фельгенгауэр, Борьба с НАТО - национальная русская забава, внешняя угроза в денежном эквиваленте, http://2004.novayagazeta.ru/nomer/2004/23n/n23n-s09.shtml.

罗斯合理的安全担忧能够被北约作为东扩进程的部分问题加以重视。第四，加入北约之后，原华沙条约成员国感觉到足够的安全来寻求和推进与莫斯科的更好的关系，这反过来会增加欧洲这一地区的稳定与安全。第五，仅仅限制东扩的破坏作用是不够的。为了避免进一步的危机，俄罗斯必须与北约建立更有机的关系。”① 上述的解释至少有一点是很有道理的，普京政府担心对北约东扩做出激烈反应，既不利于维护“9·11”事件后改善了的俄美关系，也不利于处理与欧盟和东欧邻国的关系。然而，如果认为北约军事力量靠近俄罗斯边界对俄罗斯的军事安全没有损害，也是不客观的。例如，2004 年 3 月末，从丹麦起飞的 4 架北约 F-16 战斗机进入波罗的海三国上空，在俄罗斯边界地区飞行，引起了俄罗斯方面的严重担忧。

二 “9·11”事件后俄罗斯与北约合作关系的发展

俄罗斯与北约关系因科索沃战争而严重受损，包括俄罗斯对北约军事行动的严厉谴责，俄罗斯临时关闭北约在莫斯科的代表处，驱逐两名北约官员，俄罗斯驻北约的军事代表停止与北约举行常设联合理事会机制下的例行会晤，同时也不再参加欧洲—大西洋伙伴关系理事会（Euro-Atlantic Partnership Council）的工作。但既没有终止在波黑维和问题上与北约的合作，也没有正式宣布退出关于双方关系的《基本文件》。② 1999 年 7 月，双方在北约总部的每月例会开始恢复，但俄罗斯代表将议题仅限于讨论科索沃问题。

普京开始执政之后，在 2000 年初即着手全面恢复俄北双边联系。2000 年 2 月 15—16 日，普京政府邀请北约秘书长罗伯逊访问莫斯科，此后双方在常设联合理事会框架下的双边关系得以全面恢复。同年 5 月 10 日和 24 日，双方先后举行了联合常设理事会机制下的军事委员会会议和外长会议。2000 年 12 月双方的外长会议探讨了恢复北约在莫斯科新闻处（NATO Information Office in Moscow）工作的问题，并制定了 2001 年的工作计划，包括启动在海上搜救领域的合作和加强军事改革领域的合作。俄罗斯国防部长还同意开始就北约在莫斯科设立军事使团进行磋商。2001

① Dmitri Trenin, Silence of the bear, NATO REVIEW, Spring 2002, http://www.nato.int/docu/review/2002/issue1/english/art3.html.

② NATO Handbook, Cooperation between NATO and Russia, http://www.nato.int/docu/handbook/2001/hb030305.htm.

年2月19—21日，罗伯逊再次受邀访问莫斯科，探讨了双方进一步推进合作的问题，并正式决定恢复北约新闻处的工作。

"9·11"事件之后，双方出于共同利益的需要，合作关系有所加强。"9·11"事件之后的第三天，双方代表在北约总部就打击恐怖主义的问题进行了磋商。此后，又就这一问题在2001年10月和2002年1月举行多次磋商。2002年2月，俄罗斯和北约的国防部长就打击恐怖主义的斗争中军队的作用问题举行了部长级磋商。2001年9月和10月，俄罗斯总统普京在访问德国和出席在布鲁塞尔召开的俄罗斯和欧盟峰会期间，多次表示俄罗斯进一步加强与北约合作的愿望。同年11月，普京首次正式访美之后，英国首相布莱尔分别致信给俄罗斯总统，北约秘书长和北约各国领导人，提出为了进一步加强与俄罗斯的合作，已建议将原有北约—俄罗斯联合常设理事会（19+1机制），改为北约—俄罗斯理事会（20国机制）。① 同年12月7日，俄罗斯与北约外长会议建议将"19+1机制"改为"20国机制"。2002年5月28日，双方首脑会议通过的《北约俄罗斯关系：新质量》（NATO-Russia Relations：A New Quality）宣言，也称《罗马宣言》，宣布正式建立北约—俄罗斯理事会。

根据该宣言的说法，"北约—俄罗斯理事会将由北约秘书长担任主席。每年将举行两次外长级和国防部长级会议，并且在合适的时候举行国家元首和政府首脑级会议。大使级的会议每月至少举行一次，在需要的时候可以举行更多的会议，其中包括举行特别会议，特别会议将根据北约任何成员国或秘书长的要求举行。"②

该宣言规定双方的合作领域包括反恐斗争、解决危机机制、武器不扩散、军备控制和建立信任措施、战区导弹防御系统、海上营救、军事合作、民事性突发事件等，这种合作可以作为对其他领域合作的补充。为此，双方可以为每个领域的合作建立工作小组委员会。

新的理事会将取代1997年成立的联合常设理事会，并在工作方式上与前者有所不同。在联合常设理事会的框架下，双方的工作通常是在北约秘书长、北约成员国的代表和俄罗斯代表的运作方式下进行，而新的理事

---

① NATO Archives, Formal NATO-Russia Relations , http://www.bits.de/NRANEU/relations.htm.

② NATO-Russia Relations: A New Quality, Declaration by Heads of State and Government of NATO Member States and the Russian Federation, 28 May 2002, http://www.nato.int/docu/comm/2002/0205-rome/rome-eng.

会则允许俄罗斯参与北约全体成员国参加的会议时占有一个按照国家名称的第一个字母排定的坐席，也就是形式上与北约成员一样的平等权利，而且双方的磋商领域也比以往有所扩大，但这并不意味着双方的关系有实质性的变化。北约议会（NATO Parliamentary Assembly），其前身为北大西洋议会（The North Atlantic Parliamentary Assembly）中东欧分委会 2002 年度的报告，对新理事会的功能给予了权威的解释："俄罗斯北约理事会的建立为双方在内容广泛的问题上的磋商，联合决策与联合行动创造了机会。该理事会的工作将主要集中在双方拥有共同目标的特殊的被清楚界定的项目上。与常设联合理事会不同，新的理事会给予了俄罗斯在规定领域做出决策的平等的发言权。然而，北约俄罗斯理事会不影响北约在集体防御原则基础上的政治和军事联盟的现有职能。北约俄罗斯理事会没有给予俄罗斯对北约决定和行动的否决权。北约将保持在成员国协商一致的基础上在任何问题上和任何时间行动的自由。北约盟国将根据它们持有共同立场的程度，在彼此间就他们在北俄理事会上将提出的问题做出决定（NATO allies will decide among themselves on the issues they will address in the NRC, as well as the extent to which they will take a common position on these issues.）。"① 也就是说，如果俄罗斯和北约就某些问题的立场和利益一致，双方则进行合作，否则北约将单独行动，而俄罗斯则没有任何权利进行干预。因此可以说，新理事会只是标志着双方在具有共同利益领域的合作范围的扩大。

俄罗斯北约理事会成立以来，主要在以下几个方面推进了双方的合作：

（一）打击恐怖主义。在双方这一领域的主要合作，不仅在理事会大使级和部长级会议上讨论了在反恐问题上的军事合作，而且，2002 年的罗马会议和莫斯科的首脑会议上，以及 2004 年 4 月在美国弗吉尼亚州诺福克召开的首脑会议上该议题都得到了充分的讨论。

（二）反扩散合作。双方在该领域的合作包括反对核武器、生物武器、化学武器和导弹技术扩散，双方联合进行全球性大规模杀伤性武器扩散情况的评估。

（三）战区导弹防御。在北俄理事会的框架内，双方在 2003 年启动了在战区导弹防御问题上的可能进行的高水平协作问题的研究。2004 年 3 月

① Report of the NATO PA Sub-Committee on Central and Eastern Europe, NATO Enlargement and Partnerships, 2002 Annual Session, http://natopa.ibicenter.net/default.asp?SHORTCUT=252.

8—12 日，在美国科罗拉多温泉城双方举行了战区导弹防御指挥部通讯演习，通过计算机模拟检验和测试了双方联合开发的试验性的战区导弹防御作战概念（TMD Concept of Operations）。北约与俄罗斯还在 2005 年 3 月 14—23 日在荷兰德毕尔空军基地举行了战区导弹防御联合演习。

（四）飞行空域管理。在北俄理事会框架下发起的第一个重要的合作计划是飞行空域合作倡议（The Cooperative Airspace Initiative），其目的是启动双方在飞行器管理和空域监视领域的合作，应对将民用飞行器用于恐怖主义目的的威胁，双方间为此交换有关民事和军事飞行的数据。

（五）军事领域的合作。双方在这个领域的合作包括和平支持和危机管理行动、实战演习和人员培训计划等，双方同时探讨了海军交流和互访海港的合作问题。2003 年 2 月，双方签署了潜艇船员避难和救生协定。2005 年 6 月 10 日，俄罗斯国防部长谢尔盖·伊万诺夫在北约—俄罗斯理事会会议上表示，根据俄罗斯和北约提升部队作战联合性水平的计划规定，2006 年双方计划举行 40—45 次联合行动。①

（六）危机管理。在这个领域双方主要探讨了联合维和行动的程序和技术问题。2004 年 9 月，双方开始计划进行一次维和演习。

（七）军事改革。双方在这个领域的合作包括人员和财政资源管理，宏观经济、财政和社会问题，武装力量计划以及改善双方武装力量的协同性等问题。为此双方于 2002 年 7 月在莫斯科成立了“俄罗斯—北约信息、磋商和培训中心”（NATO-Russia Information, Consultation and Training Centre）。

双方的合作领域还包括后勤保证合作和民事紧急救助合作等等。

三 俄罗斯能否加入北约

在“9·11”事件前后，俄罗斯领导人曾经多次谈到北约开始其东扩进程之后俄罗斯能否加入北约的问题。

2000 年 3 月 5 日，普京在接受英国广播公司记者采访时，谈到俄罗斯不排除加入北约的可能。② 2001 年 9 月 26 日普京访问德国期间，在回答

① Ю. Гаврилов, Несговорчивая НАТО, 10 июня 2005 , http://www.rg.ru/2005/06/10/ru-nato.html.

② President Putin's interview to the BBC, 5 March 2000, Broadcasted in ORT news program "Vremja", 5 March 2000, Cited in: Gennadiy Sysoev, Putin Does Not Argue against Russia's Joining NATO, KOMMERSANT DAILY, 7 March , 2000.

德国报纸编辑们“俄罗斯是否寻求加入北约”的问题时，俄罗斯总统回答说：“一切将取决于（北约）能提供什么。西方现在不再有任何理由不进行这样的会谈了。”① 10月3日到布鲁塞尔参加俄—欧盟峰会的普京在记者招待会上重申：“俄罗斯不应当处于这个组织的扩大进程之外。”普京的上述言论被西方理解为“俄罗斯要求加入北约”，并在国际社会引起了广泛的关注。

2002年5月14—15日，北约将在冰岛首都雷克雅未克召开外长会议，与俄罗斯外长签署关于建立双方新的合作关系的“20国机制”的协定。海内外媒体对这一最新动态进行了大量报道。意大利总理贝卢斯科尼4月12日甚至认为，俄罗斯将与北约19国就建立“新型合作机制”达成一致，“这是俄罗斯联邦全面融入大西洋防务体系的第一步”，“下一步就是俄罗斯加入北约了”。② 然而，实际情况是，在北约作出根本性改革之前，俄罗斯不可能加入北约，北约也不可能接纳俄罗斯。

诚然，“9·11”事件以后俄罗斯与美国和北约的关系确实有了很大的改善，俄罗斯领导人也曾多次表达了加入北约的意愿，但就目前的关系水平和近期双方的计划来看，“20国机制”与1997年建立的俄罗斯北约常设理事会没有本质上的差别。双方的关系还远远谈不上融为一体，也更谈不上俄罗斯加入北约。然而，对俄罗斯谋求加入北约的政策意图，北约是否真的准备接纳俄罗斯等问题的分析，能够说明俄北关系的现状和未来可能的发展。

（一）俄罗斯谋求加入北约的政策意图。2001年“9·11”事件之后开始了俄罗斯与北约关系的新时期，俄罗斯政府多次在多种场合提出俄罗斯加入北约的问题。应该认为，俄罗斯提出加入北约绝不是一场策略游戏，而是一种真实的意愿，其根据有以下几点。

其一，避免被孤立于欧洲一隅。早在2000年2月，俄罗斯最重要的半官方机构“外交与国防委员会”在一篇报告中写道：俄罗斯继续奉行以“反西方”为核心内容的“全球性大国政策”，只能使俄罗斯在外部孤立和自我孤立中“越陷越深”，促使西方“采取明确的政策，围绕俄罗斯建立起‘防疫区’和切断其外部的增长潜力”。在自身无力打破这种孤立的

---

① R. Boyes, Putin Impatient for NATO Welcome, THE TIMES (UK), September 27, 2001, http: //www. cdi. org/russia/johnson/5463. html.

② Truth in Media Global Watch Bulletins, Russia to Join NATO, the EU, http: //www. truthinmedia. org/truthinmedia/Bulletins2002/4-3. html.

情况下，加入北约，力图反客为主，确实是一种无奈中的明智选择。

其二，加入北约更有利于使北约真正进行从军事政治组织向政治军事组织的功能转变。在苏美冷战关系刚刚结束的 1990 年，北约伦敦首脑会议即提出了这一功能转变的概念，但苏联解体后的历史表明，北约的军事功能不仅没有缩小，反而日益增强。如果说 1991 年 1 月爆发的海湾战争由于联合国的授权和众多的阿拉伯国家的参与而使北约的色彩有所淡化，1995 年 9 月在波黑和 1999 年 3 月至 6 月在塞尔维亚的大规模的轰炸，使北约的军事行动范围大大超出了成员国区域，而且，1999 年 4 月末华盛顿首脑会议期间通过的关于北约新战略构想的文件提出，北约应该承担维护全球稳定的功能，也就是说，在必要的情况下，北约可以在全球任何地区采取军事行动。担心“科索沃模式”运用于车臣问题是俄罗斯反对北约对塞尔维亚动武的最重要原因之一，促进北约功能的转变是俄罗斯无力阻止北约东扩的情况下确保国家安全的基本国策，加入北约，在内部促进北约的这种功能转变仍然是相当困难的，但毕竟要强于在外部的时常不被理睬的呼吁。

其三，加入北约有助于更深刻地参与欧洲一体化进程，与欧盟和西欧国家建立更广泛的联系与合作。1998—2002 年，俄罗斯与欧盟之间的贸易额从 443 亿美元增加到 780 亿美元，[①] 而同期俄美之间的贸易总额却在 92.9 亿美元和 92.3 亿美元之间徘徊，2003 年竟然下降到了 71.1 亿美元的水平。[②] 欧洲市场和资金对于俄罗斯减弱对美国市场和资金的依赖具有重要意义。

其四，加入北约与加入七国集团一样并不妨碍俄罗斯保持自己的独立立场。

俄罗斯能否加入北约的问题关键在于这是否是俄罗斯的一厢情愿，北约对俄罗斯的真正意图如何。

（二）北约真的能接纳俄罗斯吗？这里所说的真正接纳，并不是指原有的常设理事会机制，也不是 2002 年 5 月末正式建立的“20 国机制”，而是指北约将俄罗斯接纳为正式成员国。扼要地说，北约过去和现在都没有这样的计划。

---

① 转引自姜毅等著：《重振大国雄风——普京的外交战略》，世界知识出版社 2004 年版，第 176 页。

② International Market Insight: Trade and Economic Relations between the Russian Far East & Zabaikaliye and the USA in 2003, http: //www. bisnis. doc. gov/bisnsi/bisdoc/Free_ US_ Econ. pdf.

从1992年以来的历史看，俄罗斯独立之初关于愿意加入北约的表态并不是正式申请，即使在俄西关系处于蜜月时期，北约也从来没有把接纳俄罗斯列入自己的议程。从1991年末到2001年“9·11”事件之前，北约对俄罗斯政策的主线就是削弱俄罗斯对冷战后欧洲安全事务的影响，这一方面表现在排斥俄罗斯关于将欧安组织（1994年12月以前的欧安会）作为欧洲安全的核心机构的方案，而要以扩大北约为主导，另一方面，在为了弱化俄罗斯对北约东扩的抵制而不得不建立的联系机制中，使之论坛化和空泛化，封杀俄罗斯的决策权，特别是对北约行动的否决权。1997年5月建立的“俄—北常设理事会”在1999年科索沃战争期间的命运，就是西方政策的最好说明。

“9·11”事件后俄罗斯关于俄罗斯加入北约的提议，实质上都遭到了西方语气婉转但态度坚定的拒绝。

2001年9月26日普京访德期间做出愿意加入北约的表态之后，北约当天做出的正式反应是：“如果普京总统正式提出这样的建议，我们将对它进行认真的审查。”两天以后，英国的一家报纸透露了北约总部的真实立场：“一些北约官员说，俄罗斯甚至距离考虑其成员国的资格还很远。俄罗斯不符合任何成员国条款，它必须进行军事改革。即便我们同意就接纳俄罗斯开始谈判，俄罗斯不可能在至少10年内做好加入北约的准备。”①

针对俄罗斯加入北约的问题，北约秘书长罗伯逊在2001年10月3日与普京的会晤中明确表示，北约没有考虑俄罗斯加入北约的建议。② 10月3日美国国务卿鲍威尔表示：美俄关系“出现了具有历史意义的地震一般的剧变”，但仍然对俄罗斯加入北约的问题含糊其词。③ 鉴于北约和美国的敷衍态度，在11月22—23日北约秘书长罗伯逊访俄期间，俄罗斯领导人明确表态说，俄罗斯既不想从后门也不想从前门加入北约。④

2001年12月7日，有俄罗斯外长伊万诺夫参加的北约外长会议建议将“19 + 1”变为“20国机制”的问题提交12月17—18日的北约年会

① Judy Dempsey, NATO Mulls New Shift in Moscow on Membership, FINANCIAL TIMES (UK), 28 September 2001.

② В. Соколова, НАТО готово расширяться, но запроса о вступлении России пока не поступало, 3 октября 2001, http://www.strana.ru/stories/01/10/01/1671/66793.html.

③ Колин Пауэлл: в Вашингтоне обратили внимание на "очень сильные заявления" Президента Путина, http://www.strana.ru/stories/01/10/01/1671/66964.html.

④ Pravda News, NATO Secretary-general: Russia Is Not Trying To Enter NATO From Back Door, http://all.newsfromrussia.com/world/2001/11/23/21808.html.

讨论。但北约很快又改变决定，将其推迟到2002年春季讨论。美国和北约中东欧国家对“20国机制”持反对态度被认为是推迟讨论的原因。

2002年4月15日，俄罗斯外长伊万诺夫访问了北约总部，与秘书长罗伯逊举行了会谈，会谈后宣布将在5月14—15日冰岛首都雷克雅未克的外长会议上签署关于北约与俄罗斯新的合作机制的协定。北约的多媒体网站对此报道说：该协定将规定俄罗斯和北约“将在哪些问题和哪些领域可以共同决策和共同行动（joint decisions and joint action）”，“双方将在维和、导弹防御和防止大规模杀伤性武器扩散方面制定联合政策（joint policies）”，同时，“北约小心地强调莫斯科对联盟的行动没有否决权”。

由此可见，尽管美国和北约为了联合反恐的需要和在第二轮东扩之前安抚俄罗斯，在“20国机制”问题上作了某种形式上的让步，但这还远远谈不上北约终于接纳俄罗斯和俄罗斯将加入北约。就其合作内容和是否具有否决权而言，“20国机制”与1997年建立“俄—北常设理事会”没有本质上的差别，因为，在无法“共同决策”的问题上，北约仍将撇开俄罗斯单独行动。

尽管如本书上文所述，“9·11”事件以来，特别是2002年5月俄罗斯北约理事会成立以来，双方之间的合作有了较大发展，但分歧也同样相当深刻，俄罗斯反对美国领导的若干北约成员国对伊拉克动武，就是双方在解决全球安全问题上矛盾深刻性的突出例证。从目前的情况看，俄罗斯无法通过加入北约来一劳永逸地解决北约东扩问题的困扰：一方面美国不会允许始终不肯认同美国世界霸主地位的俄罗斯在北约内部挑战美国的领导地位，这种挑战不会使北约瘫痪也会使北约运转不灵。另一方面，俄罗斯也不可能改变几百年来（从伊凡四世1547年称帝开始）称雄世界的民族定位以及由此派生出来的在当今世界和相关地区的利益诉求，甘当北约内部安分守己的美国伙伴。而且俄罗斯排队等待加入北约的过程，会使独联体国家摆脱对俄罗斯反对本国申请加入的顾忌，从而使俄罗斯对独联体地区的控制力进一步削弱。因而，双方的矛盾难以在北约现有的体制内解决。北约与俄罗斯之间的相互的“异己感”在体制外解决的方案是：或者是北约功能和性质的改变，变成北半球的政治和安全磋商机构；或者是俄罗斯彻底放弃现有的在独联体的利益范围要求，变成一个内向型的满足于周边睦邻关系的国家。然而，在可预见的未来，上述的两种在北约现有体制内外解决的可能性都不会出现。最现实的可能是，俄罗斯与北约交织着斗争与合作的互动过程中，俄罗斯的地位和利益范围退居与它自己的实力相称的境地。

第三节 俄罗斯与欧盟的经济和政治关系

苏联解体以来，俄罗斯与欧盟关系经历了两个发展阶段。20 世纪 90 年代叶利钦时期，俄罗斯和欧盟建立和初步发展了双边关系；2000 年普京上台后，欧盟在俄罗斯对外战略中的地位被大幅提升，双方在政治、经济、安全等领域的合作都取得了很大的进展。

一 俄罗斯与欧盟的经济关系

20 世纪 90 年代以来，俄罗斯与欧盟的经济关系由于发展迅速而备受世人关注。特别是进入 21 世纪以后，出于各自的需要，俄欧双方积极展开了在贸易、投资和能源等经济领域的全面合作，并取得了相当大的成效。

俄罗斯与欧盟双边贸易额（1993—2005 年） （亿埃居、欧元）

年份	双边进出口总额	俄罗斯从欧盟进口	俄罗斯向欧盟出口
1993	308	132	176
1994	358	144	214
1995	380	161	219
1996	419	190	229
1997	479	197	282
1998	410	172	238
1999	351	111	240
2000	658	198	460
2001	758	280	478
2002	778	303	475
2003	742	292	450
2004*	1265	458	807
2005	1631	564	1067

资料来源：《俄罗斯联邦海关统计年鉴》，1993—2003 年。

*2004、2005 年的统计数据包括新入盟的 10 个国家。

（一）俄欧贸易关系。从1993年开始，俄罗斯与欧盟之间的贸易稳步增长。据俄海关统计数据显示，1993年俄欧进出口总额仅为308亿欧元，而到1996年则增长到479亿欧元，增幅为55.5%。1998—1999年，由于俄罗斯国内政局的稳定，经济的复苏，俄欧贸易重新出现大幅增长，该年贸易总额为658亿欧元，2005年达到历史最高水平，贸易额高达1631亿欧元，13年间增长了近3.4倍。

如今欧盟已经成为俄罗斯最大的贸易伙伴。根据俄国家统计委员会的统计，2004年，俄罗斯外贸进出口总额为2338.4亿美元，其中出口为1583.3亿美元，进口为755亿美元。其中，俄罗斯与欧盟原15个成员国之间的贸易总额为933.74亿美元，其中向欧盟出口659.9亿美元，占俄进出口总额的28.2%，超出位居第二的乌克兰（130.8亿美元）近22个百分点；从欧盟进口为273.9亿美元，占进出口总额的12%，超出位居第二的白俄罗斯（49.7亿美元）近10个百分点。[①] 欧盟东扩后，对欧盟的进出口贸易额将扩大到俄外贸总额的52%。

在欧盟成员国中，德国与俄罗斯的双边贸易额位居第一（2004年为238.7亿美元），其次分别是：荷兰（166.46亿美元）、意大利（152.85亿美元）、芬兰（81.57亿美元）、英国（77.07亿美元）、法国（74.96亿美元）。2004年，俄罗斯与德国、意大利、荷兰、英国、法国、芬兰等6个国家的进出口总额约占俄欧贸易总额的84.8%。

根据欧盟委员会的统计，2005年，欧盟与俄罗斯的进出口贸易总额为1631亿欧元，占欧盟对外进出口贸易总额（22366亿欧元）的7.2%（不包括欧盟区内贸易）。其中欧盟对俄罗斯出口为564亿欧元，占欧盟出口总额（10641亿欧元）的5.3%，欧盟从俄罗斯的进口为1067亿欧元，占欧盟进口总额（11725亿欧元）的9.1%，俄罗斯在欧盟的贸易伙伴中排名第3位。长期以来，欧盟对俄贸易收支都为逆差，2005年逆差为503亿欧元，达到历史最高值。

俄欧贸易关系具有“不对称”的显著特点，这种“不对称”表现在贸易额和贸易结构两个方面。

第一，贸易额不对称，俄方保持巨额顺差。欧盟是俄罗斯最大的贸易伙伴，2005年欧盟在俄罗斯进出口中分别占36%和42%的比重。相反，俄罗斯在欧盟的贸易伙伴国中名列第3位，在欧盟的进出口中仅占9.1%

① Таможенная статистика внешней торговли РФ за 2004г.

和5.3%的比重。俄罗斯对欧盟的贸易顺差由1993年的44亿欧元增加到2005年的503亿欧元，增幅近11倍（详见前表）。主要原因是：①1998年金融危机后，卢布大幅度贬值导致俄从欧盟的进口能力急剧下降，相反，卢布的贬值却又使得俄对欧盟的出口大幅增长；②1999年下半年国际市场上油价的大幅攀升提高了俄能源的出口创汇能力。

第二，贸易结构不对称。一方面，欧盟成员国主要从俄罗斯进口能源和其他原材料等低附加值的初级产品，其中以石油和天然气为主的矿物燃料产品呈快速增长的态势，如今已经占从俄进口的约60%之多；另一方面，俄罗斯从欧盟进口的产品以工业制成品和技术密集型产品为主，包括工业设备、发电机组、电子设备、农产品、汽车及零配件和化学产品等，此外，欧盟某些成员国的日用消费品、化妆品、酒精饮料等也大量进入俄罗斯市场。贸易结构的不对称对俄罗斯经济的影响具有双重性。一方面，能源出口成为拉动俄罗斯经济增长的主要力量之一。1999—2001年三年期间，俄能源出口创汇占俄年均财政收入的约30%，成为了俄经济增长的重要推动力。另一方面，这种贸易结构将促使俄罗斯扩大对其燃料动力综合体的投资，加剧国民经济发展的不平衡状况。俄罗斯是一个拥有强大生产潜力、独具特色的加工工业的国家，加工工业领域内集中了俄罗斯独有的生产工艺潜力，从某种角度看这其中还包含着俄罗斯经济复兴的最重要的战略因素。[①] 经济发展的不平衡无疑会影响到俄罗斯经济的复苏和延缓俄罗斯重新崛起的步伐。

（二）欧盟国家对俄罗斯的投资。总体来看，尽管从1992年以来俄罗斯吸收的外资基本上逐年增加，但是规模在世界上仍处于较低水平。1999—2002年间，外国对俄直接投资占不到世界直接投资总额的1%，在世界上仅排名第108位，[②] 不仅大大落后于工业发达国家，也低于同样处于经济转轨的中国和中东欧国家。在俄罗斯吸引的外资中，欧盟成员国所占的份额最大。据统计，截至2004年底，俄罗斯吸引的外资累计达975亿美元，在排名前十位的投资国中，德国、英国、法国、荷兰、卢森堡五个欧盟国家对俄投资就达到了539.3亿美元，占总量的55.3%[③]（见下表）。

---

① Ю. В. Шишков, Евросоюз-главный экономический партнёр России, Актуальные проблемы Европы, 2000, (2).

② UNTCD, World Investment Report 2003.

③ Иностранные инвестиции в России. http://www.gks.ru/scripts/free/1c.exe. 2003-06-10.

俄罗斯的主要投资国对俄投资数额及比例（1996—2004年）（百万美元）

年度		1996	1997	1998	1999	2000	2001	2002	2003*	2004
英国	金额	507	2411	1591	733	599	1553	2271	4620	6988
	%	7.3	19.6	13.5	7.7	5.4	10.9	11.5	15.6	17.3
德国	金额	332	1647	2848	1695	1468	1237	4001	4305	1733
	%	4.8	13.4	24.2	17.7	13.4	8.7	20.2	14.2	4.3
塞浦路斯	金额	825	992	917	923	1448	2331	2327	4203	5473
	%	11.8	8.1	7.8	9.7	13.2	16.3	11.8	14.2	13.5
法国	金额	43	209	1546	312	743	1201	1184	3712	2332
	%	0.6	1.7	13.1	3.3	6.8	8.4	6.0	8.7	5.8
卢森堡	金额	—	—	—	—	—	—	1258	2240	8431
	%	—	—	—	—	—	—	6.4	7.5	21.8
荷兰	金额	981	540	877	541	1231	1249	1168	1743	5107
	%	14.0	4.4	7.5	5.7	11.2	8.8	5.9	5.9	12.6
维尔京群岛	金额	—	—	—	—	—	604	1307	1452	805
	%	—	—	—	—	—	4.2	6.6	4.9	2.0
美国	金额	1767	2966	2238	2921	1594	1604	1133	1125	1850
	%	25.4	24.1	19.0	30.6	14.6	11.3	5.7	3.8	4.6
瑞士	金额	1348	1756	411	405	784	1341	1349	1068	1558
	%	19.3	14.3	3.5	4.2	7.2	9.4	6.8	3.6	3.8
日本	金额	22	139	60	42	117	403	441	1005	811
	%	0.3	1.1	0.5	0.4	1.2	2.9	2.2	3.4	2.0

* 按2003年对俄投资位次由高到低排序。

资料来源：Объем инвестиций, поступивших от иностранных инвесторов в экономику Российской Федерации, по странам, http://www.gks.ru/free_doc/2005/b05_13/21-19.htm。

欧盟成员国的对俄投资涉及所有外国投资的领域，而在俄吸引外资最多的领域如能源工业、有色冶金业、食品行业和通讯业内，欧盟国家所占的比重也是最多的。以2003年为例，当年欧盟国家在俄罗斯各经济领域吸引外资中所占的比重分别为：燃料工业——61.66%、有色冶金——

82.41%、食品行业——51.56%、通讯业——70.19%、公共食品业——54.37%、发挥市场作用的公共商业活动——58.18%。①

欧盟企业是欧盟国家对俄直接投资的主要力量之一。2000年之前，欧盟国家中在俄罗斯建立合资企业最多的五个国家是德国（2300家）、英国（1340家）、芬兰（1250家）、意大利（800家）和奥地利（600家）。进入21世纪后，欧盟企业大幅增加了对俄投资的比重，由欧盟企业参与组建的合资企业的数量和规模都明显扩大。

欧盟国家对俄投资具有以下特点：

第一，对俄投资比重逐渐扩大。以德、英、法、荷四国为例，② 这四个国家对俄投资总额在1996年虽然已经位居第一，达到了18.63亿美元，但是占外资总额的比重并不大，仅为26.7%。然而随着时间的推移，四国的投资额逐年增加，所占比重也不断扩大，1997—2003年间比重分别为39.1%、58.3%、34.4%、36.8%、36.8%、43.6%和45.3%。2003年，四国对俄投资达到257.75亿美元，较1996年增长近12倍。出现这种变化的主要原因是，一方面，1997年《伙伴关系与合作协定》的生效对双方之间的经贸合作起到了积极的推动作用；另一方面，2002—2003年欧元的持续走强刺激了欧盟国家的对外投资。2004年，四国对俄投资比重有所降低，但是仍然保持了近40%的份额。

第二，对俄投资的"不平衡"。这主要表现在三个方面。首先，对俄投资的结构不平衡。具体是指，以借贷资金为主的间接投资占据了欧盟投资的主要部分，直接投资和证券投资所占的比例非常小。如，2003年欧盟15国对俄投资为196.25亿美元，其中间接投资179.55亿美元，直接投资16.67亿美元，证券投资仅为0.03亿美元。这一现象反映了目前俄罗斯投资环境不佳、经济形势总体上仍不乐观的客观现实。其次，对俄投资的领域不平衡。欧盟对俄投资具有明显的集中化倾向。目前，欧盟对俄投资主要集中在风险性较小、见效快、成本回收快的非技术溢出型部门，如燃料工业和有色冶金业、交通和通讯业、贸易和公共饮食业。机器制造、银行、金融、保险和社会保障等领域由于立法不够完善而很少受到欧

① Об иностранных инвестициях в экономику России в 2003 году, http://www.irv.ru, 2004-03-13.

② 欧盟国家中卢森堡的对俄投资增幅也很大，但是其资本基本上都是以前俄罗斯为避税而外逃的资金的回流，因此不能视为真正意义上的外资。在俄罗斯的外资来源国中类似的国家还有塞浦路斯和维尔京群岛。

盟资本的关注。再次，对俄投资的地区分布不平衡。欧盟对俄罗斯的投资具有较为明显的地域分布特点，主要分布在两类地区：一类是与西欧毗邻的地区，包括以莫斯科和圣彼得堡为中心的市场条件较发达、居民支付能力高的中央区。另一类是自然资源丰富的乌拉尔和伏尔加河地区，如鄂木斯科州、下诺夫哥罗德州、罗斯托夫州、鞑靼斯坦共和国、巴斯基尔斯坦共和国、秋明州、车里雅宾斯克州、汉特—曼西自治州等地。由此可见，欧盟对俄投资的基本战略取向是：寻求投资环境市场化程度高的地区进行投资以保证投资资本的安全，寻求能保证获取原料资源基础的地区进行投资以保障欧盟地区的能源安全。

关于欧盟投资对俄罗斯经济发展的影响，可以作出以下评估：

第一，对俄罗斯经济转轨产生了一定的促进作用。一方面，为俄罗斯带来了质量优异和工艺先进的产品，加强了商品生产者之间的竞争，降低了生产成本，推动了科学技术的进步。另一方面，为俄罗斯国有企业的私有化改造提供了一些资金，对俄现代企业制度的建立起到了一定的作用，对俄资本市场的形成和发展也起到了一定的推动作用。

第二，对俄罗斯的经济增长没有产生明显的推动力。主要是由于：①投资规模很小。俄罗斯作为一个具有庞大经济规模的转型国家，它的投资需求是巨大的。据统计，为了维持简单再生产，俄罗斯每年对固定资产的投资需要 1000 亿美元。① 可见投资的需求与欧盟对俄投资总量之间存在着很大的差距。②欧盟对俄投资结构和投资领域的不平衡。这使得俄罗斯的经济结构和出口结构不能借助于国际资本的流动而得到提升，使得俄国民经济中诸如机器制造、金属加工和电子信息技术等许多重要的部门难以借助外资的帮助来提升自身的技术装备水平和产出能力，并形成有利的国际市场竞争力。相反，信贷融资和其他短期资本融资经过一段时间后变成俄罗斯巨大的债务负担，并成为了诱发金融危机的巨大隐患。1998 年秋的金融危机就是一个例子。

（三）能源合作——俄欧经济关系的重中之重。以石油和天然气为主的能源合作是俄欧经济关系中最大的亮点。进入 21 世纪后，出于拉动经济增长和维护能源安全的需要，双方积极推动与对方的能源合作，其成果极为显著，主要表现在以下几个方面。

---

① 郑秉文主编：《欧洲蓝皮书——欧洲发展报告（2002—2003）》，社会科学文献出版社 2003 年版。

第一，能源贸易十分旺盛。1999年以来，受欧盟地区油气需求扩大和石油价格不断攀升的推动，俄欧油气贸易量屡创新高。2002年，油气及其相关产品在俄欧贸易总量中的比重超过60%，该年俄罗斯向欧盟国家出口的石油和天然气分别达到1.249亿吨和750亿立方米，占欧盟石油进口总量的53%（总需求量的16%），天然气进口总量的62%（总需求量的20%）。① 欧盟东扩后第一年（2005年），俄罗斯向欧盟出口的石油达到1.68亿吨，天然气的出口量更是增加到3004亿立方米。俄天然气的出口占到欧盟进口总量的近80%，总需求量的29%。俄石油在欧盟的主要消费国是德、意、荷，它们从俄进口的石油分别占俄石油出口总量的15%、7%—10%和2.5%—3%。德、意、法是俄在欧盟最主要的天然气销售国，它们从俄进口的天然气占欧盟从俄进口天然气总量的83%。②

第二，欧盟能源企业对俄投资非常踊跃。近年来欧盟企业对俄能源领域的投资持续增加，它们参与了几乎所有俄方向国外投资者开放的油气合作项目，其中一些大型合作项目都已经进入了实际运作阶段。这些项目主要包括：①萨哈林-2号石油天然气工程。该项工程预计开发总投资为100亿美元，其中英荷壳牌石油公司占有55%的股份。②开发哈里亚卡油田。主要由法国道达尔菲纳埃尔夫公司和挪威海德鲁公司参与开发，它们分别占40%和30%的股份。③修建亚马尔—欧洲天然气管道。该管道途径白俄罗斯、波兰进入西欧，预计总投资20亿美元，年输气量为657亿立方米，由德国、意大利和法国天然气公司参与修建。④北欧天然气管道。该管道从俄罗斯芬兰湾的维堡经由波罗的海海底到达德国北部的格赖夫斯瓦尔德，年输气量为200亿—300亿立方米，由芬兰的富腾公司参与实施。⑤“蓝流”天然气管道（已完工）。该管道从俄北高加索的伊扎比里内经黑海海底至土耳其首都安卡拉，年最高输气量为160亿立方米，由意大利埃尼化工石油天然气公司参与修建。

第三，建立了长期稳定的能源对话机制。2000年以前俄欧能源合作基本上是在1994年6月双方签署的《伙伴关系与合作协定》相关条款的框架内进行的。进入21世纪以后，随着双方合作范围的不断扩大和深入，这些条款已经难以满足实际的需要。因此，俄欧双方决定建立一种更加稳定的高层对话机制以保障新世纪能源合作的顺利进行。这一构想在2000

① EC Staff Working Paper, Energy Dialogue with Russia: Update on progress 2004.

② Ibid.

年10月巴黎举行的俄欧第6次首脑峰会上得以实现。峰会上，俄总统普京与欧盟主席普罗迪签署了“俄欧战略性能源伙伴关系协议”，决定在能源领域建立稳定的伙伴关系。峰会后，俄欧联合能源工作组成立，分别由俄政府副总理赫里斯坚科和欧盟委员会负责运输与能源的总干事拉莫尔代表双方负责该机构的工作。俄欧双方以联合能源工作组为依托，展开了全方位的能源对话，在双方领导人的高度重视和直接推动下，能源对话的成效很快得以显现。2002年11月5日，“俄罗斯—欧盟能源技术中心”在莫斯科成立，这将加强双方在石油、天然气、煤炭、电力、新能源和可再生能源、能源保护等领域的技术合作。此外，由能源对话直接推动取得的成果还有：施托克曼海底天然气田的共同开发、北欧天然气管道的修建、亚马尔——欧洲天然气管道的修建、“友谊”管线与亚得里亚石油管网的一体化。这四个项目被视为“符合双方利益”的优先合作项目，它们的实施对俄罗斯巩固其天然气和石油在欧洲能源市场的地位具有至关重要的意义。

俄罗斯将欧盟视为重要的能源伙伴的原因是，首先，欧洲是俄能源传统的市场。1976年苏联天然气工业部和西德鲁尔天然气公司签署了苏联与西方国家的第一个天然气合作协议，1978年开始苏联通过西西伯利亚—欧洲输气管线向西欧各国供应天然气；其次，与欧盟的能源贸易是俄经济复苏的重要推动力。俄经济对油气出口的依赖程度非常高。近十年来俄财政预算大约有30%是依靠石油和天然气出口来支撑。如今，油气出口已经占俄罗斯GDP的20%以上和外汇收入的50%—60%，油气出口创汇成为了推动俄经济复苏的重要力量。欧盟地区是俄罗斯油气出口的主要地区之一，是俄罗斯油气出口创汇的重要来源地。以石油出口为例，2002年俄罗斯向欧盟出口了价值183.42亿美元的石油产品，相当于当年俄石油出口创汇的约63%。① 再次，欧盟是俄能源产业新设备和新工艺的来源，俄希望能够依靠欧盟的资金实现自己燃料动力综合体的现代化。②

欧盟积极发展与俄罗斯的能源合作的主要动力源于欧盟日益增长的能源进口依赖。20世纪90年代以来，随着经济一体化发展的步伐不断加快，欧盟对能源的需求也稳步增长。据欧盟委员会预测，到2030年欧盟的能源消费将以年均0.4%的速度增长。其中，出于环保的需要，欧盟国家对

---

① European Commission, Registration of Crude Oil Imports and Deliveries in the Community, 2001&2002.

② С. З. Жизни. Энергическая дипламатия, М. , 2002г.

低污染的天然气的需求将迅速增长，预计2030年天然气的消费量将上升到6.05亿吨（按照等量石油单位换算），在目前3亿吨的基础上增加一倍，成为欧盟第二大消费能源。然而在能源需求稳步增长的同时，欧盟地区原油和天然气的储备和生产都非常有限，难以满足欧盟日益增长的需求。据BP公司2003年的统计，2002年欧盟的原油产量仅占世界原油产量的4%，而该年欧盟的原油需求占世界18%。同年欧盟的天然气产量仅为2088亿立方米，而消费却为3856亿立方米。[①] 欧盟能源供需的巨大缺口是十分明显的，目前解决这一问题的有效途径之一就是增加从俄罗斯、挪威等国的能源进口。目前欧盟对俄能源战略的主要目标就是：保障欧盟的能源企业顺利进入俄罗斯的能源基地，参与其发展，并将能源安全可靠的运输到欧盟内部能源市场。[②]

俄欧能源合作面临的问题主要包括：①欧洲经济与美国和亚太经济竞争的结果将可能导致国际能源格局的变动，如何平衡与亚欧之间的能源合作关系将成为未来俄罗斯面临的一个主要问题；②里海能源进入欧洲市场是大势所趋，这必然会削减俄罗斯在欧洲的份额，如何在里海与欧洲的能源博弈中占到上风对俄罗斯的能源外交是一个重要的考验。

尽管如此，俄欧之间的能源合作前景还是值得乐观的。最主要的原因是一方有充足的能源，另一方有广阔的市场，而且随着欧盟的东扩，市场还将进一步扩大。据欧盟委员会预测，欧盟东扩将使其对能源的消费需求迅速增加，到2030年，欧盟25国对石油和天然气的消费需求估计将分别达到6.85亿吨和6.3亿吨，消费的增加将导致进口的增长，欧盟对能源进口的依存度将进一步增加到68%，其中石油的进口依存度将接近90%、天然气的进口依存度将达80%。[③] 可见，欧盟东扩将为俄欧能源合作提供又一个极为有利的契机。

二 俄罗斯与欧盟的政治关系

与经济关系发展的同时，俄欧之间的政治对话与协调也逐渐走向制度化。20世纪90年代，特别是1994年俄罗斯与欧盟签署《伙伴关系与合作协定》以后，双方政治关系得到了初步发展。2000年普京担任俄罗斯总统以后，俄罗斯与欧盟的政治关系发展十分迅速，在安全领域内合作的

① BP Statistical Review of World Energy, June 2003.

② European Commission, European Energy and Transport-Trends to 2030, Jan. 2003.

③ Ibid.

力度和深度也大大增强。迄今为止，俄欧双方在欧盟东扩、建立统一大欧洲、裁军和防止武器扩散等问题上展开了多层次、全方位的积极对话与合作，并取得了一系列的成果。

（一）20世纪90年代的俄欧政治关系。20世纪90年代，俄欧政治关系经历了一个逐步接近，不断克服摩擦，并努力探索有效合作途径的过程。

俄欧政治关系之所以在20世纪90年代能够取得一定的发展，主要是因为冷战结束后国际格局发生了巨大的变动，大国关系也随之出现调整和互动。苏联解体后，俄罗斯开始了艰难的社会转型与经济转轨，在外交上也完全摒弃了苏联时期的以意识形态为界划分敌我的基本原则，开始与西方国家建立紧密的外交关系。在经历了独立初期的短暂的亲美外交以后，俄罗斯逐步回归现实，提出了欧美并重的对外政策构想。而对欧盟而言，自20世纪80年代以来欧洲所发生的巨大变化（东欧剧变、德国统一、苏联解体）彻底摧毁了维持欧洲国际秩序长达四十多年的雅尔塔格局，使欧洲处在第二次世界大战后以来前所未有的深刻变革之中，为了维护欧洲的安全与稳定，推动欧洲一体化的不断前进，欧盟需要借助俄罗斯的力量。此外，俄欧之间在经济上的相互依赖也为双方政治关系的发展奠定了一定的基础。

这一时期俄欧政治关系中最具意义的成果就是建立了一整套协作机制。这一机制为俄欧双方能够在广泛的范围内就共同关心的问题实现定期的政治对话提供了机会，为双方增加互信和理解起到了重要的作用，为俄罗斯与欧盟成员国关系的进一步发展提供了积极的推动力。1993年11月俄欧双方开启了欧盟委员会和理事会主席与俄罗斯总统的最高级会议。而1994年6月24日俄罗斯与欧盟签署的《伙伴关系与合作协定》又通过设置若干新的机构（合作理事会、合作委员会和议会合作委员会）进一步加强了俄欧关系的制度框架。

《伙伴关系与合作协定》是俄欧签署的最广泛、最全面的协议，是发展双边关系的法律基础，在俄欧关系史上具有极为重要的意义。该协议的核心之一就是要把双方的政治对话制度化，其中包括将首脑、部长、议会间的双边对话制度化。协议规定：俄罗斯总统与欧洲委员会和欧盟主席每半年举行一次首脑会议，负责探讨和制定双边关系总的政治指导原则；由俄罗斯和欧盟成员国外交部长和欧盟委员会的成员组成合作理事会，每年至少会晤一次，负责《伙伴关系与合作协定》的落实和就某些与双方利益相关的地区或国际问题展开讨论；每年召开一次合作委员会部长会议，由欧盟成员国、欧盟委员会和俄罗斯政府的高级官员组成，主要为合作理事会部长会议提供常务准备工作；议会合作委员会由欧洲议会和俄罗斯杜马成员组成，它可以向合作理事会提供政策建议。

《伙伴关系与合作协定》的签署对俄欧政治关系起到了极大的推动作用。在随后的几年里，俄欧政治对话机制不断完善，高层会晤除了俄罗斯总统与欧盟首脑会晤以外，俄罗斯联邦政府总理与欧洲委员会主席和欧盟轮值主席国首脑之间的会晤机制也建立起来。1995 年以后，双方围绕俄罗斯车臣问题、北约东扩、欧盟东扩和波黑危机等一系列涉及彼此利益的重大问题展开了多层次的对话。欧盟也支持俄罗斯在立陶宛与爱沙尼亚为取消限制俄语少数民族权利的歧视法案而采取的行动，俄罗斯方面则对欧洲两个西方组织——北约与欧盟的东扩采取区别对待的态度，其中坚决反对北约东扩，对欧盟东扩采取中立的态度。1996 年 3 月，俄罗斯正式成为欧洲委员会的成员，这不仅表明欧盟对俄罗斯政治意识形态的进一步认同，有利于增强俄罗斯与欧盟之间的相互理解和沟通，而且也有利于提高俄罗斯在欧洲社会的地位。1997 年 12 月，也就是在协定生效后的 5 个月内，俄欧双方就根据协定的要求建立了合作机制，通过了有关 1998 年共同行动的第一个行动计划。

俄罗斯与欧盟对合作途径的努力探求还表现在新世纪前夕双方先后提出的两份框架性文件中。1999 年 6 月，欧盟 15 国在科隆制定了《欧盟与俄罗斯关系集体战略》。集体战略是欧盟实施共同的外交和安全政策以来首次针对一个非成员国提出统一的长远发展设想，有效期 4 年，其主要目标是加强俄罗斯的民主制度和法制建设，协助俄罗斯建立良性的市场经济环境，促进俄罗斯经济的发展，使俄罗斯的改革符合“欧洲标准”。作为回应，俄罗斯也在同年 10 月举行的俄欧赫尔辛基首脑峰会上正式提出了《俄罗斯联邦与欧盟关系发展中期战略（2000—2010 年）》。这两个战略进一步明确了新世纪俄罗斯与欧盟与对方发展关系的主要方向和侧重点，为即将步入 21 世纪的俄欧关系指明了方向。

尽管 20 世纪 90 年代俄欧双方在政治领域进行了开放性的交流与合作，但是由于各自的战略出发点不同，双方在许多热点问题的处理方式上，在关于未来欧洲安全结构的认识上均存在着明显的分歧，这极大地阻碍了双方政治关系的发展。例如，由于在北约东扩、南斯拉夫和车臣战争等问题上俄欧双方发生了严重分歧，使得《伙伴关系与合作协定》一直到

1997 年 12 月 1 日才正式生效。而 1998 年秋俄罗斯的金融危机、1999 年的科索沃战争和车臣战争又极大地阻碍了协定的顺利执行。

（二）普京执政以来的俄欧政治关系。2000 年普京当选俄罗斯新一任总统以来，俄罗斯与欧盟的关系摆脱了种种制约，走上了新的发展历程，其中政治关系发展十分迅速，双方之间的政治对话与协调逐渐走向成熟。2000 年至今五年多的时间里，俄罗斯与欧盟先后举行了 12 次首脑峰会，[①]发表了十多个联合声明，双方在能源合作、欧盟东扩、建立统一空间、反恐、核不扩散等问题上展开了全方位、多层次的对话与合作。

2000 年 10 月，在巴黎举行的俄欧第 6 次首脑峰会上，俄总统普京与欧盟主席普罗迪签署了“俄欧战略性能源伙伴关系协议”，双方之间正式建立能源战略伙伴关系，这是新世纪双方通过政治对话所取得的第一个重大成果。峰会后，俄欧联合能源工作组成立，其下又按照“能源战略与供需平衡”、“技术转移与基础设施”、“投资”及“能源效率和生态环境”等方向设立了四个常设工作小组，以具体执行合作计划。巴黎峰会为保障 21 世纪俄欧能源合作的顺利进行建立了一个高层次的、有效的能源对话机制，具有极为重要的意义。

欧盟东扩是近几年来俄罗斯与欧盟政治对话中的主要话题之一。对此，俄罗斯的立场是，只要欧盟在东扩的过程中认真地考虑到俄罗斯的利益，俄方原则上不反对欧盟东扩。俄罗斯认为，欧盟东扩是欧洲最大的经济一体化组织扩展，尽管其对象国主要是中东欧国家，但是只要处理得当，俄罗斯也能从中受益。欧盟东扩造成了第二次世界大战后欧洲大陆地缘战略格局的大变动，尽管俄欧双方均有积极合作的表态，但是这并不意味着双方在此没有任何矛盾或摩擦，加里宁格勒问题就是一个例子。欧盟东扩后，加里宁格勒成为俄罗斯的一块“飞地”，俄罗斯居民往返于加里宁格勒与俄罗斯本土之间必须要经过立陶宛的领土。对于俄罗斯而言，俄居民自由往返于加里宁格勒与本土之间的权利神圣不可侵犯，但是这对于享有欧盟“申根”待遇的立陶宛来说，如果俄公民经由立陶宛自由往返加里宁格勒与本土之间，无异于使“申根”待遇扩大到俄罗斯，这使包括立陶宛在内的欧盟所有成员国无法接受。为了解决这一难题，俄欧双方领导人经过近两年的谈判与协商，在 2002 年 11 月举行的布鲁塞尔峰会上基本

① 1994 年 6 月 24 日，俄欧双方在希腊签署的《伙伴关系与合作协定》中宣布建立半年一次的定期首脑会晤制度，自该协定 1997 年 12 月 1 日生效以来，俄罗斯—欧盟首脑会议共举行了 16 次。

达成协议，为俄公民在加里宁格勒与本土之间的往来建立特别通行证制度。① 加里宁格勒问题能够在欧盟东扩正式实施之前得以基本解决，也反映了近年来俄欧关系发展顺利，双方的政治对话正逐步产生积极的效果。

2003 年的伊拉克战争不仅为俄罗斯与欧洲主要大国的关系发展提供了一个契机，同时也为俄欧政治关系注入了新的内容。首先，俄罗斯、法国和德国在对伊政策上采取共同立场，反对美国抛开联合国单方面对伊动武。2003 年 2 月，普京对德国和法国进行了访问，俄法德三方发表了一个关于伊拉克危机的联合声明。对此，国际舆论普遍认为，俄法德三国组成的反对美国对伊动武的“反战轴心”将挑战美国的单边主义霸权行径。其次，俄欧关系在伊拉克战争后也得到了新的发展。2003 年 5 月，俄欧双方在圣彼得堡签署《联合声明》，其中，双方首次讨论了建立欧洲共同经济区的问题，并就欧盟东扩前如何使双方的政治对话和各领域的接触不产生差距进行了深入的探讨；双方还明确表示，将加强在政治、安全、反恐和经济等领域内的合作，努力解决欧盟扩大后可能给双边关系带来的新问题。

2005 年 5 月 10 日举行的莫斯科首脑峰会上，俄欧双方签署了关于建立俄欧四个统一空间“路线图”的一揽子文件，这是普京时期俄欧政治关系中一个具有历史性意义的大事件。根据这份“路线图”，俄欧计划建立的四个统一空间是：统一经济空间，统一自由、安全和司法空间（又称内部安全空间），统一外部安全空间，统一科教文化空间（又称人文空间）。统一空间“路线图”规定了未来俄欧关系发展的具体目标和相关行动计划，它的出台不仅向国际社会表明了俄罗斯与欧盟在现阶段和未来加强合作的信心和决心，而且也表明俄欧关系的不断深化。“路线图”的实施将有助于推进建立没有分界线的统一欧洲的进程，为双方人员自由往来和接触创造条件；有助于加深双方的经贸合作，消除贸易方面的各种障碍；有助于建立统一的地区安全体系，有效应对恐怖主义和种族歧视等威胁；有助于发掘和利用双方的科技潜力，增进文化交流。

尽管“路线图”已经绘出，但是其全面落实还需要俄欧双方长期的不懈努力。这里的主要问题是：首先，“路线图”不具备强制性的法律效力，

---

① 特别通行证制度指的是，欧盟将从 2003 年 7 月 1 日起建立“便捷过境手续机制”，为加里宁格勒和俄罗斯本土居民通过陆路进行互访实施免费或者低收费过境手续。立陶宛同意在 2004 年底前以俄罗斯内部护照（身份证）为依据实施便捷过境手续，此后，俄公民必须持有国际旅行护照和便捷过境手续才能出入立陶宛过境。

它只是表达了双方的政治意愿，从某种程度上说，它是彼此妥协的结果，在实际操作过程中有许多问题需要解决。其次，在价值观上，俄欧双方的分歧仍然很大。尽管俄方也承诺政治和经济的自由，尊重民主和人权，但是同时也强调俄罗斯有自己的民主标准，这与欧盟强调的“欧洲标准”要求相去甚远。再次，俄欧发展与对方关系的目标不尽相同。例如，在建立欧洲安全新格局的目标上，欧盟希望建立既排斥美国也排斥俄罗斯的独立防务，而俄则希望能主导欧洲安全新格局或者是作为一个主要参与者参与其进程。第四，俄欧经济实力相差悬殊，这种状况将直接影响双方经贸合作的深入展开。

整体而言，普京上台以后，俄罗斯与欧盟关系正在加速接近。俄罗斯有着很深的“欧洲情结”，多数俄罗斯人认为俄罗斯是一个欧洲国家。普京也曾表示，俄罗斯人民历来认为自己是欧洲大家庭的组成部分，与欧洲有着共同的文化、道德和精神价值观，融入欧洲是俄罗斯发展的优先考虑之一，俄愿意参与欧洲一体化进程。1999 年底，普京刚刚担任俄罗斯总理时就曾指出，“俄罗斯要积极地参与欧洲大陆的经济合作，其主要手段目前首先是加入欧洲联合的进程。不排除这样的可能性，即在下一个 10 年，俄罗斯同欧洲更加紧密协作的问题会被提上日程。因为同欧盟国家的贸易联系可以保障俄罗斯近 70% 的外贸顺差，它们也是俄罗斯最主要的贷款者和投资者。当前，俄罗斯与欧盟在经济和政治结构方面不存在根本分歧，俄罗斯的主要政治力量不反对在平等伙伴关系和互利原则基础上同欧盟进一步接近的主张。在欧盟方面也存在着这种兴趣的情况下，下一个 10 年完全可以成为俄罗斯和欧盟建立新的更高水平协作方面开展实际工作的年代。”① 现在看来，普京当初的愿望完全有可能变成现实。

总之，1992 年以来，俄欧关系取得了长足的发展，尤其是进入 21 世纪后，随着欧盟在俄罗斯外交战略中的地位不断上升和欧盟发展对俄关系思路的逐渐清晰，双方关系更是呈现出加速发展的势头。展望俄欧关系的前景，大致有三种发展的可能性：对抗、入盟和伙伴。所谓“对抗”是指双方在政治、经济、外交和军事等领域关系的全面倒退和恶化，是最坏的前景。是否对抗主要取决于俄罗斯国内的民主政治进程和市场化改革是否出现大的逆转，离“欧洲标准”越来越远，但是从近几年俄罗斯的发展情况来看，这种可能性不大。所谓“入盟”指的是俄罗斯彻底加入欧盟，成

---

① ［俄］弗·普京：“21 世纪的头 10 年”，俄新社莫斯科 1999 年 12 月 27 日电。

为欧盟统一大家庭中的一分子。出现这种情况的可能性也非常小，这不仅是因为欧盟难以消化庞大的俄罗斯，而且俄罗斯也没有明确表态将来一定要加入欧盟，俄罗斯的融入欧洲战略是想借此实现其强国战略目标而已，而欧盟更是没有吸纳俄罗斯的意图，在其东扩进程表中也不包括俄罗斯。所谓“伙伴”是指俄欧之间建立一种基于现实利益基础上的伙伴关系。这里的现实利益基础既包括经济上的互相依赖、地缘战略上的互相倚重，也包括俄欧加强双方关系的强烈欲望。这是比较可能的发展前景。因为对于在历史、文化、地缘方面与欧洲有着紧密联系的俄罗斯来说，积极发展与欧洲的关系是国家发展方向的必然选择。对于欧盟而言，俄罗斯的重新崛起将是不可忽视的事实，发展与俄罗斯关系的性质不仅关系到欧洲政治、经济的稳定，欧洲新安全格局的建立，而且关系到欧洲统一大家庭的最终实现。

本章小结

苏联解体后俄罗斯与北约和欧盟的关系相当复杂。一方面，俄罗斯的亲西方政策因北约执意推进东扩计划而结束，双方在东扩问题上的矛盾是双方间最深刻的战略矛盾之一。另一方面，北约与俄罗斯又需要建立合作关系以应对共同的安全问题。而在俄罗斯与欧盟的关系中，欧盟的东扩进一步缩小了俄罗斯在中东欧地区的经济活动空间，同时俄罗斯又必须加强与欧盟的经济与安全合作，以平衡俄美经贸合作关系发展缓慢的局面，突破美国对俄罗斯参与欧洲安全事务的遏制。

思 考 题

一、名词解释

“和平伙伴关系”计划 《北约扩大研究报告》 俄罗斯与北约理事会 俄罗斯与欧盟首脑会议

二、简答题

1. 《俄罗斯—北约关系基本文件》的主要内容是什么？
2. 北约接受新成员国的法律程序是什么？
3. 俄罗斯与欧盟的贸易关系具有哪些特点？

三、论述题

1. 北约东扩问题是如何出现的？

2. 俄罗斯为什么反对北约东扩？
3. 俄罗斯发展与欧盟合作关系的意图是什么，双方的合作领域有哪些？

阅读参考文献

郑羽主编：《既非盟友，也非敌人：苏联解体后的俄美关系（1991—2005）》两卷本，世界知识出版社 2006 年版。

柳丰华著：《“铁幕”消失之后：俄罗斯西部安全环境与西部安全战略》，华龄出版社 2005 年版。

叶自成著：《北约东扩：克林顿与叶利钦》，东方出版社 1999 年版。

J. L. Black, Russia Faces NATO Expansion, Bearing Gifts or Bearing Arms? New York, 2000.

Edited by Alexander J. Motyl and others, Russia's Engagement with the West: Transformation and Integration in the Twenty-First Century, Sharpe, 2005.

第四章　俄罗斯的独联体政策

内容提要

俄罗斯对独联体的政策是俄罗斯整个对外政策中的重要组成部分。因而，苏联解体之后，俄罗斯对独联体政策也随着整个对外政策的调整出现了一系列重要的变化。在叶利钦和普京执政时期，俄罗斯的独联体政策由于俄罗斯与西方关系的变化，西方与独联体关系的变化，独联体内部形势的变化，处于不断的调整之中。

第一节　叶利钦政府的独联体政策

独联体全称为独立国家联合体（俄文简称 CHГ，英文简称 CIS）。1991 年 12 月 7 日，根据俄罗斯联邦总统叶利钦、白俄罗斯最高苏维埃主席舒什克维奇和乌克兰总统克拉夫丘克等在别洛韦日签署的协定成立。12 月 12 日，除波罗的海三国外的原苏联 12 个加盟共和国发表声明，愿作为平等的创始国参加独联体。12 月 21 日，原苏联 12 个加盟共和国的代表发表《阿拉木图宣言》，标志着独联体的正式建立。现成员国为俄罗斯联邦、乌克兰、白俄罗斯共和国、摩尔多瓦共和国、格鲁吉亚、亚美尼亚共和国、阿塞拜疆共和国、哈萨克斯坦共和国、吉尔吉斯斯坦共和国、土库曼斯坦、乌兹别克斯坦共和国和塔吉克斯坦共和国，总部设在白俄罗斯首都明斯克。根据章程，独联体由成员国在平等原则的基础上作为缔约方组成，它“不是国家，不具有超出民族国家之上的权力”，所有成员国均为独立平等的国际法主体，其性质是加强成员国之间多领域合作的地区组织。

在叶利钦执政年代，俄罗斯的独联体政策大体经历了三个发展阶段。第一阶段从 1991 年 12 月至 1993 年 4 月，可以称之为甩包袱的阶段，或者说政策混乱的阶段；第二个阶段从 1993 年 4 月到 1995 年 9 月，是对独联体政策的一些基本原则初步形成的阶段；第三阶段是 1995 年 9 月到

2000 年间对独联体的战略构想最终形成的阶段。

一　“甩包袱”政策的背景和基本内容

本节将探讨 1995 年 9 月叶利钦总统批准《俄罗斯联邦对独联体国家的战略方针》之前，俄罗斯对独联体政策的最初考虑。总体而言，在这个阶段，俄罗斯缺乏对独联体政策的战略构想，对独联体地区对俄罗斯的战略意义缺乏明确的认识。

苏联解体和俄罗斯独立之初，俄罗斯的朝野精英们对独联体其他国家的看法与苏联晚期在讨论苏联经济改革时出现的一种观点密切相关。这种观点认为，俄罗斯应该甩掉对其他加盟共和国的经济和社会发展所承担各种代价昂贵的责任，俄罗斯不应该再充当“奶牛”的角色，独立发展的俄罗斯可以在西方的帮助下很快地完成自己当前最迫切的任务，复兴经济，完成民主改革和重新成为世界强国。因而，俄罗斯领导集团不仅成为拆毁苏联国家体制的带头羊，而且，在 1991 年 12 月初的《别洛韦日协定》中，独联体国家只包括俄罗斯、白俄罗斯和乌克兰三国。因为，在当时的俄罗斯决策者们看来，其他原苏联加盟共和国，“不仅是经济上的负担，而且，对于俄罗斯来说，也是文化上、精神上和政治上的异类疆域”。① 虽然在 1991 年 12 月 21 日阿拉木图会议上独联体成员国扩大为 11 个（格鲁吉亚为观察员国），俄罗斯对斯拉夫民族以外的独联体成员国的立场在当时没有任何变化。

1992 年 3 月 30 日，俄罗斯联邦最高苏维埃下属的共和国关系、地区政策和合作委员会举行了一次关于俄罗斯对独联体政策的听证会，除了该委员会的议员们外，参加这次听证会的还有俄罗斯外交部、俄罗斯同独联体成员国经济合作委员会等一些有关部门的代表。在这次会议上，俄罗斯外交部负责独联体事务的副部长舍洛夫—科维加耶夫的发言反映了当时俄罗斯政府和立法机构对独联体政策的主要观点，他说，这一政策的“基本原则是优先考虑俄罗斯的民族利益”，“保证国家安全和俄罗斯公民权利，使经济改革成功和巩固俄罗斯的大国地位”。问题在于，俄罗斯的上述目标的实现被认为与巩固独联体这一地区组织无关，因为，此次会议上，很多代表认为，俄罗斯应该把自己对独联体政策的“重点转移到纯双边关系

① E. B. Rumer, Russia and Central Asia After the Soviet Collapse, in J. C. Snyder, ed, After Empire, Washington, 1995, p. 49.

问题上”，而“独联体是没有意义的”，甚至“必须取消俄罗斯在独联体中的成员资格”。①

俄罗斯的这一立场也与独联体成立后最初几个月内其成员国的离心政策有关。1991 年 12 月 30 日，独联体第二次元首会议决定各国有权组建自己的常规武装力量，四天后，即 1992 年 1 月 3 日，乌克兰甚至在俄罗斯之前宣布建立本国的军事力量，接管乌克兰境内的苏联军队及各种军事装备和设施，并随之开始了在黑海舰队归属问题上与俄罗斯的激烈争吵。独联体其他国家立即开始仿效乌克兰的做法，纷纷宣布建立本国的国防机构，并在同时实施对在其境内的原苏联军队、武器装备及其军事设施实行“共和国化”。据统计，到 1992 年 6 月，独联体的 10 个成员国宣布成立了国防部，六个国家宣布组建本国的军队。独联体首先成为分家机制而不是合作机制的最初经验，恶化了成员国之间的相互关系及其对独联体的政策，对俄罗斯关于独联体问题的最初的孤立主义政策也起了推波助澜的作用。

此外，独联体成员国对俄罗斯控制权的本能警觉也使独联体内部的合作气氛无从建立。1992 年 1 月 28 日，乌克兰、白俄罗斯、摩尔多瓦、乌兹别克斯坦和塔吉克斯坦五国总统在加入和签署 1975 年《赫尔辛基最后总决议》的仪式开始之前举行的记者招待会上强调，独联体生存下去的前提条件是各成员国之间的平等地位。乌兹别克斯坦和摩尔多瓦的领导人还对俄罗斯企图充当独联体的首领的倾向提出了警告。

关于与原苏联各共和国在经济合作领域的政策，更能体现出在独立之后的第一年里俄罗斯对独联体政策的甩包袱性质。1992 年 8 月 6 日，当时的俄罗斯代总理盖达尔主持了一次关于俄罗斯同独联体国家贸易关系问题的政府工作会议。在这次会议上，经济部长聂恰耶夫，俄罗斯联邦与独联体国家经济合作委员会主席马希茨和其他一些政府部长们一致建议：“同独联体国家完全转向按最大限度地接近世界价格，以自由合同价格开展贸易。”② 同年 11 月，俄罗斯国家海关委员会主席签署命令，从 1992 年 11 月 15 日起，俄罗斯与独联体国家的进出口商品必须办理海关手续。

然而，苏联解体后独联体各国民族冲突和内战迅速升级的现实，使俄

---

① “俄罗斯议会举行俄罗斯和独联体关系听证会”，载俄通社—塔斯社莫斯科 1992 年 3 月 30 日俄文电。

② “俄罗斯政府讨论同独联体国家的经贸关系问题”，载俄通社—塔斯社莫斯科 1992 年 8 月 6 日俄文电。

罗斯的孤立主义和甩包袱的政策难以完全实施。1992 年春，1988 年开始的因纳戈尔诺—卡拉巴赫的归属问题导致的亚美尼亚和阿塞拜疆之间的武装冲突有所升级；摩尔多瓦在苏联解体之后的最初的几个月内就出现了居住在德涅斯特河东岸的俄罗斯族居民因反对政府的亲罗马尼亚政策，而举行了一系列的抗议行动，直至爆发武装冲突，使驻扎在那里的原苏联第 14 集团军在一定程度上卷入冲突；在格鲁吉亚，前总统加姆萨胡尔季阿在 1992 年 1 月 6 日逃离格鲁吉亚后，其支持者在格鲁吉亚各地开始了与本国临时政府的武装对抗，并逐渐以阿布哈兹地区为中心展开大规模的内战，1992 年 5 月，格鲁吉亚政府军也对在 1992 年 1 月 20 日举行全民公决要求与俄罗斯合并的南奥塞梯地区采取了军事行动；在中亚的塔吉克斯坦，从 1992 年 3 月开始，塔吉克斯坦伊斯兰复兴党、民主党为代表的伊斯兰原教旨主义政党联合其他激进主义派别，以建立伊斯兰教政教合一的国家为目的，组建救国阵线，企图推翻纳比耶夫总统领导的塔吉克斯坦政府。反对派一方面在大城市举行反政府集会，一方面在各地开始准备武装夺权，同年 5 月伊斯兰教原教旨主义政党已经在新建立的民族和解政府 24 名成员中获得八个席位，反对派武装在同年 8 月攻占了首都，最终推翻了塔吉克斯坦的世俗政权。

独联体地区出现的上述一系列民族冲突和地区动乱，不仅直接损害了当地的俄罗斯人的利益，造成大量难民流入俄罗斯，而且也严重恶化了相关国家与俄罗斯的关系，例如，格鲁吉亚和摩尔多瓦指责俄罗斯介入其境内的民族冲突，干涉独联体成员国的内政。尤其引起俄罗斯警觉的是塔吉克斯坦的内战，俄罗斯军事部门认为首先在塔吉克斯坦发难的伊斯兰原教旨主义势力有可能在整个中亚地区扩展开来，进而进入俄罗斯的腹地。①

鉴于上述情况，俄罗斯政府开始重视独联体国家间在军事安全领域的合作以保证地区稳定的问题。在俄罗斯的积极推动下，1992 年 5 月 15 日，俄罗斯、哈萨克斯坦、乌兹别克斯坦、土库曼斯坦、塔吉克斯坦和亚美尼亚 6 国领导人在乌兹别克斯坦首都塔什干签署了《独联体集体安全条约》。俄罗斯著名的半官方政策咨询机构——外交与国防政策委员会在 1992 年 8 月发表的一篇研究报告中，从俄罗斯周边关键性的地缘方向的角度分析和指出了若干独联体国家对俄罗斯周边安全与稳定的战略意义，这篇报告认

① Проект военной доктрины Российской Федерации, *Военная мысль*, помер 4—5, май 1992г.

为，在独联体所有国家中，俄罗斯政府应该将注意力更多地集中在与哈萨克斯坦、白俄罗斯和格鲁吉亚这些俄罗斯具有重大利益的国家的关系上。①

可见，在独立后的最初一年里，独联体地区稳定对于俄罗斯国家安全的重要意义，已经使俄罗斯不可能对自己的近邻国家弃之不顾，但这仍然不能改变俄罗斯不愿意再充当“奶牛”，即不愿意为独联体的一体化付出单方面代价的立场。

二　俄罗斯对独联体政策基本原则的初步形成

苏联解体后第一年独联体内部的种种事态发展，使俄罗斯的领导集团开始认识到独联体对于俄罗斯来说是不可忽视的。叶利钦总统 1992 年 10 月 27 日在俄罗斯外交部部务会议上的讲话列举了俄罗斯外交部工作的一系列失误，其中特别谈到了对独联体国家的政策缺乏连贯性，相互矛盾，在强调俄罗斯应该执行一个“更有特色、更丰富多彩和有更多方位的新的对外政策”的同时，特别要求尽快制定出对独联体国家的“经过深思熟虑的政策”。②

根据俄罗斯总统的指示，俄罗斯外交部加紧了制定系统完整的外交构想的工作。1992 年 12 月，俄罗斯外长科济列夫阐述了在俄罗斯关于独联体政策问题上的新结论：俄罗斯对独联体政策的“主要方针是在独联体内部调节和防止冲突，保护独联体的外部边界，进一步建立条约法律基础，解决军事和政治上的相互协作问题，在现有的经济联系形式和发展新形式的基础上建立互利经济合作，保证少数民族的权利”。③ 在俄罗斯的积极促进下，《独联体章程》终于在 1993 年 1 月得以通过，两个月以后，叶利钦致函独联体各国元首，就如何巩固和发展独联体的问题提出了俄罗斯方面的建议。4 月 30 日，叶利钦批准了由俄罗斯外交部主持拟定的《俄罗斯联邦对外政策构想》，该文件将关于独联体问题的阐述放在其内容的首要位置。

《俄罗斯联邦对外政策构想》简称《构想》是在经过独立后一年多来的关于外交政策的激烈辩论后产生的，它反映了在俄罗斯政治和经济体制处于转型阶段和官方意识形态体系发生了根本变化的情况下，俄罗斯领导

① Совет по внешней и оборонной политике: Стратегия для России, *Независимая газета*, 19 августа 1992г.

② *Дипроматический вестник*, помер21—22, 1992г.

③ А. Козырев, Внешняя политика России, *Российская газета*, 3 декабря 1992г.

集团对于本国国家利益的重新认定的初步结论和在各个问题领域和地理领域对外政策的若干基本原则的初步形成，因而，这份文件被西方学术界称为“1993 年共识”（consensus-1993）。

《构想》是第一篇完整阐述俄罗斯对独联体政策的官方文件。这篇文件阐述了当时独联体的基本态势、独联体对俄罗斯的重要性、俄罗斯在独联体的基本政策目标和若干具体问题范畴中的政策。

《构想》在分析当时独联体总体形势和各国的政策走向时写道：“独联体一系列国家外交政策的形成受以下因素的影响：走向独立时期所特有的过分疏远俄罗斯的态度；由于民族情绪激发起来的领土争端，包括向俄罗斯提出领土要求；以及对一切可能回想起对联盟结构依赖关系的过敏反应。依靠同复兴的俄罗斯建立联系有助于解决它们本国任务的这一客观现实没有立即得到理解。不但如此，其中有些国家为了在国际社会中寻找自己的地位，企图在民族社会、宗教或经济方面同它们相近的国家中（其中有的国家曾在历史上同俄罗斯争夺在这个地区的影响）寻求支持。”

《构想》认为独联体对俄罗斯的重要意义在于以下几个方面：“俄罗斯同独联体国家以及其他近邻国家的构想问题直接关系到俄罗斯改革的命运，关系到克服国家危机的前景以及关系到保证俄罗斯和俄罗斯人的正常生存。”

《构想》阐述了俄罗斯在独联体的基本政策目标：“在新的基础上调整经济和运输联系，调节我国周边的冲突和争取那里的稳定。”俄罗斯准备在以下八个领域发展与独联体国家的合作以保证上述目标的实现：“1. 争取使独联体成为各个国际交往的主权主体的有效能的跨国组织”；“2. 使独联体和它建立的论坛成为组成独联体的各国的政治合作机制，成为协调政治方针和寻找利益共同性的手段”；“3. 争取完善和扩大作为地区国际组织的独联体的条约和法律基础”；“4. 贯彻安全领域合作问题的现有协议，巩固统一的军事战略空间是刻不容缓的任务”；“5. 争取维护有生命力的相互经济关系的结构”；“6. 同每一个原苏联共和国签订条约和协定以保障居住在俄罗斯联邦境外的俄罗斯公民的权利得到保护”；“7. 维护和巩固多边和双边基础上的科技合作和文化合作”；“8. 在维护法制、同犯罪行为和毒品交易行为等问题上安排好合作”。[1]

---

① Концепция внешней политики Российской Федерации, *Дипроматический вестник*, специалиное издание, январь 1993г.

从《构想》的上述内容可以看出，俄罗斯政府当时主要是从地区稳定和俄罗斯联邦境外的俄罗斯人的利益的角度看待独联体问题的。因而，其一，《构想》没有谈及俄罗斯保持在独联体地区的影响力对于俄罗斯保持大国地位的重要意义，这主要是由于俄罗斯当时正在奉行亲西方的政策，认为俄罗斯大国地位的确立实现途径是加入西方领导的各种国际组织，首先是七国集团等机构。其二，对西方国家特别是美国企图削弱俄罗斯在独联体地区的影响力和领导地位的问题没有警惕，《构想》甚至主张，在独联体问题上，“优先任务是把美国人承认俄罗斯是原苏联地区市场改革的火车头和民主改造的保证人的主导作用的立场肯定下来，要积极地使美国参加调解独联体各国和波罗的海沿岸地区的冲突和保卫那里的人权”。① 其三，《构想》没有提出建立独联体经济联盟的思想，在独联体经济一体化方面的政策过于空泛，基本思路还是“在新的市场基础上的一体化”，而且俄罗斯对独联体问题的基本立场是“不会为关系的发展付出单方面的代价”。1994 年 2 月，叶利钦在一次讲话中再次强调：“一体化必须不损害俄罗斯自身的利益，并不会导致我们的力量和资源，无论是物资的还是财政上的过度紧张。”其四，俄罗斯政府在这个时期对独联体各国俄罗斯族居民权利的重视程度实际上超过了对发展与独联体各国关系的重视。“1993 年，叶利钦和科济列夫都开始鼓吹使在近邻国家的俄罗斯族人拥有俄罗斯公民权的思想。这个思想在国家杜马得到了热烈的支持，并在这个时候成为俄罗斯对独联体的公开宣布的政策。国家杜马的独联体事务委员会甚至宣布，它将反对批准俄罗斯与那些拒绝给予当地俄罗斯人双重国籍的独联体国家签署的条约。”②

但到 1999 年为止，与俄罗斯联邦签署承认本国的俄罗斯族居民具有双重国籍的独联体国家只有土库曼斯坦和塔吉克斯坦，而哈萨克斯坦、吉尔吉斯斯坦和白俄罗斯虽然也表示愿意签署此类条约，但最终却没有结果。

为了避免外部力量控制中亚地区，为形势所迫，俄罗斯不得不部分地放弃将中亚国家视为经济负担的政策。1993 年初，独联体国家经济一体化的过程开始启动，但仍然停留在书面的法律文书上。1993 年 1 月 22 日，独联体国家元首理事会决定成立独联体跨国银行。同年 5 月，独联体的九

① Концепция внешней политики Российской Федерации, *Дипроматический вестник*, специалиное издание, январь 1993г.

② Edited by M. Mandelbaum, The New Russian Foreign Policy, 1998, New York, p. 40.

个成员国签署了加快经济一体化进程宣言，强调加强在关税、货币政策、立法和贸易等领域的合作，促进资金、商品、劳务在独联体范围内的自由流通，争取建立类似欧洲联盟的经济合作机制。然而，在各国普遍存在严重的经济危机和体制转轨的情况下，这样庞大的计划实际上很难推广实施。1993 年，俄罗斯由于担心通货膨胀进一步加剧，控制卢布发行量，在这一年的 7 月终止 1992 年以前发行的卢布的流通，事实上使 1992 年 10 月俄罗斯等独联体六国保留卢布区的协议无法执行，独联体各国开始发行本国的货币或临时代用券。1993 年 7 月初，为了在经济一体化问题上取得实质上的进展和局部突破，俄罗斯、乌克兰和白俄罗斯三国政府发表了加深经济一体化紧迫措施的声明，表示三国要实现比独联体其他成员国更紧密的经济一体化，在统一价格、投资和税收政策的基础上建立自由的商品、劳务和资本市场，同时建立关税联盟和统一的关税区。

俄罗斯这时对中亚国家的政策相当矛盾。一方面俄罗斯希望首先与斯拉夫国家的经济一体化取得进展，一方面又担心被排除在这一进程之外的中亚国家的与其南部伊斯兰国家的政治和经济关系的发展超出俄罗斯的控制之外。1992 年 2 月，中亚五国被正式接纳为 1985 年由土耳其、伊朗和巴基斯坦三国建立的“经济合作组织”。1993 年 7 月 6—7 日，中亚五国和阿塞拜疆参加了在土耳其首都举行的该组织的第二次首脑会议，会议决定该组织成员国在资本和劳动力流通方面加深合作，为投资活动提供最优惠的条件。俄罗斯对此相当警觉，俄罗斯副总理绍欣当时警告中亚国家说，中亚国家“不能同时加入两个关税同盟”，中亚国家应对自己的合作对象作出选择。为了保障自己的“柔软的南方腹地”（来源于第二次世界大战期间丘吉尔认为意大利是希特勒德国防御薄弱的“柔软的下腹部”，俄罗斯学者以此来形容对俄罗斯国家安全具有重要意义的中亚地区①）的安全，此俄罗斯不得不暂时搁置了在独联体中首先实现与斯拉夫国家局部加深一体化的政策，放弃在经济合作上对中亚国家的歧视，力图将尽可能多的国家拉入一体化进程。1993 年 9 月，在俄罗斯的促进下，独联体九国签署了《独联体经济联盟条约》，规定相互给予最惠国待遇，实行统一的货币政策。同时还与白俄罗斯、哈萨克斯坦、乌兹别克斯坦、塔吉克斯坦和亚美尼亚签署了《关于建立新型卢布区实际措施的协定》，规定将卢布

---

① А. Арбатов, Россия: национальная безобасность в 90 годах, *Мировая экономика и международные отношения*, номер8 - 9, 1994г.

作为“合法的支付手段”，协调各国的预算，制定统一的信贷、利率和关税政策等。1994 年 4 月，独联体国家又签署了《关于建立自由贸易区的协议》，规定在相互贸易中逐步取消关税、其他课税和非关税壁垒，尽快向关税联盟过渡。1994 年 10 月独联体各国一致决定建立跨国经济委员会，规定该委员会可以对某些具有跨国性质的经济事务进行统一管理，可以对各国的货币、货币交换和兑换等问题作出规定。可以认为，到 1994 年中下期，独联体经济一体化的基本原则和法律文件总体框架已经基本确立下来，但由于种种原因，这些法律文件大部分没有得到切实执行。

在 1993 年开始的这一阶段，俄罗斯开始注意外部势力对独联体的渗透。如果说在 1993 年下半年，俄罗斯注意到与独联体相邻的南部伊斯兰国家在中亚地区的影响，而在 1994 年以后开始同时注意西方在独联体国家的政策。由于俄罗斯与西方的矛盾在 1994 年初因北约东扩计划初露端倪和西方利用和平伙伴关系计划对独联体事务的介入，俄罗斯开始对西方对独联体政策产生警惕，开始更深入地考虑和调整本国对独联体的政策。

1994 年 5 月，俄罗斯著名的半官方外交政策咨询机构——“外交与国防政策委员会”发表了题为《俄罗斯的战略》的研究报告，对俄罗斯所面临的外交形势，特别是与西方的关系和俄罗斯的独联体政策都作出了引人注目的分析。该报告指出：“在俄罗斯对外政策中，出现了从过去单方面向西方看齐向捍卫实际民族利益的过渡。……西方担心俄罗斯扩张主义的复活，许多人甚至不希望俄罗斯在世界政治中的影响得以部分恢复。……无论西方还是俄罗斯，都有人希望我们决裂并挑起新的冷战。”“即便这种关系不严重激化，依然存在着俄罗斯在地缘政治上孤立和其国际地位削弱的倾向大为加剧和长期加剧的现实威胁，特别是当关于扩大北约的决定把俄罗斯排除在外的情况下。”尽管该报告在俄罗斯与西方的矛盾刚刚显露头脚的时候作出的上述分析具有相当深刻的预见性，但遗憾的是，该报告的写作者们仍然没有将俄罗斯的独联体政策与俄罗斯摆脱地缘政治上的孤立和国际地位削弱的外交运筹联系在一起。需要特别强调的是，是否从巩固俄罗斯国际地位的战略层面上理解独联体地区对于俄罗斯国家利益的重要性，是俄罗斯关于独联体的战略构想是否最终形成的最重要的标志，也是本书将 1995 年 9 月作为俄罗斯对独联体政策发展的新阶段的根据。

《俄罗斯的战略》认为俄罗斯对独联体的政策面临着两种选择，一种是与独联体各国重新建立起某种新的联邦制国家，另外一种是“奉行维护这些国家政治独立的政策，以换取让自己的商品、劳务和资本不受限制地打入这些国家的市场、建立防御性的军事—政治联盟、为所有少数民族提供一个统一的法制空间的权利”。该报告认为第一种方案不仅在政治和经济上代价过于昂贵，而且还会引起西方世界的警觉，是绝对不可取的。该报告提出的政策建议是：“旨在在俄罗斯周围建立起不与俄罗斯对抗的、经济上对俄罗斯开放的友好国家体系，无论是从政治上还是从纯经济上来看都是不易的。可是这个战略却是相当省钱和有益的。这种政策的目标，不是改头换面地恢复苏联解体前的那种状态，而是要实行对俄罗斯有利的更新，即要保留早先的地缘战略地位中的许多优势，同时为自己在新的国家联合体中创造有利得多的经济地位。这种做法可以归结为一句话：‘用首领地位代替直接控制。’”该报告认为，实行这一政策目标的具体政策操作是：“（1）坚持取消对商品流通的种种限制，为所有国家的资本参与一体化创造条件；用工业及其他资产换取贷款。国家积极支持资本的互相渗透。（2）建立有效的相互结算体制，起先是双边的，以后可能通过成立带有储备金的支付同盟。同时应当避免金融系统的完全联合。（3）奉行建立原苏联大多数国家密切的军事政治联盟的方针，而且将来有可能建立联合武装力量。（4）奉行使原苏联所有公民拥有双重国籍和不使他们受到任何歧视的方针。”另外，该报告还建议说：“在总的战略原则框架内，俄罗斯应当对原苏联的每个国家单独制定出方针。这些方针可能会有很大的差别。”①

这里特别值得注意的是关于建立独联体军事政治联盟的建议。在1991年12月21日《阿拉木图宣言》签署之时，独联体成员国同意将苏联的武装力量完整地保存下来，将当时的苏联国防部改组为独联体联合武装力量总司令部。但在几天之后的独联体国家第二次元首会议上即开始出现分歧，各成员国只是在战略力量交给独联体联合武装力量司令部达成协议，而且在战略力量的界定上，乌克兰又与俄罗斯发生了严重的分歧。1992年1月3日乌克兰率先宣布单独建军的举动引起一系列独联体成员国的效仿，1992年2月14日召开的独联体国家元首会议上，分歧进一步扩大，乌克兰、摩尔多瓦和阿塞拜疆三国领导人坚决反对由独联体联合武装力量司令部统一指挥常规力量，这一形势迫使俄罗斯不得不改变维持对原苏联武装力量统一性的初衷。叶利钦在1992年3月16日签发了《关于俄罗斯

① Совет по внешней и оборонной политике, Стратегия для России, *Независимая газета*, 27 мая 1994г.

联邦国防部和俄罗斯联邦武装力量》的总统令，开始正式组建本国国防部，由叶利钦亲自担任临时的国防部长。同年5月7日，叶利钦签发了《关于组建俄罗斯联邦武装力量的命令》，俄罗斯单独建军的过程正式开始。1992年7月6日召开的独联体国家元首会议根据当时的实际情况，就独联体联合武装力量司令部只对战略力量实施统一的控制和集中的管理，而司令部的其他职能更多地表现为就独联体各国的军事和安全问题进行协调和磋商。1993年6月15日，独联体联合武装力量司令部改组为独联体军事合作协调部。1994年5月的这篇半官方的《俄罗斯的战略》研究报告提出的建立独联体军事政治联盟的思想，实质是要至少部分恢复对独联体各国武装力量的统一指挥。

由于外交与国防政策委员会的组成人员中有副总理沙赫赖、第一副外长阿达米申、总统外交顾问沃龙佐夫（与俄罗斯科学院欧洲所副所长卡拉甘诺夫共同担任该委员会的两主席）和联邦反间谍局局长斯捷帕申等一批政府有关部门的高级官员，该报告所反映的思想和政策与政府的决策密切相关，它反映了1994年开始的俄罗斯政府对独联体军事一体化问题的重新关注，这与1994年1月北约“和平伙伴关系计划”正式开始实施有着深刻的内在联系。1994年4月独联体国家元首会议批准了独联体国防部长理事会章程，同年7月，国防部长理事会批准了由俄罗斯提出的《独联体集体安全构想》，成立了集体安全理事会。1995年5月独联体国家元首理事会批准了《集体安全构想实施计划》、《集体安全成员国宣言》和《集体安全条约成员国今后军事合作的发展方向》三个文件。1994年7月，独联体军事合作协调部主任、俄罗斯上将萨姆索诺夫曾谈到，独联体防御联盟将分三个阶段建立：各国完成本国军队的改组；建立联合军事集群；建立联合武装力量。

1994年9月由俄罗斯联邦对外情报总局（Служба внешней разведки Российской федерации）发表的报告，明确指出了西方国家反对俄罗斯对独联体政策和独联体一体化进程的政策意图，分析了独联体经济和军事一体化的客观必要性。由当时的对外情报总局局长普里马科夫在俄罗斯外交部新闻中心所宣读的这篇报告认为，某些主要的西方国家将俄罗斯对独联体的政策解释为“帝国野心”，将独联体的一体化解释为“恢复苏联的进程”，他们的政策基础是“意图建立单极世界，并让俄罗斯在这个世界中扮演获得的利益和承担的任务受到双重限制的角色”，“必须不给俄罗斯强大到成为世界大国的机会”。

在谈到独联体一体化进程的必要性时，普里马科夫指出："在独联体内建立统一的经济空间是缓和因苏联解体后俄罗斯境外尚有约2500万俄罗斯人和所谓说俄语的居民而造成的国家关系紧张的真正唯一途径。"普里马科夫认为，在独联体存在着一系列的冲突地区，与独联体南方边界相邻的"伊斯兰极端主义"（исламский экстремизм）势力试图扩大自己在独联体的影响，以及美国、中国、英国和法国都在发展自己的战略进攻力量，独联体内有组织的跨国犯罪集团活动猖獗的情况下，"在独联体范围内建立共同的防御空间的必要性增长了"。

由于当时俄罗斯与美国为首的西方集团的关系尚未出现大的矛盾，该报告只是较为温和地指出了"西方对独联体的政策需要调整"，但这篇报告还是直接反驳了美国关于俄罗斯在独联体维和问题上的指责，表明俄罗斯力图坚持对独联体维和事务的领导权，甚至垄断权。报告指出："有一种观点认为好像俄罗斯的维和努力是与联合国的行为相对立。特别是美国国务卿克里斯托弗就可能得出了这样的结论，今年（1994年）3月2日他在美国参议院的讲话中说：'我们（美国）不承认他们（俄罗斯）在新独立的国家中采取某种行动的权利，除非这些行动经过联合国和其他国际组织的同意并与国际法的规则相一致。'"该报告反驳说："应该特别强调的是，在独联体国家的维和行动没有一次不是在发生冲突的国家同意的情况下进行的。而美国在巴拿马和格林纳达的行动却没有这些国家政府的任何授权。"①

三　俄罗斯对独联体战略方针的最终形成

叶利钦时期俄罗斯对独联体政策的第三个阶段的开始，是以1995年9月俄罗斯总统批准《俄罗斯联邦对独联体国家的战略方针》为标志的。俄罗斯对独联体总体战略构想的最终出台，一方面反映了独联体成立近四年来俄罗斯在此问题领域的政策在不断总结经验的基础上趋于成熟，更重要的是它反映了西方所操纵的北约东扩计划逐步明朗后俄罗斯所采取的基本应对措施。

1994年末是苏联解体以来俄罗斯与西方关系发展的重要分水岭。1994年1月北约和平伙伴关系计划开始正式实施以来，尽管该计划的框架文件

---

① Е. Примаков：Россия и СНГ：Нуждается ли в корретировке позиция Запада? *Российская газета*，24 сентября 1994г.

明确说明该计划是北约扩大吸收正式成员国的过渡性步骤和重要准备，俄罗斯还是采取了合作的态度，于1994年6月22日在框架文件上签字，成为该计划的成员国。俄罗斯此时仍然希望通过在欧洲安全问题领域与西方建立相互信任的合作关系来使西方最终放弃或者至少大大推迟北约东扩的正式决定，以欧洲安全与合作会议（1994年12月改为欧洲安全与合作组织）而不是扩大了的北约来作为磋商和解决欧洲安全问题的权威机构。① 然而，与俄罗斯的一厢情愿相反，在1994年12月1—2日召开的北约成员国布鲁塞尔外长理事会决定责成北约的研究部门就东扩问题进行为期一年的研究，以制定出吸收新成员国程序的具体原则，分批地吸收具备条件的国家。列席会议的俄罗斯外长科济列夫立即作出了强烈反应，拒绝按原定计划与北约签署和平伙伴关系计划框架内的两个加深合作的文件。几天之后，在欧洲安全与合作组织布达佩斯首脑会议（1994年12月5—6日）上，俄罗斯总统叶利钦激烈批评北约的这一新举措，指责美国企图分裂欧洲，用“冷和平”取代“冷战”。美国总统克林顿也毫不让步地表示，北约东扩计划不容任何国家否决，北约是欧洲安全的基石。这一事件成为俄罗斯与西方的蜜月关系正式结束的重要标志。

当1995年9月北约研究机构如期完成了他们拟议中的计划，并公开发表了《北约东扩研究报告》（A Study on NATO Enlargement）的时候，俄罗斯总统叶利钦批准了《俄罗斯联邦对独联体国家的战略方针》（简称《战略方针》），阐述了在新的形势下，俄罗斯政府对独联体问题的理解和具体政策。《战略方针》指出：“我们在经济、国防、安全和保护俄罗斯人的权利方面的主要的切身利益都集中在独联体境内。”“同第三国和国际组织合作时，必须使对方意识到这一地区首先是俄罗斯利益的所在地。”可以认为，俄罗斯这时已经认识到，独联体已经成为俄罗斯在北约东扩情况下维护其大国地位的首要战略地区，这一地区首先是俄罗斯的利益范围。为此，为了防止外部力量的渗透，《战略方针》特别强调：“增强俄罗斯在独联体国家关系中的主导作用”，“应使独联体国家履行不参加针对这些国家中任何一国的联盟和集团的义务”。此外，该《战略方针》还用政府指导性政策文件的形式明确提出了“鼓励集体安全条约参加国以共同的利益和军事政治目标为基础联合成防御联盟”的任务。在经济问题领

① Совет по внешней и оборонной политике: Россия и НАТО, *Незавесимая газета*, 21июни 1995г.

域，《战略方针》提出以扩大海关联盟为推进一体化的突破方向："从组织上加强独联体的重要途径是逐渐扩大海关联盟，这一联盟包括同俄罗斯经济密切一体化的国家和政治战略伙伴国。随着条件的成熟逐渐把经济联盟其他成员国吸收进海关联盟。"在政治一体化领域，该文件提出"同伙伴国一起制定出完善独联体国家跨议会大会框架内的统一的模式文件"的任务。①

可以认为，《战略方针》的发表表明，俄罗斯已将建立以本国为首的独联体军事政治联盟作为抗衡北约、维护势力范围、维持大国地位的十分紧迫的战略任务。俄罗斯已经认识到，独联体地区对于俄罗斯来说，不再只是具有周边安全和地区稳定的意义，而是俄罗斯国际地位的最重要的（甚至是最后的）地缘政治依托了。《战略方针》标志着俄罗斯对独联体政策的战略构想已经完成，后来的任务只是根据客观形势的发展和变化，对此作出具体的补充、局部调整和如何实施的问题了。

根据《战略方针》所规定的一体化操作方向，1996 年 3 月，俄罗斯、白俄罗斯、哈萨克斯坦和吉尔吉斯斯坦四国签署了《海关联盟协定》和《加深经济和人文领域一体化条约》。1996 年 4 月 3 日，俄罗斯和白俄罗斯签署了引人注目的《建立俄—白共同体条约》，旨在推进两国间的"在独联体范围内达到的最高水平的一体化"。这样，独联体范围内的经济一体化就出现了由高向低的三个发展层次：俄白共同体—四国海关联盟—12 国经济联盟，即俄罗斯总理切尔诺梅尔金所说的"2 + 4 + 12"模式。在军事安全领域，1996 年 10 月独联体各国国防部长理事会会议上，成员国就"独联体安全区地缘战略划分"问题达成了一致，根据各成员国的地理位置和现实与潜在的安全威胁，制定了安全区域的划分和联合行动的基本原则。

1997 年北约成员国马德里首脑会议前后的国际形势使俄罗斯继续为加强独联体的团结而努力，甚至不得不为此作出一定程度的让步。1997 年 3 月 7 日，俄罗斯和白俄罗斯总统在莫斯科发表联合声明，表示两国一致反对北约东扩。4 月 2 日，两国签署了《俄罗斯和白俄罗斯联盟条约》。叶利钦总统为此发表广播讲话说，我们同白俄罗斯的联盟可以成为更好更快地一体化的榜样，希望其他国家能够重视这个榜样，条约是开放的，其他

① Стратегический курс России с государствами – участниками Содружества Независимых Государств, *Российская газета*, 23 сентября 1995г.

国家也可以参加。5 月 28 日，俄罗斯总理切尔诺梅尔金在访问基辅期间与乌克兰总理签署了关于黑海舰队在乌克兰境内的地位和条件的协定。5 月 30—31 日，叶利钦在推迟六次之后终于正式访问了乌克兰，与库奇马总统签署了《俄乌友好合作条约》、《俄乌联合声明》和《俄乌关于解决黑海舰队问题的联合声明》等合作文件。6 月 2 日，俄罗斯负责独联体事务的副总理谢洛夫在莫斯科电视台的专题节目中表示，俄罗斯对乌克兰作出了重大让步。7 月 3 日，俄罗斯与因为在纳—卡冲突中俄罗斯支持亚美尼亚而与俄罗斯关系相当冷淡的阿塞拜疆签署《友好合作与相互安全条约》，8 月 29 日，俄罗斯与亚美尼亚签署了《友好合作与军事援助条约》，为此而造访莫斯科的亚美尼亚总统认为，这项条约使两国成为盟友。

在独联体一体化问题出现了新的发展模式的情况下，俄罗斯国内就俄罗斯对独联体政策和独联体发展方向问题再次出现了较大的争论。特别是在 1997 年 4 月 2 日俄罗斯与白俄罗斯签订《联盟条约》以后，无论是在各党派之间还是在政府内部都出现了较大分歧，这也从一个方面说明了独联体一体化计划的实施实际上往往效果不大的原因。西方学者对此写道："久加诺夫为达成这样一个协议（指联盟条约）而庆贺，列别德认为它是不成熟的，而俄罗斯民主选择党的尤申科夫则警告说，与白俄罗斯的一体化对俄罗斯的政治和经济利益造成的损害甚至可能大于在车臣的战争。"在俄罗斯政府内部，"支持这个条约的有独联体事务部部长图列耶夫，副总理谢洛夫，外交部长普里马科夫和沙赫赖（叶利钦在宪法法院的代表）。而担心这一事件的经济后果的批评者们包括一些主要的经济改革派：第一副总理丘拜斯和涅姆佐夫，经济部长乌林松和国家财产委员会主席科赫"。①

1998 年，俄罗斯继续实行通过双边协定加强自己在独联体地区影响力的政策。这与 1997 年 1 月和 3 月独联体国家政府首脑理事会和元首理事会期间俄罗斯关于加深经济一体化的方案遭到了明显的抵制，10 月再次召开的元首理事会甚至没能签署任何一份事先准备好的文件有关。此外 1997 年美国在中亚地区的外交活动明显增加，甚至举行了苏联解体以来的首次美国和中亚国家的联合军事演习，也引起了俄罗斯方面的警觉。为了进一步巩固俄罗斯和乌克兰的关系，1998 年 2 月和 9 月，俄罗斯两次邀请乌克兰总统库奇马访问莫斯科，两国签署了《俄乌 1998—2007 经济合作协定》

① Edited by M. Mandelbaum, The New Russian Foreign Policy, 1998, New York , p. 39.

和若干份政府间合作协定。为了巩固自己在中亚地区的影响，同年 7 月，哈萨克斯坦总统纳扎尔巴耶夫被邀请访问莫斯科，两国签署了《永久友好和面向 21 世纪的同盟宣言》。叶利钦总统于 10 月 11 日首次访问了乌兹别克斯坦，在塔吉克斯坦的参加下签署了《俄乌塔三国全面合作宣言》和《俄乌 1998—2007 年深化经济合作协定》等合作文件。10 月 12 日，叶利钦再次访问哈萨克斯坦，与纳扎尔巴耶夫签署了《俄哈 1998—2007 年经济合作条约》和《俄哈国界划分议定书》。1998 年 1 月俄罗斯和白俄罗斯联盟通过了共同预算，两国国防部就制定统一的防御政策达成了一致。同年 11 月，俄罗斯和白俄罗斯国防部签署了《地区安全协议》，进一步加强了针对北约东扩的军事一体化。12 月，两国发表了建立俄白联盟国家的宣言。

同时，在独联体框架内加强一体化的问题像在 1997 年一样再次受到了乌克兰、格鲁吉亚、阿塞拜疆和乌兹别克斯坦等国的抵制，1998 年 4 月和 11 月的两次独联体国家元首理事会都没有达成任何协议。1999 年这一情况没有得到改变，独联体的离心倾向有了进一步的发展。1999 年 3 月 24 日北约开始对南斯拉夫的轰炸后，4 月初，俄罗斯希望独联体首脑会议通过一个谴责北约“侵略”的联合声明，但由于遭到若干成员国的反对，只通过了一个措词相当温和的文件。这次会议的积极成果是通过了“关于修改和补充 1994 年 4 月 15 日签署的《自由贸易区协议》”的决议。4 月 20 日，在 1994 年 5 月开始实际生效、为期五年的独联体集体安全条约的成员国召开条约延期议定书的签署会议，当时的九个成员国中亚美尼亚、白俄罗斯、哈萨克斯坦、吉尔吉斯斯坦、俄罗斯和塔吉克斯坦在议定书上签了字，而格鲁吉亚、阿塞拜疆和乌兹别克斯坦则拒绝继续作为成员国。此外，除俄罗斯外的所有独联体成员国都派出了代表团参加了 1999 年 4 月 24 日在华盛顿举行的北约成立 50 周年庆祝活动。4 月 25 日，格鲁吉亚、乌克兰、乌兹别克斯坦、阿塞拜疆和摩尔多瓦五国组建了“古阿姆”（Гууам）联盟，表示其成员国“将在北大西洋伙伴关系理事会和北约和平伙伴关系计划框架内发展相互协作”。阿塞拜疆、格鲁吉亚和摩尔多瓦都将尽快加入北约作为本国外交的重要任务。

同时，俄罗斯与塔吉克斯坦的关系得到了加强，两国于 1999 年 4 月 16 日签署了《俄塔面向 21 世纪的联盟协作条约》，双方决定在军事安全领域内实施共同防御，进一步发展军事技术合作，允许俄罗斯在塔吉克斯坦境内建立军事基地。同年 9 月，哈萨克斯坦、吉尔吉斯斯坦和塔吉克斯坦与俄罗斯和白俄罗斯签署了《关税同盟协定》。1999 年 8 月开始在乌兹别克斯坦、吉尔吉斯斯坦和塔吉克斯坦三国交界处出现的武装动乱使乌兹别克斯坦开始谋求与俄罗斯改善关系。同年 12 月酝酿已久的俄罗斯和白俄罗斯的建立国家联盟的条约是俄罗斯在独联体外交中的突出事件。

在叶利钦执政年代尽管俄罗斯为促进其在经济、政治和军事安全领域的一体化发展，进行了种种外交努力，制定了各种方案，但都没有取得预期的令人称道的进展，很多计划没能得到落实（例如组建独联体框架内的统一的军事政治同盟的计划）。其主要原因可以归结为以下几个方面：

其一，俄罗斯持续衰退的国家经济实力使之缺乏切实推进经济一体化的物质基础，而在独联体国家普遍陷入严重的经济危机和衰退的情况下，独联体经济一体化的空转使这些国家逐渐丧失了对独联体的兴趣而另作他图。

其二，俄罗斯领导集团在主观上认为与独联体国家的合作具有“零和”性质的观点也在很大程度影响了俄罗斯采取切实推进一体化的政策。这种观点认为，独联体其他成员国在一体化过程中获得的好处是以俄罗斯作出牺牲为代价，难以做到双赢或互利。在俄罗斯政府、利益集团和知识精英看来，俄罗斯在独联体地区的利益重心，初期是在维护地区安全与稳定方面，后期是在作为大国地位的依托，确保本国的地缘安全方面。

其三，苏联时代遗留下来的对大俄罗斯主义的戒心和由于苏联的解体遗留下来的种种现实的利益矛盾，使一些独联体国家（乌克兰为首的“古阿姆”国家）排斥俄罗斯的领导地位，担心在一体化进程中国家主权和国家利益受到伤害。

其四，在独联体国家与俄罗斯本来就存在矛盾的情况下，美国等西方国家的离间政策也起了不可忽视的作用。

其五，独联体的一体化没有像欧盟那样的在几十年的共同政治经济框架下的发展产生出的一体化内在需求。独联体首先是作为一种分家机制而产生的，各成员国首先面对的是真正成为一个独立国家的任务，各成员国在经济发展水平上的差异和经济体制改革进程的非同步性，使独联体一体化的首要基础——经济一体化难以进行，从而使独联体丧失了向心力，导致其他领域的一体化在俄罗斯不愿意付出单方面的代价的情况下陷入空转。

同时也应该指出，独联体国家面临的极为复杂的内外形势，独联体成员国对俄罗斯诸多方面的需求以及成员国之间的多领域的相互依赖，使得独联体这一特殊的相互联系机制能够在困难中生存下来。这些因素主要表现在以下几个方面：

其一，由于俄罗斯极力倡导独联体的发展，独联体其他成员国即使从维护与俄罗斯的双边关系出发，也不敢贸然提出退出独联体。

其二，尽管独联体的经济一体化发展不尽如人意，但独联体毕竟提供了一个维护苏联时期建立起来的传统经济联系的依托机制，这对于普遍处于经济困难的独联体成员国来说仍然是有吸引力的。在独联体的框架内比较有利于彼此之间民族和领土纠纷的解决。

其三，诸多的独联体国家不能解决本国的安全问题以及由此产生的对俄罗斯的依赖，在很大程度上维持了独联体的向心力。白俄罗斯由于历史上形成的与波兰在领土和民族问题上的纠葛，在北约东扩，波兰有可能成为北约首批接纳的新成员的背景下，从 1994 年开始明显地放弃了独立之初所采取的中立主义对外政策，加速了向俄罗斯的靠拢，直至与俄罗斯建立国家联盟。南高加索的亚美尼亚由于与阿塞拜疆在纳戈尔诺—卡拉巴赫问题上的矛盾，使得亚美尼亚在独联体内部尽可能与俄罗斯保持一致。独联体成立不久就出现的塔吉克斯坦内战使哈萨克斯坦、吉尔吉斯斯坦和塔吉克斯坦一直力图与俄罗斯保持良好的关系。在 1999 年 8 月“乌兹别克斯坦伊斯兰运动”的极端主义分子在乌吉塔三国交界处制造了大规模的武装暴乱后，1999 年 4 月成为“古阿姆”集团主要成员的乌兹别克斯坦不得不在一定程度上放弃了与俄罗斯的不合作政策。1999 年 10 月末到 11 月初，乌兹别克斯坦与俄罗斯、哈萨克斯坦、塔吉克斯坦和吉尔吉斯斯坦举行了以打击恐怖主义为目标，代号为“独联体南方盾牌”的联合军事演习。

其四，某些独联体国家对俄罗斯的能源依赖，在维持独联体的生存方面也起了一定的作用。例如，乌克兰对俄罗斯在石油和天然气供应方面的依赖，使乌克兰政府在俄罗斯的压力下大为收敛了亲西方的政策；格鲁吉亚对俄罗斯电力和其他能源供应的依赖，使格鲁吉亚在俄美之间寻求政策平衡。

第二节　普京政府的独联体政策

普京政府开始执政后，俄罗斯对独联体政策可以划分为两个发展阶段，在第一阶段（2000—2004 年），开始强调和实施通过加强双边关系来巩固和发展独联体组织的政策原则。第二阶段（2005 年以后）重点在于制裁发生“颜色革命”后奉行亲美去俄政策的独联体国家，抵御新一轮“颜色革命”。

一 “颜色革命”发生前普京政府对独联体的政策

1999 年以来独联体国家中出现的明显的离心倾向甚至可以说是反俄倾向，引起了俄罗斯政府对独联体命运的深刻担忧，而独联体的分裂必然会导致俄罗斯地缘政治和经济环境的进一步恶化和大国地位的进一步削弱。为了改变独联体日趋严重的分裂倾向和空转现象，普京政府一方面特别强调独联体已经签署的决议和协定的落实，另一方面通过促进俄罗斯与独联体国家的双边合作和在独联体框架下各成员国间的双边磋商和合作来增强独联体的凝聚力和实际功能。

普京政府对独联体的政策出现了新思路。1999 年 12 月 31 日普京担任俄罗斯代总统以来，频频召集独联体国家元首理事会会议，例如 2000 年 1 月 25 日的莫斯科会议、2000 年 6 月 21 日的莫斯科会议、2000 年 11 月 30 日至 12 月 1 日的明斯克会议和 2001 年 6 月的明斯克会议。在上述会议上，俄罗斯政府特别强调独联体国家元首理事会决议的落实情况，建立督促和检查机制。例如 2000 年 1 月和 6 月的两次莫斯科会议，专门审查了 1999 年 4 月通过的建立独联体自由贸易区的新决议的实施进展情况，而 11 月的明斯克会议还围绕自由贸易区决议的进一步落实，进行了对以往独联体范围内相关法律文件的清理，为此共废止了与其相矛盾和过时的国家间条约 41 项，独联体国家元首理事会决议 122 项，[①] 以便为该决议的实施扫除法律障碍。此外，2000 年 6 月的会议在通过《2005 年前独联体发展的行动纲领》的同时，委托独联体执行委员会主席、独联体执行秘书尤·雅洛夫今后每年就该纲领的实施进程作出汇报，11 月的明斯克会议各国元首们再次审查了关于建立自由贸易区的进程和关于上次元首会议决议实施情况的两个书面文件。

与此同时，普京政府还通过各种方式和渠道的双边框架来加强俄罗斯与独联体各国的合作。独联体发展的实践经验使俄罗斯认识到，俄罗斯与独联体国家单独签署的双边关系条约和协定，往往比独联体框架内一揽子协议更易于实施和具有更大的功效，因而，2000 年 7 月问世的修订版

---

① Встречи руководителей государств-участников СНГ，http：// www. cis. minsk. by.

《俄罗斯联邦对外政策构想》，明确提出了“重点发展与独联体所有国家的睦邻关系和战略伙伴关系的方针”。[①] 普京开始执政后，俄罗斯对独联体的政策实际上已经开始贯彻这一方针。除了多次召开独联体国家首脑会议，通过关于建立独联体自由贸易区和2005年前发展规划等等一揽子文件外，普京本人在2000年亲自出访白俄罗斯、乌克兰和中亚国家，在2001年1月18日，在还债和将中断能源供应的压力下，乌克兰与俄罗斯签订了一项新的军事合作协议，使两国在军事领域的合作水平超过了乌克兰与北约的关系。普京于2月中旬再次访问乌克兰，要求东道国在铺设通往欧洲的石油天然气管道方面与俄罗斯合作。2001年1月，普京还访问了与俄罗斯一向关系不够融洽的阿塞拜疆，双方达成了一个关于里海划分问题的协议。普京还对格鲁吉亚采取相当强硬的立场，以中断天然气供应和要求100万在俄罗斯工作的格鲁吉亚人必须拥有签证对格鲁吉亚施加压力，使格鲁吉亚要求加入北约的政策大为收敛，格鲁吉亚甚至提出今后将奉行中立化的外交政策。另外，2000年11月末和12月初召开的独联体国家最高级会晤还开创了在独联体框架内各成员国元首进行双边会谈的机制。独联体的执行机构认为：“本次独联体最高级会晤的最重要的组成部分是一系列国家元首间的双边会晤。……在对话的过程中，一些具体问题得到了解决。由于这种进展，其他一些成员国也将考虑改善现有的各成员国间的关系。”[②]

2001年2月4日，俄罗斯国家安全会议秘书谢·伊万诺夫在慕尼黑第37届国际安全会议上对俄罗斯对独联体政策的这一新态势作了清晰地说明：“过去一年，俄罗斯领导人在一定程度上改变了对独联体政策主要方面的认识。以下结论是上述做法的出发点，即在不远的将来把独联体变成真正的一体化组织是不可能的。这就面临着选择——仍认为在原苏联地区搞一体化绝对有价值，哪怕是不惜代价和向伙伴作出让步也在所不辞，还是转为采取更清醒和务实的方针。”在他看来，“首先是要通过发展与独联体国家的双边关系来保障俄罗斯的国家安全利益。但是，俄罗斯不放弃在独联体范围内进行多种形式的合作和一体化”。[③]

---

① Концепция внешняя политика Российкой Федерации, http: //www. scrf. gov. ru/Document / Decree/2000 / 07-10. html.

② Встречи руководителей государств-участников СНГ, http: //www. cis. minsk. by .

③ С. Иванов, Глобальная и региональная безопасность в начале XXI веках, http: // www. scrf. gov. ru. /News /2001/ 02/ 04. html .

普京政府强调一体化文件的落实。2001 年 11 月 30 日，独联体 12 个成员国总统在克里姆林宫举行会议，就独联体成立以来走过的 10 年历程进行回顾和总结，并对独联体的未来前景进行了规划。会议发表了声明和题为《独联体 10 年活动总结及今后任务》的文件。这是独联体国家第一次以法律文件的形式为该组织总结过去，设计未来。与会各国普遍承认，尽管独联体各国在地区性、乃至全球性问题上有不同看法，对独联体的态度也不尽相同，尽管“独联体暂时还不能成为保证成员国互利合作和密切各国人民关系的有效机制”，尽管独联体至今未能形成统一的经济空间和安全空间，很难在国际事务中用一个声音讲话，更谈不上对世界局势发挥重大影响，但是，上述种种因素并不足以抹杀它的历史功绩。出席本次独联体国家首脑会议的各国元首充分肯定了独联体 10 年来的主要功绩。普京认为，独联体“作为苏联后空间的对所有人来说必要的和不可避免的一体化形式”，“作为规模巨大的国家和地区组织”站稳了脚跟。会议发表的声明说，独联体的成立确保了前苏联各成员国的“文明分家”，苏联负担的国际义务得到了最大限度的保留，各成员国长期以来形成的联系基本上得以延续，在一定程度上缓解了因苏联解体而可能造成的严重的社会和经济后果。会议通过的《独联体 10 年活动总结及今后任务》指出，实践表明，独联体是进行多边合作的最好形式，加强独联体框架内的伙伴关系符合当今世界的发展趋势，符合各成员国的国家利益。只有放弃小国寡民式的发展道路，集中独联体 12 国之力才能在当今世界的全球化大潮中最大限度地规避风险。

与会的各国首脑认为，独联体生活中的新阶段已经来到，其特点是“离婚过程”和“吵架”阶段已经基本结束，到了重新实现一体化的时候。吉尔吉斯斯坦总统阿卡耶夫指出，对我们来说，独联体无疑是最主要的组织。吉尔吉斯斯坦过去和现在都主张深化独联体内的一体化进程。哈萨克斯坦总统纳扎尔巴耶夫认为，独联体一体化进程不可能被阻断，因为“我们有着一起生活的丰富经验，有着相同的心理和共同的语言——俄语”。

莫斯科首脑会议达成的成果，预示着“古阿姆”集团外的独联体各国在联合体未来的存在价值上，在“独”与“联”的问题上基本消除了分歧。如果说此前一些国家加入独联体是出于“次优理论”的动机，即“不是在好和坏之间作选择，而是在坏和更坏之间作选择”的话，那么经过 10 年的风风雨雨，扩大合作已经成为独联体各国的共识。此次独联体国家首脑会议通过的《独联体10年活动总结及今后任务》的文件中规定了独联体2005年前发展纲领，即进一步巩固独联体这一国际关系中的政治、经济实体，建立成员国之间的长期经济联系，稳定独联体活动空间，完善履行独联体国家间协议的机制。

继2001年11月莫斯科独联体国家首脑会议之后，改革独联体机构、提高其工作效率成为历次元首会晤的首要议题。其中，2002年10月基希讷乌峰会通过了一系列法律文件，决定进一步明确独联体多边合作的优先方向，集中力量“通过渐进的方式”来完善合作机制。会议责成独联体国家政府首脑理事会加强监督措施，推进有关协议的落实。

二 俄罗斯对独联体范围内次地区一体化的立场

2001年5月31日，由俄罗斯、白俄罗斯、哈萨克斯坦、塔吉克斯坦和吉尔吉斯斯坦五国组成的欧亚经济共同体宣布正式成立。五国领导人发表的联合声明指出，在兼顾各国国家利益和共同利益的基础上，欧亚共同体的优先任务是为共同体成员国在经贸、社会人文以及法律领域的合作创造条件。声明指出，各国将继续遵守以前签署的有关建立关税联盟和统一经济空间的各项协议。声明表示，共同体将对所有愿意加入这一组织的其他独联体国家开放，这些国家可作为全权成员国或者观察国参加。欧亚经济共同体的成立预示着原来的五国关税联盟已演变成一个合作内容更加广泛的名副其实的地区性经济合作组织，其合作的深度将远远超出独联体成员国之间一般意义上的经贸合作，甚至要高于世界贸易组织的合作水平。

与独联体现有机制相比，欧亚经济共同体在运作模式上有很大不同。例如，在独联体最重要的元首理事会和政府首脑理事会内部，每个国家都拥有一票，理事会的任何决议都必须根据一致通过的原则做出。这虽然体现了“绝对公平”的原则，但往往导致扯皮现象的发生。一些决议即便一致通过也不过是“痛苦的一致”，实施起来缺乏内在动力。而在欧亚经济共同体的执行机构——一体化委员会就重大问题进行表决时，则遵循2/3多数通过的原则。其中俄罗斯、白俄罗斯、哈萨克斯坦、吉尔吉斯斯坦和塔吉克斯坦各自拥有的投票权的比例为4∶2∶2∶1∶1。这种表决机制既考虑到了成员国之间的经济实力的差距，又兼顾到了经济实力薄弱国家平等参与的机会。

虽然单纯就欧亚经济共同体内5个成员国的经济实力分析，这是一个典型的强弱分明的组合，而且通常在一体化组织当中，经济实力的不对称往往导致权力分配的不对称，并最终导致个别强势主体主宰弱势群体的局面，但是欧亚经济共同体依据经济实力来确定发言权和2/3多数通过原则的确立，意味着在共同体内任何国家都不可能独自坐大，没有其他国家的协作，作为龙头老大的俄罗斯也同样难有作为。

据统计，2001年欧亚经济共同体成员国之间的年贸易额达到了289.8亿美元，比欧亚经济共同体成立前增加21.6亿美元。欧亚经济共同体的发展促使独联体其他国家开始重视这一组织。摩尔多瓦和乌克兰已经提出要以观察员身份加入该组织。目前，欧亚经济共同体的首要任务是协调各成员国关于加入世界贸易组织问题的立场，加强在入世问题上的相互合作。

就在欧亚共同体宣布正式成立的一周后，独联体内另一个国际组织也完成了“非转正”的过程。2001年6月7日，格鲁吉亚、乌克兰、乌兹别克斯坦、阿塞拜疆和摩尔多瓦五国总统在乌克兰的雅尔塔举行最高级会晤并签署了《雅尔塔宪章》。此举标志着此前由这五国组成的“古阿姆”非正式集团成为一个正式的地区性国际组织。根据《雅尔塔宪章》的规定，“古阿姆”集团的宗旨是促进集团范围内的社会经济发展，解决地区安全问题，协调在国际组织中的活动，解决同国际犯罪和贩毒活动有关的各种问题。宪章规定，各国元首每年一次的最高级会议是集团的最高领导机构，其执行机构是每年召开两次的各国外长会议，由各国外长任命的代表组成的各国协调委员会是集团的工作机构。为消除俄罗斯的疑虑，东道国强调“古阿姆”不是针对包括俄罗斯在内的任何国家的军事—政治集团，主要是为解决经济问题而组成的联合体。

至此，独联体境内的12个国家除亚美尼亚和土库曼斯坦外已经分属俄罗斯主导的欧亚共同体和乌克兰主导的“古阿姆”两大集团。

“在一个联合体内部，弱者的次一级联合都是对强者的自然逆反，这无论是在当代国际联合或者超国家联合中都是非常典型的现象。”[①]“古阿姆”在创立之初曾被视为是独联体内的反对派集团，具有强烈的亲西方色彩。虽然两大集团在独联体一体化的方式、范围、发展趋势以及里海油气资源运输方案等问题上存在诸多分歧，但是双方在维护中亚地区局势、呼吁国际社会重视解决阿富汗问题和加强地区合作等方面仍然有着许多共同点。普京总统多次指出，“古阿姆”集团的成立与独联体一体化的目标并

① 冯绍雷：《制度变迁与对外关系》，上海人民出版社1997年版，第388页。

不矛盾，“我们奔跑在同一条道路上”。针对西方媒体极力夸大欧亚经济共同体与“古阿姆”集团之间的矛盾，俄罗斯议会上院独联体事务委员会主席瓦季姆·古斯托夫专门撰文指出，在独联体地区次地区国际组织的发展，“这是不同程度、不同速度地实行一体化的结果。在成立这些组织的时候，没看到哪个不相干的力量在起作用。这是摆脱独联体10年艰难处境的最佳出路。独联体国家不能不考虑探索其他协作形式的问题了，因为这些国家的经济发展水平不同，对与独联体伙伴密切合作的准备程度不同，这些年所表现出的经济利益不同。重要的是，要努力在次地区国家间组织中加强一体化趋势，这种趋势有利于使整个独联体联合起来，把独联体变成强大的一体化组织”。①

三 俄罗斯着手改善与乌克兰的关系

独联体经过10年的磨砺，各成员国间纵横交错的双边合作将整个地区较为紧密的联结起来。双边合作的意义进一步凸显。俄罗斯国家安全会议秘书谢·伊万诺夫指出，俄罗斯将采取更清醒和务实的方针实施独联体政策，即在不放弃独联体架构内的一体化的前提下，“首先是要通过发展与独联体国家的双边关系来保障俄罗斯的国家安全利益”。在独联体众多对双边关系中，俄罗斯介入其中的合作无疑是最重要的。而在俄罗斯与独联体国家的双边关系中，俄乌关系虽然谈不上最密切，但理应属于最重要的一组关系。

在独联体境内，俄罗斯与乌克兰可能是彼此依存度最高的两个国家。乌克兰作为前苏联的第二大加盟共和国在俄罗斯的独联体战略中具有不可替代的重要作用。对于俄罗斯而言，“没有乌克兰的独联体一体化再完美，也不过是一张残缺不全的图画”（莫斯科市长卢日科夫语）②。被布热津斯基认为是五大地缘政治支轴国家之一的乌克兰③如果滑入敌对阵营，就意味着独联体西部边境的门户洞开，俄罗斯也将失去稳定周边，抗衡北约的战略基点。“没有乌克兰，以独联体或以欧亚主义为基础重建帝国都是不

---

① В. Густов: Евразийская стратегия России и государства СНГ, *Независимая газета*, 20 ноября 2001г.

② 莫斯科市长卢日科夫2001年8月23日在俄罗斯独立电视台《面对面》专栏节目中的讲话。

③ ［美］兹比格纽·布热津斯基：《大棋局——美国的首要地位及其地缘战略》，上海人民出版社1998年版，第55页。

可行的。一个没有乌克兰的帝国最终只能是更亚洲化的离欧洲更遥远的俄国。”①

不仅如此，俄罗斯与西方80%以上的能源交易是通过乌克兰输送的。因此，发展同乌克兰的双边关系一直就是俄罗斯独联体战略的重要内容。同样，乌克兰对俄罗斯也存在着高度的依附性：乌克兰的经济命脉基本控制在俄罗斯手中，特别是乌克兰90%的能源有赖于莫斯科。如果乌克兰每年不能从俄罗斯得到500亿—600亿立方米的天然气和1500万吨石油的话，整个乌克兰经济就将垮台。另外，在乌克兰的克里米亚半岛和东乌克兰等地区生活着1150万俄罗斯人，占乌克兰全国总人口的22%。在俄罗斯生活着600万乌克兰人，占俄罗斯全国人口的4%。这种移民情结也成为连接两国的纽带。

继2000年俄乌关系由阴转晴后，近两年来，两国合作又有重大进展。2001年，乌克兰已经成为俄罗斯在独联体国家中的第一大贸易伙伴，双边贸易额比上一年增长了12%。

作为对俄罗斯同意将乌克兰偿还其天然气债务的时间延长8—10年的回报，2001年1月乌克兰政府正式宣布，允许俄罗斯公司收购乌实行私有化的资产。迄今为止，乌克兰著名的敖德萨炼油厂、基辅投资银行和梅克拉伊铝厂已经分别被俄罗斯卢克石油公司、阿尔法投资银行和俄罗斯铝业集团控股或收购。2001年2月，两国签署《电力合作备忘录》、《实行统一的工业政策备忘录》和《2001—2007年两国地区间和边境地区合作计划》等15项文件。在俄罗斯的说服下，乌克兰不但参加了新成立的独联体反恐怖主义中心的各项工作，乌国家安全和国防委员会的高层官员还暗示，乌克兰可能重新考虑反对加入独联体集体安全条约的立场。考虑到乌克兰的宪法和主权宣言都不允许乌克兰加入军事集团②，因此，乌克兰的这一表态引起国内舆论的大哗就不足为奇了。同年3月，俄罗斯、白俄罗斯和乌克兰三国议会代表聚会基辅，决定成立三国议会联合会，准备促进最终实现“三国联盟”。③ 2001年10月，发生了乌克兰军方导弹试验误中

---

① ［美］兹比格纽·布热津斯基：《大棋局——美国的首要地位及其地缘战略》，上海人民出版社1998年版，第148页。

② Л. Кучма, Мы предлагаем прожить путь в Восточную Европу через Украину, *Всеукраинские Ведомсти*, 7 июля 1996г.

③ 在过去10年的大部分时间里，乌克兰反对俄罗斯提出的任何建立一个更为一体化的独联体、斯拉夫共同体或欧亚联盟的建议。

俄罗斯客机的悲剧，两国不仅妥善处理了该事件，还以此为契机开始探讨两国防空力量的统一管理问题。并未出现西方有关媒体极力渲染的“俄罗斯民族主义势力将以此对乌克兰大敲竹杠”的局面。2002 年 10 月，两国领导人利用基希讷乌独联体国家首脑理事会的机会，签署了有关在天然气领域战略合作的政府间协议，两国天然气公司签署了有关成立管理和开发乌克兰天然气管道系统的国际天然气财团的条约。乌克兰是俄罗斯天然气出口欧洲市场最便捷的过境通道，由于在过境费以及天然气过境安全问题上存在分歧，两国龃龉不断，为此俄曾威胁要绕道乌克兰出口天然气。两国此次签署的协议为其弥合分歧，消除矛盾创造了条件。在该次峰会上，普京总统出人意料地提议，从 2003 年起由乌克兰总统库奇马担任独联体国家元首理事会主席一职。独联体成立近 11 年来，该职务始终由俄罗斯总统担任。普京总统的“让贤”，表明俄罗斯已经越来越重视发挥乌克兰独联体一体化中的不可替代的作用。在平等、务实的基础上同乌克兰携手共建独联体一体化大厦已经成为俄罗斯独联体战略的重要内容。

俄乌两国军工企业重新开始合作是两国双边友好关系中重要的变化之一。2001 年 2 月，普京访问了乌克兰第聂伯罗彼得罗夫斯克的综合军工企业南方机器制造联合生产公司。在苏联时代，该企业是世界上最大的核武器制造厂。普京的此次到访意在促成该企业与俄罗斯军工部门的全面合作。据悉，该企业所具有的某些核制造工艺构成了俄罗斯抗衡美国国家导弹防御系统的核心技术。根据《关于加强航空航天领域合作的联合声明》，两国将联手打造国际军售市场，避免以往两国军贸产品在国际市场上恶性竞争的局面；两国将继续共同研制“安－70”运输机，并组建一个产值达 40 亿英镑的联合航空企业，将两国的太空服务和宇航技术设备全力推向国际市场。2002 年 3 月，当欧洲银行重建和发展计划（EBRD）决定推迟向乌克兰提供 2.15 亿美元的贷款后，俄乌两国很快达成协议，由俄罗斯帮助乌克兰完成赫梅利尼茨－2 号和罗夫诺－4 号核反应堆机组的建设。是年 10 月，乌克兰决定向俄罗斯出口已在乌克兰军队停止服役的 PC－18（SS－19）洲际弹道导弹的发动机和各级助推器。

由于俄罗斯和乌克兰分别是欧亚经济共同体和“古阿姆”两个次地区组织的主导国，因此两国间日渐紧密的合作无疑具有了另一层意义。首先，这种合作淡化了被西方大肆渲染的两大集团间的对立色彩；其次，分化了“古阿姆”集团内部的凝聚力（格鲁吉亚总统曾经抱怨乌克兰是“古阿姆”集团内部的黑洞）；另外，俄乌两国的亲密握手为两大集团间的直接合作及其成员间的双边合作提供了示范。俄罗斯驻乌克兰大使切尔诺梅尔金认为，俄罗斯同乌克兰关系的发展在古阿姆集团内部起到了“抓一带四”的作用。俄罗斯与阿塞拜疆、乌兹别克斯坦、摩尔多瓦等“古阿姆”集团成员国间关系的新发展与这种示范作用的不断“外溢”不无关联。

四　推动独联体国家间的军事安全合作

近年来，独联体各国面临着日益严峻的恐怖主义活动的威胁。在俄罗斯，车臣局势虽已经基本平定，但是小股的非法武装依然四处流窜。车臣南部山区依然是俄罗斯恐怖主义的滥觞之地。2002 年 10 月，发生在莫斯科的大规模劫持人质事件就是佐证。在中亚地区，过去两年遭受沉重打击的极端伊斯兰运动的非法武装，开始以更残暴、更恐怖的手段进行报复和反扑。乌兹别克斯坦、吉尔吉斯斯坦和塔吉克斯坦交界的费尔干纳地区更是成为三股恶势力泛滥的重灾区。2001 年 3 月 13 日，一伙渗透到塔吉克斯坦境内的恐怖分子甚至袭击了在当地驻防的精锐的俄罗斯 201 摩步师。因此，联合打击独联体境内的国际恐怖主义势力，尤其是在“9·11”以后，联合打击中亚和高加索地区的恐怖活动，已成为独联体各国安全合作的首要问题。面对北约新一轮的东扩，以打击恐怖主义为契机，全面加强军事合作，密切彼此联系，也是俄罗斯应对国际形势的首选之策。

2000 年 6 月，依照独联体莫斯科首脑会议通过的《独联体国家联合反对国际恐怖活动纲领》和《独联体反恐怖中心章程》成立的“国防部长俱乐部”和“独联体反恐怖主义中心”两个全新的多边军事合作机制开始全面运作。作为目前独联体国家最重要的联合反恐怖活动的组织机制，“独联体反恐怖主义中心”不同于以往任何虚设的机构。它负责搜集和积累恐怖组织及其领导人的情报，分析、评价国际恐怖主义在独联体成员国活动、发展和蔓延的趋势；组织反恐怖演习；利用独联体国家现有的反恐怖部队和其他机构展开工作。

由于独联体各国普遍面临着国际恐怖主义的严峻挑战，因此多数国家都对该机制采取了独联体成立 10 年来所仅见的积极合作态度。就连阿塞拜疆、乌克兰和格鲁吉亚 3 国也“有条件”地参加了该机制[①]。为便于掌

---

① 阿塞拜疆方面认为，反恐怖中心的活动应该具有“信息分析和咨询的性质”，阿将“根据中心每一活动是否符合国内法律”为准则参加中心工作。而格鲁吉亚和乌克兰方面均表示，只有当反恐怖中心文件得到国内议会批准后方可生效。

握中亚地区恐怖主义活动的动向，独联体反恐怖中心于2001年8月1日在吉尔吉斯斯坦首都比什凯克设立了由俄罗斯、哈萨克斯坦、吉尔吉斯斯坦和塔吉克斯坦四国参与的特别工作组。“9·11”事件发生后，面对错综复杂的反恐怖局势，独联体反恐怖中心制定了共同打击国际恐怖主义和其他形式的极端主义的综合计划，并得到各成员国的积极支持。长期以来，在独联体各机构运转的预算分摊问题上各成员国经常是互不相让，视扯皮为家常便饭。虽然各成员国分摊的预算开支的绝对值很小，但是拖欠会费的现象绝不亚于联合国。这也反映了某些成员国对待独联体机制的冷漠态度。然而，在独联体反恐怖中心的费用分摊上，各成员国却表现出难得的慷慨。俄罗斯和哈萨克斯坦等几个国家主动承担了该中心2001年的主要预算开支。在该中心2002年的全年3000万卢布的预算开支中，俄罗斯负担50%，乌克兰分摊14%，其余各国负担3%—5%不等。由于大多数成员国的合作态度使得独联体反恐怖中心在独联体国家在反恐情报交流和联合军事演习方面发挥了积极作用。它已经成为独联体各国联合反对国际恐怖主义的常设领率机关。

进入新世纪以来，独联体国家间的联合军事演习呈现出制度化的发展趋势。实兵演习开始占据主导地位，演练科目的针对性不断增强。“南方盾牌”和“战斗联合体”两大军事演习已经成为独联体每年最重要的例行军演项目。2001年是独联体成立以来成员国之间举行联合军事演习次数最多的一年——有关国家共进行了近20次的联合军演。其中仅上半年，独联体国家联合防空体系就进行了11次各种类型的联合军事演习和训练，以检阅防空部队的战斗力水平和军队的战备情况。以往独联体国家间的联合军事演习多为首长司令部演习，大规模实兵演习屈指可数。2000年曾被西方媒体大肆渲染的“独联体南方盾牌—2000”和“战斗联合体—2000”联合反恐怖演习，也不过是首长司令部带部分实兵的演习。而2001年独联体国家多次进行大规模的实兵联合军事演习。是年4月，在独联体反恐怖中心统一指挥下举行的“独联体南方盾牌—2001”反恐怖演习，是独联体成立以来参演国最多的联合实兵军事演习。除土库曼斯坦以外的所有独联体国家，都以不同形式参加了演习。2001年8—11月，独联体联合防空体系架构下进行的“战斗联合体—2001”大演习也创下了独联体联合军事演习的新记录：演习横跨地域最广——从东部地区俄罗斯的赤塔到西部地区的白俄罗斯的涅曼河，从高加索地区的俄罗斯阿斯特拉罕州的阿舒卢克到中亚地区哈萨克斯坦的萨雷沙甘和乌兹别克斯坦的扎斯雷克；演习参演部队最多——独联体国家联合防空体系内共有约30个地对空导弹师和炮兵部队参加了不同阶段的演习；演习持续时间最长——从第一场演习拉开序幕到最后一场演习结束，共历时3个月；演习实战性最强——演习从最坏的可能性出发，首次模拟了独联体国家如何同时在3个战略方向应对3个完全不同的敌人的入侵①。

近年来，独联体国家间进行的联合军事演习不仅具有重要的军事安全意义，还具有非同寻常的政治意义。独联体内对军事一体化讳莫如深的五大“逍遥派”阿塞拜疆、格鲁吉亚、摩尔多瓦、乌兹别克斯坦和乌克兰对这些演习的直接或间接参与，意味着非《独联体集体安全条约》成员国在经过长时间的作壁上观之后，已开始以积极的态度重新审视独联体国家间的军事合作。联系到此前乌克兰经过冷眼旁观后参加了“独联体反恐怖中心”机制；已退出集体安全条约的乌兹别克斯坦加入了独联体防空联合战备值班；摩尔多瓦与俄罗斯妥善解决了驻扎在德涅斯特河沿岸地区的俄十四集团军的地位问题；阿塞拜疆将俄罗斯租用其加巴拉雷达站的租期延长10年；俄罗斯与格鲁吉亚就联合打击越境的车臣匪帮达成协议……似乎可以得出这样的结论：长期对军事一体化持观望态度的边缘国家正在试探着重新融入到独联体的集体防务进程中来。

中亚联合快速反应部队的创建是迄今为止独联体国家军事合作取得的最重要的突破性成果。2001年5月25日，签署《独联体集体安全条约》的6国领导人一致决定，为有效保证独联体南部边界的稳定与安全，成立中亚联合快速反应部队。各国领导人将部队视为“一支强大而团结的力量，足以打击任何破坏中亚和平与稳定的企图”。吉尔吉斯斯坦总统阿卡耶夫还明确表示，部队将用于“对付国际恐怖主义和极端主义的战斗”②。中亚联合快速反应部队已于8月正式组建完毕，该部队以俄驻塔第201摩步师为核心，由俄罗斯、哈萨克斯坦、吉尔吉斯斯坦、塔吉克斯坦等4国各出1个营，共约3万人组成。平时该部队分别驻守在各自的国家，一旦发生危机将受联合指挥部统一调遣，快速抵达冲突地区执行协同作战任务，给受恐怖分子侵犯的国家以有力支援。

---

① 此次演习的背景设想是：北约从西部大规模入侵，国际恐怖主义从南部越界骚扰，车臣匪帮在高加索地区作乱；首次提出“一场半战争”的理论，即同时迎战在西部、南部和高加索3个战略方向爆发的军事冲突。

② 该部队分三战区执行其职能：东欧区（俄罗斯和白俄罗斯）、高加索区（俄罗斯和亚美尼亚）、中亚区（俄罗斯、哈萨克斯坦、吉尔吉斯斯坦和塔吉克斯坦）。

中亚联合快速反应部队是独联体集体安全条约机制下的第一支战略联合军队集团，也是独联体境内的第一支多国常备联合武装（此前成立的俄白军团是俄罗斯与白俄罗斯两国之间的联合武装）。如果说独联体反恐怖中心的组建意味着独联体国家有了统一的联合反恐怖常设指挥机构，使各国在联合反恐怖问题上拥有了稳定的行政保障机制，那么多国联合快速反应部队的问世则预示着，作为常设反恐大本营的独联体反恐怖中心拥有了一支可以随时调用的集团打击力量（尽管关于这支联合力量的使用有种种条件限制）。这不仅仅是独联体国家反恐怖机制的进一步完善，它同时表明有关国家向着1992年签署的《独联体集体安全条约》规定的第二阶段的军事合作目标迈出了突破性的一步（独联体集体安全条约文件对成员国军事领域的合作目标做出了具体的规划，它明确规定了建立统一的武装力量的各个阶段。即第一阶段：组建和巩固各国的军队；第二阶段：建立战略联合军队集团，制定使用这支军队的计划；第三阶段：完成集体安全体系，必要时可组织联合武装力量[①]）。正如哈萨克斯坦总统纳扎尔巴耶夫在联合快速反应部队成立当日强调指出的，尽管独联体集体安全条约早在1992年就已签署，但落实条约的“第一步，同时也是最主要的第一步，是从今天开始的”。言外之意是说，集体安全条约只是在建立快速反应部队之日才有了名副其实的内容。普京认为，建立快速反应部队不过是第一步，下一步是要在集体安全条约成员国的基础上，逐步建立一个地区性军事同盟。按普京的说法，这是建立中亚安全体系的重要步骤，准备用双边条约的形式逐渐完成这一目标。

2002年5月，《独联体集体安全条约》成员国，决定进一步加大彼此间的军事合作力度，将集体安全条约升格为国际军事合作组织。10月在基希讷乌峰会上，俄罗斯、白俄罗斯、哈萨克斯坦、吉尔吉斯斯坦、塔吉克斯坦和亚美尼亚6国签署了独联体集体安全条约组织章程和有关法律地位的文件。联系到北约的新一轮东扩，该组织的成立具有很强的现实意义。普京作为该组织的新任理事会主席在会后举行的记者招待会上强调，独联体集体安全条约是保护成员国人民和平生活和国家利益的有效工具，但在世界地缘政治形势发生变化的情况下，该条约必须用新的合作机制来应付新的挑战和威胁。他表示，该组织准备“同东方的和西方的其他类似组织合作”。

独联体反恐怖中心、联合快速反应部队和独联体集体安全条约组织的

① 郑羽主编：《独联体十年》，世界知识出版社2002年版，第408页。

建立是目前独联体国家间军事一体化进程中取得的3项最重要的成果，标志着独联体国家间的军事合作正在出现不同于以往的全新的变化。

五　俄美在独联体的外交斗争进入新阶段

自2003年11月格鲁吉亚发生“玫瑰革命”之后，2004年乌克兰也发生了“橙色革命”。“颜色革命”是指在美国政府的直接和间接支持下，独联体地区有关国家亲美的政府反对派以议会选举和总统选举为时机，借助非暴力手段促使政权更迭，从而建立亲美去俄政权的政治运动。推进“颜色革命”和抵制“颜色革命”的斗争成为美国与俄罗斯在独联体地区进行外交斗争的重要内容，俄罗斯的独联体政策正面临着新的挑战。

（一）“颜色革命”对俄罗斯在独联体地位产生了深刻影响。独联体地区的“颜色革命”危机发端于格鲁吉亚的“玫瑰革命”。虽然当时在敦促谢瓦尔德纳泽下台的过程中俄罗斯也发挥了重要的作用，但是这场“玫瑰革命”所引发的独联体地区的“颜色革命”浪潮及其对俄罗斯国家利益的猛烈冲击却让俄始料未及。作为一种新的非传统威胁，美国策动的“颜色革命”已对俄罗斯形成直接冲击。

第一，俄罗斯对“颜色革命”发生国的影响力急剧下降。俄罗斯政治基金会主席维亚切斯拉夫·尼科诺夫认为，乌克兰所发生的“橙色革命”，是西方势力联合起来首次对俄罗斯的独联体盟国发动的一场大规模的地缘政治行动，旨在推翻乌克兰的现行制度。西方不只在乌克兰推行“民主”，而且想将乌克兰从俄罗斯的影响中剥离出来。① 前不久乌克兰宣布退出与俄罗斯等国的统一经济空间是乌克兰与俄罗斯逐步拉开距离的开始。格鲁吉亚原本就与俄罗斯关系不睦，政权更迭后进一步滑向美国。迫于多方面的压力，俄罗斯不得不与格鲁吉亚签署军队撤出在格鲁吉亚的最后两个军事基地的协定。虽然叶利钦执政时期就多次警告说，俄罗斯将在美国的挤压下失去独联体，但是“颜色革命”危机的到来第一次真正地让大多数俄罗斯民众意识到，俄罗斯昔日在独联体的主导地位正像流沙一样不断地流失。今天，失去独联体的悲观情绪正在俄罗斯社会中扩散。在大多数俄罗斯人看来，倘若失去在独联体的主导地位，就将失去俄罗斯的未来，并认为重振俄罗斯的关键将取决于它今后在独联体地区的定位。②

---

① Н. Вячеслав, Украинская драма и российская сцена, *Труд*, 11 декабря 2004 г.

② В. Панфилова, Д. Сатпаев, Новые реалии требуют пересмотра отношения к элитам соседних стран, *Независимая газета*, 24 января 2005г.

第二，俄罗斯成为美国策动新的“颜色革命”的潜在目标。冷战结束以来，即便是俄美关系最密切的时期，美国政府也未放弃过对俄罗斯的民主说教。尽管小布什曾公开将普京称作是“一个也许并不是最适合西方的俄罗斯领导人，但西方也不可能找到比他更合适的人选”①，但是随着“颜色革命”在独联体部分国家的相继得手，美国进一步加大了对俄罗斯所谓“专制倾向”的批评力度，并似乎有意扶持以前总理卡西亚诺夫为首的反对派，力图借下届总统选举之际“推陈出新”。2005 年 5 月 9 日，布什在莫斯科与普京举行会谈后的第二天出人意料地会见了俄民主人士代表，并毫不掩饰地称美国要帮助俄罗斯建立“公民社会”。7 月 20 日，普京总统公开指出，“外国的资助正在被直接用于支持俄罗斯国内具体的政治活动，而且还是非常敏感的方面。任何一个尊重自己的国家都不会允许这种行为出现，我们坚决反对外国资助俄罗斯的政治活动。”显而易见，普京总统已经对西方支持的可能出现的“倒普”活动表现出高度的警觉。

格鲁吉亚、乌克兰的政治变局验证了美国强大的、无孔不入的地区渗透力。格鲁吉亚“玫瑰革命”后，普京总统就曾告诫所有外事部门，“再也不要沉浸在只有俄罗斯有权领导独联体地区的格言中”，“我们正面临着两种选择，抑或大力巩固独联体，在它的基础上建立真正可以发挥作用的、具有世界影响力的地区性组织，抑或坐视这个地缘政治地区不可避及地走向消亡”。② 俄罗斯政府相信，在抵御“颜色革命”在独联体地区进一步扩散的问题上可以同中国找到契合点，并可以将其同上海合作组织未来的发展结合起来。2005 年 5 月 20 日，俄罗斯学界、外交部和国防部等强力部门的官员在俄罗斯科学院远东研究所召开了“完善上海合作组织问题”的圆桌会议，与会者形成了可以代表政府观点的共识：某些国家实施“颜色革命”战略的最终结果“是沿俄罗斯南部地区，西起土耳其东至蒙古国建立一条首尾相连的遏制带。该遏制带贯穿已被征服的伊拉克和作为美国潜在侵略对象的伊朗，以及已被驯服的阿富汗和被拉拢的上海合作组织的中亚成员国。这种从战略层面上对欧亚大陆实施分割的做法无异于在中俄之间以及中印之间打入楔子，使这些国家面临日趋严重的军事威胁。不仅如此，美国还可以依此从经济层面上控制广大的里海油气区，从政治层面上便于对俄罗斯的西伯利亚和远东地区、对中国某些敏感的自治区以

① A. Lieven, The Essential Vladimir Putin, FOREIGN POLICY, №1, 2005.

② Выступление на пленарном заседании совещания послов и постоянных представителей России, http: //president. kremlin. ru/appears/2004/07/12/0000_ type63376_ 74399. shtml.

及整个高加索地区的形势施加影响”。①

（二）俄罗斯采取一系列措施抵御“颜色革命”。从2005年初开始，俄罗斯为减弱独联体有关国家发生“颜色革命”的消极后果以及防止发生新一轮“颜色革命”，采取了一系列措施。

第一，重新调整与独联体国家的关系。针对“颜色革命”危机，俄罗斯已经开始利用独联体国家对俄罗斯的各种依赖关系确定新的不同的交往方式。其一，实行内外有别的能源政策——以大大低于国际市场的价格向那些与俄罗斯保持友好关系的国家提供廉价能源（如白俄罗斯），而那些发生“颜色革命”后与俄罗斯拉开距离、倒向美国的国家若想继续购买俄罗斯的能源，则必须以国际市场价格进行支付（如乌克兰）。2005年底激化的俄乌天然气价格之争事实上就是俄罗斯上调对乌天然气销售价格的结果。这实质上是在告诉那些能源匮乏且企图脱离俄罗斯、加入北约的国家必须承担由此引发的严重经济后果。其二，建立新型的独联体一体化结构——以俄罗斯、白俄罗斯和哈萨克斯坦三国为主的统一经济空间将成为独联体经济一体化的核心；合并了中亚合作组织的欧亚共同体将成为中亚地区的一体化核心；不断强化的独联体集体安全条约组织将成为军事一体化的核心。

第二，将联手抵御“颜色革命”置于中俄战略协作的架构下。2005年7月1日，胡锦涛主席和普京总统在莫斯科签署的《中俄关于21世纪国际秩序的联合声明》对美国的“民主改造”战略阐明了两国的共同立场——“应充分保障各国根据本国国情选择发展道路的权利”，“各国的事情应由各国人民自主决定”，“必须尊重多民族国家的历史传统及其促进各民族和睦相处、共同发展和维护国家统一的努力”；“任何旨在分裂主权国家和煽动民族仇恨的行为都是不能接受的，不能无视主权国家社会发展的客观进程，不能从外部强加社会政治制度模式”。② 这些清晰的表述实质上是对美国的“民主改造”战略说“不”。中俄这两个联合国安理会常任理事国在这份有关国际秩序的纲领性声明中关于各国发展道路的清晰表述具有特殊意义。它说明中俄两国已经开始站在建立国际新秩序的高度来看待“颜色革命”问题。2005年5月布什政府宣布，2006年美国将拨款13亿美元用于“支持世界民主改造”。可以想见，在未来相当长的一个时期内，

---

① Проблемы совершенствования Шанхайской организации сотрудничества, Аналитическая записка по итогам “круглого стола” в Институте Дальнего Востока РАН, май 2005 г.

② 《中俄关于21世纪国际秩序的联合声明》，载《人民日报》2005年7月2日。

中国与俄罗斯联手抵御“颜色革命”将是两国间战略协作的一项重要内容。

第三，将上海合作组织视为抵御“颜色革命”的主要平台。在发生“颜色革命”之前，俄罗斯始终将独联体地区视为自己的利益“后院”，竭力阻止其他国家的染指，对中国也心存芥蒂，担心中国借助上海合作组织扩大在中亚地区的影响，进而排斥俄罗斯的利益存在。这种排斥心理使俄罗斯一直试图通过独联体机制，尤其是独联体集体安全条约组织主导中亚的地区事务，不愿使上海合作组织对中亚的政治影响增长过快，甚至对中国加强与中亚国家的关系也存在疑虑。因此，上海合作组织成立以来，俄罗斯方面对该组织的未来发展基本上是持“走一步看一步”的谨慎态度。在独联体地区相继发生“颜色革命”、独联体机制不断遭到弱化的背景下，俄罗斯对上海合作组织的政治期望值迅速提升。俄罗斯期望将上海合作组织塑造成聚合中亚地区力量的政治机制和制衡美国渗透的屏障机制。在 2005 年 5 月 20 日俄罗斯召开的“完善上海合作组织问题”的圆桌会议上，与会者对该组织在维护俄罗斯国家利益中所能发挥的作用给予充分肯定：“提高上海合作组织的作用符合俄罗斯的利益，是俄罗斯未来 10 年国际活动的重点，将上海合作组织塑造成多极化世界的中心之一是俄罗斯外交的重要目标。上海合作组织必须提高保证地区安全和稳定的作用，巩固在中亚的地位。”① 2005 年以来，俄罗斯对上海合作组织的态度已经发生转变，其对待该组织秘书处领导人称谓的态度变化就是一例。另外，由乌兹别克斯坦和俄罗斯首先提出的美军驻军期限问题得到了其他成员国的响应，并明确写入《上海合作组织元首宣言》。② 7 月 29 日，乌兹别克斯坦政府要求美军在 180 天内撤出在本国汗纳巴德的军事基地。俄罗斯和中亚国家的许多学者与政要认为，“安集延事件”的枪炮声改变了中亚地区的发展进程。此结论虽言之过早且过于主观，但是从某种程度上说，“颜色革命”的确使上海合作组织进入了成立 4 年以来最具凝聚力的时期，俄罗斯与中亚国家开始对该组织产生自然归属感。

然而，还应该看到，从 2006 年初开始，俄罗斯与乌克兰和格鲁吉亚的关系都有所恶化，而且，乌格两国都明显加快了准备加入北约的步伐，格鲁吉亚政府与俄罗斯在南奥塞梯俄罗斯维和部队驻扎权问题上的外交冲

---

① Проблемы совершенствования Шанхайской организации сотрудничества, Аналитическая записка по итогам “круглого стола” в Институте Дальнего Востока РАН, май 2005 г.

② 《上海合作组织元首宣言》，载《人民日报》2005 年 7 月 6 日。

突就是在此背景下发生的，小布什政府也在为上述两国尽快加入北约创造条件，俄罗斯维护其在独联体地区传统地位的外交努力面临着这一系列挑战。

本章小结

独联体是原苏联各加盟共和国为在苏联解体后继续保持与扩大彼此间的联系与合作而建立的地区性国际组织，其成立以来内部始终存在着“独”与“联”的两种倾向，而且该组织的生存和发展由于西方势力，特别是美国势力卷入独联体事务而复杂化。俄罗斯对独联体政策的演变，反映了俄罗斯政府在苏联解体后总体外交战略的演变，反映了俄罗斯对独联体重要性认识的演变过程。进入21世纪以后，由于美国通过北约继续东扩和“颜色革命”来瓦解俄罗斯在该地区的传统地位，独联体逐步成为俄罗斯和美国之间外交角逐的主战场。

思考题

一、名词解释

独联体　“古阿姆”　《独联体国家集体安全条约》　“颜色革命”

二、简答题

1. 1993年《俄罗斯联邦外交政策构想》关于独联体问题的主要观点是什么？
2. 俄罗斯为什么特别关注乌克兰对独联体的政策？
3. 独联体成立以来在军事一体化领域取得了哪些进展？

三、论述题

1. 俄罗斯对独联体的政策经历了哪几个发展阶段，其发展变化的原因是什么？
2. “颜色革命”对独联体的存在和发展产生了何种影响？
3. 为什么说2004年以后独联体地区成为俄美外交角逐的主要领域？

阅读参考文献

郑羽主编：《独联体十年：问题 现状 前景》两卷本，世界知识出版社

2002 年版。

冯绍雷著：《制度变迁与对外关系》，上海人民出版社 1997 年版。

Гагут Л. Д. , СНГ: новый путь развития в XXI веке, Москва, 2000.

И. Иванов, Новая российская дипломатия, десять лет внешней политики страны, Москва, 2001.

Edited by Zbigniew Brzezinski, Paige Sullivan, Russia and the Commonwealth of Independent States : Documents, Data, and Analysis, N. Y. , 1997.

M. B. Olcott, A. Aslund, and Sherman W. Garnett, Getting It Wrong : Regional Cooperation and the Commonwealth of Independent States Washington, D. C. , 1999.

第五章　剧变后中东欧国家的对外政策与巴尔干问题

内容提要

本章讨论的内容是1989年剧变后东欧各国的对外政策和对外关系，时间跨度由1989年到2005年。由于篇幅的限制，本章将集中讨论剧变后东欧地缘政治态势的变化，东欧国家与北约、欧盟、美国、俄罗斯及德国的关系，以及剧变后的巴尔干问题。

第一节　剧变后中东欧国家的对外政策

一　雅尔塔体系的终结和中东欧地缘政治的变化

东欧国家政局剧变（1989年）、德国统一（1990年10月3日）和苏联的解体（1991年12月），致使世界形势，特别是欧洲形势发生了巨大变化。

首先，东欧剧变和苏联解体，结束了第二次世界大战以后以意识形态和社会制度为标志的集团对立局面，打破了欧洲的雅尔塔体系。以此为发端，世界范围内两极对抗的格局逐渐消亡。

其次，德国的重新统一，使得雅尔塔体系一个最明显的标志——德国的分裂——不复存在。它同时标志着以德国分裂为特征的欧洲战后史从此结束。由于统一后的德国划属北约，从而打破了华约和北约之间的均势，致使整个欧洲大陆的战略格局发生了重大变化，东西欧之间的战略力量大体平衡的天平发生了有利于西方的倾斜。1990年11月19日，法国总统密特朗在欧安会首脑会议上发表讲话说：这次会议标志着战后欧洲旧秩序的最终结束，新的和平进程的开始，为欧洲国家的合作提供了机会。11月21日，与会34国首脑签署了《新欧洲巴黎宪章》。北约和华约成员国发表《联合声明》宣布：双方“不再互为敌手，相互间将建立新的伙伴关系并友好相处”。

最后告别了雅尔塔体系。

最后，在东欧剧变过程中，美苏两国首脑在马尔他会晤（1989 年 12 月 2—3 日），就欧洲的局势达成谅解：苏联重申对东欧的局势不加干涉，而美国则表示无意从中获得多方面好处。这次会晤被认为是向世界宣布冷战的结束。

冷战结束也极大地改变了中东欧地区的战略地位和地缘政治性质。曾经维系东欧与苏联关系的两大支柱——经济互助委员会和华沙条约组织——不复存在。苏联（俄罗斯）以文明的方式从捷克斯洛伐克、波兰和匈牙利撤出了它的驻军。[①] 中东欧作为苏联（俄罗斯）卫星国的时代已经结束了。这种地缘政治特性决定了中东欧国家对外关系的特点。

从主观方面来说，政局剧变使得中东欧国家的性质发生了根本性变化。在政治上，从中央集权制向议会民主制演变；在经济上，从计划经济向市场经济过渡；在价值观上，认为欧洲是一个文明的整体，自己原本是这块土地上不可分割的一部分，与西欧有同源的基督教精神。受这种文化和价值观取向的制约，中东欧国家普遍提出“回归欧洲”的口号，希望通过加入欧洲和跨大西洋一体化的机构和进程来实现其同西欧的文化认同。

这种文化和价值观取向决定了中东欧国家对外政策的性质也必然要发生变化。其主要表现是，淡化意识形态，在国际关系中奉行国家利益至上原则。与此相联系，其对外关系的重点从东方转向西方，在迅速摆脱苏联（俄罗斯）的政治、经济和军事结盟关系的同时，扩大和加强同西方国家的政治、经济和军事同盟关系，以图迅速回归欧洲。而尽早加入欧洲现有的政治、经济和军事机构则成为绝大多数中东欧国家对外政策的基本内容。与此相联系，中东欧国家实现了对外关系方向的地理位移，从东方迅速转向西方。中东欧对外关系这一变化的基本指导思想就是为经济转轨营造安全环境。

冷战时期，由于存在着两大军事集团，整个欧洲大陆处于东西方对峙的冷战状态。这种对峙虽然带来种种不良后果，却也在某种程度上保证了那个时期欧洲大陆的稳定。而现在，随着华约的解体和苏联（俄罗斯）的军事力量不断撤出东欧地区，过去存在的保证这一地区安全的一些基本国际保

---

① 1991 年 6 月 19 日，苏联从匈牙利撤出最后一批军队，同月 25 日，最后一个苏联士兵离开了捷克斯洛伐克。1993 年 6 月 17 日，最后一批独联体军队离开了波兰。

证已不存在。中东欧人士称这种缺乏国际保证且又面临安全威胁的状态为“安全真空”。后来，中东欧人用它来指这一地区面临的广泛的不稳定。

二　剧变后初年中东欧国家的对外政策

为了消除“安全真空”状态，中东欧国家采取三种措施来营造安全气氛：同周边国家发展睦邻友好关系；地区多边合作和“回归欧洲”。①

（一）改善并保持同邻国的睦邻友好关系。中东欧国家认为，改善同周边国家的关系，建立和加强同周边国家的睦邻友好关系和相互信任不仅应该是对外政策的基本内容，而且是保障本国稳定和安全的最好方式。由于历史上中东欧国家长期处于异族占领和压迫之下，一些国家或是领土多次易手或是边界多次变更。因而国家之间历史遗留的领土问题、境外少数民族问题较多。中东欧国家之间的问题包括，匈牙利和罗马尼亚关于在罗马尼亚的匈牙利少数民族问题和特兰西瓦尼亚的历史地位之争、匈牙利和斯洛伐克关于多瑙河水坝问题的争论、阿尔巴尼亚和南联盟关于科索沃地位问题的争论等。中东欧国家同其他邻国关系紧张的原因包括：捷克和德国关于苏台德地区的德国人问题、捷克和奥地利关于泰梅林核电站问题以及捷克与斯洛伐克分家之后财产划分问题、保加利亚和土耳其关于在保土族人地位的争论、保加利亚和希腊关于马其顿问题的争论、阿尔巴尼亚和希腊关于北伊皮鲁斯地区的领土争论等。

政局剧变后，上述这些“历史遗产”已经在中东欧地区引起了国家间关系的紧张。能否妥善解决这些问题不仅关系到这些国家的外部生存环境，而且也关系到它们能否如期回归欧洲。②因此，解决同邻国的矛盾成为中东欧国家回归欧洲的先决条件。

自1990年下半年以来，中东欧国家彼此频繁就双边存在的问题进行磋商，努力以和平方式解决国家存在的纠纷和问题。迄今为止，中东欧有关国家已就双边关系达成了多个协议，③ 较好地解决了它们之间存在的问题。

---

① 有关中东欧联系国各国对外关系的详细阐述可参阅 W. Weidenfeld（ed.），Central and Eastern Europe on the Way into the European Union，Gutersloh，1996。

② 欧洲联盟《准备加入欧洲联盟白皮书》中明确规定，申请加入欧洲联盟的国家必须首先解决其少数民族纠纷。

③ 据不完全统计，从1990年8月到1992年8月，波兰、匈牙利、捷克斯洛伐克、保加利亚和罗马尼亚5国同周边国家签订了双边协定多达45个。这些条约的内容包括政治、经济、文化和军事条款。

值得一提的是，1996年9月16日罗马尼亚和匈牙利两国签署的《谅解、合作和睦邻友好条约》。双方从1991年就在罗的160万匈牙利族人的地位以及罗马尼亚所坚持的这项条约应该保障其边界等问题进行了长达5年的谈判。最后，匈牙利以放弃必须把欧洲理事会（罗匈均是该组织的成员国）在1993年通过的“第1201号建议”写入条约的正文中的要求，[①]并再次承认特兰西瓦尼亚是罗马尼亚的领土为代价同罗马尼亚签署了《友好条约》。[②]

（二）加强地区多边合作。20世纪90年代以来，随着经互会和华约的解体，中东欧地区出现组建新的区域性集团的现象，即某个东欧国家同邻近地区的几个国家之间的地区性合作。这种地区性合作分两个层次，一是小范围的，二是较大范围的，但它们的基本功能一样。

小范围的地区性合作组织主要有：“维谢格拉德三角”（成立之初为捷克斯洛伐克、波兰、匈牙利，1993年捷、斯分家后成为四角），[③]较大范围的组合有“中欧倡议”[④]和黑海经济合作组织。[⑤]由于跨边界合作能够使地区行政在国际水平上发挥作用，因而它正在获得越来越重要的意义。

在地区性合作组织中，活动最多、合作范围最广的当首推“维谢格拉德集团”。该集团成立以来，成员国一致表示要捐弃前嫌，不讨论任何修改现行边界的问题。成员国的政府首脑和部长们就共同关心的政治、经济和军事问题多次会晤。通过协调行动，争取一道加入欧盟和北约。1996年1月1日起，维谢格拉德集团国家和斯洛文尼亚组建了中欧自由贸易区。

---

① 该建议的基本内容是：欧洲各国必须给少数民族“以民族划分的地区自治权”和“集体权力”。

② 长期以来，匈民族主义势力一直说特兰西瓦尼亚是匈的领土，许多普通匈牙利人也同意这种说法。实际上，第一次世界大战和第二次世界大战后签署的国际条约和欧安会的文件都确定了罗匈之间现有的边界，匈在上述条约和文件上都签了字。现在，匈牙利又在罗匈条约上签字，这是第4次承认特兰西瓦尼亚是罗的领土。

③ 1991年2月15日在匈牙利的维谢格拉德签订合作条约。

④ “中欧倡议”现有12个常设工作小组。该组织主要关心成员国的经济、社会和环境问题。同时，它也协调成员国在联合国和欧安会中有关少数民族问题的立场。

⑤ 1992年6月建立。参加国主要是黑海沿岸的国家，他们是：土耳其、罗马尼亚、保加利亚、希腊、俄罗斯、乌克兰、摩尔多瓦、亚美尼亚、阿塞拜疆和格鲁吉亚。有关黑海经济合作区的资料详见D. A. 康奈利：“黑海经济合作”，载自由欧洲电台/解放电台《研究报告》，1994年7月1日，第31—38页。Faruk Sen, Black Sea Economic Cooperation, AUSSENPOLITIK, No. 3, 1993, p. 281.

（三）加强跨地区多边合作。中东欧国家参与多边合作可能与这样一种信念有关：即未来的任何冲突都可能是大范围的，非某一个国家所能独立处理和解决的。而且，小国同大国或大国集团结盟一直是欧洲近代以来政治和外交实践中的一个传统特征。中东欧国家希望加入欧洲和跨大西洋的政治、经济和军事机构（西欧联盟、[①] 欧洲联盟、[②] 北大西洋公约组织和欧洲安全与合作会议[③]），通过加入欧洲一体化进程来求得自身的安全。

为了尽快加入这些组织，东欧国家在政治、经济和军事方面做出了重大努力。在政治上，努力按西方的政治模式来重新构架多元化的政治生活；在经济上，正在积极建立市场经济框架；在军事方面，普遍修改原来的军事理论和国防政策，调整战略目标，将华约时代的重点防御西方改为新形势下的“环形防御”。

第二节　中东欧国家与北约关系

一　北约关于是否接纳东欧新成员的争论

虽然中东欧国家到20世纪90年代中期大多已同欧洲现有的一些多边组织建立了联系国关系或加入其中，但他们并未感到有了实实在在的安全感，因为这些组织没有自己的军队，没有军事方面的功能，也没有后勤保障系统，因而他们无法将良好的预防和解决冲突的理论和方案付诸实际行动。也正因为如此，中东欧国家更看重北约，因为它是欧洲唯一能对事变做出军事反应的实体。所以，东欧国家一般都把加入北约作为他们的政治选择，以获得真正的安全感。

与此同时，北约也多次表示，要抓住这个历史机遇，进行内部调整，以适应冷战后欧洲新形势，把战略重点从原来对抗华约的威胁转向与东欧国家的政治和军事合作，支持中东欧国家的政治和经济转轨。1990年在伦敦和1991年在哥本哈根召开的北约首脑会议都强调，要同东欧国家建

---

① 1955年5月6日成立，总部设在伦敦。联盟的宗旨是加强成员国的“集体自卫”，并致力于促进各成员国之间的“经济、社会和文化方面的合作”。在军事方面，如果成员国遭到军事侵略，相互有义务自动提供援助。该组织和北约保持密切联系。

② 1967年7月1日成立，现有15个成员国。主要机构有欧洲理事会、欧洲委员会、欧洲议会、欧洲法院等。1993年10月30日更名为欧洲联盟。

③ 欧洲安全与合作会议（CSCE），在1994年的欧安会上决定更名为欧洲安全与合作组织（OSCE）。

立“建设性伙伴关系”的方针。1991 年 6 月，北大西洋委员会决定，鉴于华约已经解体，北约应加强同东中欧国家在各种级别上的军事接触。主要措施有：1. 双方人员进行互访；2. 邀请东欧国家的军事专家和北约的军事专家共同讨论新时期中的军事战略、安全问题和武器控制问题，邀请东欧国家的军事专家参观北约的军训设施；3. 邀请东欧国家参加所谓“第三面计划”，即科学和环境保护项目；4. 将北约的情报工作计划扩大到东欧地区；5. 帮助东欧国家的军事工业进行“军转民”。[①] 此后，北约的高级领导人相继访问东欧国家，强调北约同东欧国家发展关系有重要意义。同时，北约邀请东欧领导人和高级军事长官访问北约总部。

1991 年 11 月 7—8 日，在罗马召开的北约国家首脑会议之后发表的《罗马和平与合作宣言》强调，要将北约—东欧国家关系提高到一个新水平。为此，首脑会议决定把同东欧国家的政治和安全问题的对话制度化。1991 年 12 月召开的第一次北大西洋合作委员会将这一建议具体化了。与会国外长们商定，合作委员会每年召开一次部长级会议，每两个月举行一次大使级会议，讨论共同关心的问题。

1992 年 10 月 20 日，北约国防部长会议决定，制定一项在全欧范围内进行维持和平行动的计划，并一致同意把前华约国家也包括进来。这是北约首次提出与前华约国家联合进行军事行动。

虽然北约已经做出种种姿态和行动表示要关注东欧地区的安全问题，欢迎东欧国家积极向北约靠拢，但对这些国家要求加入北约的反应则极为谨慎。在是否接纳东欧国家进入北约和何时接纳的问题上一直没有定论。在这里，有两个基本因素制约着北约的最终决定：北约成员国之间的严重分歧和俄罗斯等独联体国家对这一问题的反应。

1. 北约内部的分歧。自从 1992 年 3 月 3 日北约的一位高级官员第一次表示北约将有选择地、谨慎地处理东欧国家加入北约的申请以来，北约内部就是否接纳东欧国家为成员国的问题展开了激烈的争论，并形成了针锋相对的两大派意见。

赞成北约向东扩展的观点认为，北约必须适应欧洲新的环境，重新认识东欧国家的安全问题。如果把北约的安全网扩大到中东欧，对东西欧都有好处。中东欧可以巩固已经形成的新的政治制度，加速经济改革；不再担心武装冲突会波及到那里。如果将中东欧国家纳入北约的安全网，中东

---

① J. Simon, Does Eastern Europe Belong to NATO? GLOBE, No. 1, 1993, p. 29.

欧国家之间的民族矛盾和安全问题会比较容易解决。因为冲突可以在“家庭内部”进行解决。北约中的希腊和土耳其之间的民族问题就是这样解决的。[①] 同时，西方不必再担心出现大规模的移民；德国可以有一个稳定的边界；扩大欧洲稳定和民主的区域，以巩固冷战后的成果。最重要的是，吸收中东欧国家加入北约，会推动一个将北约从一个针对已不存在敌手的防御联盟变成一个能够在从英吉利海峡到俄国的太平洋沿岸地区内建立民主和维持和平的更广大的安全共同体的漫长、复杂但却必要的进程。[②]

反对接纳中东欧国家加入北约的人认为，北约第一要确定自己在冷战后时代的地位和任务，然后才能对中东欧国家发出的呼吁做出反应；第二，北约和中东欧国家有不同的安全问题。不能让“新成员国”的问题制约北约的战略目标；[③] 第三，整个中东欧地区存在着错综复杂的民族矛盾，如果接纳中东欧国家加入北约，后者可能会卷入连绵不断的民族冲突而不能自拔。同时由于地区利益的不同，“老”成员国之间会因此产生矛盾；第四，不能因为接纳一些成员国而拒绝另外一些国家，从而在冷战后的欧洲制造新的分裂。特别不能因为将北约的边界推到俄罗斯的西部边界，使得俄罗斯感到孤立和不安；第五，北约缺乏吸收中东欧国家的战略动机，许多成员国不愿意卷入对自己并不构成直接威胁的冲突，他们在波黑问题上的态度便足以说明问题。在北约是否接纳中东欧国家的问题上，美国的态度至关重要。

2. 俄罗斯的反应。自从中东欧国家提出加入北约的要求后，俄罗斯迟迟未正式就此表态。1993 年 8 月叶利钦在波兰访问时第一次就此问题表态说，他理解波兰要求加入北约的动机和愿望。在随后发表的《波俄联合声明》中称，俄罗斯认为，波兰加入北约的要求同“包括俄罗斯在内的欧洲国家的利益是不矛盾的”。[④] 其后，叶利钦在访问捷克时重申了俄罗斯的立场。但美国和北约的许多成员国对叶利钦的讲话持谨慎态度。然而，受俄政局形势恶化的影响和叶利钦与军方的微妙关系的制约，叶氏在 9 月底分别致信美、德、法、英 4 国领导人，改变了曾经表示过的“理解”态度，

---

① ［美］L. 阿斯莫斯、R. 库格勒、S. 拉腊比：“建设一个新北约”，载美《外交季刊》1993 年秋季号，第 30 页。

② M. Mandebaum, NATO Opens to Democratic Countries, INTERNATIONAL HERALD TRIBUNE, Sept. 8, 1993.

③ G. Herman, NATO Can't be built on a Shaky Base, INTERNATIONAL HERALD TRIBUNE, Sept., 18—19, 1993.

④ Russian-Polish Joint Declaration, INTERNATIONAL HERALD TRIBUNE, August 26, 1993.

警告北约不要匆忙扩大，因为这会使俄罗斯感到孤立和不安，“也会使保守势力不理解”。11 月 3 日，俄外长科济烈夫在俄联邦对外政策委员会上称，俄罗斯对在没有它参加的情况下扩大北约感到不满，“即使这不是针对我们的”。

中东欧国家对俄罗斯的态度变化反应强烈。波兰外交部发言人称，“波兰是个主权国家，有权选择符合其国家利益的任何做法”，任何国家都无权对它的外交政策发号施令。匈牙利外交部发言人称，“匈牙利争取成为北约正式成员国的政策没有改变。”罗马尼亚总统发言人说，“罗马尼亚参加北约无需得到俄罗斯的批准。”捷克似乎看到了问题的另一面。捷政府发言人说，“应该联系俄罗斯目前政局混乱的背景来看待那里发出的”不同信号，但捷总理克劳斯却喻讽地说，他做梦也没有想到捷克加入北约需要事先问问叶利钦是否同意。

尽管中东欧国家表示不改初衷，但北约还是受到了很大震动并不得不谨慎从事。在 1994 年 1 月的北约首脑会议上没有讨论中东欧“立即”加入北约的可能性，相反，北约国家首脑一致决定采纳美国国防部长阿斯平提出的倡议：北约先同中东欧国家建立“和平伙伴关系”。该倡议计划，北约在制定维持和平计划、训练等领域同东欧国家加强合作。但在危机情况下，中东欧将得不到北约提供的安全保障，而只有磋商权。同时，准备成为北约伙伴国的候选国必须由文官控制军队，军队的体制、军事理论和军事装备的标准要符合北约的标准。美国解释说，提出这项计划“不是因为我们担心来自俄罗斯的威胁，我们希望正确而又理智地做这件事，这样不会产生解决不了的政治问题”。德国外长金克尔说，“我们不能冒复活东西方战略竞争的风险。如果我们因确保一些国家的安全而使另外一些国家感到不安，那将是一个悲剧”。从这个意义上说，“和平伙伴关系”是一种缓和和妥协性产物，一方面搪塞东欧，另一方面安抚俄罗斯。

中东欧国家虽然对北约的退缩感到非常失望和不满，哈维尔警告说，在扩大北约的问题上“如果西方屈服于俄罗斯的压力，那它将要犯最致命的错误。那将意味着西方所捍卫的所有价值观的崩溃，那将鼓励帝国的野心，那将出卖那些已在为争取自身资源的斗争中投资巨大的国家，也会出卖西方本身的自由”。[1]

---

① V. Havel, We Are a Part of Europe, INTERNATIONAL HERALD TRIBUNE, October 2, 1993.

为了安抚中东欧国家，美国总统克林顿在参加完北约首脑会议之后第二天就访问了捷克，在那里同维谢格拉德集团国家的领导人分别进行了会晤。他在这些会晤中多次强调，中东欧国家的安全对美国、对整个欧洲和北约的安全具有重要意义。他说，“和平伙伴关系”是建立能导致完全成为北约成员国真正安全关系的开端。同年7月7日，美国国务卿克里斯托弗在华沙举行的中欧和东欧9国外长会议上说，美国不允许中东欧国家存在“灰色安全区”。中东欧国家必须最终加入欧洲的经济和安全组织，“和平伙伴关系”计划是朝这个方向迈进的重要一步。

二 “和平伙伴关系”计划

“和平伙伴关系”计划的内容是，北约在制定维和计划、训练等领域同中东欧国家加强合作。但在危机情况下，中东欧国家将得不到北约提供的安全保障，而只有磋商权。同时，准备成为北约伙伴国的候选国必须由文官控制军队，军队的体制、军事理论和军事装备的标准必须符合北约的标准。

不同于北大西洋合作委员会同中东欧国家建立的多边关系，“和平伙伴关系”计划是北约和单个国家建立的双边关系。每个国家可根据自己的安全利益来确定自己有关参加和平伙伴关系计划的纲领。此外，“和平伙伴关系”计划向伙伴国提供咨询。为了能够使中东欧国家加入北约而又不孤立俄罗斯，“和平伙伴关系”计划是开放性的，所有欧安组织成员国和现在不是北约成员国的欧洲国家都可以申请加入。

在签署“和平伙伴关系”计划基本框架文件之后，伙伴国必须提交一份名为《介绍文件》（Presentation Document）。该文件反映特殊的伙伴关系的政治和军事情况。介绍文件可指出何种合作方式符合自己的安全利益。同时，介绍文件将确定可为伙伴关系行动所利用的军事力量和其他财产。

“和平伙伴关系”计划启动之后，北约在其总部为伙伴国的联络官设立了专门的办公室。同时，北约最高盟军司令部要求北欧、南欧和中欧三个司令部切实发展同中东欧国家的合作计划。北约的“和平伙伴关系”计划活动主要包含三方面内容：

第一，同伙伴国就安全和政治—军事关系及其理论举行研讨会。宣称军事合作不是传授“军事能力”，而是建立和发展相互信任。为此，双方相互学习，尊重每个国家的历史、传统、训练和风俗。

第二，加强交流计划。双方定期交换军官（将军和参谋人员）。

第三，在政治、经济、文化和环境方面共同组织研讨会。

为了满足北约提出的“和平伙伴关系”计划候选国的标准，中东欧国家除了同北约进行上述活动之外，在国内加紧按照北约的军事理论和军队建制进行军事理论和军队的改造。在波兰，将士兵的服役期从 18 个月减少到 12 个月，同时波兰将部分机械化师改编成为机动师。在匈牙利，士兵服役期从 12 个月减少为 10 个月。捷克陆军将其 3 个机械化师中的一个师缩编为一个机械化旅，同时解散步兵师。

三　北约接纳中东欧国家

在发展同中东欧国家的“和平伙伴关系”计划的同时，北约依然在研究扩大的可能性。1994 年晚些时候，北约扩大问题被提到议事日程上来。北约政策的变化主要是因为美国政策发生了变化。由于国内政治原因所致，克林顿政府决定通过北约东扩来检验其在欧洲的“领导地位”。①德国（希望其东部边界稳定）和英国（希望让美国继续在欧洲发挥作用）支持北约扩大。

1994 年 12 月，北约国家外长决定，在 1995 年间就北约未来扩大的原因和如何扩大问题举行讨论。北约向中东欧国家提出了加入北约的三个标准，即承诺继续和保持民主化进程，由文官控制军队，对集体防务做出贡献。

1995 年，北约就这些问题举行了详细的讨论和听证会。这些讨论的结果结具在同年 9 月北约发表的题为《北约扩大研究报告》中。

该报告在谈到北约为什么要扩大时称，随着冷战结束和华约组织解散，在整个欧洲大西洋地区出现了无需重建分裂线并进一步改善安全构架的独特机会。北约扩大将是朝着提高安全系数和扩展整个欧洲大西洋地区稳定，推动朝着更广泛一体化（欧盟和西欧联盟的扩大以及加强欧安组织）的基本目标前进的新步伐。扩大将不会威胁任何国家，北约现在是，今后仍将是纯粹的防御联盟，其宗旨是保持欧洲大西洋地区的和平和为成员国提供安全。

研究报告在谈到北约如何扩大问题时称，如同过去一样，北约未来如

---

① 有关美国在北约东扩问题上政策的变化可参见 Rudolf, P, The future of the United States as a European power: the case of NATO enlargement, EUROPEAN SECURITY, vol. 5, No. 2, Summer 1996, p. 188。中国学者有关该问题的较深入的讨论可参阅牛军、姜毅等：“论北约东扩”，载《欧洲》1997 年第 5 期。

何扩大成员都将根据北约《华盛顿条约》第10条的规定来实现。北约的扩大在很大程度上是看候选国是否愿意为集体安全做出贡献。报告最后称，北约以外的任何国家都没有对北约的扩大进程持有否决权。

1995年12月，北约国家外长会议决定，根据《北约扩大研究报告》和伙伴国对扩大报告的反应，北约扩大的下一个阶段将集中在三个问题上：加强同候选国的对话；北约扩大必须确保联盟的有效性；提升和平伙伴关系计划，帮助候选国尽快达标，并承诺能够联系成员国的责任，加强同其他伙伴国的长期伙伴关系。

在1996—1997年间，北约官员同12个表示要加入北约的候选国进行了一系列双边对话。大部分对话是在1997年春以16+1的形式举行的。这些对话旨在使候选国更完整地理解正式成员国的权利和义务。同时审议这些候选国在履行加入北约标准方面所取得的进展。1996年12月，北约国家外长会议根据这些资料，以及通过和平伙伴关系计划所获得的资料和候选国出版的资料，对12个候选国的国防资产和参加北约的能力进行了详细的评估。北约认为，绝大多数候选国已经在认真执行北约所提出的加入标准。北约官员据此编制了每个国家的评估报告。这些报告包括对每个国家的详细分析和评估、最近一轮对话的结果，北约准备接纳新成员的物质准备，以及开始入盟谈判的计划等内容。

1997年7月，北约国家首脑会议在西班牙首都马德里举行。会议根据上述评估报告确定了第一批加入北约的国家名单，他们是：波兰、匈牙利和捷克共和国。北约称，这三个国家基本满足了加入北约的各项条件。北约官员称，这次会议是北约扩大进程中的一个历史性里程碑，但绝不是扩大进程的终结。

1999年2月10日，匈牙利总统签署了加入北约的文件。同月26日，捷克共和国总统哈维尔和波兰总统克瓦希涅夫斯基签署了加入北约的文件。1999年3月，北约完成了其自成立以来的第四次扩大。①

2002年11月，在布拉格召开北约首脑会议又决定，接纳斯洛伐克、斯洛文尼亚、保加利亚、罗马尼亚和波罗的海三国加入北约。2004年3月29日，上述7个中东欧国家在美国递交了各自加入北约的法律文本，从而正式成为北约的新成员国。

---

① 北约在1949年成立时只有12个国家，他们是：美国、英国、比利时、荷兰、挪威、加拿大、丹麦、爱尔兰、意大利、卢森堡、葡萄牙和法国。1952年希腊和土耳其加入，1955年当时的西德加入，1982年西班牙加入。

第三节　中东欧国家与欧盟关系

政局剧变之后，中东欧国家普遍提出“回归欧洲”作为其首要的政治和外交任务目标。从一般意义上说，“回归欧洲”是剧变后转轨国家政治领导人提出的政治口号，旨在向国内外昭示，它们意欲摆脱苏联的政治、经济和军事控制及影响，迅速发展同西方的政治、经济和军事关系这样一种新的地缘政治趋向，认同西方现行的政治价值取向（建立民主的和多元化的公民社会）和经济制度（建立市场经济）。从特定的意义上说，“回归欧洲”也是中东欧部分国家的历史和文化特性之使然，是这些国家的文明属性决定的。

一　回归欧洲的三因素

1. 历史和文明因素。在欧洲，取代铁幕的关键分界线是“东方和西方之间古老的文化分界线”，它位于西部欧洲的波兰、波罗的海诸国、前奥匈帝国的土地和西欧之外其他东欧和巴尔干国家之间。① 1990 年以来，中欧人也强调这条分界线的意义。波兰人称，自 10 世纪他们在拉丁基督教对拜占庭的斗争中选择了前者以后，他们就一直是西方的一部分。②

另一方面，欧洲对基督教世界的认同，为接纳西欧组织新成员国提供了明确的标准。1994 年，随着文化上属于西方的奥地利、芬兰和瑞典的加入，欧洲联盟再次扩大。1994 年春，欧盟明确规定，除波罗的海诸国之外，排除所有原苏联加盟共和国加入欧盟的可能性。在欧盟扩大的过程中，优先考虑的是文化上属于西方的国家和经济上也往往是更发达的国家。如果欧盟继续采用这个标准，那么，在维谢格拉德集团国家以及波罗的海国家、斯洛文尼亚、克罗地亚和马尔他成为欧洲联盟的成员国之后，欧盟将与西方文明范围重合。③

---

① Max Jakobson, Collective Security in Europe Today, WASHINGTON QUARTERLY, 18 (Spring 1995), p. 69.

② NEW YORK TIMES, 23 April 1995, p. 5.

③ 希腊是一个特例。它不是西方文明的一部分，但它是古典文明的家园，这里是西方文明的一个重要来源。历史上，希腊人在反对土耳其人时，把自己看作是基督教的先锋。与塞尔维亚人、罗马尼亚人和保加利亚人不同，希腊的历史与西方的历史紧密交织在一起。当然，由于希腊的宗教和民族特性，在北约和欧共体（欧盟）这两个西方的组织中，希腊从来不是一个轻松的成员国。它在使自己适应这两个组织的原则和道德观念时遇到了很大困难。希腊的整个外交政策带有浓烈的东正教色彩。

由此可见，政局剧变之后东欧国家提出的“回归欧洲”本质上是一个历史文化概念，是认同历史文化的表现，尽管最初人们在提出这一口号时考虑更多的是它所包含的政治涵义。

此外，如果以宗教信仰来划分，部分中东欧国家属于欧洲文明，即基督教文明（西方文明），而另一些国家则属于拜占庭和伊斯兰文明。对前者来说，他们具有“回归”欧洲的历史文化基础，而对后者来说，他们是“加入”另一种文明，即欧洲文明（西方文明）。[①]

2. 经济因素。由于外族的入侵，在历史上中东欧国家长期处于落后的状态。在19世纪上半叶，在西欧资本主义蓬勃发展的同时，东欧国家的经济却在泥潭中挣扎，拉大了同西方的差距。在1820年到1870年间，东欧国家人均国内生产总值分别占西欧核心国家人均国内生产总值的58.1%和48.8%。1913年，这个指标下降到42.0%。[②] 在19世纪下半叶和20世纪，东欧国家曾经试图从世界的落后的边缘地区摆脱出来，纷纷照搬西方模式，奉行出口导向型的工业化政策，东欧国家现代化方面取得了部分成就。到1938年，东欧国家的经济水平是西欧核心国家的44.1%。[③]

在社会主义时期，东欧国家第一次缩小了同西欧国家的差距。在1950年到1973年间，东欧国家经济以年平均3.9%的速度发展，从而基本保持了与西欧国家的比较位置，到1973年，他们的经济水平分别为西欧国家的1/2和西欧核心国家的1/3。

进入20世纪70年代中期之后，由于未能正视石油危机给世界经济带来的严重影响而及时调整经济，以及计划经济本身的制约，东欧国家的经济发展速度开始放缓。从1973—1990年间，东欧经济出现了严重的衰退，东西欧之间的差距从1：2扩大到了1：4。东欧同欧洲以外西方国家的差距从1：3扩大到1：5左右。在近代史上，东西欧人均国内生产总值从来没有相差过1/4—1/5，而到80年代中后期，东欧国家在历史上第一次在人均国内生产总值的指标上落后于拉丁美洲国家。同19世纪初相比（其时人均国内生产总值占西方国家的60%），东欧国家的经济地位大大恶化了。

---

① 另可参阅刘祖熙：“中东欧国家‘回归欧洲’的历史思考”，提交给北戴河东欧问题讨论会论文，第3页。

② Angus Maddison, Monitoring the World Economy 1820—1992, Paris: OECD, 1995, p. 33.

③ Ivan T. Berend, Transformation and Structural Change: Central and Eastern Europe's Post-Communist Adjustment in Historical Perspective, in Tedayuki Hayashi (ed.), The Emerging New Regional Order in Central and Eastern Europe, Sapporo, 1997, p. 5.

在中东欧国家看来，欧共体/欧洲联盟是经济繁荣的经济联合体。他们希望通过加入这一共同体来实现其经济现代化的理想。同时，中东欧国家正在进行的经济转轨也需要国际社会，特别是欧盟的援助。如果加入欧盟，援助的数额和领域都将扩大。中东欧国家将因此获得巨大的经济利益，能够更快地推动经济转轨和缩小同西欧经济水平的差距。

3. 国际因素。"回归欧洲"在决定冷战后中东欧国家国际政治类型方面有诸多重要意义。

第一，它显示西欧社会模式的吸引力。1989 年东欧国家政局剧变在很大程度上是受西欧自由民主政府、福利社会和社会市场经济以及多边合作的榜样所鼓舞。这种模式提供了 1989 年以来中东欧国家政治和经济转轨的模板。[①] 这种"软"力量在很大程度上给西方国家政府和多边组织提供了影响中东欧国家国际政治的杠杆。

第二，它反映了中东欧地区变化中的认同概念。它强化了和平解决国际纠纷、尊重人权、实现民主化政府和法制的承诺。

第三，它表达了中东欧国家希望加入西欧现有的组织和多边机构的愿望。对中东欧国家来说，回归欧洲包括加入现有的泛欧洲制度机构，而成为欧盟正式成员国是对其政治和经济转轨成就的最高评价，是巩固民主、繁荣经济和国家认同的可靠保证。

二　欧盟东扩战略的进化

1. 《欧洲协定》

随着中东欧国家经济转轨的全面展开，及其进一步密切同欧共体联系的呼声不断加强，以往规范东西欧经济和政治关系的大多数条约的内容越来越不能适应新形势的挑战。出于政治和经济上的考虑，欧共体认为有必要对中东欧地区出现的新形势做出相应的反应，以明确表示支持那里的政治和经济转轨。

1990 年 1 月，欧共体部长理事会委托欧共体执委会起草一份关于同中东欧国家签订联系国协定的文件。其目的是创立一种"反映地理接近、共享价值和日益增加的相互依存的特殊类型的关系"。[②]

---

① Kaldor, Mary and Ivan Vejvoda Democratization in Central and Eastern European Countries, INTERNATIONAL AFFAIRS, Vol., 73, No. 1, 1997 (January).

② Commission of the European Communities, Association Agreements with Poland, Czechoslovakia and Hungary, Background Brief, Brussels, February 1992.

1991 年 12 月，经过多轮谈判，欧共体与波兰、捷克斯洛伐克和匈牙利三国签署了《欧洲协定》，给予这三个国家欧共体联系国地位。1993 年 2 月和 3 月，欧共体又分别同保加利亚和罗马尼亚签订了同样的协定，1995 年 6 月 15 日，欧盟同斯洛文尼亚签订了联系国协定。[①]

《欧洲协定》是一个包括经济、政治和社会多方面内容的综合性重要文件。它取代了原有的东西欧贸易和合作协定，其目的是鼓励欧共体和东欧国家之间进行更广泛的经济合作，更多的贸易和投资以及全欧洲境内的经济、金融、政治和文化的合作。因而具有重要政治和经济意义。

《欧洲协定》最重要的方面在于，它旨在构建欧共体/欧盟和中东欧国家的关系。同以往的贸易和合作协定不同，它具有明显的条件性，它要求联系国继续政治和经济改革，遵守法律和人权。尽管它形式上是一个经济协定，但它又具有明显的政治特征。该协定的政治条款规定，随着“欧洲政治区”的发展，联系国要逐渐将本国经济同欧共体经济实现一体化。

2. 哥本哈根入盟标准

1992 年 6 月，欧共体执委会向在里斯本召开的欧共体首脑会议提交了题为“扩大的挑战”的报告，将中东欧联系国加入欧共体的问题提上了议事日程。该报告称，“这些新的民主国家加入欧洲大家庭是一个历史机会”。[②]

1993 年 6 月，欧共体哥本哈根首脑会议进一步发展了欧共体对中东欧联系国的政策并宣布：“鉴于中东欧联系国如此渴望成为欧共体成员国，一俟联系国能够通过满足所要求的经济和政治条件，并能够履行成员国的义务，加入欧共体就将实现。”[③] 这个声明是欧共体—中东欧关系中的重要里程碑，它不仅标志着欧共体对中东欧联系国政策的重大转变，而且也宣布欧共体从西欧一体化步入了欧洲一体化的宽阔大道。

欧共体哥本哈根首脑会议向中东欧联系国提出加入欧共体的条件有四：

---

① 由于捷克斯洛伐克的解体，1993 年 10 月 4 日，欧共体同分家后的捷克和斯洛伐克重新签订了联系国协定。10 月 27 日，欧洲委员会批准了同东欧 6 个国家签订的联系国协定。同年 12 月 20 日和 21 日又分别同捷克和斯洛伐克签订了“临时协定”的补充条款。1995 年 2 月 1 日，欧洲联盟各成员国最后批准了同捷克和斯洛伐克的联系国协定。详见欧洲共同体《关于欧洲共同体活动的第 27 届总报告》第三章第三节。

② Commission of the European Communities, Europe and the challenge of Enlargement, BULLETIN OF THE EUROPEAN COMMUNITIES, SUPPLEMENT, No. 3, 1992, p. 9.

③ Council of European Union, Presidency Conclusions: Copenhagen European Council, Brussels, 1993.

第一，申请国必须是稳定的、多元化的民主国家，至少拥有独立的政党、定期进行选举、依法治国、尊重人权和保护少数民族权益[①]；

第二，申请国必须具备可以发挥功能的市场经济；

第三，申请国必须能够面对欧盟内部的，特别是欧洲单一市场环境中的竞争压力和劳动力市场压力；

第四，申请国必须赞同欧共体/欧盟的经济、货币和政治联盟的目标，能够确保承担成员国的义务，特别是执行共同法[②]。

哥本哈根标准不仅为欧盟未来的东扩战略提供了框架，向中东欧联系国展示了未来入盟的前途。这些标准对中东欧国家的政治和经济转轨具有巨大的约束力。它不仅规定了中东欧国家的转轨方向和目标，也划定了基本领域。哥本哈根入盟标准明确了中东欧国家的转轨方向，加速了中东欧国家的转轨进程。[③]

3. 埃森首脑会议和“准备加入战略”

1994 年 12 月，在德国城市埃森召开的欧盟首脑会议讨论了欧盟同中东欧联系国关系的最新发展，认为应该在哥本哈根框架标准的基础上，让中东欧联系国前进的目标更加明确和具体。欧盟应该以其所有政策和物质手段来帮助中东欧国家尽快达标。为此，会议要求欧盟执委会制定一个帮助中东欧国家入盟的核心战略。在入盟前，中东欧联系国应该逐步实现同欧盟的政治和经济体制一体化，实行外交和安全政策，增加在司法和国内事务领域中的合作，以便创造日益增多的一体化的领域。[④] 欧盟将这一政策定名为“准备加入战略”，又称“埃森战略”。

“埃森战略的目标是，为联系国准备入盟提供可行的计划。战略的基本成分是，帮助联系国逐渐加入欧盟的内部市场，分阶段采纳欧盟的内部市场法规。该战略通过发展基础设施、在跨欧洲网络框架内的合作、推动地区内合作、环境合作以及共同外交和安全政策，司法和国内事务，以及文化、教育和培训领域中的合作。该一体化将获得欧洲联盟‘法尔计划’

---

① 政治标准在欧共体/欧盟扩大历史上是首次提出。

② 共同法包括界定“四大自由”（商品、服务、资本和人员的自由流动）的法律规范；共同农业政策；竞争政策规则、财政协调一致、对欠发达国家的义务、愿意而且能够遵守 1958 年欧共体成立以来确定的各种决定和法律条文。

③ J. Eatwell, M Ellman, M. Karisso, D. M. Nuti & J. Shapiro, Not just Another Accession, the Political Economy of EU Enlargement to the East, London, Institute for Public Policy Research, 1997.

④ Commission of the European Communities, The Europe Agreements and beyond: a Strategy to Prepare the Countries of Central and Eastern Europe for Accession, COM (94) 320 final, p. 1.

的支持。在政治上，该战略将通过发展联系国和欧洲联盟之间的结构性对话来实现。这将推动相互信任和在特定框架内考虑共同的利益。"①

1995 年 6 月，在法国戛纳召开的欧盟首脑会议上讨论通过了"中东欧国家准备加入欧盟统一大市场白皮书"。"白皮书"是进一步推动准备加入战略主要工具之一。"白皮书"的目标既不是给中东欧国家提出加入欧盟的新目标，也不是要求中东欧国家向欧盟共同法靠拢的政策性纲领，而是根据欧盟成员国和欧盟执委会的经验为中东欧联系国提出准备加入欧盟的指南。②

4. 欧盟马德里首脑会议

从 1994 年到 1996 年 6 月，波兰、匈牙利、捷克共和国、罗马尼亚、斯洛伐克、爱沙尼亚、拉脱维亚、立陶宛、保加利亚和斯洛文尼亚 10 个中东欧联系国完成了入盟的正式申请工作。

为了回应中东欧国家的入盟申请，1995 年 12 月，欧盟马德里首脑会议在扩大问题上做出了两项决定：第一，要求欧盟委员会起草对中东欧联系国评价报告，并在政府间会议结束之后提交给欧盟委员会，同时开始准备有关扩大的综合报告；其次，在 1996 年的政府间会议之后，根据欧盟委员会对中东欧联系国的评估，欧盟首脑会议将做出有关启动入盟谈判进程的决定。入盟谈判时间定在政府间会议结束 6 个月之后开始。③ 这是欧盟第一次明确中东欧联系国入盟谈判的时间表，是欧盟在东扩问题上迈出的重要步伐。

5.《2000 年议程》和欧盟委员会对联系国的评估意见

1997 年 7 月 16 日，欧盟委员会公布了有关欧盟未来的重要文件和对 10 个中东欧申请国资格的评审意见，名为《2000 年议程：为了更强大和更大的联盟》(简称《2000 年议程》)。

评估的根据是哥本哈根入盟框架标准。评估报告认为，10 个申请国当中，只有斯洛伐克"没有达到哥本哈根标准所规定的政治条件"。④ 在经

---

① European Council, Competitiveness and Cohesion: Trends in the Region, Brussels, 1994.

② European Council, White Paper on the Preparation of the Associated Countries of Central and Eastern Europe for Integration into the Internal Market of the Union, Brussels, COM (95) 163, May 1995.

③ European Commission, General Report on the Activities of the EU 1995, Point 689, Luxembourg: Office for Official Publications of the European Communities, 1996.

④ 有关斯洛伐克国内政治问题可参阅 K. Henderson, Slovakia and the Democratic Criteria for EU Accession, in K. Henderson (ed.), Back to Europe: Central and Eastern Europe and the European Union, UCL Press, 1999, pp. 221—240。

济方面，匈牙利和波兰最接近标准，捷克和斯洛文尼亚“落后不多”，斯洛伐克具备了一定的竞争力，但是在建立市场经济方面尚待努力。[①] 10个中东欧申请国中，没有一个国家能够在其加入欧盟时满足参加经货联盟所要求的趋同标准。同时，申请国在向共同法靠拢的其他方面也存在问题。

6. 入盟谈判

1997年12月召开的欧盟卢森堡首脑会议决定，启动包括10个中东欧国家和塞浦路斯在内的入盟谈判进程。1998年3月31日，欧盟率先邀请波兰、捷克、匈牙利、斯洛文尼亚和爱沙尼亚5国（所谓“卢森堡集团”）率先开始入盟谈判。

在科索沃危机爆发之前，根据《2000年议程》的设想，欧盟在东扩步骤上显然是要让候选国分批入盟。但1999年爆发的科索沃危机改变了欧盟的扩大战略。欧盟意识到，如不加强同东南欧地区的政治、经济乃至制度联系，欧洲的这一边缘地区将成为欧洲不稳定的主要根源之一。如果不尽快同原东方集团国家建立制度联系，在欧洲的东方、特别是边缘地区还将出现其他形形色色的政治和经济危机。

因此，欧盟调整了扩大战略，并加速扩大进程。1999年12月在芬兰首都赫尔辛基召开的欧盟首脑会议上，欧盟邀请保加利亚、罗马尼亚、立陶宛、拉脱维亚和斯洛伐克（以及马耳他）开始入盟谈判。2000年2月15日开始，第二批国家（所谓赫尔辛基集团）入盟谈判开始。

从某种意义上说，保加利亚和罗马尼亚之所以被邀请开始入盟谈判，并非因其政治和经济状况已接近哥本哈根入盟标准，而是因为他们在科索沃危机过程中支持北约的军事行动。[②] 因此，人们可以认为，在这一决策上，欧盟考虑更多的是欧洲地缘政治，而非哥本哈根入盟标准。

7. 扩大的进程

入盟谈判开始不久，中东欧候选国就不断向欧盟呼吁，希望欧盟确定入盟谈判的最后截止日期，以便候选国可以根据这个日期来安排国内的改革和与欧盟共同法接轨的速度。同时，候选国抱怨欧盟在谈判中实行拖延战术。

普罗迪担任欧盟委员会主席之后，大力推动欧盟扩大，声称在扩大问

---

① European Commission, Agenda 2000, for a Stronger and Wider Union, BULLETIN OF THE EUROPEAN UNION, Supplements 5/97, 1997, p. 44.

② Martin D Brown, Return to Helsinki, CENTRAL EUROPE REVIEW, Vol. 1, No. 25, 13 December 1999, Internet Edition.

题上，欧盟需要的是“政治眼光，而不是技术眼光”。[①] 在2001年6月召开的欧盟哥德堡首脑会议上，欧盟首次确定了欧盟扩大的时间表。会议强调，要在入盟谈判上取得突破。入盟谈判应在2002年底之前完成，2004年，中东欧候选国应作为成员国参加届时举行的欧洲议会选举。

2002年10月9日，欧盟委员会发表了当年的《定期报告》，建议结束同8个中东国家（波兰、捷克共和国、斯洛伐克、斯洛文尼亚、匈牙利、立陶宛、拉脱维亚、爱沙尼亚）的入盟谈判，在2004年初入盟，罗马尼亚和保加利亚入盟日期定在2007年。2003年4月16日，欧盟同上述8个中东欧国家签署入盟条约。2004年5月1日，上述8个中东欧国家正式入盟。

人们这样评述中东欧国家入盟的意义，“1993年哥本哈根开启的历史进程，将克服欧洲大陆上的分裂，必将结出硕果”。

第四节　中东欧国家与美国关系

1989年东欧政局剧变后，绝大多数中东欧国家在“回归欧洲”的同时，强化了同美国的政治和同盟关系。

中东欧国家的大西洋取向受三个因素的影响：第一，中东欧国家经历过纳粹统治和集权制度；第二，承认美国在推动帮助这些国家加入欧洲大西洋机构中发挥了主导作用；第三，美国积极介入，可以平衡其他欧洲大国（法国、德国和俄罗斯）的影响，从而使中东欧国家在欧洲的利益得以认可。可见，中东欧的大西洋主义根植于历史（过去一个世纪中十分特定的一组历史经验）、国家战略利益和20世纪90年代以来的经历。

一　中东欧国家大西洋主义的历史根源

在绝大多数中东欧国家看来，美国从来未对其构成威胁，相反，它帮助许多中东欧国家在第二次世界大战后重新获得独立、把它们从纳粹德国占领下解放出来，后来又帮助这些国家摆脱苏联式社会主义制度。许多中东欧国家的独立很大程度上是1918年奥匈帝国和奥斯曼帝国解体，以及美国总统伍德罗·威尔逊理想主义的外交实践结果。

在20世纪30年代，美国从欧洲抽身，让欧洲国家自己应对萧条的经

---

① EU: Prodi Retreats over Firm Entry Dates, FINANCIAL TIMES, Sep. 29, 1999.

济、沉渣泛起的民族主义和掠夺性的地缘政治。中东欧国家认为，正是美国从欧洲政治中的退却，为纳粹德国的兴起和希特勒的肆虐，以及中东欧国家失去其独立铺平了道路。

第二次世界大战开始后，美国重返欧洲。美国在打败纳粹德国中发挥了重要的作用。但美国没有阻止苏联红军的推进，没有支持中东欧地区国家的独立，而是事实上接受了苏联在东欧的势力范围，在雅尔塔体系中维持同苏联的合作关系。因此，中东欧国家认为，虽然美国是一个积极的力量，但在同苏联打交道过程中有时又表现得十分天真，使自己屈从于给东欧地区带来灾难的现实政治。“索南费尔特主义”便是靠牺牲中东欧国家的利益求得同莫斯科合作的一种“学说”。

虽然有这种缺陷，但中东欧国家依然认为，只有以美国为首的西方国家愿意和能够抗衡苏联，支持中东欧国家最终的自由和独立。如果今天你问欧洲人，谁是结束冷战的历史性人物，他们会脱口说出戈尔巴乔夫和维利·勃兰特的名字；如果你问中东欧人，他们会指出两个美国总统：吉米·卡特（和他的国家安全顾问布热津斯基）和罗纳德·里根。在 20 世纪 70 年代后期，吉米·卡特和他的国家安全顾问布热津斯基把人权和民主作为美国对东欧战略的核心。虽然这项政策在许多西欧国家受到嘲弄①，但受到中东欧国家持不同政见者的热烈追捧，视它为“77 宪章运动”、“团结工会”和其他持不同政见运动的旗帜。在 20 世纪 80 年代，里根同苏联进行军备竞赛（特别是“星球大战计划”），并称苏联是“邪恶帝国”，在波兰宣布军管问题上持强硬立场。美国的一些机构（全国民主基金会、自由之家和美国工会）对波兰团结工会给予物质和财政支持，帮助波兰反对派生存下来，为后来的圆桌会谈奠定了基础。②

在冷战期间，许多西欧国家倾向于同东欧国家政府打交道，希望具有

---

① 很多关于西欧领导人批评美国总统卡特的人权政策。例如，1977 年 7 月，联邦德国总理施密特和加拿大总理特鲁迪（Pierre Trudeau）警告卡特总统说，他对苏联集团的人权十字军政策已经使缓和政策危在旦夕。参见 Garthoff，R. L. （1985）De' tente and Confrontation：American-Soviet Relations from Nixon to Reagan，Washington，p. 570；Carter，J. （1982），Keeping Faith：Memoirs of a President，New York；Brzezinski，Z. （1983），Power and Principle：Memoirs of the National Security Advisor，1977—1981，New York。

② 许多中东欧国家的持不同政见者同意里根及其对苏联毫不妥协的立场。鉴于他们自己同苏联打交道的悲惨历史，当里根宣布苏联是“邪恶帝国”时，他们拍手称快。在西方进行的对东方的变化是否更可能通过西方的压力或接触发生时，绝大多数持不同政见者同意施加压力，而绝大多数西欧国家政府选择了“接触”。对此广泛讨论的案例研究是德国和东方政策。

改革精神的领导人从上面进行改革，而美国则更倾向于同反对派直接接触，以推动自下而上的变化，且明显喜欢同反对派、外交家和政治家进行直接接触①。

1989年之后，捷克、波兰、匈牙利和斯洛伐克的新一代政治家上台后，表现出强烈的亲美倾向。这些“新一代”政治家认为，是美国结束了冷战，是美国解放了被苏联奴役的国家，美国是所有国际角色中最重要的力量。

二　美国在把中东欧国家稳定在西方过程中的作用

政局剧变后，中东欧国家申请加入北约和欧共体/欧盟，进一步强化了这些国家的亲美倾向。虽然1989年政局剧变的主题是“回归欧洲”，但是许多中东欧国家很快发现，许多西欧人对向中东欧国家开放跨大西洋机构抱着矛盾的心理。法国总统密特朗曾说，中东欧国家加入欧洲共同体可能要“10年或几十年”，这使许多中东欧国家大为惊讶和不满②。但西欧人的这种情绪绝不止法国独有。

对西欧失望是导致中东欧国家朝圣华盛顿的一个原因。他们发现，他们能够期待的最大的支持者是美国。最初，美国同西欧一样，也对中东欧国家申请加入西方机构持矛盾心理，但美国民主和共和两党中的许多政治家认为，将中东欧国家包容进西方的机构是巩固欧洲大陆自由和民主的自然一步，这些人拥护北约扩大。③

虽然第一个公开提出北约扩大问题的是德国国防部长沃克·吕厄（1993年春天），但它很快便成为华盛顿外交的主要日程。对中东欧国家来说，美国的声音之所以重要，不仅仅因为美国强大，还因为此时加入欧共体/欧盟还是一个遥远的目标，近期唯一现实可以达到的目标是加入北约。在这个问题上，美国具有决定权。

中东欧国家领导人认为，是美国顶住了俄罗斯的压力，克服了西欧盟国的沉默，愿意支持北约扩大。由于美国的领导力，他们能够从生活在德

① 美国同加拿大、荷兰、瑞典和丹麦一道推动这种方法。

② Ronald D. Asmus and Alexandr Vondra, The Origins of Atlanticism in Central and Eastern Europe, CAMBRIGDE REVIEW OF INTERNATIONAL AFFAIRS, Volume 18, Number 2, July 2005, p. 207.

③ 有关中东欧国家领导人如何和为何转向北约的讨论，可参阅 Asmus, R. D. (2002), Opening NATO's Door: How the Alliance Remade Itself for a New Era, New York, pp. 11—18。

国和俄罗斯之间地缘政治“无人区”的困境中摆脱出来，获得同大多数西欧国家一样水平的安全。

三　共同的价值观和平衡欧洲主要大国

对经历过极权主义的中东欧国家来说，美国是民主和自由国度的典范。而许多西欧国家把美国视为更愿意使用武力去推动自由和民主的国家；在经历过社会主义的国家管理模式后，中东欧国家更崇尚美国式的个人主义和资本主义，而在西欧知识分子沙龙里，美国的资本主义经常被嗤之以鼻，中东欧国家政府大都在仿照美国实行低税收和单一税，而这些理念在许多西欧国家中遭到反对。

此外，由于获得自由不久，中东欧国家的知识分子依然回忆他们曾经参与的抵制和打击独裁者和集权当局的斗争。鉴于痛苦的过去，中东欧国家的许多人积极参与捍卫自由和民主价值观的斗争和运动。因此，中东欧国家欣赏美国的积极行动和理想主义。这也是为什么像“自由”、“民主”和“共同价值观”这样的话题在中东欧国家获得的反响大于在部分西欧国家反响的原因。也正因如此，中东欧国家在冷战后美国倡议的许多问题上同美国保持一致。例如，捷克和波兰支持美国在联合国人权委员会上提出的关于古巴和缅甸的提案。时任捷克总统哈维尔主动要求把“自由欧洲和解放电台”的台址从德国的慕尼黑迁往捷克，支持对伊拉克和伊朗广播。在科索沃战争期间，匈牙利在加入北约之前就允许美国使用其陆地军事基地，几乎所有中东欧国家参加了美国领导的“自由伊拉克战役”。斯洛伐克、波兰、捷克和波罗的海三国的非政府组织积极地支持塞尔维亚、格鲁吉亚、乌克兰和白俄罗斯的亲西方派的“民主”运动。而且，它们的这些活动通常与美国的一些机构（全国民主基金会、全国民主研究所、国际出版物研究所、自由之家、德国马歇尔基金会）相伴而行。

部分中东欧国家中存在对美国报恩的情感。许多中东欧国家人感谢美国在冷战中所发挥的领导作用。他们不喜欢在西欧非常时髦的反美言行。在某些情况下，当美国的自由主义者支持其政府的政策发生困难时，中东欧国家倾向站在美国政府一边。一位德国记者说，捷克的瓦茨拉夫·哈维尔、波兰的亚当·米赫尼克和匈牙利的久尔久·康拉德已经变成为美国无鉴别的崇拜者。

中东欧的这些理想主义情绪同其民族的自我利益和自卫本能相吻合。历史告诉这些国家，永远不要在黑暗的小巷中同德国和俄罗斯同行，也不能指望法国和英国进行民族救亡。中东欧国家对《拉巴洛条约》和莫洛托夫外交记忆犹新。当德国总理施罗德和法国总统希拉克向俄罗斯总统普京示好，在欧洲共同的外交和安全政策的庇护下同普京打交道时，中东欧国家加强了同华盛顿的联系，他们认为，让美国介入欧洲事务对中小国家有利。

随着欧洲一体化进程的深化，这一地区面临新的平衡俄罗斯和德国的历史两难问题。随着欧盟联邦化倾向的加强，中东欧国家面临这样的选择：要么成为欧盟的核心，要么找到平衡核心的方法。具体来说，中东欧国家在政治上需要借助英国和美国来平衡法国和德国这样的欧盟核心国家，需要美国待在欧洲。但中东欧国家在同美国合作时也并非无所顾忌。科索沃危机期间，部分中东欧国家被美国领导的将米洛舍维奇战役所困扰。例如，在捷克，虽然领导人认为米洛舍维奇应该下台，但捷克同塞尔维亚有着被大国干预的共同历史，许多捷克人不认为科索沃阿族解放军是自由斗士，而是吸毒或毒品走私者。在伊拉克问题上，许多中东欧国家由于自己的经历而原则上支持把极权主义者赶下台，但这些国家又因“8 国信件”受到法国和德国严重政治压力。当美国的战略家们谈论在大中东推动民主时，波兰、捷克和匈牙利等国也心存疑虑，美国的理想主义是否走得太远了。

虽然许多中东欧国家在许多问题上愿意采取大西洋主义立场是有意识的战略选择，尽管中东欧国家的大西洋主义因素根植于地理、20 世纪的历史和民族自我利益，但这些因素并非一成不变。而且，未来中东欧和美国的关系取决于三个新的因素：

第一，美国的政策和行动。过去，美国愿意考虑其盟国的利益，因而获得了很多欧洲国家的支持，如果美国日益变得以自我为中心，不愿意考虑其盟国利益，且奉行单边主义，这种支持很可能会减弱。

第二，欧盟未来的形式。未来几年或 10 年内欧盟以何种形式出现？欧盟主要成员国将在何种程度上考虑中东欧国家的利益？中东欧未来面临的关键问题将不再是它是否应该站在华盛顿、伦敦或巴黎和柏林一边这样简单的问题。即使中东欧国家中最坚定的大西洋主义者也不愿意使自己的国家在欧洲被边缘化，或破坏整个欧洲一体化进程。但另一方面，他们也想让欧盟成为外向型组织，同美国在世界事务中紧密合作。他们不相信欧洲愿意和能够单独面对 21 世纪的挑战——极端伊斯兰主义、大规模杀伤性武器和国际恐怖主义。

第三，新的中东欧国家领导人如何看待欧洲大西洋关系。冷战结束后，中东欧国家涌现出一批果敢的领导人，他们愿意冒风险，承担责任，克服了西欧的某些阻力，努力发展同华盛顿密切关系。哈维尔和克瓦希涅夫斯基已经退休，年轻一代的中东欧领导人已经崛起。但不像其前辈，他们现在已经是欧盟和北约平起平坐的成员国。

中东欧国家认为，欧洲的统一如果没有强有力的跨大西洋联系将是十分脆弱的，相反，如果欧盟发生分裂，跨大西洋关系亦无完卵。北约新成员国赞成更强大和更统一的欧洲，而不是在面临紧迫的安全挑战时相互竞争或破坏联盟。例如，“9·11”事件给中东欧国家一个难得的机会，以兑现其对支持欧洲大西洋关系和美国在全球打击恐怖主义的承诺。绝大多数中东欧国家对美国打击恐怖主义，包括推翻阿富汗塔利班政权运动反应迅速且积极。作为北约和欧盟成员国，每个中东欧国家都想参与关键战略问题的决策，但在决策时，它们很难在华盛顿和布鲁塞尔之间保持平衡。

加入欧盟之后，每个新成员国都承诺遵守欧盟条约中的义务，誓言不采取违背欧盟的整体利益，或有可能削弱欧盟作为国际关系中核心力量有效性的任何行动。但事实是，当欧盟同美国在某些问题上发生龃龉时，不仅新成员国的这种承诺打折扣，而且将其置于敏感，甚至成员国之间相互冲突的境地。在国际刑事法庭问题上，欧盟不赞成美国同欧洲国家签署双边条约，以使在海外违法的美国士兵逃避国际刑事法庭的审判。但罗马尼亚同美国签署了这个条款（签署此条款的第一个欧洲国家），欧盟对其行动深表遗憾，罗马尼亚的欧盟候选国地位也因此受到某种损害，但罗认为，这有助于其加入北约。

在出兵伊拉克问题上，波兰、捷克和匈牙利与英国、西班牙、丹麦、意大利和葡萄牙签署信函，表示支持美国对伊拉克动武，此举遭到欧盟老成员国（特别是法国和德国）的猛烈批评。2003 年 2 月出现的“维尔纽斯 10 国”（阿尔巴尼亚、保加利亚、克罗地亚、爱沙尼亚、拉脱维亚、立陶宛、马其顿、罗马尼亚、斯洛伐克和斯洛文尼亚）签署类似支持美国军事行动的决定。法国总统希拉克斥责这些国家所谓的“不成熟和不忠诚”，并警告说，签署支持信的维尔纽斯 10 国不要拿它们未来的成员国地位冒险。伊拉克事件上的“冲突”，凸显了中东欧国家在欧盟内部，以及欧盟和美国之间寻求平衡的窘境。

第五节 中东欧国家与俄罗斯关系

1989年之后，如何处理同俄罗斯的关系是几乎所有中东欧国家对外关系中的一个普遍问题。中东欧国家重构与俄罗斯国家关系中的一个重要任务是，避免再次遭受沦入俄罗斯的势力范围，排除被俄罗斯进行直接军事干预和占领的可能性。此时，影响中东欧国家与俄罗斯国家关系的因素已不再是来自俄罗斯迫在眉睫的军事威胁，而是中东欧国家对昔日俄罗斯的恐惧、斯大林主义和勃列日涅夫的“有限主权论”，以及俄罗斯国内局势的走向。

从1989年起至今，中东欧与苏联/俄罗斯的关系经历了以下几个阶段。

一 脱离华约与经互会（1990—1993年）

这一阶段的活动的基本形式是，多边关系和双边关系并存和交叉。多边关系的主要内容是，中东欧国家要求解散华约和经互会，脱离以苏联为核心的政治军事和经济集团，摆脱苏联/俄罗斯的政治影响和军事控制；双边关系的主要内容是，消除因社会主义阵营时期“遗产”而产生的隔阂，重新审查苏联/俄罗斯—中东欧国家关系史上的一些空白点①，在新的政治基础上建立国家关系和互利的经济关系。

中东欧国家的政局剧变将原来维系苏联和东欧的军事和经济支柱的地位变得十分尴尬。在政局剧变后初期，中东欧国家没有提出退出华约和经互会的要求，而是同意苏联的提议，根据新的形势，对这两个组织进行革新。但在1990年，右翼势力在波兰、匈牙利和捷克斯洛伐克等国家上台后，退出华约被提上了日程。由于苏联此时在民主德国、波兰、匈牙利、捷克斯洛伐克都有驻军，为了避免发生类似1956年匈牙利因声称退出华约而遭受武装入侵的情况，中东欧国家没有直接要求退出华约，而是先要求苏联尽快撤军。早在1989年3月，匈牙利最后一届社会主义政府已同苏联签署协定，要求苏联在1991年6月30日以前从匈牙利撤军（包括家属在内共10万人）。1990年5月，匈牙利议会外交委员会要求匈牙利政府加速就退出华约的可能性与其他成员国举行双边谈判。

① 俄罗斯《国际生活》1994年第1期，第15页。

1990 年 6 月，在莫斯科召开华约成员国苏联和东欧 7 国首脑会议。会议通过的宣言称，华约和北约过去的对立已经不符合时代的精神，因此，华约的性质从军事同盟转变为政治同盟。会议确定，在华约内设立有关委员会，向将在同年 11 月底于匈牙利召开的特别最高会议提出改革华约的建议。

华约解散的速度实际上比苏联预计的要快得多。1990 年 9 月 24 日，民主德国国防部长和华约总司令签署了退出华约的议定书。1991 年 1 月，波兰、捷克斯洛伐克和匈牙利提出退出华约的要求。同年 2 月 25 日，华约政治协商委员会特别会议签署的会议声明说，从 1991 年 4 月 1 日起，解散华约所有军事组织和机构。同年 7 月 1 日，华约缔约国在布拉格签署议定书，宣布废除 1955 年 5 月 14 日在华沙签署的《友好互助条约》和 1985 年 4 月 26 日签署的《关于延长（华沙条约）期限议定书》。至此，存在四十多年的华约组织正式解散。

同时，经互会也遭受到相同的命运。政局剧变之后，经互会活动不断减少，成员国之间的换货贸易大幅度下降，一体化工程停顿。1990 年 1 月召开了经互会第 45 次专门会议，试图根据变化了的形势对经互会进行改革。会议决定，成立专门委员会，起草经互会后继组织——国际经济合作组织的成立宣言和章程。但是，同年 11 月 34 国首脑签署了《新欧洲巴黎宪章》，正式宣告冷战在欧洲结束和雅尔塔体系瓦解之后，中东欧国家开始重新思考“新经互会”的未来。就在 1991 年 2 月经互会准备召开会议商讨解散原组织，建立新组织的前夕，匈牙利表示要修改刚草拟的文件，实际上是不想参加由苏联领导的新组织，其他中东欧国家也表示了相同的意见。结果，在这年 6 月 28 日举行的经互会第 46 届会议上，经互会 9 个成员国代表签署了解散经互会的议定书，决定在 90 天后经互会停止存在。这样，成立于冷战初期的经互会，也随着冷战的结束而销声匿迹了。

在推动解散华约和经互会的同时，有苏联驻军的中东欧国家也在积极就尽快从本国撤军问题同苏联进行谈判。根据匈苏 1989 年 3 月共同签署的协定，1991 年 6 月 16 日，苏联从匈牙利撤军完毕①。1990 年 11 月 5 日，波兰和苏联就撤军问题开始谈判。谈判中最大的争议问题是何时撤

---

① 但是，双方在撤军的财政补偿问题上迟迟没有达成协议。苏联方面要求对建筑物进行补偿。而匈牙利方面称，苏联驻军给匈牙利造成的生态和其他方面的损失至少相当于苏联要求补偿的数额。

军、过境问题，以及财政补偿问题。谈判的结果是，苏联战斗部队到1992年11月完成撤军，其余部队到1993年底撤军完毕。1991年10月，双方签署了撤军协议，1991年12月，双方还签署了从德国撤出的苏联军队途经波兰回国的协议①。1990年1月，捷克斯洛伐克宣布，《苏联军队在捷克斯洛伐克领土临时驻扎条约》违法，要求苏联撤出其全部军队。1990年2月26日，捷克斯洛伐克总统哈韦尔访苏，双方签署了《捷苏双边关系声明》和《苏军从捷撤离协议》。撤军协议规定，苏联应在1991年6月之前完成撤军。同日，苏军7.35万官兵及其家属开始撤出捷克斯洛伐克。1991年6月25日，捷苏政府签订"苏军从捷撤离的议定书"，27日，苏军全部撤离捷克斯洛伐克。

1990年在巴黎欧安组织会议时，匈牙利政府总理安陶尔和苏联总统戈尔巴乔夫同意就双边新条约重新进行谈判。双方外长在1990年12月开始预备性工作。由于谈判伴随着华约解体过程，苏联改变了谈判策略。根据苏联代表团团长、苏联外长维钦斯基的说法，苏联不是逼迫匈牙利继续留在华约中，而是签订限制性条款，即签约双方不得加入被另一方认为有损自己利益的任何组织。后由于匈牙利和其他中东欧国家的共同抵制，这个条款未能写入条约②。1991年12月6日，匈牙利外长在莫斯科签署了两个重要文件：同苏联总统戈尔巴乔夫签署了《匈—苏友好和合作条约》，同俄罗斯总统叶利钦签署了《匈俄友好和合作条约》③。1992年11月，俄罗斯总统叶利钦访问匈牙利，双方签署了7项协定，包括苏联军队从匈牙利撤出后的财政安排和俄罗斯偿还债务问题。叶利钦还谴责了1956年苏联干涉匈牙利内政的行为④。

1991年3月末，苏联正式向波兰提出签署新的国家条约的草本。该条约草本包含了多个波兰方面不能接受的条款，特别是在安全领域中限制波兰的主权的条款。1991年苏联"8·19"政变后，苏联在谈判新国家条约问题上有所退让，态度开始灵活。10月初，双方敲定了新版本，12月10日，波苏签署了新国家条约。新条约中不再包括草本中所包含的限制波兰国家主权的内容。

---

① 1993年6月17日，最后一批独联体军队离开了波兰。

② 只有罗马尼亚同苏联的条约中包含有安全条款，但苏联解体后，该条约未被批准。

③ 同时与俄罗斯联邦签署了建立外交关系的议定书，但俄罗斯杜马迟迟没有批准《匈俄友好和合作条约》。

④ 但他认为，这多少同1945年苏联红军解放匈牙利有关。

1992年4月1日，捷克斯洛伐克总统哈韦尔访俄，与俄总统叶利钦在莫斯科签署《捷俄友好合作条约》。条约规定，两国将在主权平等、不使用武力和不以武力相威胁、边界不可侵犯和领土完整的基础上发展双边关系。期间，就1968年以苏联为首的华约军队入侵捷克斯洛伐克表示道歉，并向哈韦尔转交了1968年华约成员国军事入侵捷克斯洛伐克的档案文件[①]。

客观地说，在东欧政局剧变之后最初的日子里，苏联/俄罗斯对（中）东欧没有清晰的政策，在1990—1992年间，苏联/俄罗斯对中东欧国家的政策是所谓的“法林—维辛斯基主义”[②]和“科济列夫主义”[③]的混合物。“法林—维辛斯基主义”的目标是，在华约解散后，限制中东欧国家对外政策的决定权，特别是在安全领域的决策权；说服中东欧国家中立，不与北约结盟，敦促中东欧国家在与莫斯科签署的双边条约中同意写有永久性的“非集团”地位的字样。苏联的这种尝试遭到了波兰、匈牙利和捷克斯洛伐克三国的反对。“科济列夫主义”则声称，莫斯科的“战略任务”是防止中欧形成会使俄罗斯孤立于西方的缓冲区。同时，防止西方把莫斯科从中东欧地区排挤出去[④]。1992年出台的俄罗斯对外政策构想强调了这些目标，同时，莫斯科期望西方对其国内改革进行援助，作为其从中东欧国家撤军的回报。当西方的援助没有如期而至而对西方的反应表示失望时，俄罗斯对其原盟国的政策受到外交界的强烈批评[⑤]。

二　与俄罗斯的关系日益紧张（1993—2000年）

这一阶段有两个事件对双边关系产生了重大影响。其一，自1993年以来，随着左翼力量上台执政（捷克除外），中东欧国家的外交政策发生了微妙的变化，在保持加入北约和欧盟的基本外交政策不变的前提下，强

① 1993年捷克斯洛伐克分家之后，俄罗斯同捷克和斯洛伐克分别重新签订了友好和合作条约，但在新的条约中，俄罗斯没有就1968年入侵事件向两国道歉。参阅 Robert H. Donaldson and Joseph L. Nogee, The Foreign Policy of Russia: Changing System, Enduring Interests, N. Y., 2002, pp. 250—251。

② 法林，原苏共中央对外联络部部长；维辛斯基，时任苏联副外长，苏联同东欧国家签署双边条约谈判的苏方代表团团长。

③ 因时任俄罗斯外长科济列夫得名。

④ Russia's Foreign Policy Concept, INTERNATIONAL AFFAIRS (Moscow), Jan. 1993, pp. 14—16.

⑤ Gerhard Mangott, Russian Policies on Central and Eastern Europe: An Overview, EUROPEAN SECURITY, No. 3, Autumn 1999, pp. 44—81.

调同俄罗斯恢复和保持正常的国家关系和经贸关系。但是，中东欧国家同俄罗斯在北约东扩问题上观点南辕北辙，尖锐对立；其二，1999 年科索沃危机期间，绝大多数中东欧国家支持北约对南斯拉夫联盟采取军事行动，同时拒绝俄罗斯运输工具通过本国的领空或领土。这种争吵和行动使中东欧国家同俄罗斯本来已经趋于冷淡的关系更加紧张。

华约解散后，几乎所有中东欧国家都面临这样的安全担忧：俄罗斯政局不稳、南斯拉夫解体引发的武装冲突组成的地区动荡，以及中东欧国家之间因民族问题可能引发的矛盾和冲突。面对这些现实和潜在的安全问题，理论上，中东欧国家有多种安全选择。

第一，改革华约，建立新的防务和安全体系，在维持防务连续性的同时，削弱俄罗斯在安全体系中的主导地位。但这种选择很快就被中东欧国家抛弃了。苏联霸权和“有限主权论”给中东欧国家带来的痛苦，使得剧变后的中东欧国家中没有一个政治集团愿意拥护改革华约。相反，正是担心俄罗斯帝国复活才推动中东欧国家重新探索它们同西方结盟。

第二，民族自卫。这种理念的拥护者受本民族的历史悲剧和羞辱的影响，不相信任何外国的善意承诺。对民族自卫的解释多种多样，其中最普遍的一个是诉求中立。其基本理念有三个构成因素：1. 几个世纪以来，中东欧国家不断遭到来自各方向的入侵和征服；2. 奥地利、瑞典和芬兰经验的启迪；3. 在可预见的时间内没有国家要攻击中东欧国家。但是，在部分中东欧国家里，特别是在匈牙利，政治学家和公众，绝大多数议会党团都反对这种中立自卫的哲学。

第三，组建在防务和安全领域中提供强有力地区合作的机构。但是，1991 年 2 月建立的维谢格拉德集团合作经历已经告知这些成员国的公众，由于经济、政治和情感因素作祟，它们不可能真正建立有效的地区安全体系。而且，在维谢格拉德集团国家中存在的担心是，地区安全合作形式的制度化会严重阻碍它们走向大西洋安全体系。而且，人们的一个普遍印象是，中东欧这些国家因宗教、文化、语言和传统的差异而缺乏凝聚力。一方面，它们在高谈欧洲的统一，另一方面，他们自己又在破坏业已存在的一体化，甚至是多民族的联邦国家。

第四，加入北约。中东欧国家几乎所有的政府、议会和主要政治力量众口一词地要求加入北约。捷克的立场颇具代表性：“同生来不能保卫自己抵御这一地区大国（入侵）的其他中东欧小国一样，捷克共和国除了在若干更大的结构中找到自己的安全外别无选择。本质上，共和国需要真正能够提供安全保证的强力组织、联盟或实体的安全保证。”[①] 同北约的密切合作也就成为所有中东欧国家政府新安全和防务政策的核心[②]。加入北约使中东欧国家同一个更大的地理实体联系起来，给中东欧提供在过去几个世纪都不曾有过的安全。因此，中东欧国家加入北约的意义超乎以往所有试图给中欧带来和平的其他方案的意义。这些方案包括：《奥格斯堡和约》(1555 年)、《威斯特伐利亚条约》（1648 年)、维也纳会议（1814—1815 年)、《法兰克福协商》(1848—1849 年)、一战后的巴黎和会和罗、伽诺会议（1925 年)、雅尔塔和波茨坦会议（1945 年)，以及赫尔辛基最后条款（1975 年）等。

那么，这些国家是否真的面临遭遇外部入侵的直接和间接的威胁呢？答案几乎是否定的，尽管在安全担忧中包含人们担心俄罗斯帝国的复活。因此，中东欧国家要求加入北约的真正动机肯定与军事威胁无关，而更多的是担心经济转轨给国家带来动荡，把加入北约当作提高生活水平的一个工具。[③]

对中东欧国家的政治家和民众而言，加入北约也具有象征意义。他们认为，加入北约是象征其对欧洲大西洋承诺的一个政治行动。在中东欧国家的政治家们看来，北约是有助于他们实现国家首要目标——回归欧洲——的一个工具。在他们看来，北约和欧盟相互关联，但欧洲唯一具有有效安全机能的机构是北约。

也正因如此，中东欧国家在申请加入北约时一再强调，他们的行为不是针对俄罗斯，并坚持认为，这个问题的决定权在布鲁塞尔而不在莫斯科。但俄罗斯认为，北约东扩的本质是针对俄罗斯的，因此，俄罗斯绝对不能接受。

在 1993—1994 年间，当波兰、捷克和匈牙利三国决意要加入北约时，莫斯科对这一地区的政策变得强硬起来[④]。俄罗斯的官员多次暗示说，克里姆林宫从来没有宣布过，随着华约的解散，中欧不再是俄罗斯地缘政治

---

① Had, M. and Handl, V., The Czech Republic, in R. Smoke (ed.), Perceptions of Security. Public Opinion and Expert Assessments in Europe's New Democracies, Manchester, 1996, p. 138.

② 有关讨论可参阅 Jeffrey Simon, Central and East European Security, New National Concepts and Defense Doctrines, http://www.ndu.edu/inss/strforum/forum151.html.

③ Charles David and Jacques Levesque (eds.), The Future of NATO: Enlargement, Russia, and European Security, London, 1999, p. 193.

④ Scott Parrish, Russia Contemplate the Risks of Expansion, TRANSITION, No. 23, Dec. 15, 1995, pp. 11—14, 64.

利益范围[①]。1993年11月出台的俄罗斯对外政策构想也强调，中东欧对俄罗斯具有重要意义。该战略构想称，中东欧地区“历史上属于我们利益的范围”，因为它靠近俄罗斯有重大利益的“主权国家带”——乌克兰、白俄罗斯、摩尔多瓦、立陶宛、拉脱维亚和爱沙尼亚。这个战略构想还警告西方，不要试图将俄罗斯排挤出中欧，使这一地区成为将俄罗斯孤立于西欧之外的缓冲区。俄罗斯的想法是，任由中东欧国家国内政治如何发展，但这些国家的安全保障最终要由俄罗斯提供。这是“芬兰化”的后苏联版本[②]。

同时，俄罗斯各主要政党领导人也纷纷发表谈话，反对中东欧国家加入北约，认为这是对俄罗斯安全利益的直接挑战。为达到阻止中东欧国家加入北约的目的，俄罗斯施展大棒加胡萝卜政策。一方面，俄罗斯不断越过中东欧国家同北约单独谈判交易，试图封锁中东欧国家的入约之路。另一方面，俄罗斯试图同中东欧国家重新建立良好的贸易和其他关系[③]。俄罗斯的所作所为表明，“俄罗斯绝大多数决策者依然拒绝接受中东欧国家作为在国际舞台上具有平等权利的角色。他们依然认为，中东欧地区的人民和国家是大国争夺欧洲大争斗中的小卒子[④]”。

俄罗斯此时未能清醒地意识到，苏联解体之后，其政治影响力、经济实力，甚至军事实力已大不如前，除了虚张声势的外交表态之外，它已不可能真正阻止北约计划中的东扩。因此，俄罗斯不是明智地通过与有关各方进行谈判进而最大限度地保护本国的安全和政治利益，而是一味的试图“否决”北约东扩。1995年北约发表《北约扩大研究报告》，显示其准备启动扩大进程之后，俄罗斯采取了两个措施，一方面，俄罗斯再次提及北约和俄罗斯可以共同向维谢格拉德集团国家提供安全担保，作为它们不加入北约的一种选择。当中东欧国家再次表示拒绝之后，俄罗斯又一味只同美国和北约的欧洲大国谈判，将中东欧国家抛在一边，甚至威胁申请加入北约的中东欧国家，从而使自己同这些国家处于敌对态势。结果，从1993年秋天开始到20世纪90年代末期，俄罗斯的这种外交战略一直阻碍着其

① The Role of East-Central Europe in Russian Foreign Policy and Trade in the 1990s, RUSSIAN AND EAST EUROPEAN FINANCE AND TRADE , No. 5, Sept. -Oct. , 1995, pp. 63—76.

② Александр Дубин, Основы Геополитки: Будушей России, Москва, 1997.

③ Central Europe, http: //countrystudies. us/russia/83. htm.

④ Gerhard Mangott, Russian Policies on Central and Eastern Europe: An Overview, EUROPEAN SECURITY , No. 3, Autumn 1999, p. 48.

同中东欧国家相互关系的稳定和发展。

当然，中东欧国家同俄罗斯在加入北约问题上的争吵并未严重影响到双边的经贸关系。这是因为，俄罗斯对中东欧国家施加政治压力的同时，也试图用经济手段来获得对其原盟友的政治影响。这种政策在切尔诺梅尔金任俄罗斯总理，奥列格·达维多夫任对外经济关系部长时形成，1996年普里马科夫担任外长期间进一步补充了该政策①。该政策的核心目标是，给俄罗斯的国家和私人资本在这一地区建立桥头堡，控制或影响这些国家的战略部门，利用这一地区作为通向西方的跳板。俄罗斯主要关注4个领域：能源、武器、银行和贸易。同时，俄罗斯当局也试图通过能源依赖和能够实现政治目标的贸易赤字来同中东欧国家建立债务关系②。

经互会解散之后，中东欧国家和俄罗斯的经济和贸易关系一度中断。双方的目光都转向了西方市场、投资、资本和技术。但俄罗斯的政治家们认为，在最初的分离之后，每个中欧国家将回到其东部的邻国，因为俄罗斯是能源、原材料和市场的提供者。俄罗斯希望使用经济杠杆来推动政治合作。为试图重新占领中东欧国家市场和以经济促政治的目标，俄罗斯提出建立“新经互会”（Comecon II）的倡议，作为一体化的地区经济联盟和欧盟的经济伙伴。但中东欧国家拒绝了这个建议。首先，当时双方的经济状况都不好，法律混乱、经济犯罪严重；其次，由于对俄罗斯能源的依赖和私有化过程中国内能源部门出售给俄罗斯企业，使得中东欧国家担心俄罗斯会重新控制其经济。

三　与俄罗斯的关系有所改善和加强（2000年之后）

这一阶段的特点是，普京当选总统之后，俄罗斯对中东欧国家采取了更加务实的政策。中东欧国家的政治家也借机缓和同莫斯科的关系。自那时以来，中东欧国家同俄罗斯恢复了最高级会晤，部长级互访增多。中东欧国家同俄罗斯的政治关系有所改善。在俄罗斯大力开展“能源外交”，大打经济牌的情形下，双边经济活动空前活跃。

普京入主克里姆林宫之后，俄罗斯开始逐渐显现出其更务实的立场，对外政策趋向合理。以更现实的态度看待世界和评估俄罗斯的能力。俄罗

---

① Margarita M. Balmacceda, Economic Relations and the Ukrainian-Cetnral European-Russian Triagle, in Margarita Balmacceda, ed., On the Edge: Ukrainian-Central European Security Triangle, Budapest, 2000, pp. 165—218.

② Janushi Bugajsk, Cold Peace, Russia's New Imperialism, London, 2004, p. 138.

斯私下里承认，俄对北约第一轮东扩的立场缺乏灵活性。同时，俄罗斯也意识到，在最近的未来，中东欧国家还要加入欧盟，参与制定欧盟的东方政策。所有这些因素都对俄罗斯改变其对中东欧国家的消极观点产生了影响。此外，俄罗斯政治形势稳定，经济形势改善，因国际原油价格上涨使俄罗斯产生大量外贸顺差，使俄罗斯可以利用这些来发展同中东欧国家的关系。

虽然俄罗斯依然坚持其反对北约扩大的立场，但此时，俄罗斯对已经加入北约或仍在等待加入北约的中东欧国家采取了默认的态度，或是将此问题搁置一边，大力发展双边经济关系，呈现出外交活动“经济化”的特点。

在波兰，2000 年夏天，波兰的布泽克政府提出对俄罗斯战略。波兰外长盖莱梅克在议会中讲话中称：波兰积极支持独联体国家的面向欧洲的倾向，并要求解决波兰—俄罗斯关系中的空白点。同年 6 月 13 日，波兰政府又通过了题为“波兰对俄罗斯政策指南”。这个内容广泛的文件列举了波俄关系中一系列悬而未决的问题，以及政府相关部门所要解决的问题。指南把波—俄关系放到波兰未来进入欧盟的框架内考虑。它强调提高双边的经贸关系（特别是波兰出口），以及地区和跨边界合作（特别是在欧盟的参与下同加里宁格勒的合作）。2001 年 6 月 13 日，波兰政府通过了另一个文件，名为“欧盟扩大到中东欧国家背景下的欧盟的东方政策——波兰的观点”。该文件反映了未来欧盟东方政策的观点。因为，如果波兰成为欧盟成员国，它必须在欧盟对俄罗斯的战略（1999 年 6 月欧盟通过）框架内发展同俄罗斯的关系。

2000 年 7 月 10 日，波兰总统克瓦西涅夫斯基访问俄罗斯，虽然访问没有产生具体的成果，但是它标志着波—俄关系的突破。双方都表示有意改善双边关系。普京总统的实用主义的政策明显地改变了对波兰的态度①。2001 年 5 月，俄总理卡西亚诺夫在原定计划的 4 年半之后访问了波兰。

2001 年 10 月，波兰的中左政府上台执政，新政府也尝试着给波—俄关系注入新的活力。这年 12 月，波兰总理米莱尔访问俄罗斯，波—俄双方签署了经济、贸易、财政和科技合作宣言。2002 年 1 月，俄罗斯总统普

① 这种改善有一系列原因，波兰加入欧盟的前景，俄罗斯方面对欧盟扩大之后加里宁格勒飞地问题的日益的关切，以及通过波兰的过境天然气管道。

京访问波兰，这是 1993 年以来俄罗斯总统首次访波，[①] 它具有重要的政治和象征意义。它表明，双边关系真正开始改善。波兰十分重视普京总统关于同意给斯大林主义的波兰受害者提供经济补偿和采取措施减少波兰外贸赤字的讲话。同时，波兰称赞俄罗斯外交政策中的亲西方倾向，特别是“9·11”事件之后俄美在打击国际恐怖主义方面的合作。双边关系改善的另一个表现是双方在 2002 年 3 月同意由两国外长组成特别委员会处理其余的历史问题。同时，波兰正式支持北约同俄罗斯建立制度联系。[②]

在斯洛伐克，1998 年上台的祖林达政府谴责梅恰尔政府使斯洛伐克背离加入北约和欧盟的道路，更接近俄罗斯的外交政策，开始制定新的对俄政策。新的对俄政策包括两个基本内容：第一，斯洛伐克将同俄罗斯建立正确的、平衡的、伙伴式的和互利的关系；第二，强调俄罗斯依然是一个重要的经济伙伴，特别是在进口战略资源方面。斯洛伐克对外政策的中期概念宣布，对俄政策应该完全同欧盟的立场协调起来，而在安全领域，斯—俄相互合作将取决于俄罗斯同北约的关系。

很快，祖林达政府采取了三个行动，来调整对俄政策。第一，1999 年 3 月 12 日，斯洛伐克决定放弃梅恰尔政府一度同意的在还债框架内从俄罗斯进口 S-300 火箭系统。祖林达总理这样解释这个决定：“进口这套系统到斯洛伐克不符合这个国家基本的政治立场和面向欧盟和大西洋联盟的对外政策取向……斯洛伐克在过去因为摇摆和不明确的取向而毁灭了自己。”第二，当北约开始轰炸南斯拉夫之后，应北约的请求，斯洛伐克政府同意向北约开放斯洛伐克的天空和陆地供北约运输，尽管此时斯洛伐克尚不是北约成员国。但斯洛伐克政府却拒绝俄罗斯类似的请求（1999 年 6 月），表明斯洛伐克完全同北约站在一边。第三，斯洛伐克政府决定，自 2001 年 1 月 1 日起，斯洛伐克恢复对俄罗斯公民的入境签证制度。俄罗斯对斯洛伐克的这些措施表示不悦，致使 1998—2000 年间斯—俄官方接触大幅度减少。

2001 年初，斯—俄关系出现解冻。是年，俄罗斯外长伊万诺夫访问斯洛伐克，这是 1998 年斯洛伐克议会选举以来俄罗斯外长对斯洛伐克的第一次访问。伊万诺夫在斯洛伐克表示，俄罗斯尊重斯洛伐克的欧洲大西洋

---

① 11 月底，俄罗斯外长伊万诺夫对波兰进行工作访问，宣布将同波兰发展“成熟的伙伴关系”，2 月波兰新外长巴托舍夫斯基再访俄罗斯，3 月，安全委员会秘书谢尔盖·伊万诺夫访问波兰，4 月，俄罗斯国家杜马发言人访问波兰。

② 波兰的支持十分谨慎，支持的条件是，俄罗斯不能否决北约的防务政策。

倾向和政府要求加入北约的决定。这表明，俄罗斯愿意在现实的基础上寻求恢复同斯洛伐克的关系。同年 11 月，斯洛伐克总统舒斯特访问俄罗斯。这是 1993 年斯洛伐克独立以来，斯洛伐克总统第一次访问莫斯科。舒斯特对俄罗斯领导人说，斯加入北约不会成为双边关系的障碍。普京总统回应说，“我们的关系不会被任何问题所困扰，（双边关系）正充满活力地在政治、经济和文化水平上发展”。

在先后加入北约和欧盟之后，中东欧国家的对俄政策或关系被置于这两个一体化组织对俄罗斯总体战略构想中。同时，随着回归欧洲战略目标的实现，中东欧国家现在能够以更理性而非情绪的思维考量其同俄罗斯的关系。普京入主克里姆林宫之后，也重新评估了俄罗斯的国际地位和经济能力，在对外关系方面采取了更务实的立场。这使得中东欧国家和俄罗斯有可能恢复双边正常的政治和经济关系。当然，由于历史和现实利益优先的差异，中东欧国家会根据各自的国家利益处理同俄罗斯的关系。有时，这种关系未必符合北约或欧盟对俄罗斯的框架政策。

第六节　中东欧国家与德国关系

冷战结束后，随着德国统一，中东欧国家脱离苏联集团，德国同中东欧国家的关系发生了很大变化。其特征可以用“双重正常化”来表达，一方面，它包含历史谅解进程，另一方面，提升双边或多边关系。

一　提升双边关系

由于历史原因，德国同东欧国家的关系复杂，新老问题相互交织，并相互影响。人们必须首先考察对今天依然有影响的老问题，同时寻找这些老问题怎样和以何种方式同新问题息息相关?[①]

为解决“克服过去”的问题，德国的政策是提升和扩大同中东欧国家的双边关系，达到一个反映其相互地理接近性、文化接近、经济互补和技术兼容的状况。在 20 世纪 90 年代，德国与中东欧国家政府间、非政府和私人间的联系迅速增加。德国对中东欧国家的援助一直都十分慷慨（但不具慈善性），这种慷慨不仅反映了德国“公开的自我利益”，而且也是对

① 南斯拉夫内战对德国和东欧关系的影响不仅仅是通过政策考虑（特别是关乎于北约），而且在更深层次上在包括德国在内的西方国家对东欧的话语中。参见 Stjepan Mestrovic, The Balkanization of the West (1994)。

德国和中东欧国家关系中持续至今的老问题

老问题	当时	现在
苏台德的德意志人问题（捷克领土上）	“自决” 起作用因素：民族主义，国际法（“成功的”，即慕尼黑）	赔偿/道歉 有效因素：历史记忆、欧盟标准 捷克担心德国将抵制它入盟，以迫使捷克在此问题上让步
波兰的德意志少数民族权益	分立主义 起作用因素：民族主义；武力	少数民族权益 起作用因素：欧盟和国际法；欧安组织、德国利益 根据赫尔辛基进程，特别是1990年的《哥本哈根宣言》确立的标准处理。同时，波兰和德国已经在标准方面达成谅解 波政府取消了对组建少数民族政党的至少要有5%政治代表的条款，结果，在众议院中有少量的德意志族人，在参议院中至少有1位代表
经济统治地位	结构性不平衡（非本意） 起作用因素：核心—边缘假设 德国在两次世界大战期间统治着东欧	结构性不对称 起作用因素：向自由市场转型 德国依然是中东欧最大的贸易伙伴，后者对外贸易40%面向德国，而德国只有一小部分面向东欧①。德国依然是欧盟内部最大的市场份额（25%—30%），在欧盟向中东欧不多的出口中，德国占53%（1992年）②。德国的经济依赖对西方的出口，中东欧的经济依赖对德国的出口。在援助方面，1989—1996年间，德国对中东欧的援助资金高达5600亿DM③

① Dieter Schumacher, “Impact on German trade of increased division of labor with Eastern Europe” in Black (1997) and Istvan T. Berend, “Germany and Central Europe: Geopolitical Destiny of Interrelationship” in Sch? nfeld, Roland, ed., Germany and Southeastern Europe—Aspects of Relations in the Twentieth Century, Munich, Südosteuropa-Gesellschaft, 1997, p. 12.

② Ibid.

③ German Government figures in Facts about Germany (1998), p. 229. 根据Patricia Davis的统计，在1989—1994年间，德国对东欧的援助金额为3620亿德国马克，其中，84%是双边援助。Davis, Patricia, National Interests Revisited: The German Case, GERMAN POLITICS AND SOCIETY, 16: 1, 1998, p. 105.

续表

老问题	当时	现在
文化统治	优势语言 起作用因素：历史上的移民，行政/教育控制	潜在的传媒统治 渠道：自由市场、文化政策 捷关注德国对传媒的控制。捷所有的全国性报刊从 1989 年的 100% 下降到 1995 年的 33%，绝大多数外国所有的是德国所有。德国的两个投资人控制着捷克 42% 的读者。在捷克的南部和西部地区波希米亚，德国报刊几乎占垄断地位，占该地区报刊的 80%①
政治统治	现实政治 起作用因素：扩张主义/分裂主义计划	欧盟政治 起作用因素：经德国走向欧盟
安全	俄罗斯/共产主义威胁 起作用因素：直接或间接控制，武力和保护人	“不稳定” 起作用因素：北约、国际组织/合作

资料来源：Jonathan P. G. Bach，Germany after Unification and Eastern Europe：New Perspectives，New Problems，Figure 1.

这一地区的道德责任感。在经济关系方面，德国是中东欧地区最慷慨的援助国和最重要的外贸伙伴。在 1990—1995 年间，德国对中东欧地区的进出口分别从 25% 增长到 30% 和 16% 到 20% 。

在政治关系方面，德国同波兰的关系密切，已建立起战略伙伴关系。德波关系远远超过它同斯洛伐克、捷克和匈牙利的制度化关系。在历史上，匈牙利是德国政治上和经济上最紧密和最融洽的伙伴，它们的关系在 20 世纪 90 年代十分平稳。

德国与捷克和斯洛伐克关系因两国的政策取向而受到阻碍。在捷克，欧洲怀疑主义盛行，在这种背景下，双方对历史上冲突都耿耿于怀。梅恰尔当政时期，斯洛伐克试图利用捷—德的紧张关系。1998 年 10 月斯洛伐克新政府上台后，斯洛伐克和德国双边关系有所缓和。

① 这些数字源自 Jerabek and Zich，The Czech Republic：Internationalization and Dependency in Katzenstein，Peter J.，ed.，Mitteleuropa：Between Europe and Germany，Oxford，1997。

目前，德国同中东欧国家在一些特定领域中的合作十分密切，如边界控制（波捷），在更高的层次上，德国有意识地将与中东欧国家的双边关系扩展到三边关系，如德、法、波三国组成魏玛三角，德国、丹麦和波兰在什切青建立了三国军团。

在内政方面，德国同邻国主要协商解决非法难民问题。1995 年 4 月 5 日，德波签署边界协定，这被双方称之为它们的“共同安全政策”。这使德国第一次有可能同一个非《申根协定》国进行跨边界的政策合作。随着德波边界控制加强，越来越多的非法移民转向了德捷边界。长期来看，德国一直寻求基于欧盟的解决方案，国内安全是德国推动欧盟扩大的最强烈的动机之一。此外，将联系国纳入欧盟的第三支柱也是 1994 年以来德国支持欧盟扩大政策的激励之一。

随着跨国接触的增加，公众态度在双边关系中所起的作用越来越大。在匈牙利和斯洛伐克，对德国的态度总的来说是正面的。而在波兰和捷克，对德国的态度更复杂。一方面，两国认为德国是其最主要的合作伙伴，甚至被描述为学习的楷模；另一方面，许多公众又存在基于历史的理解。1997 年中欧发大水期间，德国向中欧国家提供了大量援助，对双边关系产生了积极的发展。

二　发展多边关系

德国同中东欧国家的多边关系主要反映在德国支持北约和欧盟的东扩。诸多原因使得德国成为欧洲的中心位置，德国一直支持中东欧国家加入欧盟和北约。同时，同情处于第一批入盟和入约进程之外的国家。而且，这些国家视德国为它们在欧洲获得支持的、有影响和可接近的伙伴。同样，西方的伙伴，特别是美国认为德国是中东欧稳定和同中东欧合作的动力。德国作为双东扩（北约和欧盟扩大）的支持者，使得它获得“中央大国的地位”。总之，中东欧越来越变成为同质化的地区。

德国认为，支持中东欧国家入约加盟，可以减少这些国家对德国的依赖，但要达到这个目标，中东欧国家似乎要更多地依赖德国。这反映出这样一个悖论：扩大和/或深化将增加德国在欧盟中已经可观的影响力，而欧盟被视为“抵御德国单个霸权最重要的卫兵①”。

---

① Handl, Valdimir, Vaclav Kural and Michal Reiman, The Czech Republic and Germany, 1997, p. 31.

"联系国"概念的始作俑者是欧盟委员会。德国支持这个概念，特别是在政治领域中。时任德国国防部长的吕厄说，"文化属性和政治经历恰好同战略理由重合[1]"。德国在邀请中东欧国家入盟谈判过程中所发挥的作用中东欧国家尽人皆知。对中东欧来说，德国是欧盟的关键。虽然中东欧更多的是由国际压力而不是德国利益形成的，虽然它们寻求多边而不是同欧盟成员国的双边关系，德国依然是它们在加入欧盟进程中最大和最佳的同盟者，这给德国事实上的对中东欧国家无可置疑的影响。德国不明显地使用其对中东欧的影响，德国政府极其注意不给任何暗示，它要利用其在欧盟中的影响作为双边关系的砝码。但是，德国和中东欧国家之间不对称的政治和经济力量导致这样一种局面，对东欧国家来说，德国既可以被视为是其入盟的支持者，也有可能是潜在的对手。德国作为热心支持中东欧国家入盟的国家，给德国政府以无可置疑的力量干预渴望"回归欧洲"的中东欧邻国的国内事务，但是，人们很难称此为"统治"，而是担心德国过度的影响。

东扩对德国的利益是显而易见的。第一轮扩大将使德国的经济增长0.4%[2]。从更大的意义上来说，东扩将使德国摆脱冷战的约束，发展同法国的战略伙伴关系[3]。

德国同中东欧国家的双边关系是双方成功的典范，也是更大地区，甚至整个欧洲大陆成功的典范。德国通过北约和欧盟的扩大向中东欧地区输出"欧洲标准"。但是，德国基本和长期的利益构成在西方。柏林的西方伙伴和制度构成了德国安全、经济繁荣和技术现代化的主要来源，而这些资源没有一个来自中东欧国家，这些国家在德国政策中的重要性充其量是在特定时间和特定政策领域中的。

第七节　欧洲一体化与巴尔干欧洲化

自1990年代初以来，巴尔干持续成为国际社会关注的焦点地区。

---

① Volker Rühe, Polen und Deutschland als Partner in der neuen euro. atantichen Sicherheitsstrutur, Speech at the German-Polish Colloquium on 31. 3. 1998, Berlin. Bulletin: 23, 1998, p. 26.

② Enlargement/Agenda 2000, WATCH, No. 2/1999 (Bonn: Institut für Europ? ische Politik, 2000), p. 56.

③ Both EFTA- and East-Enlargement of the EU Were Expected to Create a New Pole of Power. in Europe, Centred in Germany, Neuer Machtpol in Europe? DER SPIEGEL, 7. 3. 1994, ss. 18—20.

1989 年，南斯拉夫联盟当局取消科索沃的自治地位。1991 年 6 月 25 日，南斯拉夫联邦的斯洛文尼亚和克罗地亚宣布脱离联邦独立，1991 年 11 月 20 日，马其顿正式宣布独立。1992 年 3 月，波黑宣布独立，此后，波黑塞族、穆族和穆斯林军队进行战争，直到 1995 年 11 月签署《代顿协定》。1992 年 4 月 27 日，塞尔维亚和黑山两共和国联合成立南斯拉夫联盟共和国。1998 年 3 月，科索沃爆发民族冲突。1999 年 3 月 24 日，北约对南斯拉夫联盟进行 78 天的空袭，迫使米洛舍维奇政权停止在科索沃的武装行动。同年 6 月 3 日，南斯拉夫接受北约提出的和平协定，从科索沃撤出所有武装力量，由联合国对该省进行托管。2000 年 10 月，南斯拉夫提前举行大选，米洛舍维奇落败。2001 年 2 月，马其顿阿族分裂主义分子要求阿族成为主体民族，并与政府军发生武装冲突，8 月，在国际社会的调停下，有关各方签署《奥赫里德和平协定》。

一　巴尔干危机与欧盟的最初反应

从 1991 年南斯拉夫联邦解体到 2001 年马其顿危机，巴尔干经历了 10 年的冲突和动荡。在巴尔干发生危机后的很长一段时间内，欧共体/欧盟没有明确和连续的巴尔干政策①。如果说欧共体/欧盟有什么政策的话，它至多是一个或几个主要成员国对东南欧地区政策的结果。欧盟的这种反应和处理方式是欧洲地缘政治的“历史遗产”在 1990 年代的“复活”，导致东南欧地区的冲突未能得到及时的遏制和管理，冲突不断升级。

种族冲突引起的战争、移民潮和政治动荡，不仅破坏了东南欧地区的稳定与和平，也威胁到欧盟成员国的安全以及欧洲一体化的进程。因此，签订《代顿协定》和波黑实现和平后，欧盟开始考虑如何在东南欧地区巩固这来之不易的和平，逐步形成其针对东南欧的地区政策。

以 1999 年科索沃战争为分水岭，欧盟的地区立场可分为前后两个阶段。在科索沃战争开始之前，欧盟地区政策的建议更多受《代顿协定》的影响，而不是布鲁塞尔长远的设想。其核心是，强调通过对话与合作，在东南欧进行后冲突管理、难民重返家园和民主化，进而实现巩固稳定化的和平。但欧盟实现这一目标的手段不够丰富，激励也不够有力。更重要的是，这个阶段欧盟缺少同西巴尔干国家的战略关系。

① 如果将鲁瓦约蒙进程作为欧盟的第一个成型的地区立场，那么欧盟对东南欧政策的空白时间段应为 1991—1995 年底。Jelic Minic, EU Eastern Policy, the Place of the Balkans and the Mediterranean, REVIEW OF INTERNATIONAL AFFAIRS, 1995, No. 1038, p. 23。

科索沃战争之后，欧盟的地区政策具有全面性，实现既定目标的手段也更加丰富。除了常规的政治手段之外，强化经济援助的作用。最重要的是，“东南欧稳定公约”明确将欧洲一体化同巴尔干的欧洲化联系在一起。欧盟的意图很明显，用正式成员国的前景督促东南欧国家巩固和平，推动政治和经济转型，按欧盟的价值观和制度重塑巴尔干国家，使之远离动荡和混乱，最终加入欧洲一体化的主流，使欧洲真正成为统一与和平的欧洲。

1. 鲁瓦约蒙进程

1995 年 12 月 13 日，27 国外长在巴黎签订波黑和平协议之后，在巴黎以北 50 公里处的鲁瓦约蒙修道院通过了关于“东南欧稳定和睦邻进程”的宣言，即所谓“鲁瓦约蒙进程”（Royuanmont Process）。

鲁瓦约蒙进程是欧盟为解决东南欧冲突、实现该地区和平、经济复苏和繁荣而提出的第一个地区倡议，旨在一个更广泛的框架中执行《巴黎/代顿协定》。该倡议的一个突出特点是，致力于建设和加强公民社会结构，希望能够汇集和动员所有愿意超越文化和社会偏见的公民社会中的力量，让它们在东南欧国家民主化和减少地区冲突方面扮演重要角色。利用非经济手段多领域、多层次地推动东南欧地区国家之间的对话与合作，定期召开不同公民社会集团的会议，处理同倡议相关的特殊问题、签订合作和睦邻协定，逐渐为这一地区国家政府间达成内容广泛的协定做准备。

不同于欧盟此后提出的其他地区立场，鲁瓦约蒙进程更多的试图依靠理想、依靠非政府组织及其民间的其他非经济手段，在法律、文化和教育层面上规范人们的思想，通过这种规范来重新唤醒人们对和平和睦邻关系的渴望，进而实现东南欧地区的稳定。

2. 1997 年的地区立场

1997 年 4 月 29 日，欧盟第 2003 次总务会议通过了其对东南欧的第一个地区政策，名为《发展同东南欧地区国家关系的核心战略》。该地区立场强调致力于巩固这一地区的和平和稳定，促进经济复兴，推动民主，向更高的人权和少数民族权利标准看齐、在经济转轨和国家间更密切合作的框架内，发展同这一地区国家的双边关系。

这个地区立场的一个特征是，欧盟首次在发展同东南欧的关系中引入了条件性，且更具针对性。这些条件主要包括：让难民返回家园（包括“国内流动人口”），当局不得对其进行骚扰；必须遵守和平协定的各项义务，包括将战犯递解至国际法庭；实行民主改革，遵守公认的人权和少数民族权益标准；在普遍平等的原则基础上，进行自由公正的选举并尊重选举结果；不得对少数民族进行歧视性待遇和骚扰；取消对独立传媒的骚扰；实施初步的经济改革（私有化、取消部分价格控制）；准备实现睦邻政策和同邻国建立合作关系。

符合这些条件的国家可以同欧盟在贸易、技术和经济援助领域（在“奥博诺瓦计划”① 和“法尔计划”框架内）发展双边关系和建立契约关系。

3. 稳定和睦邻进程

1998 年 11 月 9 日，欧盟委员会通过了一个新的对西巴尔干地区的政策，名曰“东南欧稳定和睦邻进程共同立场”。

这个共同立场旨在支持东南欧稳定和睦邻关系的鲁瓦约蒙进程，鼓励有关国家之间的关系正常化、发展对话和信任；推动公民社会领域中（文化、传媒、科学、专业、工会、非政府组织或宗教以及议员之间的联系）的地区合作。

二　科索沃危机与《东南欧稳定公约》出台

虽然自南斯拉夫联邦解体以来，欧共体/欧盟出台了若干地区政策，但总的来说，这些政策对危机一直采取反应式态度，而不是积极的预防危机。科索沃危机凸显出国际社会在以往对东南欧地区危机反应式立场的缺陷。科索沃战争开始后，欧盟认识到，应该制定一个内容广泛的一揽子战略计划，综合解决东南欧地区的稳定（安全）、政治和经济改造问题，在巴尔干地区实现和巩固和平，防止该地区爆发新的大规模冲突，引入民主机制和进程，推动经济转轨，最终将东南欧国家稳定在欧洲大西洋结构中②。反之，不仅巴尔干的局势得不到根本改观，欧洲一体化进程也将受到负面影响。

1. 稳定和联系协定

还在科索沃战争进行期间（1999 年 5 月 25 日），欧盟就提出了一项

---

① OBNOVA 计划是欧共体倡议发起的恢复和重建波黑、克罗地亚、南斯拉夫联盟和马其顿的一项计划，始于 1996 年 7 月。该计划根据欧共体委员会 1996 年 1628/96 号决议实施，后经欧共体委员会第 2240/97 号决议和第 851/98 决议进行修订。该项计划旨在强化执行 1995 年 12 月 14 日在巴黎签署的《代顿协定》的力度。

② Wilfried Gruber, A Stability Pact for South Eastern Europe, CENTRAL EUROPEAN ISSUE, Volume 5, No. 2, 1999/2000, pp. 18—19.

旨在同马其顿、阿尔巴尼亚、克罗地亚、波黑和南斯拉夫联盟建立新型战略关系的计划。该计划名为“东南欧稳定和联系协定进程”。

“稳定和联系协定进程”是一项意义深远的计划，而不再是对危机简单的反映，欧盟据此将同东南欧国家建立新型的契约关系，进而使东南欧国家更加接近欧洲结构的一体化。欧盟将根据每个国家的具体情况“量体裁衣”，根据每个国家“达标”的程度，制定与之签订“稳定和联系协定”的不同时间表。

签署“稳定和联系进程”依然具有条件性。欧盟希望，“稳定和联系进程”能够给欧盟和巴尔干地区的关系注入新的动力，同已经签订了该协定的国家进一步发展双边关系，给那些尚未签订合作协定的国家提供签订这类协定的前景。

由于“稳定和联系进程”的内容广泛，而且考虑到了东南欧国家的不同特点，可操作性强，它成了后来《东南欧稳定公约》的蓝本。

2. 东南欧稳定公约

1999 年 6 月 10 日，欧盟外长科隆会议正式通过了《东南欧稳定公约》。该公约旨在加强东南欧地区国家和平、民主、尊重人权和经济繁荣，以取得整个地区的稳定。为此，这一地区的国家和国际社会要为结束紧张局势和危机创造长期稳定的条件。这些条件包括：

签订和执行双边和多边协定，有关国家在国内采取措施克服现有的冲突和潜在的冲突，引入成熟的民主政治进程，举行自由和公正的选举，建立法制，完全尊重人权和人的基本自由，包括少数民族归属权，建立和拥有自由和独立传媒权、根据宪法立法、独立的司法、同腐败进行斗争、深化和加强公民社会；通过严格遵守赫尔辛基最后条款、建立信任和和解、在欧安组织和建立信任的地区的其他机构和安全合作机制中活动，创造和平和睦邻关系；在切实可行的宏观政策、向大力扩展外贸和私营部门投资、有效和透明的关税和商业规范制度基础上的有活力的市场经济、发展强大的资本市场和发展包括私有化在内的多种所有制，以便为所有公民实现更大的繁荣。

《东南欧稳定公约》设特别协调员，并建立有三个工作组具体实施项目。第一个工作组负责处理民主化和人权问题；第二个工作组集中解决经济重建，发展和合作问题；第三个工作小组负责安全问题。

在 2003 年 6 月以前，“稳定和联系进程”和《东南欧稳定公约》是欧盟在西巴尔干地区发挥影响的两个政策性工具。但它们不反映欧洲涉足这一地区的深度和广度。在战略上，《东南欧稳定公约》与“稳定和联系进程”都基于鲜明的契约原则。《东南欧稳定公约》把地区合作当作医治结构性缺陷和防止冲突的手段。而“稳定和联系进程”则把双边关系的条件性，以及地区合作只当作一个辅助的机制。《东南欧稳定公约》或准备加入进程的双边条件性已经在地区内引起了新的分裂。虽然欧洲一体化构成了本地区的拐点，但单个国家的弱性和巴尔干的欧洲前景时常处于矛盾之中。由此可见，如果要推动巴尔干国家继续其欧洲道路，就要求对危机管理、预防冲突、援助改革、地区合作和加强这一地区欧洲前景重新思考并做出新的安排。

3. 萨洛尼卡进程

2000 年 6 月，欧盟首脑会议在葡萄牙的旅游胜地费拉召开。费拉会议称，所有西巴尔干国家都有可能成为欧盟潜在的成员国。欧盟成员国接受这样的概念：巴尔干地区是欧洲的一部分，巴尔干的问题也是欧洲的问题，任何可行的解决方案都应该是欧洲的解决方案①。2003 年 6 月召开的萨洛尼卡欧盟首脑会议再次确认，巴尔干地区对欧洲一体化进程及其成功十分重要，同时，再次承诺西巴尔干国家获得加入欧盟的远景②。

巴尔干“欧洲化”的决定意义非凡。一方面，自 1878 年柏林会议以来，有关巴尔干地区秩序的许多理念均告失败，因为欧洲列强的利益相互冲突。如今，欧共体/欧盟通过几十年的发展和壮大，已经具备了相当的经济实力和国际地位，使之有能力解决自 19 世纪以来一直困扰欧洲的巴尔干问题。更重要的是，通过几十年发展，欧盟成员国能够提供形成、协调和执行欧盟成员国共同巴尔干政策的程序和工具。同时，20 世纪 90 年代初巴尔干国家相互冲突的痛苦经历和欧共体/欧盟危机管理的经验教训告知欧盟，欧洲要共同行动，使它们的基本利益趋于一致③。借助入盟前景，欧盟拥有了有效影响西巴尔干地区政治和经济发展的工具。入盟的激励曾经强有力地激励中东欧国家建立稳定的民主、克服双边冲突，使其经济和法律体系趋同欧洲标

---

① Wim van Meurs, Alexandros Yannis and Eliamep, The European Union and the Balkans: From Stability Process to Southeastern Enlargement, REVIEW OF INTERNATIONAL AFFAIRS, July-Sept. 2002, p. 27.

② EU-Western Balkans Summit, Thessaloniki, 21 June 2003: Declaration, http://www.eu2003.gr. 23 June 2003.

③ Europe on the Threshold of Southeastern Enlargement, Strategy Paper Presented to the Conference "Southeast Europe on the Way into the European Union" held by the Bertelsmann Stiftung, Zagreb, June 3—4, 2005.

准。成为欧盟成员国的前景同样可以成为东南欧国家稳定和发展的外部稳定器。只有完全将巴尔干国家纳入到欧盟中去，才可能确保今天欧盟的合作和联系的战略优势。只有巴尔干国家进入欧盟，才能保护欧盟成员国免遭诸如有组织犯罪和移民这类消极的溢出效应的影响。

另一方面，欧盟成员国资格对西巴尔干地区具有重要的象征意义和现实意义。在象征意义方面，西巴尔干国家的欧洲前景昭示着这些国家是“统一和自由”欧洲不可或缺的一部分，从而摘掉“欧洲火药桶”的帽子。巴尔干地区的欧洲前景有助于推动这一地区国家自身的改革和自由派的成长。西巴尔干的欧洲前景，还可以改变外国投资人对这一地区的风险评估①，进而有可能获得更多的外部资金。进入欧盟内部统一大市场和获得欧盟的凝聚基金有助于减少巴尔干国家贫穷和落后的结构性根源。

萨洛尼卡首脑会议之后，西巴尔干国家的欧洲化进程出现了积极的变化。西巴尔干国家已经进一步向欧盟靠拢：

2004 年 3 月，欧盟委员会批准了同西巴尔干的第一个欧洲伙伴关系计划，同月，马其顿成为了欧盟候选国；

2005 年 10 月，克罗地亚开始入盟谈判，同月，欧盟开始同塞黑就签署稳定和联系协定问题进行谈判；

2006 年 3 月 11 日，欧盟和西巴尔干 5 国外长在萨尔兹堡举行会议，在西巴尔干国家的压力下，欧盟再次明确西巴尔干国家的最终目标是成为欧盟正式成员国②；

2006 年 6 月 12 日，阿尔巴尼亚同欧盟签署稳定和联系协定。

此外，从 2001 年开始，欧盟开始用“欧共体援助重建、发展和稳定计划”（CARDS）③，取代以往在该地区实施的“法尔计划”和“奥布诺瓦

---

① Europe on the Threshold of Southeastern Enlargement, Strategy Paper Presented to the Conference “Southeast Europe on the Way into the European Union” held by the Bertelsmann Stiftung, Zagreb, June 3—4, 2005.

② Mark Beunderman, EU membership goal clarified under Balkan pressure, EUOBSERVER, 12 March, 2006, http://www. Observer. com.

③ 援助的内容随西巴尔干地区形势而不断变化。最初提供人道主义援助和紧急救援。随后，该援助项目致力于重建基础设施和帮助难民重返家园。现在，该项目开始关注政府机构的发展、立法、趋同欧盟标准。该项目支持加强这一地区的民主和法制建设、人权、公民社会和传媒，以及让自由市场经济开始运作。此外，该项目还有助于对经济可持续复苏/推动社会发展和机构改革提供帮助。European Union and the Western Balkans: Building the Future Together, http://www. ear. eu. int；从 2000—2006 年，该项目共向西巴尔干国家援助 51.30 亿欧元。http://ec. europa. eu/comm/enlargement/cards/financial_ en. htm。

计划”，以全面支持西巴尔干国家发展的援助计划。

虽然西巴尔干国家已经具有了欧洲远景，但把它变成现实，无论是西巴尔干国家还是欧盟都面临着若干挑战。

在西巴尔干存在两个层面的挑战。在地区层面上，有科索沃最终地位问题、波黑宪政改革问题和地区合作方面的问题，虽然它们并非脱胎于欧洲一体化进程，但这些问题会对这些国家走向欧盟的速度产生影响。在国家层面上，这些国家普遍是弱政府、种族矛盾尚未解决、经济状况不佳、失业率高①和社会凝聚力差②，解决这些问题绝非一朝一夕之役。

在欧盟方面，宪法批准进程不顺利和东扩之后的消化问题，已经导致部分成员国国内出现反对进一步扩大的情绪；为平衡这些新的利益，欧盟很可能在一段时间内只定位西巴尔干国家为联系国，而推迟接纳它们入盟。如果后者发生，国际社会在巴尔干获得的稳定红利很可能毁于一旦，巴尔干持久边缘化。同时，西巴尔干国家的失望很可能将这一地区拖入新的不稳定怪圈③。

现在，欧盟和西巴尔干国家的关系已经到了关键的时刻。如果欧盟囿于其成员国的利益只赞成给西巴尔干国家联系国地位，而不进行扩大，巴尔干国家中的自由派将因此不得不让位给民粹主义者和激进力量，将导致排他性和非一体化的破坏性动力，进而使这一地区陷入新的不稳定怪圈④。为防止发生这种一体化真空，欧盟的决策者要积极形成针对西巴尔干国家的稳定、联系和欧洲一体化战略。

欧盟推动巴尔干地区稳定的最佳方式是给出每个国家指示性的日期，如塞尔维亚成为候选国的目标日期、马其顿开始入盟谈判的日期等。这样不仅可以使这些国家转入到地区稳定的轴心中去，而且可以激励这些国家内部的改革派加快改革的步伐⑤，帮助这一地区脱胎换骨，进入和平、稳定和可持续发展的新时代，并最终创建一个自由、完整和繁荣的欧罗巴。

---

① 塞黑的失业率为30%，马其顿为40%，科索沃为50%。

② Milica Djilas, EU to Western Balkans: Communicating the Future, TRANSITIONS ONLINE, 24 February, 2006.

③ Europe on the Threshold of Southeastern Enlargement, Strategy Paper presented to the Conference "Southeast Europe on the Way into the European Union" held by the Bertelsmann Stiftung, Zagreb, June 3—4, 2005.

④ Ibid.

⑤ Carl Bildt, The EU Needs a Bolder Balkan Strategy, CER Bulletin, February/March 2006.

本章小结

1989—1990 年间东欧各国相继发生政治剧变后，该地区大多数国家的对外安全政策和对外经济政策进行了重新选择。因而，这一地区出现了原有苏联东欧集团合作机制——华沙条约组织和经互会的解体，该地区大多数国家谋求加入北约和欧盟的过程。随着冷战结束以后北约的两轮东扩和欧盟的向东扩展，该地区在安全和经济领域完成了与西欧的一体化，因而形成了两极格局解体后国际社会范围内最深刻的地缘政治和地缘经济变动之一。尽管这一过程必然伴随着中东欧国家在安全和经济领域逐步疏远俄罗斯的过程，然而，21 世纪以来中东欧国家与俄罗斯的关系逐步有所改善的经验表明，当今世界各国之间在安全和经济的相互依存作为一种不可抗拒的客观现实，对各国的对外战略选择产生着深刻的影响。

思考题

一、名词解释

《新欧洲巴黎宪章》　“维谢格拉德三角”　西欧联盟　欧安会与欧安组织　“准备加入战略”

二、简答题

1. 20 世纪 90 年代初北约在接纳中东欧国家的问题上有哪些观点？
2. 在“和平伙伴关系”计划框架下，中东欧国家与北约进行了哪些合作？
3. 中东欧国家加入欧盟的进程经历了哪几个发展阶段？

三、思考题

1. 冷战后中东欧国家对外政策的基本特点和内容是什么？
2. 哪些基本因素造成了中东欧国家在国家发展方向上采取回归欧洲的政策？
3. 苏联解体后中东欧国家与俄罗斯关系的发展历程说明了什么？

阅读参考文献

李静杰主编：《十年剧变：中东欧卷》，中共党史出版社 2004 年版。
刘祖熙主编：《东欧剧变的根源与教训》，东方出版社 1995 年版。
陈乐民：《东欧剧变与欧洲重建》，世界知识出版社 1991 年版。

Stephen White, Judy Batt and Paul G. Lewis (eds.), Development in Central and East European Politics, Durham, 2003.

S. Croft (ed.), The Enlargement of Europe, Manchester, 1999.

A. Gurgess, Divided Europe: The New Domination of the East, Pluto Press, 1998.

A. Mayhew, Recreating Europe: The European Union's Policy towards Central and Eastern Europe, Cambridge, 1998.

第六章　中亚和南高加索国家的对外政策

内容提要

本章阐述了苏联解体后中亚和南高加索国家外交政策的演变，这些国家的对外政策和与外部世界的关系，比较典型地反映在它们与俄罗斯、美国和中国的关系当中。苏联解体使中亚各国得以作为独立的国际关系主体出现在世界政治舞台，它们在艰难地探索国家体制和发展社会经济的同时，积极地开展对外交往和国际合作，以巩固国家的独立和主权，争取尽快融入国际社会。随着中亚储量丰富的油气资源的开发，各种国际力量对这一新的“地缘政治真空地带”的填补，特别是“9·11”事件后阿富汗反恐战争所导致的中亚地缘政治地位的上升，“颜色革命”出炉后美俄两大国为影响中亚国家政治发展方向而展开的角逐，中亚各国的外交更趋活跃，开始真正具有了独立性和多维性。

第一节　中亚国家与俄罗斯的关系

在中亚国家的外交政策中，俄罗斯一直占据着非常重要的地位，这是由中亚与俄罗斯曾经在同一个国家共同生活长达一个多世纪之久的历史以及由此产生的千丝万缕的经济、政治、军事、社会、文化等各个方面的联系所决定的。中亚与俄罗斯之间历史的纽带和现实的需求决定了双方关系的不对称性，即中亚更多地需要和依赖俄罗斯，而俄罗斯对中亚的需求则相当有限。而这种关系性质又自然地产生出与之相适应的双边关系模式——“老大哥”与“小兄弟”关系。这种“兄”“弟”之间的控制与反抗、矛盾与合作、怨恨与亲善构成了苏联解体以来俄罗斯与中亚国家关系的基本内容，它们之间关系相互调整和适应的过程至今仍未完成。

中亚五国独立以来，在对俄政策上采取了不同的取向，大致有两种：哈萨克斯坦、吉尔吉斯斯坦和塔吉克斯坦奉行亲俄政策，乌兹别克斯坦和土库曼斯坦奉行疏俄，有时候甚至反俄的政策，但在不同的时期各国亲俄或者反俄的程度又有变化，个别国家甚至从反俄立场转到亲俄立场，如2005年“安集延事件”后的乌兹别克斯坦。总体看，中亚国家与俄罗斯的关系可划分为四个阶段。第一阶段从1991年到1994年，为中亚国家继续保留在卢布区和接受俄罗斯“补贴”的希望破灭，不得不独自面对各自社会经济转型的困境，在新的基础上建立与俄罗斯关系的阶段；第二阶段从1995年到2001年“9·11”事件，为中亚多数国家在积极参与俄罗斯主导的军事和经济一体化的同时，实施地缘政治和经济关系多元化的阶段；第三阶段从“9·11”事件至2005年春，为中亚国家放弃亲俄路线，推行俄美平衡外交的阶段；第四阶段从2005年5月“安集延事件”至今，除了土库曼斯坦以外的中亚国家为了保持现政权的稳定，开始奉行亲俄政策，而与美国保持一定的距离。

一　在新的基础上重建与俄罗斯的关系

苏联解体后初期，俄罗斯奉行向西方“一边倒”政策，以期获得西方大规模的经济援助，完成民主政治和市场经济改革，尽快融入西方“文明大家庭”。俄罗斯执政精英认为，包括中亚国家在内的原苏联其他加盟共和国是俄罗斯复兴的“包袱”[①]，俄罗斯应当抛弃它们独自发展，而不是继续充当它们的“奶牛”角色。此外，当时俄罗斯自身处于严重的政治和经济危机之中，自顾不暇，也没有能力向中亚国家提供经济援助。概括起来，俄罗斯对中亚国家经济上的“甩包袱”政策主要包括：（一）停止提供财政补贴和按照苏联解体前的标准供应原材料及工、农业产品，追讨欠债。（二）在中亚国家尚在卢布区的情况下，没有与中亚国家协商就单方面实施名曰“休克疗法”的经济改革，任凭中亚国家业已摇摇欲坠的经济雪上加霜。（三）将中亚国家“逐出”卢布区。1993年俄罗斯针对中亚国家保留在卢布区的要求提出苛刻的条件，即必须将黄金和外汇储备以及外贸活动置于俄罗斯中央银行的控制之下，使这些国家不得不退出卢布区。1993年5月至1994年12月，中亚五国先后发行本国货币。（四）将对外经济联系过于偏重西方，无意与中亚国家进行经济合作，致使双边经贸关系急剧弱化。俄罗斯在中亚五国对外贸易总额中的比重由1990年的44.8%（从占吉尔吉斯斯坦的36%到占哈萨克斯坦的49%）下降到1997

① 按照俄罗斯学者的说法，苏联中央对中亚国家的财政补贴占这些国家预算收入的40%。参见 А. В. Торкунов（ред.），Современные международные отношения，Москва，1998г.，с. 438。

年的26%（从占土库曼斯坦的11%到占哈萨克斯坦的38%），中亚五国在俄罗斯对外贸易总额中的比重则由1990年的12.7%下降到1997年的5.8%①。俄罗斯的"甩包袱"政策加重了中亚国家早已发生的经济危机，各国经济连年下滑。1992—1994年，塔吉克斯坦、哈萨克斯坦、吉尔吉斯斯坦、土库曼斯坦和乌兹别克斯坦国内生产总值分别下降66%、51%、45%、24%和15%②。"甩包袱"政策加剧了中亚国家的离心倾向，使它们不得不将注意力转向土耳其、西方和其他"远方外国"，寻求对外经济联系多元化。

在经济上"离婚"的同时，中亚国家与俄罗斯在政治和军事安全上依然保持着密切的联系。对中亚国家而言，作为原苏联地区首领的俄罗斯不仅是最重要的经贸伙伴，而且是国家安全和地区稳定的保障者，是内外交往都不可回避的对象。对俄罗斯而言，中亚国家尽管是极力抛弃的"包袱"，但却是它实施这一时期独联体外交政策主要目标——建立统一的军事安全空间，以及解决哈萨克斯坦核问题与境外讲俄语居民地位问题不可或缺的伙伴。相互的需求使中亚国家与俄罗斯在独立后很快建立了外交关系，除土库曼斯坦之外的其他中亚四国还与俄罗斯建立起同盟关系。1992年5月至1993年5月，哈萨克斯坦、乌兹别克斯坦、吉尔吉斯斯坦和塔吉克斯坦先后与俄罗斯签署了友好合作互助条约，土库曼斯坦则与俄罗斯签署了友好合作条约，这些条约构成了上述国家间崭新的双边关系的法律基础。同时，中亚国家与俄罗斯签订了一系列在经济、国防、外交、科技、文化、信息等领域开展合作的条约和协议，为双方在相关领域进行合作确定了原则、方向和途径。哈萨克斯坦因继承了苏联遗留在其境内的核武器而对俄罗斯在独联体内的唯一核大国地位构成了挑战，在俄罗斯联合美国一道向哈施加压力的情况下，最终于1995年彻底放弃核武器，成为无核国家。俄罗斯与中亚各国就俄罗斯族人地位问题进行了积极的交涉，还声明将俄罗斯对中亚政策与这一问题挂钩，但是仅与土库曼斯坦在1993年签署了双重国籍协议。中亚国家与俄罗斯的双边军事安全合作包括：俄罗斯驻塔吉克斯坦第201摩托化步兵师（以下简称"201摩步师"）帮助塔政府军打击塔吉克斯坦联合反对派武装力量，维护塔现行世俗政权；1992—1994年，俄罗斯分别与土库曼斯坦、塔吉克斯坦、吉尔吉斯斯坦

① Н. А. Ушакова, Россия-Центральная Азия: экономическое взаимодейсивие в новых геополитических условиях, Восток и Россия на рубеже ⅩⅪ века, Москва, 1998г., с. 95.

② 李静杰、郑羽主编：《俄罗斯与当代世界》，世界知识出版社1998年版，第215页。

签署条约，共同保卫独联体南部边界。

除了发展双边关系，中亚五国还积极参与俄罗斯主导的独联体的活动。中亚国家和俄罗斯都是独联体一体化的支持者，它们对独联体政策的区别在于：前者反对将独联体变成超国家机构，而后者力图实现这一设计；前者热心发展独联体的经济功能，希望借此恢复与俄罗斯和其他成员国间中断的传统的经济联系，而后者仅对发展独联体的军事功能，由此建立统一的军事安全空间怀有兴趣。中亚国家响应俄罗斯的倡议和行动，与俄罗斯一道建立了独联体下属的各级各类组织机构，在独联体框架下签署了大量的涉及各个领域合作的条约、协议和决议，不过这些文件大多没有付诸实施。中亚国家在军事安全上对于俄罗斯的高度依赖与俄罗斯在原苏联地区谋求建立统一的军事安全空间的政策目标找到了契合点，它们在寻求俄罗斯保护的同时也被纳入到俄主导的军事一体化进程。1992 年中亚国家纷纷接管各自境内的苏联武装力量，建立本国的军事力量。但是由于缺乏国防经费、军事干部和独立的军事工业综合体等诸多原因，各国军队无力履行戍边卫国的职责，在安全上，中亚国家依旧需要俄罗斯的保护，这一需求因为伊斯兰极端主义向中亚的渗透，尤其是塔吉克斯坦内战的爆发而变得更加迫切。俄罗斯因为塔吉克斯坦内战以及对于由此可能在独联体引发“多米诺骨牌”效应的深切忧虑而着手组建地区安全体系。1992 年 5 月，俄罗斯、哈萨克斯坦、乌兹别克斯坦、吉尔吉斯斯坦、塔吉克斯坦和亚美尼亚六国领导人在塔什干签署集体安全条约。条约规定，成员国之间放弃使用武力或以武力相威胁；当任何成员国遭到其他国家或国家集团的侵略，其余成员国都要向它提供包括军事在内的必要援助[①]。土库曼斯坦由于奉行中立政策没有参加集体安全条约，它在 1992 年 7 月通过签署双边协议而获得了俄罗斯的军事保护。由于塔吉克斯坦南部边界由俄罗斯边防军驻守而维持了相对稳定，客观上缺乏共同的现实外部威胁和实施集体安全的必要性，因此集体安全条约对中亚国家的吸引力下降。

独联体经济一体化止步不前和俄罗斯不愿为其在中亚的军事政治利益“买单”的状况，加上对于自己将再度沦为俄罗斯附庸并丧失主权的恐惧，促使中亚国家转而寻求相互间的联合与实行面向土耳其和西方国家的地缘经济多元化。尽管 1993 年 4 月出台的《俄罗斯联邦对外政策构想》表明

① Договор о коллективной безопасности. См.: В. Д. Николаенко. Коллективная безопасность России и её союзников, Москва, 2003г. с. 141—142.

了俄发展与独联体国家良好关系以克服原苏联空间非一体化的决心，同年9月24日包括中亚国家与俄罗斯在内的独联体九国签署了建立经济联盟条约，以及三天后科济列夫外长在联合国大会上发表关于俄罗斯在独联体地区拥有特殊地位的，被喻为俄罗斯的“门罗主义”的讲话等等，但是中亚国家期望的俄罗斯推进独联体经济一体化的现实行动和效果并未出现，不仅如此，中亚国家还在这一年被俄罗斯“逐出”卢布区，对此，它们表示了不加掩饰的失望和不满。1993年中亚国家抗议性地加强了与土耳其和经济合作组织的联系，哈萨克斯坦、吉尔吉斯斯坦和乌兹别克斯坦等国加快发展与美国及其他西方国家的政治和经贸关系。1994年3月哈萨克斯坦总统纳扎尔巴耶夫正式提出在原苏联地区实行新的一体化形式——欧亚联盟的构想，这一构想因为威胁到俄罗斯在后苏联空间的首领地位而遭到俄的否决[①]。同年4月哈萨克斯坦、乌兹别克斯坦和吉尔吉斯斯坦签署建立三国统一经济空间条约，7月三国元首就经济一体化的初步实施步骤和机构设置达成一系列协议。中亚国家的离心动向遭到俄罗斯的抨击，俄罗斯警告它们要在经济合作组织和独联体之间进行选择[②]，将三国统一经济空间斥之为“反俄一体化”。[③]

在这一阶段，中亚国家在政治上和在安全上投靠俄罗斯的同时，由于对俄罗斯经济上“甩包袱”政策的不满和对俄利用独联体控制自己的警惕，开始推行地缘经济和政治多元化，从而开启了中亚的离心进程。俄罗斯的中亚政策因为缺乏保持传统影响的意愿和与之相称的财政支持能力而弱化了与中亚国家的关系，削弱了俄罗斯在中亚的传统影响。各种外部势力，尤其是美欧的涌入改写了此前俄罗斯一统中亚的历史，也加深了俄罗斯后来推行一体化的难度。尽管如此，中亚国家仍旧承认俄罗斯在该地区的主导地位。

二　优先发展与俄罗斯的关系

20世纪90年代中后期，随着中亚各国经济形势相继好转，各国形成

① А. Джекшенулов, Новые независимые государства Центральной Азии в мировом сообществе, Москва, 2000г., с. 150.

② ［美］胡曼·佩马尼著：《虎视中亚》，王振西主译，新华出版社2002年版中译本，第178页。

③ ［俄］安德兰尼克·米格拉尼扬著：《俄罗斯现代化之路——为何如此曲折》，徐葵、张达楠等译，新华出版社2002年版中译本，第352页。

总统集权制而出现政局稳定，美欧对中亚进行“渗透”而使这些国家对外经济政治联系多元化等等，中亚国家在与俄罗斯交往中追求独立、平等和利益的呼声增多，它们与俄罗斯的关系因为各种内外因素的作用时有波动，但俄罗斯仍旧是中亚国家外交政策的优先方向。哈萨克斯坦、吉尔吉斯斯坦和塔吉克斯坦总体上继续奉行亲俄政策，土库曼斯坦因为中立国地位而开始疏远俄罗斯及其主导的独联体，乌兹别克斯坦则开始奉行亲西方与反俄罗斯的政策。

与此同时，俄罗斯因为向西方“一边倒”政策以失败告终、通过外交手段没能阻止西方实施旨在压缩俄罗斯势力范围的北约东扩计划，所以开始重视发展同独联体成员国的关系，着手组建独联体军事政治联盟以抗衡北约，维护自身地缘政治利益。作为独联体的重要组成部分和俄罗斯地缘战略意义上传统的“软腹部”，中亚理所当然地重新受到俄罗斯的重视。1995 年 9 月 14 日叶利钦总统批准《俄罗斯联邦对独联体国家的战略方针》（以下简称《战略方针》），标志着俄罗斯对中亚政策的初步形成。根据《战略方针》，可以将俄罗斯的中亚政策概括如下：（一）将中亚由俄罗斯外交的“次要”方向提升为“优先”方向，明确宣布俄罗斯在该地区拥有“切身利益”和特殊影响；（二）联合中亚国家一道建立政治和经济一体化的独联体；（三）联合中亚国家，建立独联体集体安全体系，鼓励它们进一步与俄罗斯结成防御联盟；（四）发展同中亚国家的经济、外交和人文等合作。①

这一时期，中亚国家仍然在经济和安全上依赖俄罗斯，俄罗斯致力于推进独联体军事政治一体化以恢复自己在原苏联地区的传统影响，因此中亚国家与俄罗斯的关系获得不同程度的发展。由于一方面，中亚国家在社会经济发展速度和国内政治体制等方面的差距拉大，各国面临的安全威胁与转轨困难不同，因而在对俄罗斯政策上利益认知与需求领域大相径庭；另一方面，俄罗斯也逐渐认识到这些差别，并相应采取了审慎地、有所区别地强化双边和多边合作的中亚政策。

哈萨克斯坦与俄罗斯的战略伙伴关系进一步发展。两国高层互访频繁，政治关系密切。共同努力排除影响双边关系发展的消极因素，增强政治互信：1995 年 1 月两国就哈萨克斯坦常驻俄罗斯的和俄罗斯常驻哈萨克

---

① Стратегический курс России с государствами-участниками Содружества Независимых Государств, *Российкая газета*, 23 сентября 1995г.

斯坦的公民相互加入对方国籍简化程序问题达成协议；1998 年 7 月签署关于划分里海北部海底协定和两国债务问题议定书，同年 10 月签署哈俄国界划分意向议定书并于次年开始划界工作；1999 年就支付拜克努尔航天发射场租金问题达成协议。继续提升两国间业已形成的睦邻友好关系：1998 年 7 月签署哈俄永久友好和面向 21 世纪的同盟宣言；2000 年 10 月俄罗斯总统普京对哈萨克斯坦进行首次正式访问，确认了在俄罗斯领导人更迭之后两国睦邻友好和战略伙伴关系路线的继承性。扩大和深化两国在经贸领域的合作：1998 年 10 月签署 2007 年前俄哈经济合作协议；发展两国在油气开采、哈萨克斯坦利用俄罗斯管道出口石油、农业和交通领域的合作；密切贸易联系，2000 年俄罗斯和哈萨克斯坦的贸易额达到 42 亿美元，俄罗斯依旧是哈萨克斯坦最大的贸易伙伴。发展两国在军事和军事技术领域的合作。

吉尔吉斯斯坦因为在经济上和安全上依赖俄罗斯，一直奉行亲俄政策。1996 年 3 月吉尔吉斯斯坦总统阿卡耶夫首次正式访问俄罗斯，同俄方签署扩大和深化俄吉合作宣言和俄驻吉军队司法问题协议等文件。20 世纪 90 年代末吉尔吉斯斯坦内政外援和社会经济形势的急剧恶化促使吉发展与俄罗斯的经济联系。1999 年 10 月，吉尔吉斯斯坦总理穆拉利耶夫对俄罗斯进行工作访问，同俄方达成进一步发展两国经贸、科技和人文联系的协议。2000 年 7 月吉尔吉斯斯坦总统阿卡耶夫访问俄罗斯，同俄方签署了 2000—2009 年俄罗斯与吉尔吉斯斯坦经济合作协议。吉俄两国恢复了苏联解体后中断的在铀制品、有色金属和稀有金属部门的合作，俄罗斯还通过债转股方式控制了吉尔吉斯斯坦一系列具有战略重要性的企业。1999 年和 2000 年的巴特肯事件促使吉当局寻求扩大同俄罗斯的军事技术合作，以便借助于同俄罗斯在双边和集体安全条约框架下的安全合作来消除宗教极端主义威胁。俄罗斯向吉尔吉斯斯坦提供了必要的军事技术援助，应吉方的要求促成集体安全条约成员国将快速反应部队部署在比什凯克。

塔吉克斯坦一直重视发展与俄罗斯的战略同盟关系，是俄罗斯在中亚的可靠盟友。在俄罗斯的调停下，塔吉克斯坦政府与塔吉克联合反对派 1996 年 12 月在莫斯科签署了关于民族和解委员会主要职能和权限议定书等文件，1997 年 3 月在莫斯科签署了关于政治解决争议问题的机制议定书，同年 6 月 27 日在莫斯科签署了关于在塔吉克斯坦实现和平与民族和解的总协议，这标志着塔吉克斯坦内战的正式结束。俄罗斯驻塔吉克斯坦边防军为保护塔免遭塔利班祸害作出了重大的贡献。1999 年 4 月拉赫莫诺夫总统正式访问俄罗斯，双方签署了俄塔面向21世纪的同盟合作条约、俄罗斯在塔吉克斯坦军事基地的地位和驻扎条件条约和俄塔政府间生产合作协议等一系列重要文件。2001年4月拉赫莫诺夫总统对俄罗斯进行工作访问，两国元首就俄罗斯在塔吉克斯坦建立军事基地问题达成协议，宣布将在俄驻塔201摩步师的基础上组建军事基地。俄罗斯采取措施发展与塔吉克斯坦的贸易，2001年两国贸易额为2.34亿美元，占塔吉克斯坦对外贸易总额的17.5%。俄罗斯在塔吉克斯坦投资建立了约100个合资企业。

乌兹别克斯坦因为较其他中亚国家更加强烈的民族独立意识和更加自给自足的经济资源，以及被美国视作中亚地缘政治多元化的支轴国家而予以支持，因而在这一阶段成为反俄情绪最浓的中亚国家。自1994年底乌兹别克斯坦政治和经济形势趋于稳定、乌开始发展与美国更加密切的关系以来，乌俄关系开始经历疏远—接近—疏远的不稳定“循环”。因与邻国诸多矛盾在双边范围得到缓解、塔吉克斯坦局势好转、俄罗斯经济形势恶化而没有财力提供援助，1995—1999年中，乌兹别克斯坦奉行亲美疏俄政策，其间，1998年10月俄罗斯总统叶利钦首次正式访问乌兹别克斯坦并与乌总统签署俄乌永久友好条约和俄乌塔三国签署全力合作打击宗教极端主义宣言这两个重大外交行动也没能改变乌对俄政策。1999年4月乌兹别克斯坦退出集体安全条约，并采取巩固与美国关系的方针。1999年8月的巴特肯事件促使乌兹别克斯坦寻求恢复同俄罗斯的军事技术合作，俄罗斯适时地采取了与乌兹别克斯坦联合打击伊斯兰极端主义的政策，乌俄关系再次接近。12月普京总理访问乌兹别克斯坦，同乌方签署了俄乌深化军事和军事技术合作条约。2000年5月普京正式访问他就任总统后出访的第一站——乌兹别克斯坦，同卡里莫夫总统签署了涉及双边国防和安全合作的一揽子文件。但是俄罗斯的反恐援助多限于提供武器和弹药①，与乌兹别克斯坦的期望相去甚远，2000年秋季塔利班军队击溃“北方联盟”部队，实际控制了阿富汗同塔吉克斯坦和乌兹别克斯坦交界地区后，乌兹别克斯坦拒绝了俄罗斯提出的建立地区集体武装力量的建议，转而同塔利班进行直接对话，乌俄关系再次疏远。2001年春天阿富汗“北方联盟”开始反攻塔利班，并夺回部分失地，这一事态发展再次促使乌兹别克斯坦与

① Алексей Малашенко, Исламский фактор в российской политике, *Международная политика*, № 3, 2002 г.

俄罗斯的新一轮接近。2001 年 5 月卡里莫夫总统访问莫斯科，重申俄罗斯是乌兹别克斯坦的战略伙伴①，同俄方签署边防合作条约和向乌兹别克斯坦出口俄罗斯武器协议。由此可见，只有在宗教极端主义构成现实威胁的条件下，乌兹别克斯坦才在一定程度上加强与俄罗斯的双边关系和多边合作。乌俄军事政治关系乍暖还寒，但经贸合作还是有所发展，俄罗斯依旧是乌兹别克斯坦的主要经贸伙伴。2000 年双边贸易额为 110 亿美元，2001 年为 128.6 亿美元，俄罗斯占到乌兹别克斯坦对外贸易总额的 16%—18%。俄罗斯在乌兹别克斯坦投资建立的企业有 400 多个。

土库曼斯坦因推行独立的中立政策和害怕再次沦为俄罗斯的势力范围而丧失主权，对于俄罗斯及其主导的独联体一体化采取疏远的政策。它自恃油气资源丰富，坚持独立发展，只是在自己无能为力的边界安全和油气过境运输两个方面不得不依赖俄罗斯。随着国防能力的增强，土库曼斯坦于 1999 年 9 月单方面终止执行 1993 年与俄罗斯签署的共同保卫土边界协议，俄罗斯边防军在同年 12 月撤出土库曼斯坦。土库曼斯坦对俄罗斯以低价从土进口天然气再以高价转口、向土收取较高的天然气过境运输费等做法非常不满，为了降低天然气出口对于俄罗斯境内输气管道的依赖程度，土库曼斯坦在 1999 年 11 月欧安组织伊斯坦布尔峰会期间与土耳其、阿塞拜疆和格鲁吉亚共同签署建设跨里海天然气管道框架协议。但是俄罗斯 2000 年 10 月与土耳其签署通过“蓝流”（黑海海底输气管道）供给天然气协议，使土库曼斯坦正在建设中的经阿塞拜疆向土耳其每年输送 300 亿立方米天然气的跨里海天然气管道停工，同时也排除了土库曼斯坦开发土耳其天然气市场的可能性。土俄经贸合作不断缩减，俄罗斯在土库曼斯坦对外贸易总额中的比重由 1990 年的 90% 锐减至 1995 年的 6%。②

这一时期，多数中亚国家依旧是俄罗斯主导下的独联体一体化的积极参与者，但是独联体一体化所面临的巨大困难使俄罗斯在 1996 年后以发展双边关系和“不同速度共同体”取代全面一体化的政策，中亚国家根据各自利益加入到独联体内不同的次地区一体化组织当中。1996 年 3 月俄罗斯、白俄罗斯、哈萨克斯坦和吉尔吉斯斯坦四国签署关税联盟协定和加深经济和人文领域一体化条约，塔吉克斯坦在 1998 年 11 月正式加入关税联盟，乌兹别克斯坦和土库曼斯坦则无意加入该联盟，乌兹

① Г. Чародеев, Клятвы оставим пионерам, *Известия*, 5 мая 2001г.

② А. Джекшенулов, Новые независимые государства Центральной Азии в мировом сообществе, Москва, 2000г. , с. 259.

别克斯坦还在1999年4月加入了具有反俄色彩的“古阿姆”集团。2001年5月，俄罗斯、白俄罗斯、哈萨克斯坦、吉尔吉斯斯坦和塔吉克斯坦五国宣布成立欧亚经济共同体。五国领导人发表的联合声明指出，共同体的优先任务是为其成员国在经贸、社会、人文和法律等领域的合作创造条件，同时各国将继续遵守以前签署的有关建立关税联盟和统一经济空间的各项协议。

中亚国家与俄罗斯在独联体和集体安全条约框架下的安全合作取得一定的进展。集体安全构想及实施计划在1995年2月通过后，集体安全条约开始建立某些工作机制，除了条约规定的集体安全理事会之外，开始规划建立自己的组织机构，包括外长理事会、秘书处及秘书长下设的全权代表处。1999—2000年宗教极端主义问题的加剧，明显地反映出中亚地区安全的脆弱性和中亚各国缺乏足够的内部资源用以维持国家和地区的稳定。在这种条件下，中亚国家加强了与俄罗斯在独联体和集体安全条约框架下打击恐怖主义和宗教极端主义的合作。2000年6月独联体元首会议批准了2003年前打击国际恐怖主义以及其他宗教极端主义的纲领，并通过了哈萨克斯坦倡议的关于成立独联体成员国反恐中心的决议。2000—2001年，集体安全条约成员国采取了一系列反击新安全挑战的举措，其中最重要的是2001年5月集体安全条约成员国元首埃里温会议通过关于建立集体快速反应部队（以下简称“快反部队”）的决议。2002年春，由俄、哈、吉、塔四国组成的快反部队成立，其主要任务是实施消灭有限恐怖主义武装分子的机动行动和快速作战。

在这一阶段，尽管中亚国家实行或多或少地包含摆脱俄罗斯影响的外交政策——从哈萨克斯坦的“多维外交”到乌兹别克斯坦的大国平衡政策，但是由于在经济上、在安全上或者在这两方面都依赖于俄罗斯，它们仍然同俄罗斯保持了密切的关系，从而仍旧处于俄罗斯的深刻影响之下。俄罗斯出于重新控制中亚并以此为依托复兴自己大国地位的战略考虑，从1996年起开始在中亚重新推行积极的政策，因此在2001年前的中亚地区保持了主导地位。

三　在俄美平衡基础上发展与俄罗斯的关系

“9·11”事件后国际形势的发展根本性地改变了中亚国家与俄罗斯的关系。美军的进驻，阿富汗塔利班政权的崩溃和中亚外部安全环境的根本改善，使得中亚国家不再像此前那样依赖俄罗斯的安全保护；中亚地缘政治地位的急剧上升和俄美对这一地区的争夺则使中亚国家独立以来一直推行的多元化外交真正具备了实施的外力条件，各国纷纷实行实用主义的大国平衡外交政策，俄罗斯不再是中亚国家外交政策的唯一优先方向。中亚国家与俄罗斯的关系随着俄美争夺及其影响的此消彼长而波动，乌兹别克斯坦更是在俄美之间进退摇摆。

中亚国家同意美国利用中亚领土和领空进行阿富汗反恐行动后，俄罗斯加紧与中亚国家进行外交磋商，以便发展独联体和集体安全条约框架下的反恐合作，并协调中亚国家在与西方国家合作反恐问题上的立场。普京总统在“9·11”恐怖袭击当天通过电话向美国总统安全事务顾问赖斯表示，俄罗斯支持美国将要采取的打击恐怖主义的行动，中亚国家随后相继表态愿与美国进行包括提供本国领土用于打击阿富汗恐怖分子训练营在内的反恐合作。俄罗斯同中亚国家进行紧急磋商之后，在2001年9月24日发表声明，表示俄罗斯和中亚国家允许美国及其盟国军事力量使用中亚地区的空中走廊和机场进行人道主义援助、救援和侦察行动，但不能从这些国家的领土上发起进攻性行动。这样，美国同乌兹别克斯坦、吉尔吉斯斯坦和塔吉克斯坦建立了直接的军事联系。为了协调中亚国家的立场，俄罗斯安全会议秘书鲁沙伊洛在9月末巡访了所有中亚国家。10月8日集体安全条约成员国安全会议秘书理事会非例行会议在杜尚别召开，会上讨论了中亚新形势和联合反恐问题，会议发表的宣言强调中亚各国在与美国及其盟国进行合作时应该考虑集体安全条约成员国的共同立场。2002年1月俄罗斯外长伊·伊万诺夫访问了土库曼斯坦和乌兹别克斯坦，副外长特鲁勃尼科夫访问了吉尔吉斯斯坦和哈萨克斯坦，而联邦边防局局长托茨基和国家杜马议长谢列兹尼奥夫访问了塔吉克斯坦。俄罗斯代表团在中亚各国反复声明，希望美国在中亚的军事存在只是暂时的。

俄罗斯没能建立统一的独联体反恐联盟，设在莫斯科的独联体反恐中心没能发挥应有的效能，集体安全条约也没能对其中亚成员国面临的来自阿富汗的主要安全威胁采取现实的反击步骤，这些因素大大降低了俄罗斯对中亚伙伴们的影响力。为了抵御美国驻军中亚后影响的进一步扩大，俄罗斯着手发展和巩固集体安全条约机制。2002年5月，在该条约签署10周年之际，俄罗斯与哈萨克斯坦、吉尔吉斯斯坦、塔吉克斯坦等成员国在莫斯科签署了通过赋予它正式地位和将其改组为地区组织的联合宣言。文件规定，条约的任务包括抵御外部威胁、共同应对恐怖主义、非法走私毒品和武器、有组织犯罪等对国家、地区和国际安全的新威胁；集体安全条约是一个协调成员国在外交、安全以及同其他国家关系方面行动的机制。① 同年 10 月 7 日，成员国签署了集体安全条约组织章程和集体安全条约组织法律地位协议。2003 年 4 月，集安条约组织成员国元首会议在杜尚别举行，会议决定成立联合参谋部和常设理事会，定期就军事政治问题协调立场。10 月 23 日，俄罗斯在吉尔吉斯斯坦建立坎特空军基地。2004 年 6 月，集体安全条约组织成员国元首会议在阿斯塔纳举行，会议确定了该组织活动的优先方向，包括共同使用军事设施、加强联合军事力量建设、优惠和免费培训成员国强力部门的干部等等，通过了关于建立根据联合国授权进行联合维和行动的机制决议。会议成果说明，俄罗斯力图加强其在地区安全保障方面的作用，同时最大限度地发掘集体安全条约组织的潜力，以遏制美国在该地区的影响。但是“9·11”事件后形势的发展在相当程度上动摇了集体安全条约的基础，随着塔利班政权的崩溃，为消除阿富汗威胁而成立的集体安全条约成员国集体快速反应部队的作用下降，北约反恐联盟武装力量在本地区的存在进一步冲击了这支快反部队的发展，因此中亚国家和俄罗斯的安全合作退居次要位置，俄罗斯失去了原先预期的同中亚地区国家在集体安全条约组织框架下更紧密一体化的前景。

中亚国家与美国关系的快速发展引起了俄罗斯的深切忧虑，俄罗斯为了保持对这些国家的影响，开始迎合它们对于经济合作的需求，在发展双边经济合作方面采取了一些实际的措施，收到了一定的效果。2003 年 4 月，土库曼斯坦总统尼亚佐夫访问俄罗斯，土俄两国签署为期 25 年的天然气领域合作协议。2004 年 6 月，在乌兹别克斯坦访问的普京总统与卡里莫夫总统签署了俄乌战略伙伴关系条约。根据条约，俄罗斯获得在必要情况下使用乌兹别克斯坦境内军事设施的权利，俄为乌培训军官，乌则从俄购买武器和装备。俄罗斯决定向乌兹别克斯坦投资 25 亿美元，支持卢克石油公司和天然气工业股份公司参与乌境内油气开发和管道建设，帮助乌发展能源产业。同年 10 月，俄罗斯总统普京访问塔吉克斯坦，俄塔签署一系列文件，其中主要包括关于批准俄军事基地在塔地位和驻扎条件条约（1999 年 4 月 16 日）换文的议定书、将塔阿（富汗）边界移交塔防守的程序协议、关于将努列克光电子站转为俄财产的协议、俄塔劳务和保护公民权利政府间协议、塔政府与俄罗斯铝业股份公司长期合作协议、俄入股

① Сессия Совета коллективной безопасности государств-участников ДКБ, *Дипломатический вестник*, №. 6, 2002г.

参建塔桑格图金水电站的程序和条件协议、重组塔欠俄债务协议（2002年12月9日）补充书以及提前冲销塔欠俄债务协议。这次访问彻底解决了塔最为关切的欠俄3亿美元债务问题：将其中2.5亿美元作为塔向俄转让努列克“窗口”光电子站的报酬予以冲销，其余5000万美元转为俄参建塔桑格图金水电站的投资，作为回报，俄罗斯实现了自己最为关切的任务——在俄驻塔201摩步师基础上建立军事基地。普京还表示，在今后5年内，俄罗斯将向塔吉克斯坦经济投资20多亿美元。[①] 10月17日，俄罗斯驻塔吉克斯坦军事基地成立仪式在杜尚别举行。10月18日，中亚合作组织成员国元首杜尚别会议通过决议，接纳俄罗斯为该组织正式成员国。

总之，这一阶段，由于美国势力直接进入中亚，使多数中亚各国开始奉行平衡外交，而乌兹别克斯坦转而采取亲美政策。

四 中亚国家因担心“颜色革命”而向俄罗斯靠拢

从2005年开始，随着中亚国家相继进入“选举年”，为获得俄罗斯的政治支持并借助于俄罗斯抵制美国推行的“民主改造”，中亚各国不同程度地将俄美平衡外交政策向俄罗斯倾斜，俄罗斯也积极帮助中亚国家现政权顺利度过选举考验，并利用它们对美国推行“颜色革命”的恐惧来扩大自身在中亚的影响。在哈萨克斯坦2004年议会选举和2005年总统选举前后，在2005年吉尔吉斯斯坦和塔吉克斯坦两国议会选举前后，俄罗斯通过进行高层访问、实施经济合作项目、提供经济援助、派出本国的和独联体的观察团等多种途径给予这些国家执政当局政治的和物质的支持。俄罗斯“雪”中送“炭”的行为赢得了中亚伙伴们的好感和信任。由于俄罗斯吸取了2004年草率而露骨地干涉乌克兰总统选举惨遭失败的教训，在吉尔吉斯斯坦事件中表现稳妥，左右逢源，即使是通过“和平革命”上台的巴基耶夫政权，也依旧保持了阿卡耶夫政府的亲俄路线。不过俄罗斯的反“民主化”外交策略收获最大的是乌兹别克斯坦的战略转向。

2005年5月“安集延事件”发生后，乌兹别克斯坦因与美国关系不断恶化，进一步加强了与俄罗斯的关系，乌俄两国最终结成同盟。5月12日夜至13日，在乌兹别克斯坦的安集延市，一伙伊斯兰极端主义武装分子抢劫军营武器，劫放监狱囚犯，攻占州政府大楼，并组织近万人游行示

---

① Мукаммал Одинаеава, Э. Рахмонов: Мы поставили точки по всем проблемным вопросам между Таджикистаном и Россией, *Азия-плюс блиц*, 16 октября 2004г.

威，公然提出释放伊斯兰极端组织“阿克罗米亚”的头目阿克拉马·尤尔达舍夫、卡里莫夫政府下台的要求。卡里莫夫总统随后果断命令军队镇压了这场暴动。镇压行动造成700多人死亡和数千人受伤，其中大多是平民，因此引起西方舆论的谴责，使得乌兹别克斯坦当局备感西方的压力。与美欧的谴责不同，俄罗斯迅速表明了坚定支持卡里莫夫总统的立场，并响应乌兹别克斯坦当局关于伊斯兰解放党为此次暴乱肇事者的说法，认为事件系“外部势力所为”和“国际恐怖主义的阴谋”①。俄罗斯的支持获得了乌兹别克斯坦的好感。7月初，卡里莫夫总统访问俄罗斯时，多次向普京总统致谢，并表示乌兹别克斯坦决定将外交政策取向由美国转到俄罗斯。普京总统趁机劝说卡里莫夫总统排挤美国在乌兹别克斯坦的军事存在，卡里莫夫表示将重新考虑乌美两国签署的为期25年的汉纳巴德军事基地使用协议。俄罗斯还联合中国及中亚国家，将要求西方国家确定在中亚驻军最后期限的内容写入7月5日上海合作组织成员国元首阿斯塔纳会议的宣言中。在俄罗斯的支持下，7月29日乌兹别克斯坦正式要求美国在180天内撤除其军事基地。10月7日，在中亚合作组织圣彼得堡峰会作出将该组织与俄罗斯主导的欧亚经济共同体合并的决定后，卡里莫夫总统随即宣布乌兹别克斯坦决定加入欧亚经济共同体，并表示乌兹别克斯坦有意与俄罗斯发展同盟关系。11月14日，卡里莫夫总统与普京总统在莫斯科签署了乌俄联盟关系条约。条约规定，如果缔约的一方遭到第三国侵略，另一方有义务提供包括军事援助在内的一切必要帮助；两国必要时有权使用对方的军事基地和军用设施；双方将在军队装备更新和军事改革等方面加强合作，在打击国际恐怖主义和极端主义方面协调行动。从文本内容和性质看，俄乌联盟关系条约大大超越了2004年6月签署的俄乌战略伙伴关系条约，将两国战略伙伴关系升格为军事政治同盟关系。这种联盟关系一方面为“安集延事件”后备受西方孤立和压力的乌兹别克斯坦提供了必要的安全保证和政治支持，另一方面也为俄罗斯在中亚增加了一个重要的地缘政治盟友。

这一阶段，中亚国家由于害怕美国实施的“民主改造”和“颜色革命”而接近俄罗斯，素有反俄情绪的乌兹别克斯坦甚至因为美国对“安集延事件”的反应而投入俄罗斯的怀抱。由于中亚国家外交政策深受俄美两大国争夺因素的影响，而俄美两国在中亚的角逐尚未分出胜负，因此，中

① Марат Мамадшоев, Ферганский излом, *Азия-плюс*, 19 мая 2005г.

亚国家与俄罗斯的关系仍然将受到美国政策的制约。

第二节 中亚国家与美国的关系

苏联解体使中亚国家和美国得以相互进入对方的外交政策视野。中亚五国均把发展与当今世界唯一超级大国——美国的关系置于外交政策的优先地位之一，期冀获得美国的政治支持、经济援助和安全协助。美国对中亚国家的兴趣最初来自能源，后来随着该地区地缘政治价值的增长而日渐浓厚。中亚国家与美国的关系因彼此重视，首先是美国对中亚重视程度的提高而获得了快速的发展，其间也因美国对中亚国家推行“民主改造”和俄美在中亚展开地缘政治争夺而波动起伏。

总体看，中亚五国与美国的关系可划分为三个阶段。第一阶段从1991年到1995年，为建立双边政治和经济关系的阶段；第二阶段从1996年到2001年“9·11”事件，为双方加强关系的阶段；第三阶段从“9·11”事件至今，为中亚国家在俄美平衡基础上发展与美国关系的阶段。

一 中亚国家与美国建立双边政治和经济关系

中亚国家独立后，面临着复杂的国内国际任务，对与美国发展关系以促进这些任务的解决寄予殷切的希望。具体地说，中亚国家对美国的需求包括：获得外交承认和政治支持、帮助融入国际社会、争取财政援助和经济投资、促使美国参与保障中亚地区安全等等。由于这些需求没有得到美国的实质性满足，中亚国家在经济、政治和安全等各个方面仍旧依赖俄罗斯，因此中亚国家均奉行亲俄罗斯外交，各国制定的优先发展与美国关系的政策没能得到切实的执行。

苏联解体初期，美国虽然很快承认中亚各国为独立主权国家，并同它们建立了外交关系，但是并没有对中亚地区表现出浓厚的兴趣，因为这个时期美国集中精力巩固和消化中东欧地区的冷战成果，在独联体地区奉行“俄罗斯第一”、不挑战俄罗斯在这一地区的首领地位的政策。美国的中亚政策主要包括：建立民主政治制度；促进市场经济发展；支持这些国家融入世界经济和主要国际组织；帮助保障这些国家的独立和安全；促进中亚地区的和平与合作；解除哈萨克斯坦核武器和开发里海石油。

中亚国家与美国建立了发展双边关系的法律基础。1992年5月哈萨克斯坦总统纳扎尔巴耶夫正式访问美国，两国领导人宣布哈萨克斯坦同美国建立新型关系，双方签署了贸易关系协议、鼓励和相互保护投资协议等文件。1994 年 2 月纳扎尔巴耶夫总统再次访问华盛顿，同克林顿总统签署了哈美民主伙伴宪章。宪章规定哈、美两国将在双边合作的各个领域发展伙伴关系，并且载明美国支持哈萨克斯坦安全、独立、主权、领土完整及其民主发展的立场。① 1993 年 5 月吉尔吉斯斯坦总统阿卡耶夫访问美国，同美方达成一系列双边关系协议。同年 9 月乌兹别克斯坦总统卡里莫夫出席联合国大会期间，与美国领导人举行会晤，就发展两国关系达成共识。1994 年 11 月美国国务院代表团访问塔什干，双方发表乌美关系原则联合声明。

促使哈萨克斯坦无核化是美国对中亚政策的重要内容。苏联解体后，在哈萨克斯坦、乌克兰和白俄罗斯境内保留着数量可观的核武器，其中在哈萨克斯坦有 104 枚当时先进的“SS－18”陆基洲际弹道导弹和 1040 枚核弹头②。它们的存在及其可能的扩散被美国视作潜在的威胁，因而美国一直敦促这些国家放弃核武器并作为无核国家加入核不扩散条约。美国联合俄罗斯一道向哈萨克斯坦施加压力，迫其就范。1992 年 5 月哈萨克斯坦签署了战略进攻性武器条约里斯本议定书，承诺成为无核国家。1993 年 12 月，作为国务卿克里斯托弗和副总统戈尔访问阿拉木图的会谈成果，美国与哈萨克斯坦签署了关于销毁井基洲际弹道导弹发射装置，消除事故后果和预防核武器扩散框架协定。哈萨克斯坦并不情愿放弃具有战略威慑力的核武器，但是美、俄两国的强大压力使它认识到无核化只是时间早晚的问题。在这种情况下，哈萨克斯坦明确地提出以世界主要大国，尤其是俄罗斯和美国作出安全保证为其无核化前提条件的要求。1994 年 12 月，在欧安组织布达佩斯峰会过程中，美国、俄罗斯和英国领导人签署了关于为哈萨克斯坦提供安全保障备忘录。为促使哈萨克斯坦遵守无核化承诺，美国增加了对哈经济援助，美国的援助在 1993 年为 9100 万美元，在 1994 年增加到 3.96 亿美元，其中有 8400 万用于拆除核武器。③ 到 1995 年 5 月，哈萨克斯坦境内的核弹头已经全部运出，所有的发射装置在其后都被

---

① ［哈］卡·托卡耶夫著：《中亚之鹰的外交战略》，赛·纳雷索夫译，新华出版社 2002 年版中译本，第 131 页。

② А. Джекшенулов, Новые независимые государства Центральной Азии в мировом сообществе, Москва, 2000г., с. 229.

③ ［美］胡曼·佩马尼著：《虎视中亚》，王振西主译，新华出版社 2002 年版中译本，第 132 页。

拆除。

美国支持中亚国家的独立、主权和领土完整，帮助它们完全融入国际社会。这一政策的目的在于巩固苏联解体的后果，防止俄罗斯与中亚国家重新一体化进而恢复“欧亚帝国”。正如时任布什总统顾问的美国著名政治家奥尔科特所说，“美国应该教他们如何成为独立国家，这首先要独立于俄罗斯，只有那时中亚才能从法律上的独立变为事实上的独立”，这将有利于美国在该地区的利益。① 1992 年 10 月美国参议院通过《支持自由法案》。该法律规定，美国将向原苏联国家提供经济、技术和人道主义援助，促进这些国家保持社会稳定，加快民主政治和市场经济改革。1994 年中，哈萨克斯坦、吉尔吉斯斯坦、土库曼斯坦和乌兹别克斯坦先后加入北约“和平伙伴关系”计划，从 1995 年起这些国家及塔吉克斯坦的部队开始被邀请参加在该计划框架下进行的军事演习。1995 年 8 月乌兹别克斯坦和吉尔吉斯斯坦的武装力量参加了在美国路易斯安那州举行的演习。在美国武装力量中央司令部的支持下，1995 年 12 月，哈萨克斯坦、乌兹别克斯坦和吉尔吉斯斯坦三国建立了联合维和部队——中亚营。

发展经济联系是美国中亚政策的重要组成部分。美国与哈萨克斯坦经济合作的优先领域主要有能源、交通、建筑、采矿和电信等等。1992 年美国谢夫隆石油公司进入哈萨克斯坦市场，同哈萨克斯坦政府签署了意向投资总额为 200 亿美元的开采位于哈西部地区的田吉兹油田的合同，在合同框架内成立了合资企业“田吉兹谢夫隆”，其中美国公司占有 45% 的股份。1993 年“田吉兹谢夫隆”开始开采田吉兹石油。后来，美国的“美孚”和“菲利浦石油”等石油公司纷纷进入哈萨克斯坦。1995 年 3 月，哈萨克斯坦和美国签署了贸易、投资和经济合作协议，制定了同美国在减少和消除贸易壁垒基础上发展双边贸易措施的共同计划。美国在中亚地区利益的推进主要是通过经济机制和在油气等战略资源领域巩固地位来实现的。在中亚国家获得独立后的最初几年，美欧许多大公司在当地市场扎下根来，明显削弱了俄罗斯的经济影响。1992—1994 年，美国与中亚五国的贸易虽然总额不大，但增速不低，具体如下：美哈贸易额分别为 3600 万美元、1.09 亿美元、1.91 亿美元，美乌贸易额分别为 5100 万美元、8000 万美元、9300 万美元，美吉贸易额分别为 300 万美元、2000 万美

① ［哈］卡·托卡耶夫著：《中亚之鹰的外交战略》，赛·纳雷索夫译，新华出版社 2002 年版中译本，第 128 页。

元、1400万美元，美塔贸易额分别为1100万美元、3000万美元、7500万美元，美土贸易额分别为3600万美元、4800万美元、1.39亿美元①。

二　中亚国家加强与美国的关系

20世纪90年代中后期，随着中亚国家退出卢布区后经济形势相继好转，政治局势因总统集权制逐渐形成而趋于稳定，塔吉克斯坦内战双方寻求和平解决冲突等形势的发展，这些国家实施对外经济政治联系多元化，摆脱俄罗斯控制的倾向越来越强烈。它们在继续优先发展与俄罗斯关系的同时，加强了与“远方国家”，首先是美国的关系。

1996年6月乌兹别克斯坦总统卡里莫夫访问美国，双方表达了加强乌美关系的愿望，签署了乌美军事技术合作协议等文件。1997年7月吉尔吉斯斯坦总统阿卡耶夫访问华盛顿，同克林顿总统就发展两国关系等问题进行了深入的交流。同年11月哈萨克斯坦总统纳扎尔巴耶夫访问美国，双方决定将哈美关系定位为“战略伙伴关系”，并签署了哈美经济伙伴行动计划等18个文件②。1999年12月纳扎尔巴耶夫总统再次访问美国，双方签署了哈美国防部2000年军事合作计划等多项文件。1998年4月土库曼斯坦总统尼亚佐夫访问美国，双方签署了能源合作和防务协定。中亚国家与美国之间的高层会晤和不断扩大的双边合作加强了双边政治、经济关系，也缓和了因为美国批评中亚国家“民主”问题和人权问题而给双边关系造成的矛盾氛围。

同时，随着北约东扩计划的启动和俄美在其他一系列涉及欧洲安全问题上的矛盾频仍，美俄关系逐渐恶化，美国开始促进独联体地缘政治多元化，挤压俄罗斯的地缘战略空间。1997年7月美国参议院外交委员会通过一项决议，宣布中亚和南高加索是对美国具有切身重要意义的地区，要求政府帮助该地区国家抵御俄罗斯和伊朗的影响。同年美国正式宣布中亚为其战略利益区③。美国逐渐形成明晰的对中亚政策，其主要内容如下：（一）三大目标：①能源——主导油气开采和运输；②民主——扩展民主制度；③安全——防止核扩散、1999年以后开始反恐。（二）在国别优先排序上，哈萨克斯坦、吉尔吉斯斯坦和乌兹别克斯坦分别占据前三位。由

---

① The Commercial Department of the U. S. , Statistical Abstract of the United States in 1995.

② ［哈］卡·托卡耶夫著：《哈萨克斯坦：从中亚到世界》，赛·纳雷索夫译，新华出版社2001年版中译本，第212页。

③ 万光：“美国的新中亚战略”，载《现代国际关系》1997年第11期。

于俄罗斯在中亚仍拥有牢固的地位，而美国同该地区距离遥远，在各国影响根基尚浅，因而美国主要借助于经援军援和经济、军事合作方式来实现上述政策目标，同时促使中亚国家尽可能地摆脱俄罗斯的影响。

美国加大与哈萨克斯坦等国在油气开采方面合作的力度，并推动绕过俄罗斯的里海石油外运管道方案的实施。中亚里海地区大规模的油气开采使美国认识到，这一地区可以成为美国实施能源进口渠道多元化，减少对中东石油依赖的能源供应基地。1997 年 11 月美国与哈萨克斯坦签署卡拉洽加纳克斯石油凝析气矿床开采产品划分协议，此后美国“美孚”和“菲利浦石油”等多个公司组成里海石油开发财团组织，对哈萨克斯坦北部里海 10 个板块进行勘探和开采，这些板块石油预计储量有 40 亿吨。1998 年美哈合资企业“田吉兹谢夫隆”开采石油达 850 万吨，占到哈萨克斯坦石油开采总量的 30%。[①] 截至 2000 年初，哈萨克斯坦石油天然气部门共获得 20 多亿美元外国投资，其中美国投资就达 15 亿美元[②]。同时美国积极与乌兹别克斯坦、土库曼斯坦开展能源合作，成效显著。为了从中亚里海地区获得稳定的石油供应，特别是帮助该地区产油国摆脱石油出口对俄罗斯输油管道的依赖，美国促使土库曼斯坦、阿塞拜疆、格鲁吉亚和土耳其四国在 1999 年 11 月签署了修建巴库—第比利斯—杰伊汉输油管道协议，并资助它们将这个耗资巨大的工程付诸实施。

与苏联解体初期美国重点支持中亚国家的独立和主权不同，这一阶段美国将促进民主化作为对中亚政策的重要目标。在中亚拓展民主的根本目的在于扩大美国的政治影响，最终将中亚各国纳入美国的势力范围。美国在中亚推行“民主外交”的手法主要有二：一是直接批评有关国家的民主、人权状况，公开要求它们加以改善；二是将民主和人权问题同经济援助、提供贷款挂钩，用经济手段诱迫中亚国家按照附加的政治条件进行改革。前者因其强硬性经常引起中亚国家的反感而收效有限，后者因其柔和性而效果明显。1992—1998 年，美国对中亚国家的援助总额达到 13 亿美元，这些援助包括人道主义、支持民主、市场经济和社会改革、安全与边防、教育等方面。中亚国家中哈萨克斯坦在接受美国的援助方面独占鳌头：1997 年为 3550 万美元，1998 年为 4050 万美元，1999 年为 4420 万美元，2000 年为 5350 万美元，2001 年为 7150 万美元。通过上述援助，

---

① ［哈］卡·托卡耶夫著：《中亚之鹰的外交战略》，赛·纳雷索夫译，新华出版社 2002 年版中译本，第 139—140 页。

② 赵学功：《当代美国外交》，社会科学文献出版社 2001 年版，第 91 页。

美国不仅迫使受援国政府实施相应的民主政治和市场经济改革，而且在这些国家的政府、军事、边防、海关、教育、媒体等各个部门培植了一股亲美势力，扩大了美国的政治影响。

美国对中亚政策的安全目标主要体现在防止核扩散和反恐两个方面。促使哈萨克斯坦销毁核武器之后，美国转向防止哈萨克斯坦和乌兹别克斯坦两国大规模杀伤性武器生产的工艺和核材料流失到美国的敌对国家或恐怖组织手中。美国与乌兹别克斯坦 1998 年签署了旨在防止大规模杀伤性武器扩散的销毁弹药监控和统计制度协议，2001 年 5 月签署了在共同防止大规模杀伤性武器扩散领域深化合作协议。1999 年 8 月巴特肯事件后，美国开始发展与中亚国家的安全合作。2000 年 4 月美国提出“中亚安全倡议”，为此向中亚五国各提供 300 万美元的额外安全援助。同年 9 月美国国务院正式将“乌伊运”列入国际恐怖主义组织名单。美国还认识到伊斯兰极端主义组织对于塔吉克斯坦安全的现实威胁性，允诺给予塔吉克斯坦安全援助①。

美国加强与中亚国家的军事联系。美国与中亚国家保持了军事团组互访，签署了国防部年度合作计划、双边军事技术合作协议等多项军事合作文件。美国向中亚国家提供军事援助，帮助它们培训军官、进行军事改革和加强国防建设。美国利用北约“和平伙伴关系”计划扩大对中亚国家的影响，1996 年 8 月美国邀请哈萨克斯坦、吉尔吉斯斯坦、乌兹别克斯坦三国首次派兵参加北约“和平伙伴关系”计划参与国在美国北卡罗来纳州举行的联合军事演习，1997 年 9 月美国同上述三国在哈萨克斯坦境内举行了“中亚维和”联合军事演习，此后每年都要同它们举行“中亚营”国际维和演习。1999 年 10 月美国将中亚五国由欧洲战区划归中央战区负责。

这一时期美国对中亚政策的一个不能忽视的方面是瓦解俄罗斯领导的经济一体化。美国积极帮助建立中亚的乌兹别克斯坦参加的有明显反俄倾向的“古阿姆”集团。“古阿姆”集团正式成立于 1999 年 4 月，成员国为乌克兰、格鲁吉亚、阿塞拜疆、摩尔多瓦和乌兹别克斯坦，主要任务是加强经贸联系、建立亚欧运输走廊、保障能源供应线路的安全、调解地区冲突以及在北约“和平伙伴关系”计划的框架内发展相互合作。② 2001 年

---

① Ричард Гирагосян, Роджер Макдермотт, Военное присутствие США в Центральной Азии: “БОЛЬШАЯ ИГРА ” или “БОЛЬШАЯ ВЫГОДА ”? http: //www. ca-c. org/online/2004/journal_ rus/cac-01.

② 郑羽主编:《独联体十年：现状 问题 前景》，世界知识出版社 2002 年版，第 236 页。

6月“古阿姆”集团五国总统在雅尔塔会晤并签署了雅尔塔宪章，从而完成了“古阿姆”集团向正式的地区性国际组织的转变。“古阿姆”集团由于多数成员国与俄罗斯在解决民族冲突和促进独联体经济一体化等问题上发生矛盾和分歧，又得到美国和北约的支持，因此成为一支不可小觑的阻碍独联体一体化进程的力量。

三 中亚国家在俄美平衡基础上发展与美国关系

2001年“9·11”事件后，中亚国家积极支持美国在阿富汗进行的反恐军事行动，与美国的关系获得了空前的发展。中亚国家强化对美政策的原因在于：阿富汗塔利班及其支持的“乌伊运”已威胁中亚地区安全多年，中亚各国对此束手无策，美国对塔利班政权动武无异于帮助中亚国家消灾除害；中亚国家希望通过支持反恐换取美国的经济回报，并改善与美国的关系；中亚国家在一定程度上欢迎美国参与中亚事务，认为这有利于平抑俄罗斯在中亚的影响，增强中亚国家相对于俄罗斯的独立性。中亚国家的积极态度为美国驻军中亚，介入中亚事务创造了条件。

“9·11”事件成为美国整体外交政策，特别是对中亚政策的转折点。2001年12月，美国助理国务卿琼斯在美参议院对外关系委员会中亚高加索分委会发表讲话，阐述了美国对中亚政策的新构想。她说，美国在中亚有三大利益：防止恐怖主义扩散；向中亚国家提供政治经济改革、建立法制社会以及维护人权的方法；保障里海能源安全、开发透明度及其出口多元化，保证美国在中亚投资安全①。与“9·11”事件之前相比，美国对中亚政策的变化主要体现在：（一）三大政策目标优先次序重新排列，反恐跃居首要地位：①安全——反恐；②民主——扩展民主制度；③能源——主导油气开采和运输。（二）中亚国家优先次序发生变化，哈萨克斯坦不再占据首要位置，而是退居乌兹别克斯坦、吉尔吉斯斯坦和塔吉克斯坦之后。

为配合阿富汗反恐军事行动，美国对中亚国家展开积极外交，争取它们对美军开放陆、空走廊甚至提供前沿基地。2001年9月26日纳扎尔巴耶夫总统同小布什总统进行了电话交谈，9月28日哈萨克斯坦外长伊德利索夫同美国国务卿鲍威尔在华盛顿会晤，哈方表示了愿意以各种

① A. Elizabeth Jones, “U. S. -Central Asian Cooperation”, Testimony to the Subcommittee on Central Asia and the Caucasus, Foreign Relations Committee, U. S. Senate, December 13, 2001.

可能的方式支持美国反恐行动的立场。12 月 18 日纳扎尔巴耶夫总统对美国进行了工作访问，同小布什总统举行会谈并签署哈美新关系联合声明、关于建立能源伙伴关系声明等文件。9 月 16 日，乌兹别克斯坦外长卡米洛夫表示，乌“对将与美国进行的任何形式的反恐合作都敞开大门”，包括可能提供其领土用于打击阿富汗恐怖分子训练营。[①] 塔吉克斯坦与俄罗斯磋商之后，在 10 月 8 日公布了愿意在必要情况下向美国提供空中走廊的决定。11 月 3 日，美国国防部长拉姆斯菲尔德访问杜尚别时，塔吉克斯坦正式同意反恐联盟军事力量可以使用塔境内 3 个机场——杜尚别机场、库里亚布机场和库尔干—丘别机场。但是美国专家组考察后认为，由于缺乏技术和设备条件，只有杜尚别机场可以使用，并且只能用来给运输机加油。

在阿富汗战争开始前后美国和北约军队迅速进入中亚。2001 年 10 月美军开始租用乌兹别克斯坦的汉纳巴德机场。美国在该机场部署了 1500 多名军人和 30 架战机，设置了一个特种部队指挥中心。同年 12 月吉尔吉斯斯坦和美国签署为期一年，可以顺延的《为美国空军及其盟国提供军事基地协议》。美国在吉尔吉斯斯坦“马纳斯”机场部署 4000 名军人和 40 多架战机，2002 年 3 月以后法国军队和多架“幻影 -200”歼击机进驻该基地。在塔吉克斯坦，美国没有部署军队，只是利用杜尚别机场为美军飞机加油。2001 年 12 月 186 名法国军人及多架军用运输机进驻杜尚别机场，担负起在阿富汗执行人道主义援助和搜救行动等任务。

美国借反恐合作机会加强同乌兹别克斯坦的关系。乌兹别克斯坦也适时利用美乌接近和美国的军事存在追求自己的内外政策目标：保障国家安全；平衡俄罗斯的影响；获取美国经济援助；确立本国在中亚地区的首领地位。2002 年 3 月卡里莫夫总统对美国进行首次正式访问，与美国签署乌美战略伙伴关系与合作基础宣言，乌美在科技、核不扩散领域合作的协定。同月，华盛顿通过美国进出口银行向乌兹别克斯坦提供了 5500 万美元贷款，美国国会代表团访问塔什干，重申美国将给予乌兹别克斯坦 1.6 亿美元援助。美国继续支持乌兹别克斯坦参加“古阿姆”集团的活动。2002 年 6 月乌兹别克斯坦声明将退出“古阿姆”集团，引起美国的负面反应。在美国国务院的声明中强调，“参与该组织有助于加强作为地区领

---

① Владимир Сергиенко, Узбекистан: Постоянны лишь национальные интересы, http: //www. iocsmag. com/ 2002/ 10/ 09.

袖的乌兹别克斯坦的作用”，希望塔什干重新考虑自己的决定[①]。为促使塔什干回心转意，美国国务院公布了美国国会通过的“援助乌兹别克斯坦结果修正案”（从1992年起到2002年美国给乌兹别克斯坦的各种援助总额约6亿美元）。财政部长奥尼尔带着美国发展同乌兹别克斯坦及其他中亚国家贸易的新建议访问塔什干，美国国际开发署用于发展交通和运输的350万美元援款接踵而至。8月美国向乌兹别克斯坦提供了5300万美元的人道主义援助。这一系列措施促使塔什干发表声明，表示“乌兹别克斯坦不会退出‘古阿姆’集团，而只是不再参与该组织的某些活动”。[②]

美国通过增加财政援助的方式扩大对吉尔吉斯斯坦的影响。2002年4月在美国的支持下世界银行在小额财政资助计划框架下给予吉尔吉斯斯坦100万美元贷款，同年7月国际货币基金组织向吉尔吉斯斯坦提供1600万美元贷款。9月阿卡耶夫总统访问华盛顿，同小布什总统签署继续发展战略伙伴关系声明，美国允诺给予吉尔吉斯斯坦9200万美元援助。

美国也开始积极拉拢与俄罗斯关系密切的塔吉克斯坦，除了加大对塔吉克斯坦援助力度外，还允诺帮助塔方更新保卫塔阿（富汗）边界的塔边防军技术装备和为塔培训职业边防军人。2002年2月5日，美国中央司令部代表团访问塔吉克斯坦，同塔方签署双边协议，文件规定美国将帮助塔吉克斯坦巩固边界安全，包括培训边防军人、提供技术设备和通讯工具等。2月20日塔吉克斯坦加入北约“和平伙伴关系”计划，成为第27个参与该计划的国家。12月塔吉克斯坦总统拉赫莫诺夫正式访问美国，同小布什总统举行会谈并签署联合声明，表示两国“决心在消除国际恐怖主义、大规模杀伤性武器扩散和贩毒等安全威胁的事业中进一步密切和有效地开展合作，赋予两国多方位合作以长期战略伙伴关系的参数”。[③] 2002年美国向塔吉克斯坦提供了3980万美元无偿援助。

在美国进行反恐战争的情况下，中亚地缘政治形势发生了巨大的变化，中亚国家对美国的战略重要性也得到不同程度的上升。2002年，美国对中亚国家财政援助的优先方向也随之发生急剧的变化：乌兹别克斯坦

---

① Бахтиер Рашидов, Узбекистан не намерен выходить из объединения ГУУАМ, а лишь приостановил участие в отдельных мероприятиях этой организации, http: //www. mirtv. ru/ 2002/ 09/26.

② Там же.

③ Зафар Саидов, Внешняя политика Таджикистана в условиях глобализации, Душанбе, 2004г. , с. 333.

在接受美国援助方面跃居首位，由 2001 年的 5590 万美元猛增到 1.618 亿美元；塔吉克斯坦跃居第二位，由 2001 年的 5640 万美元增长到 8530 万美元，哈萨克斯坦由 2001 年的 7150 万美元增长到 8160 万美元，吉尔吉斯斯坦也由 2001 年的 4060 万美元增长到 4900 万美元①。

美国大力给予中亚国家财政和经济援助的同时，将赌注下在同该地区国家的双边安全合作上。美国利用反恐合作之机，极力同乌兹别克斯坦和吉尔吉斯斯坦建立密切的军事关系。当然，美国对与哈萨克斯坦和塔吉克斯坦发展军事联系也很感兴趣，但是因为俄罗斯在这两个国家拥有牢固的地位，所以美国不得不对它们采取更加克制的态度。2002 年 4 月，美国国防部长拉姆斯菲尔德在访问阿斯塔纳时，试探性地提出使用哈萨克斯坦机场的问题，并同阿方就在紧急情况下使用哈萨克斯坦机场达成共识。7 月 10 日，哈萨克斯坦和美国签署关于哈向美国空军提供阿拉木图国际机场条件的谅解备忘录。根据该文件，哈方将提供阿拉木图国际机场作为美国空军紧急迫降和加油的备用机场。

获取更多的中亚油气资源和修建绕过俄罗斯的输油管道是美国在该地区的重大战略利益之一。在美国的财政支持下，巴库—第比利斯—杰伊汉输油管道 2002 年 9 月举行奠基仪式，2003 年初破土动工，2005 年 5 月正式通油。它的运营无疑地弱化了俄罗斯对于里海石油的控制及其外运通道的垄断地位，在一定程度上削弱了俄罗斯对该地区国家的影响力，同时巩固了中亚和里海国家的独立及其与欧洲一体化的趋势。

“民主改造”是美国对中亚政策的主要目标，即使在美国与中亚国家关系因反恐合作而形成的“蜜月期”，美国也没有停止对中亚国家的“民主渗透”，尽管这种“渗透”较以往更克制、更隐蔽，但是随着大规模反恐军事行动结束和阿富汗局势渐趋稳定，特别是在格鲁吉亚和乌克兰“颜色革命”相继得手后，美国对中亚地区“民主改造”的激情空前高涨。美国认为，促使中亚各国实行民主政治和市场经济，不仅是美国在全球推广“自由”“民主”的利益所在，而且是中亚国家铲除极端主义和恐怖主义滋生土壤的最佳途径。美国图谋在早就被喻为“中亚民主之岛”的吉尔吉斯斯坦发动“郁金香革命”，使之成为中亚“民主改造”的样板。美国政府在 2004 财年向吉尔吉斯斯坦提供了 1220 万美元

---

① Б. К. Султанов, Политика и интересы мировых держав в Казахстане, Алматы, 2002г. с. 102.

"民主"计划援助①，美国公开支持反对派，利用吉尔吉斯斯坦境内的45个基金会、17个外国非政府组织、上千个当地非政府组织和200多名和平队员为反对派备选造势。2005年2—3月，吉尔吉斯斯坦举行两轮议会选举，落选的反对派候选人组织抗议活动，要求总统辞职并重新选举，由此引发吉尔吉斯斯坦政治危机。美国在议会选举期间为推动"民主"和支持反对派候选人投入500万美元，给予反对派公开的舆论和政治支持，是推动吉尔吉斯斯坦"郁金香革命"取得成功的不可或缺的外部因素。

2005年5月"安集延事件"后，乌兹别克斯坦与美国关系的急剧恶化对美国在中亚的军事存在甚至总体影响力产生了强烈的冲击。美国在评论"安集延事件"时，指责卡里莫夫政府使用武力，造成大量平民伤亡。美国认为动乱源于乌兹别克斯坦长期积累下来的社会经济和政治问题，国务卿赖斯呼吁卡里莫夫总统进行政治改革，使政治制度更加开放。美国的各种人权团体和多名议员要求布什政府对卡里莫夫总统的镇压行动进行谴责。美国国会众议院则在7月初通过将乌兹别克斯坦从"对外国军事拨款"计划中除名的法案。卡里莫夫政府对美国的指责和惩罚十分恼火，同时又惧怕美国利用汉纳巴德空军基地在乌兹别克斯坦推行"颜色革命"，因此开始考虑撤除美军汉纳巴德基地的问题。在这种情况下，乌兹别克斯坦再次由美国倒向俄罗斯，积极寻求俄罗斯的政治和舆论支持。为了加大对美国的压力，乌、俄两国还联合中国及其他中亚国家，在7月5日上海合作组织成员国元首阿斯塔纳会议宣言中，要求确定国际反恐联盟临时使用该组织成员国地面基础设施、空中运输通道以及在这些国家驻军的最后期限。在做了上述外交准备之后，7月29日乌兹别克斯坦外交部照会美国驻乌使馆，正式要求美军在180天内撤离汉纳巴德空军基地。而在7月11日，吉尔吉斯斯坦新当选总统巴基耶夫也表示，鉴于阿富汗局势趋于稳定，吉、美两国应该讨论美军继续驻留吉尔吉斯斯坦的必要性问题了。一时间，美国在乌、吉两国军事基地的前途岌岌可危。

为保留马纳斯空军基地，美国国防部长拉姆斯菲尔德2005年7月访问吉尔吉斯斯坦和塔吉克斯坦。吉尔吉斯斯坦同意美国可以继续使用马纳斯空军基地，并表示只要阿富汗安全局势还不稳定，马纳斯基地就将继续存在。塔吉克斯坦表示，塔至今一直认真地履行自己在2001年承担的向

① 孙壮志："独联体'颜色革命'的地缘政治解读"，载《2005年俄罗斯东欧中亚黄皮书》，社会科学文献出版社2006年版，第34页。

反恐联盟成员国提供领空和领土用于支持在阿富汗的联合行动的义务，今后也不会放弃自己的义务。拉姆斯菲尔德的访问缓解了关于失去乌兹别克斯坦汉纳巴德空军基地对美军在阿富汗反恐行动以及美国在中亚军事存在可能产生严重影响的担忧。同年10月美国国务卿赖斯巡访了吉尔吉斯斯坦、阿富汗、哈萨克斯坦和塔吉克斯坦四国。访问中，吉尔吉斯斯坦重申同意美军继续使用马纳斯空军基地的立场，哈萨克斯坦表示愿意加强哈美经济合作和向巴库—杰伊汉输油管道提供石油，塔吉克斯坦重申愿与美国加强反恐合作的政策，同时也表示了不会同意在塔境内建立美国军事基地的立场。

乌兹别克斯坦作出要求美军撤离汉纳巴德空军基地的决定之后，乌美关系进一步恶化。美国以停止经济援助的方式对乌兹别克斯坦进行制裁，采取措施报复乌兹别克斯坦和颠覆卡里莫夫政权。美国推动联合国人权署同流亡到罗马尼亚的所谓“乌兹别克斯坦难民”访谈，搜集乌兹别克斯坦政府在“安集延事件”中“屠杀和平居民”的各种“罪证”，以此为根据推动联合国作出决议，迫使乌兹别克斯坦接受“国际独立调查”。9月30日，美国国会甚至通过一项决议，要求布什政府向联合国施压，将卡里莫夫总统告上国际刑事法庭，以追究其对“安集延流血事件”的责任。美国和乌兹别克斯坦都坚持强硬立场，互不妥协，不仅使两国关系陷入敌视对峙状态，而且使撤军问题谈判失去回旋的余地。11月21日，驻扎在乌兹别克斯坦的最后一批美军撤离汉纳巴德空军基地，美国在这个中亚国家长达四年的军事存在宣告结束。

美国不顾中亚历史传统和现实国情，不惜牺牲中亚国家稳定，自以为是地推行“民主改造”甚至“颜色革命”，不仅将乌兹别克斯坦推到俄罗斯的怀抱，而且使其他中亚国家认清了美国打着“民主”幌子行地缘政治扩张之实的本质，增强了对美国的警惕和防范，从而损害了美国与中亚国家的关系。美国与中亚国家关系的前景如何，主要地取决于以下三个因素：首先，美国如何兼容其中亚政策中两个互相矛盾的目标——安全和民主；其次，俄美在中亚的争夺；再次，中亚各国政治体制和社会经济的发展状况。

第三节　中亚国家与中国的关系

苏联的解体，使原来苏联的疆域上出现了15个新兴国家，其中12个为独联体国家，同时也使与中国有共同的陆路边界的国家由12个增加到

15个，其中中亚三个国家，即哈萨克斯坦、吉尔吉斯斯坦和塔吉克斯坦与中国接壤。1991年12月到2001年6月上海合作组织成立之前，中亚五国先后与中国迅速建立了大使级外交关系，经济贸易合作也逐步扩大。在这一时期，与中国接壤的哈萨克斯坦、吉尔吉斯斯坦和塔吉克斯坦三国将中国作为外交政策的优先方向之一，彼此间的合作关系主要包含了两方面的内容，其一是在边境地区各自裁减军事力量并建立在边境地区的相互信任；其二是在长期悬而未决的边界的划分问题上取得了重大进展。上海合作组织建立后，中亚国家（除了中立国土库曼斯坦外，其余中亚四国都是该组织正式成员国），在新的关系机制下，与中国的安全合作、经贸合作及能源合作都有了迅速发展。

一　上海合作组织建立之前中亚国家与中国外交关系的建立和发展

苏联解体后，中国政府领导人在多种场合明确阐述了与中亚独联体国家发展友好合作关系的基本原则。1994年4月下旬，中国国务院总理李鹏在访问中亚时，阐述了中国关于发展同中亚独联体国家关系的四项原则：1. 坚持睦邻友好、和平共处；2. 开展互利合作，促进共同繁荣；3. 尊重中亚各国人民的选择，不干涉内政；4. 尊重独立主权，促进地区稳定。

（一）哈萨克斯坦与中国的关系。苏联解体后，独立的哈萨克斯坦成为中国重要的邻国，两国的共同边界约1770公里。1991年12月27日，中国外交部致电哈萨克斯坦外交部，宣布中国承认哈萨克斯坦独立，1992年1月3日，中哈两国签署建交公报，宣布即日起两国建立大使级外交关系，中国是最早承认哈萨克斯坦独立并与之建交的国家之一，哈萨克斯坦是最早与中国建交的独联体国家之一。

哈萨克斯坦与中国政治与安全合作的发展，主要集中在以下领域：

首先，中哈两国的高层领导人之间的经常互访，奠定了两国关系的法律和相互信任的基础，两国的多领域合作关系在此基础上顺利发展。哈萨克斯坦高度重视与中国的关系，在独立之初哈萨克斯坦百业待兴的1992年2月，哈萨克斯坦总理捷列先科访问了北京，与中国签署了《关于建立中哈政府间经贸和科技合作委员会的协定》、《关于双方公民相互往来的协定》等合作文件，推动了中哈两国之间的最初的交往。1992年下半年，中哈两国的外交部长又实现了互访。1993年10月、1995年9月、1996年4月、1999年11月和2001年6月，哈萨克斯坦总统纳扎尔巴耶夫多次到中国进行正式访问或参加在上海召开的“上海五国”首脑会晤，中国国家主席江泽民（1996 年 7 月和 1998 年 7 月）、中国国务院总理李鹏（1994 年 4 月和 1997 年 9 月）、中国国家副主席胡锦涛（2000 年 7 月）等国家领导人先后访问了哈萨克斯坦。双方领导人在互访期间签署了一系列双边合作文件，奠定了中哈两国发展各领域的双边关系和在地区问题上合作的法律基础和共同的政策原则。1993 年 10 月两国领导人签署的《关于中国和哈萨克斯坦友好关系基础的联合声明》指出，两国在和平共处五项原则和国际法准则的基础上发展双边关系，努力发展各领域的双边合作，确认中苏边界谈判中涉及中哈边界段已达成的协议，哈萨克斯坦承认中华人民共和国是中国唯一合法的政府，不与台湾建立任何形式的官方关系，中国承诺在任何情况下不对无核国家和无核区使用核武器。1999 年 11 月两国签署的《中哈关于在 21 世纪继续加强全面合作的联合声明》，表明了两国长期保持在双边和相关地区问题上保持密切合作的愿望。

其二，中哈两国在促进两国公民间的相互友好往来，尊重对方的领土和主权完整方面进行了密切的成功的合作。1992 年 2 月，在哈萨克斯坦总理捷列先科访华期间，双方即签署了《关于双方公民相互往来的协定》和《关于在哈萨克斯坦境内开设中国商店的协定》，使两国公民的跨界往来，特别是中国公民前往哈萨克斯坦境内探亲和经商活动迅速发展增多，这使两国的双边关系中开始出现新的问题。由于哈萨克族在本国的人口中所占的比例不到一半（约为 48%），为了增加主体民族在总人口中的比重，在独立初期哈萨克斯坦政府提供了多种优惠条件，鼓励世界各地的哈萨克人回国定居，并在 1992 年 9 月 20 日于阿拉木图召开了“世界哈萨克人代表大会”，在一定程度上影响了中国新疆伊犁哈萨克自治州的稳定。1992 年 1 月，一个名为“维吾尔人跨国联盟”的组织在阿拉木图成立，并与“东突厥斯坦委员会”和“维吾尔斯坦解放组织”等组织合并，成立了“维吾尔组织政治联合委员会”，开始向中国新疆地区进行武装渗透。该组织在 1992 年 9 月 30 日被哈萨克斯坦政府司法部批准为合法组织，使居住在新疆七里河地区的要求民族自立的维吾尔人得到了鼓舞。随着中国和哈萨克斯坦两国关系的日益密切，中国政府提出了民族分离主义势力的危害性问题，希望哈萨克斯坦政府加强与中国政府在此领域的合作。1994 年 4 月 25—28 日，中国国务院总理李鹏访问了阿拉木图，纳扎尔巴耶夫总统在与李鹏总理的会见中明确表示，从两国睦邻友好出发，哈萨克斯坦在西藏、台湾、“东突厥斯坦”等问题上支持中国的立场。哈萨克斯坦将认真履行《中哈友好关系基础的联合声明》，反对宗教极端主义、泛突厥主义和民族分裂主义，不允许此种组织在哈萨克斯坦从事反华活动。[①] 两国在此领域的合作保证了双边关系的稳定发展，也为后来在“上海五国”框架下的反对三股势力的合作奠定了基础。

其三，中国和哈萨克斯坦边界的最终明确划定在两国关系史上具有重要的意义。苏联解体之前，中哈之间的边界走向的大部分地段由沙俄政府和中国清朝政府在1864年签订的《中俄勘分西北界约记》作了粗略的规定，在中苏关系交恶的1969年8月，中苏两国在新疆的铁列克提地区还爆发了小规模的武装冲突。苏联的解体使本来已出现进展的边界谈判和划界工作未能完成。哈萨克斯坦独立后，从1992年10月开始派出自己的代表团参加了以中国为一方，独联体四国为一方的边界谈判。

1994年4月26日，中国国务院总理李鹏在访问阿拉木图期间与哈萨克斯坦总统签署了《中哈国界协定》，经双方交换立法机关的批准书后于1995年9月11日生效。这个含有九项条款的协定确定了除双方未协商一致的两块争议地区以外的中哈边界走向，同意继续谈判解决尚未达成一致的地区的边界走向问题，决定成立联合勘界委员会负责实施勘界工作。同时，在关于两个争议地区的边界走向问题，中哈双方本着逐一谈判，逐一签订协定的原则，1997年9月24日，中国国务院总理李鹏在访问阿拉木图期间与哈萨克斯坦总统签署了第一个《中哈国界补充协定》，叙述了1994年《中哈国界协定》没有包括的自中哈国界第六十九界点至两国国界西南端终点汗腾格里峰全长约10公里的边界走向。1998年7月4日，中国国家主席江泽民在出席在哈萨克斯坦首都召开的“上海五国”第三次元首会议期间，与哈萨克斯坦总统纳扎尔巴耶夫签署了第二个《中哈国界补充协定》，该协定叙述了中哈边界上察汗鄂博和夏尔希里两块地区的中哈边界走向。该协定的签署标志着中哈边界问题全部解决。1999年11月下旬，纳扎尔巴耶夫访问北京，中哈两国领导人签署了《中哈关于两国边界问题获得全面解决的联合公报》。边界问题的最终解决，消除了两国关系中的隐患，为两国在边界安全、边界贸易和跨界民族友好往来提供了必要的条件。

其四，哈萨克斯坦是中国在地区安全问题上的重要合作伙伴。两国在“上海五国”机制下完成了在边界地区加强信任和裁军的工作，在反对三股势力问题上的合作与维持全球战略稳定方面的共识，不仅有利于地区和

① 唐家璇主编：《中国外交辞典》，世界知识出版社2000年版，第164页。

国际形势的稳定，也为两国友好关系的发展注入了新的动力。

（二）吉尔吉斯斯坦与中国的关系。吉尔吉斯斯坦是与中国直接接壤的独联体国家之一，中吉两国的共同边界长度为 1096 公里。吉尔吉斯斯坦于 1992 年 1 月 5 日与中国签署建交联合公报，建立大使级外交关系。吉尔吉斯斯坦与中国的政治与安全关系主要表现在：两国经常性的领导人互访奠定了两国关系发展的框架和拓展了合作领域；两国在边界安全和边界划定方面进行了坦诚的合作；两国在地区安全方面具有一致的立场并进行了密切的合作。

1992 年 5 月中旬，吉尔吉斯斯坦总统阿卡耶夫和总理成吉雪夫一起访问了北京，表明了吉尔吉斯斯坦政府对发展吉中关系的重视，阿卡耶夫成为独联体成员国中第一个访问中国的国家元首。在这次访问期间，中吉双方有关部门签署了八个合作文件，使双方各部门的合作迅速发展起来。此后，吉尔吉斯斯坦总统和总理多次访问中国，中国国家领导人江泽民、李鹏也多次访问近邻吉尔吉斯斯坦。1996 年 7 月，中国国家主席江泽民在访问比什凯克期间与阿卡耶夫总统签署了《中吉联合声明》，全面阐述了发展两国友好合作关系所遵循的基本原则和双方合作的基本领域。《联合声明》指出，中吉两国互视为友好邻邦，愿意共同致力于发展两国面向 21 世纪的长期稳定的睦邻友好和互利合作关系；不同第三国缔结任何针对对方的条约或协定，不允许利用其领土从事任何旨在危害另一方国家主权、安全和公共秩序的活动；吉尔吉斯斯坦遵循一个中国的原则，不与台湾发展官方关系；双方反对任何形势的民族分裂主义，反对煽动国家间、民族间和宗教间的矛盾，不允许任何组织和势力在本国境内从事针对对方的分裂活动；双方将就双边关系以及双方感兴趣的国际和区域性问题进行磋商。

两国边界遗留问题的正式解决，也使两国关系发展顺利。1992 年 5 月，中国与吉尔吉斯斯坦发表关于两国友好与合作关系的联合公报，承认 1987 年至 1991 年中苏边界谈判中关于中吉边界段所取得的成果，愿意以此为基础就遗留问题继续谈判。吉尔吉斯斯坦边界谈判代表团参加了 1992 年 9 月成立的俄罗斯、哈萨克斯坦、吉尔吉斯斯坦和塔吉克斯坦四国组成的联合边界谈判代表团的工作。1996 年 7 月 4 日，作为中吉边界谈判的阶段性成果，中国国家主席江泽民在首次访问吉尔吉斯斯坦期间与阿卡耶夫总统签署了《中吉国界协定》，该协定于 1998 年 4 月 27 日生效。这个协定规定了中吉两国除一块争议地区外的边界走向，规定成立联合勘界委员会实施勘界立标工作。1999 年 8 月 26 日，中吉两国签署了《中吉国界补充协定》，最终划定了一块争议地区的边界走向，从而使得两国的边界问题得到了全面解决。

吉尔吉斯斯坦是“上海五国”对话机制的成员国，在该机制范围内，中国和吉尔吉斯斯坦不仅顺利解决了边境地区的相互信任和裁军问题，还就一系列共同面临的问题达成了广泛的共识和进行了磋商与协作，使中吉关系具有了更牢固的基础。

（三）塔吉克斯坦与中国的关系。塔吉克斯坦是中国西部的邻邦，两国的共同边界总长约 400 公里。1992 年 1 月 4 日，塔吉克斯坦与中国签署建交公报，双方建立大使级外交关系。第二天，双方代表又签署了两国间的经济贸易协定，开始了两国间最初的贸易来往。

塔吉克斯坦政府自独立以来就面临着国内反对派武装夺取政权的内战局面，因而，该国政府将与周边大国搞好双边关系，寻求外部支持，稳定本国政权作为基本国策。1993 年 3 月，塔吉克斯坦最高苏维埃主席（国家元首）拉赫莫诺夫访问了北京，双方领导人签署了《关于中国和塔吉克斯坦相互关系基础的联合声明》，确定了两国发展双边关系的基本原则。《联合公报》指出，双方将在和平共处五项原则的基础上发展双边关系，用和平方式解决双方间的任何问题，彼此不参加任何针对对方的敌对行动，不允许第三国利用其领土损害另一方的国家主权和安全利益。塔吉克斯坦承认中华人民共和国是中国唯一的合法政府，承诺不与台湾发展任何形式的官方关系，中塔双方的经济将是两国关系的组成部分。在这次访问期间，双方签署了十余个合作文件，中国政府向塔吉克斯坦提供 3000 万元人民币的政府贷款，并提供了 300 万元人民币的无偿援助。在此之后，中塔两国各部门的领导人经常相互访问，逐步拓展了两国在各领域的合作。1996 年 4 月、1996 年 9 月和 1999 年 8 月，塔吉克斯坦总统拉赫莫诺夫三次来到中国参加“上海五国”会议和对中国进行正式访问。1999 年 6 月，钱其琛副总理在访问塔吉克斯坦期间，向东道主提供了 1000 万人民币的无偿援助。2000 年 7 月，中国国家主席江泽民首次访问了塔吉克斯坦。

塔吉克斯坦是“上海五国”元首会晤机制的参加国，在这个机制下，中塔两国顺利地解决了边境地区的相互信任问题和裁军问题，加深了两国在共同反对三股势力问题上的合作。

与哈萨克斯坦和吉尔吉斯斯坦相比，中国与塔吉克斯坦的边界问题较为复杂，争议涉及的领土面积也要大得多。1882 年中国清朝政府与沙皇俄国签订了《中俄喀什噶尔界约》，1884 年双方又签订了《中俄续勘喀什噶尔界约》，规定了今天帕米尔地区的中国与塔吉克斯坦边界的大致走向。1891 年 9 月和 1892 年 4 月，沙俄政府利用《中俄续勘喀什噶尔界约》中关于边界走向的不规范之处，即中俄两国的边界线在乌孜别里山口地区，俄国边界一直往西南，中国边界一直往南的规定，出动军队不仅占领了乌孜别里山口西南的待议地区，而且入侵了山口以东直至萨雷阔勒岭的中国领土，清朝政府因此与沙皇政府进行了长达两年多的交涉。1894 年清朝政府与日本的关系陷入严重危机之时，为了避免两线作战，清朝政府于当年 4 月与沙俄政府换文，同意维持帕米尔地区的现状。同时，清朝政府在换文中明确指出："在采取上述措施时，并不意味着放弃中国对于目前由中国军队占领以外的帕米尔领土所原有的权利。它认为，应保持此项以 1884 年议定书为根据的权利，直到达成一个满意的谅解为止。"① 由于上述历史遗留问题，目前中国与塔吉克斯坦的边界争议地区的面积达 2.8 万平方公里。经过 1992 年 10 月以来的长时间谈判，1999 年 8 月，在拉赫莫诺夫总统访华期间，两国就双方国界线协商一致的部分签署了《中塔两国国界协定》，2000 年 7 月，中国、塔吉克斯坦和吉尔吉斯斯坦三国领导人还签署了《中塔吉三国国界交界点协定》。目前，中塔两国正在继续就总面积为 2.8 万平方公里的尚未协商一致的领土的归属问题进行谈判。

（四）土库曼斯坦与中国的关系。土库曼斯坦位于中亚地区的西南部的里海沿岸，面积 48.8 万平方公里，是仅次于哈萨克斯坦的中亚五国中领土面积第二大的国家。中国政府于 1991 年 12 月 27 日正式承认土库曼斯坦独立，两国于 1992 年 1 月 6 日建立大使级外交关系。

1992 年 11 月，土库曼斯坦总统尼亚佐夫对中国进行了正式访问，中国国务院总理，中国国家主席杨尚昆和中共中央总书记江泽民分别会见了尼亚佐夫。双方签署的联合公报确定了两国发展友好合作的双边关系的基本原则。1994 年 2 月，土库曼斯坦的最高立法机构国民议会的主席访问了中国。1994 年 4 月，中国国务院总理李鹏访问了土库曼斯坦，双方签署了中国向土库曼斯坦提供 5000 万人民币贷款协定和两国外交部磋商议定书。两国政府各部门的交往也比较频繁。

1998 年 8 月末至 9 月初，尼亚佐夫总统第二次来华访问，双方领导人

① 复旦大学历史系《沙俄侵华史》编写组：《沙俄侵华史》，上海人民出版社 1975 年版，第 263 页。

签署了《中土关于进一步发展和加强两国友好合作关系的联合声明》和若干个经贸合作文件。尼亚佐夫总统就这次访问的意义评价说，土中两国已经建立起面向21世纪的经济合作关系。1999年6月，中国国务院副总理钱其琛访问了土库曼斯坦，并向东道国提供了1000万人民币的无偿援助。2000年7月上旬，中国国家主席江泽民首次访问了土库曼斯坦，双方领导人签署了《中土联合声明》和若干个经济合作文件。《联合声明》肯定了以往双方签署的双边文件和发展双边关系的基本原则对发展两国合作关系的重要意义，还特别强调了双方在反对三股势力问题上的共同立场与合作愿望，双方将不允许任何组织和势力在本国境内从事损害另一方主权、安全和稳定的活动。中方支持土库曼斯坦政府奉行的永久中立的外交政策，认为这一政策对地区形势的发展有着建设性影响。① 在这次访问期间，两国有关部门还签署了《中国石油天然气公司与土库曼斯坦政府在石油和天然气领域相互谅解和合作基本原则协议》，开拓了两国新的经济合作领域。同年7月中旬，中国军事代表团访问了土库曼斯坦，建立了两国的军事领域的交流关系。2001年2月下旬，土库曼斯坦派出自己的代表团参加了在中国海南省举行的博鳌经济论坛会议。

由于土库曼斯坦在独立以后的基本国策是谋求中立国的国际地位，中国不与土库曼斯坦直接接壤，两国的双边合作基本上集中在经济合作和双边友好关系的建立上，两国在反对三股势力的问题上的立场一致性，对中亚地区的稳定也具有建设性的意义。

（五）乌兹别克斯坦与中国的关系。乌兹别克斯坦是独联体中亚五国当中人口最多的国家，也是除了俄罗斯直接继承了苏联与中国的外交关系外与中国建交最早的独联体国家。中国政府在1991年12月27日承认乌兹别克斯坦独立，六天后，即1992年1月2日，双方政府的代表签署了建交联合公报，建立了大使级外交关系。

乌兹别克斯坦独立以来一直高度重视与中国发展友好合作关系。在独立之后不到三个月，即1992年3月，乌兹别克斯坦总统卡里莫夫访问了北京，与中国领导人江泽民、杨尚昆和李鹏分别进行了会谈，访问期间双方签署的联合公报确定了双方发展友好互利合作关系的基本原则。1994年4月，中国国务院总理李鹏访问了乌兹别克斯坦，双方一致认为有必要进一步推进双边经济合作，并表达了双方在维护中亚地区的宗教稳定和民

① 《中华人民共和国和土库曼斯坦联合声明》，载《人民日报》2000年7月7日。

族关系稳定的共识。1994 年 10 月，卡里莫夫总统第二次访问北京，进一步促进了双方的友好关系。

1996 年 7 月初，中国国家主席江泽民访问了塔什干。在双方最高领导人的会谈中，中方感谢乌兹别克斯坦政府在台湾、西藏、反对民族分裂主义等重大问题上理解并支持中国的立场。中国也将一如既往地支持乌兹别克斯坦为维护国家主权和独立、稳定国内局势和促进本地区的和平与稳定所做的努力。卡里莫夫总统则表示希望进一步加强与中国各领域合作，特别是经贸合作。在这次访问期间，中国政府还向东道国赠送了价值 300 万元人民币的物资。1998 年 2 月，中国和乌兹别克斯坦、吉尔吉斯斯坦签署了三国联合运输协定。1999 年 6 月，中国国务院副总理钱其琛访问乌兹别克斯坦期间，向东道国提供了 1000 万元人民币的无偿援助。

1999 年 11 月上旬，乌兹别克斯坦总统卡里莫夫第三次访问北京，在中乌两国领导人的会晤中，“双方一致认为，宗教极端主义和民族分裂势力对有关国家和地区的稳定造成了严重威胁，对于这些势力必须予以严厉打击。中乌两国愿加强合作，共同打击上述这些势力”。[①] 针对 1999 年 8 月至 10 月间在乌吉塔三国交界地区出现的大规模恐怖活动，中国向乌兹别克斯坦政府提供了 300 万元人民币的军事援助。2000 年 8 月，乌兹别克斯坦国防部长访问了北京，建立了两国军事部门的直接联系，探讨了两国在打击中亚三股势力领域的合作问题。

在保持中亚地区稳定，打击三股势力方面的共识和利益一致性，和经贸领域的合作关系一样加强了两国双边关系。卡里莫夫总统作为观察员参加了 2000 年 7 月 5 日在塔吉克斯坦首都杜尚别举行的“上海五国”第五次首脑会晤，并正式提出了加入“上海五国”机制的申请。2001 年 6 月 15 日，乌兹别克斯坦和“上海五国”在上海共同举行六国领导人会议，一致赞同将“上海五国”机制扩展为上海合作组织。

二 由“上海五国”论坛到上海合作组织

“上海五国”机制是指中国、俄罗斯、哈萨克斯坦、吉尔吉斯斯坦和塔吉克斯坦五国于 1996 年 4 月在中国第一大城市上海开始的就本地区的安全事务和其他领域的合作每年举行一次的元首会晤机制。

“上海五国”机制的建立起源于苏联解体后中国与俄罗斯等独联体国

① “乌兹别克斯坦总统卡里莫夫访问我国”，载《人民日报》1999 年 11 月 11 日。

家需要共同磋商和解决加强边境地区的信任和共同裁减军备力量的遗留问题。1992 年 10 月，当以中国为一方，以俄罗斯、哈萨克斯坦、吉尔吉斯斯坦和塔吉克斯坦四国组成的联合代表团为另一方的磋商与谈判正式开始的时候，“上海五国”机制的雏形就建立起来了。将中俄哈吉塔五国就边境地区信任和裁军的谈判机制，发展成为关于五国相互间关系和共同有关的地区性问题的内容更广泛的安全与合作论坛是上述五国共同的愿望，而 1992 年以来中国与上述独联体四国关系的顺利发展，五国间关于地区安全的广泛共识及面临的问题的某些共同性，为五国在加强信任和裁军问题解决后继续保持和发展“上海五国”机制提供了新的动力。在边境地区军事领域加强信任的措施协定（1996 年 4 月）和边境地区裁减军备的协定（1997 年 4 月）签署以后，中亚地区内部和周边地区出现的新的安全形势与合作需要，使“上海五国”进一步扩展彼此间合作的内容，使该机制发挥更大的作用。1999 年 7 月下旬，20 多名乌兹别克族伊斯兰极端分子从塔吉克斯坦潜入吉尔吉斯斯坦南部，武装劫持人质，8 月初又有近千名乌兹别克族武装分子越过塔吉克斯坦和吉尔吉斯斯坦边界，企图占领吉尔吉斯斯坦境内乌兹别克斯坦的一块飞地。这股武装不仅俘虏了吉尔吉斯斯坦的内务部队司令和大量平民，而且使其南部数以千计的居民沦为难民。这一事件使“上海五国”和乌兹别克斯坦决定扩大彼此间在安全领域的合作。

2001 年 6 月 15 日，“上海五国”机制的成员国元首和乌兹别克斯坦总统在中国上海再次聚会，签署了《哈中吉俄塔乌国家元首会晤公报》、《“上海合作组织”成立宣言》和《打击恐怖主义、分裂主义和极端主义上海公约》三个文件。本次会议标志着在“上海五国”的基础上“上海合作组织”的正式建立，有关六国将在打击三股势力方面进行更密切的更强调实际操作的协调行动。

“上海合作组织”第一次元首会议在以下几个方面推进了成员国之间的合作：

明确规定将“互信、互利、平等、协商、尊重多样文明、谋求共同发展”的上海精神作为成员国之间发展合作关系的准则，保证新的合作组织的健康、高效的运作和持久的发展。

在打击三股势力领域进行更切实的合作的同时，启动成员国之间多领域合作，特别是要尽快启动贸易和投资便利性谈判进程，完成了由原“上海五国”机制以安全为中心的磋商、协调立场的功能向区域性的多领域的具有实际操作功能的多边合作组织方向的过渡。

强调了成员国之间在重大地区和国际事务中的协调行动和密切合作，预示着该组织谋求在国际事务中发挥更大的影响。

三　“9·11”事件后中亚国家与中国的关系

“9·11”事件后，中亚国家纷纷调整外交政策，积极利用反恐合作加强与美国的关系，受其影响，中亚国家与中国和上海合作组织开展安全合作的积极性有所下降，但是双边政治和经济关系获得了不断的发展。中亚国家强化与美国关系的外交努力由于美国趁着各国大选的时机推行“颜色革命”而丧失动力，各国相继将对外政策向支持它们现政权及其政治制度的俄罗斯和中国回摆，中亚国家与中国的关系因此获得了更加快速的发展。

“9·11”事件后国际形势的发展对中亚国家与中国的关系产生了一定的冲击。首先，美国和其他西方国家在中亚驻军反恐，扩大了中亚国家的外交战略运筹空间，中亚国家适时推行大国平衡、多维、实用的外交政策，竭力加强与美国的关系以获取更多经济援助和政治支持，因此在一定程度上减少了同中国发展关系的热情和期待。其次，中亚国家加强与美国的反恐合作，相应地也就减弱了与中国的安全合作，并且使2001年6月成立的以安全合作和经济合作为宗旨的上海合作组织的生存面临着严峻的挑战。当2001年秋季中亚国家同意美国在邻近中国西部边陲的地区部署军队时，甚至都没有同中国进行磋商，这明显地反映出当时中国未能与中亚国家在双边和上海合作组织基础上建立起有效的军事政治合作机制的问题①。美国在摧枯拉朽般打击阿富汗塔利班政权的战争中所展示的强大的军事实力及其对中亚国家提供的大量安全援助，增强了它们同美国进行安全合作的兴趣，这为中国与中亚国家开展安全合作增加了一定的难度。再次，美国强力介入中亚事务，打破了中亚地区原有的地缘政治格局，俄美在中亚展开争夺，不仅给该地区稳定增添了一个不确定因素，也为中国—中亚—俄罗斯友好合作关系注入了一个干扰性因素。

同时，中亚国家与中国的双边合作在上述背景下仍然有所发展。例如，继续开展政治对话与合作，巩固双方睦邻友好关系。（一）高层会晤

---

① Сергей Охотников, Китай и Центральная Азия после начала антитеррористической операции в Афганистане, *Центральная Азия и Кавказ*, №5, 2002г.

频繁，双边关系稳步发展。2002 年 5 月塔吉克斯坦总统拉赫莫诺夫访问中国，双方签署了联合声明等重要文件。同年 6 月吉尔吉斯斯坦总统阿卡耶夫访问北京，中、吉两国签署睦邻友好合作条约。同年 12 月哈萨克斯坦总统纳扎尔巴耶夫访华，双方签署中哈睦邻友好合作条约。2005 年 7 月胡锦涛主席访问哈萨克斯坦，两国领导人签署中哈关于建立和发展战略伙伴关系的联合声明，将双边睦邻友好合作关系进一步提升为战略伙伴关系。2004 年 6 月胡锦涛主席访问乌兹别克斯坦，两国元首签署了《关于进一步发展和深化中乌友好合作伙伴关系的联合声明》。2005 年 5 月乌兹别克斯坦总统卡里莫夫访问中国，双方签署中乌友好合作伙伴关系条约。除了双边范围的高层互访，2001—2005 年中国与中亚国家在上海合作组织框架下举行了五次元首会晤和四次总理会晤。这些会晤增强了双方政治互信，巩固了双边政治关系。（二）彻底解决了历史遗留的边界问题，为进一步加强双边关系奠定了坚实的政治基础。继中国与哈萨克斯坦圆满解决边界问题之后，中国与塔吉克斯坦于 2002 年 5 月签署国界补充协定和 2003 年 9 月互换国界补充协定批准书，2004 年 9 月中国与吉尔吉斯斯坦签署勘界议定书。至此，中国与哈、吉、塔三国间全长 3300 多公里的边界已全部划定，并成为四国发展友好与合作关系的重要纽带。（三）双方立法机构、政府各部门、政党、地方和民间的交流不断扩大，中亚国家与中国睦邻友好关系的社会基础日益牢固。

中亚国家与中国经济合作的规模不断扩大，水平显著提升。（一）哈萨克斯坦等国与中国的能源合作迅速发展。2003 年 3 月中国石油天然气集团公司（以下简称“中油集团”）与哈萨克斯坦国家天然气公司合资建设的全长 450 公里、年输油量 1200 万吨的肯基亚克—阿特劳输油管道投入运营。同年 6 月中国与哈萨克斯坦签署共同研究和分阶段建设中哈输油管道议定书、中国进一步增加对哈萨克斯坦油气部门投资协议。同年 8 月中油集团收购了曼格斯套州“北布扎奇”油田的全部股份，并在阿克纠宾斯克州兴建庞大的用于开采和加工石油以及将石油输往中国的基础设施。同年 12 月中国石油化工集团（Синопек）获得了田吉兹附近的三大区块 50% 的股份，同时加紧开发“扎纳若尔”和“肯基亚克”两个油田。[①] 2004 年 6 月中、哈两国政府签署在石油和天然气领域发展全面合作框架协

① Каламкас Есимова, Казахстанско-китайское сотрудничество в энергетической сфере, *Центральная Азия и Кавказ*, №1, 2005г.

议、修建阿塔苏—阿拉山口输油管道的基本原则协议。2005 年 10 月中油集团收购了哈萨克斯坦石油公司，获得了该公司 12 个油田的所有权和 6 个区块的勘探许可权。中哈输油管道一期工程阿塔苏—阿拉山口段 2004 年 9 月开工，2005 年 12 月竣工，该段管道全长 962.2 公里，设计年输油能力为 2000 万吨，它的建成和运营标志着中哈能源合作取得了重大的阶段性成果。2004 年 6 月中国和乌兹别克斯坦签署在石油和天然气领域开展互惠合作协议，2005 年 5 月中油集团与乌兹别克斯坦国家油气控股公司签署关于成立合资企业在乌境内开展油气勘探和开发工作的协议，目前中、乌两国能源合作已经进入实施阶段。中国与土库曼斯坦之间的能源合作，包括中土天然气管道建设的准备工作逐渐展开。中国与塔吉克斯坦在水电开发领域的合作也正在积极商讨之中。（二）中亚国家与中国贸易额逐年增长。中国与中亚国家通过签订经贸合作协议，促进贸易便利化，协调贸易政策等方式，推动双边贸易不断发展。中国和哈萨克斯坦 2002 年贸易额为 19.55 亿美元，2003 年为 32.86 亿美元，2004 年为 45 亿美元，2005 年为 68.1 亿美元，同比增长 51.4%。中国和吉尔吉斯斯坦 2002 年贸易额为 2.02 亿美元，2003 年为 3.14 亿美元，2004 年为 6.02 亿美元，2005 年为 9.72 亿美元，同比增长 61.4%。中国和塔吉克斯坦 2002 年贸易额为 1239 万美元，2003 年为 3239 万美元，2004 年为 6315 万美元，2005 年为 1.58 亿美元，同比增长 150%。中国和土库曼斯坦 2002 年贸易额为 8751.5 万美元，2003 年为 8292 万美元，2004 年为 9874 万美元，2005 年为 1.1 亿美元，同比增长 11.6%。中国和乌兹别克斯坦 2002 年贸易额为 1.32 亿美元，2003 年为 3.47 亿美元，2004 年为 5.75 亿美元，2005 年为 6.81 亿美元，同比增长 18.3%。[①] 从商品结构上看，中国主要向中亚国家出口机械设备、通讯设备、交通工具、家用电器、纺织品、日用品和食品等，主要从中亚国家进口石油和石油产品、有色金属及金属制品、化工产品、棉花、羊毛、皮革等。从中国与中亚地区贸易总额上看，中国与中亚五国贸易额由 1992 年的 4.6 亿美元增长到 2005 年的 87.3 亿美元，增长了近 18 倍。（三）中亚国家与中国经济技术合作逐渐扩大。中、哈两国 2003 年 6 月签署《2003—2008 年合作纲要》、2004 年 5 月签署《中哈经济贸易协定》，中、塔两国 2004 年 7 月和 2005 年 7 月两次签署经济技术

① 除中塔贸易额引自塔吉克斯坦统计委员会公布的 2002 年、2003 年、2004 年、2005 年统计年鉴之外，中国与中亚其他四国的贸易额均引自《海关统计》2002 年第 12 期、2003 年第 12 期、2004 年第 12 期、2005 年第 12 期。

合作协议，2004 年 9 月中、吉两国签订《2004—2014 年合作纲要》，2005 年 5 月中、乌两国签署经济技术合作协议。上述文件加上双方先前签署的投资保护协定以及其他涉及具体领域合作的文件，为中国与中亚各国经济技术合作的深入发展提供了法律保障。2001—2005 年，双边经济技术合作取得可喜的成果：连接中、吉、乌三国的公路建设项目正式启动，中、乌在电力机车、拖拉机、煤气表等项目上的合作顺利进行，中吉合资的造纸厂等项目正常运作，中国帮助土库曼斯坦提高古穆达克油田采收率项目成效显著，中国在塔吉克斯坦实施的棉花膜下滴灌项目和城市电话网改造项目取得良好的经济和社会效益。据不完全统计，截至 2006 年初，中国对中亚五国累计投资近 70 亿美元，涉及油气、交通、通讯、农业、化工、铁路机车和电站设备供应、城市基础设施建设、工程承包等多个领域。（四）中国继续向中亚国家提供力所能及的无偿援助和优惠贷款，为中亚各国的经济建设发挥了积极的作用。中国与中亚国家蓬勃发展的经贸关系，充实了双方友好合作关系的内涵，进一步夯实了双边关系的物质基础。

尽管受到美国驻军中亚因素的影响，与中国开展安全合作仍旧是中亚国家对外政策不容忽视的方面。虽然美军在阿富汗的军事行动粉碎了塔利班政权和“基地”组织，但是威胁中亚各国和中国新疆安全的“三股势力”仍旧残存，加上中亚国家和新疆生活着众多跨国界民族及各国安全形势具有相互关联性，这些因素都促使中亚国家重视发展与中国的安全合作。中国与中亚国家安全合作包括以下方面：（一）联合打击“三股势力”，共同维护地区安全。除了双方领导人签署的包含共同打击“三股势力”内容的联合声明等文件，2002 年 12 月中国与哈萨克斯坦、吉尔吉斯斯坦，2003 年 9 月中国与塔吉克斯坦、乌兹别克斯坦分别签署《关于打击恐怖主义、分裂主义和极端主义的合作协定》。中国与中亚国家的公安、安全、边防和国防等部门保持经常性联系，在必要时实施联合打击“三股势力”的活动。（二）开展军事和军事技术合作。中国向中亚国家提供军事援助，帮助它们装备军队、完善边防设施和培训军官等等。2002 年 10 月中国与吉尔吉斯斯坦首次举行联合军事演习，操练双方反恐协作能力。（三）中亚国家与中国在上海合作组织框架下积极开展安全合作，中国支持并参加哈萨克斯坦倡议召开的“亚洲相互协作与信任措施会议”、乌兹别克斯坦举办的“中亚安全与合作问题塔什干论坛”及中亚无核区对话、吉尔吉斯斯坦召开的“伊塞克湖论坛”和塔吉克斯坦提出的在阿富汗周边建立“反毒品安全带”计划。（四）双方加强在打击贩毒、武器走私、跨国犯罪和非法移民等非传统安全领域的合作。中亚国家中，哈萨克斯坦、吉尔吉斯斯坦和塔吉克斯坦因安全形势相互关联而对同中国开展安全合作持积极态度，土库曼斯坦因奉行中立政策和互不接壤而与中国较少进行安全合作，乌兹别克斯坦在相当长时期内因热心与美国开展军事合作而对同中国和上海合作组织进行安全合作缺少兴趣①，这种情况在2005年“安集延事件”后因乌美关系的恶化而发生了根本性的变化。

在中国、俄罗斯和中亚国家的共同努力下，上海合作组织经受住“9・11”事件后的生存考验，逐渐发展成为一个有凝聚力的和有影响力的国际组织。（一）上海合作组织不断完善法律基础，健全组织结构，已基本完成创建阶段的任务，进入全面发展的时期。2002年6月上海合作组织六国元首在圣彼得堡举行会晤，签署《上海合作组织宪章》，对该组织的宗旨和任务作出了明确的规定，标志着上海合作组织正式作为一个全权的地区性国际组织开始运作。上海合作组织先后建立了国家元首理事会、政府首脑理事会、外长理事会、国家协调员理事会及各部门领导人（包括总检察长、安全会议秘书、国防部长、经贸部长、交通部长、文化部长、紧急救灾等部门领导人）会议等非常设机构。2004年1月上海合作组织秘书处在北京成立。同年6月该组织地区反恐怖机构在塔什干正式启动。上述常设和非常设机构的建立，为上海合作组织有效地开展工作提供了必要的组织保障。（二）上海合作组织框架内的安全合作不断拓展。发展安全合作是上海合作组织的两大基本功能之一，“9・11”事件后上海合作组织曾经面临的生存考验正是由美军在中亚反恐对该组织安全功能构成现实的挑战所致，但是后来的事实表明上海合作组织在维护地区安全方面具有不可替代性。2001年6月六国元首签署的《打击恐怖主义、分裂主义和极端主义上海公约》为上海合作组织打击“三股势力”奠定了法律基础，此后六国在国家元首、政府首脑、公安部长、安全部长、国防部长和外交部长理事会会议上磋商和协调打击“三股势力”等安全合作。2003年8月上海合作组织成员国首次举行多边联合反恐军事演习，展示了该组织打击“三股势力”的决心和能力。2005年7月六国元首在阿斯塔纳会议上签署《上海合作组织成员国合作打击恐怖主义、分裂主义和极端主义构想》，为

---

① Раиля Мукимджанова, Государства Центральной Азии и Китай: проблемы и перспективы сотрудничества, *Центральная Азия и Кавказ*, №4, 2004г.

成员国进行更加密切的安全合作制定了一系列具体措施。同时，上海合作组织框架内的安全合作不断扩大，进一步“外溢”到打击贩卖毒品和武器、非法移民、跨国犯罪等领域。（三）上海合作组织框架内的经济合作逐步展开。2001 年 9 月六国总理在阿拉木图会议上签署《上海合作组织成员国政府间关于开展多边经济合作的基本目标和方向及启动贸易投资便利化进程的备忘录》，开启了多边经贸合作进程。2003 年 9 月成员国总理在北京会议上签署《上海合作组织成员国多边经贸合作纲要》，该文件指明多边经济合作的近期目标是贸易和投资便利化，远期目标是建立自由贸易区。2004 年 6 月胡锦涛主席在上海合作组织成员国元首塔什干会议上宣布，为推动经贸合作取得实质性成果，中国决定向其他成员国提供总额为 9 亿美元的优惠出口买方信贷。同年 9 月成员国总理比什凯克会议批准了包括 11 大类、127 个合作项目的《关于〈上海合作组织成员国多边经贸合作纲要〉落实措施计划》，其中能源、电力、交通和通讯等优先领域的部分项目已经开始实施。2005 年 10 月上海合作组织成立银行间联合体和实业家委员会，以便对区域内合作项目组织银团贷款，为各国实业界合作牵线搭桥。

第四节　南高加索国家与俄罗斯和美国的关系

南高加索包括格鲁吉亚、阿塞拜疆和亚美尼亚三国，位于欧亚两洲交接部，地处黑海和里海之间，地理位置重要。该地区历史上多处于分裂状态，是强邻沙俄、波斯和奥斯曼争夺的对象。格鲁吉亚、亚美尼亚和阿塞拜疆在 19 世纪上半叶被沙俄兼并，后来成为苏联的三个加盟共和国。20 世纪 90 年代初，苏联解体，三国独立，它们在变成国际关系行为主体的同时，也成为世界地缘政治版图上的“灰色地带”，从而逐渐沦为俄罗斯和美国争夺势力范围的“逐鹿场”。

南高加索国家与俄罗斯和美国的关系，大致可划分为三个阶段：第一阶段从 1991 年到 1996 年，南高加索国家因在民族冲突和国家安全问题上依赖俄罗斯，或自愿或被迫奉行唯俄罗斯“马首”是瞻的政策，发展与美国一般性政治和经济关系；第二阶段从 1997 年到 2003 年格鲁吉亚“玫瑰革命”，格鲁吉亚和阿塞拜疆因将解决民族冲突的希望由俄罗斯转向美国，逐渐疏远俄罗斯、接近美国；第三阶段从格鲁吉亚“玫瑰革命”至今，格鲁吉亚反俄亲美，阿塞拜疆继续疏俄亲美，俄罗斯的传统盟友亚美尼亚也开始接近美国。

一　南高加索国家与俄罗斯的关系

南高加索三国的独立伴随着血腥的民族冲突——阿塞拜疆和亚美尼亚因纳戈尔诺—卡拉巴赫（以下简称“纳—卡”）归属问题发生的战争、格鲁吉亚同要求独立的阿布哈兹和南奥塞梯进行的内战，这些冲突加深了各国的政治和经济危机，而它们无力独自解决冲突的现实驱使它们求助于俄罗斯的调解，致使三国再次陷入俄罗斯的控制之下。由于对俄罗斯在冲突调解问题上无所作为不满，格鲁吉亚和阿塞拜疆在20世纪90年代中后期积极推动冲突调解国际化，并开始推行亲西方、疏远甚至反对俄罗斯的外交政策。

（一）南高加索国家依附于俄罗斯。南高加索三国民族独立意识强烈，20世纪90年代初三国兴起的民族独立运动对于苏联解体发挥了推波助澜的作用。独立前后，代表民族主义势力的加姆萨胡尔季阿和埃利奇别伊分别在格鲁吉亚和阿塞拜疆当政，两国都奉行亲西方、反俄罗斯的外交政策，拒绝加入俄罗斯主导的独联体军事政治一体化进程，排挤驻扎在本国境内的俄罗斯军队，其中阿塞拜疆在1993年将俄罗斯驻军清除出境。亚美尼亚因为资源匮乏，没有出海口，邻国阿塞拜疆和土耳其对其实行经济封锁和禁运政策，只有依靠俄罗斯才能保卫国家安全和发展经济，所以奉行亲俄政策，积极参与独联体一体化。

苏联解体初期，俄罗斯对内忙于处理纷繁复杂的政治和经济危机，对外奉行向西方“一边倒”政策，无暇也无意顾及南高加索三国。随着南高加索地区民族冲突的升级，乱民潮和移民潮向俄罗斯的涌动，特别是俄罗斯对于这些冲突可能在北高加索地区引起类似的民族分离主义运动的忧虑的加重，俄罗斯逐渐放弃冷眼旁观的立场，投入到南高加索地区民族冲突的调解当中。

纳—卡冲突[①]源于1988年2月阿塞拜疆纳—卡自治州占人口多数的亚美尼亚族人掀起的独立运动，自1991年7月起在阿塞拜疆和亚美尼亚及其支持的纳—卡武装力量之间展开。出于将亲土耳其反俄罗斯的阿塞拜疆

---

① 关于纳戈尔诺-卡拉巴赫问题、阿布哈兹问题和南奥塞梯问题的详细论述可参阅郑羽主编：《独联体十年：现状 问题 前景》（世界知识出版社2002年版）和柳丰华著：《“铁幕”消失之后——俄罗斯西部安全环境与西部安全战略》（华龄出版社2005年版）的有关章节，因篇幅所限，此处不作赘述。

重新拽回自身势力范围的考虑，俄罗斯采取了支持亚美尼亚取胜并以此引起阿塞拜疆政局动乱的策略。阿塞拜疆在战场上接连失败导致1993年6月埃利奇别伊政权垮台和盖达尔·阿利耶夫执政。盖·阿利耶夫总统不得不吁请俄罗斯出面调解纳—卡冲突，俄罗斯趁机迫使阿塞拜疆重返独联体和加入集体安全条约，但是阿塞拜疆拒绝了俄罗斯提出的关于在纳—卡地区部署独联体维和部队的建议。在俄罗斯的调停下，1994年5月，纳—卡自卫军司令与阿塞拜疆和亚美尼亚两国的国防部长签署停火协定。

阿布哈兹冲突和南奥塞梯冲突是由格鲁吉亚境内的阿布哈兹族人和奥塞梯族人要求独立而产生的。阿布哈兹最高苏维埃1990年8月通过主权宣言，1992年2月通过废止1978年格鲁吉亚宪法和恢复1925年阿布哈兹宪法的决议，同年8月格鲁吉亚军队进入阿布哈兹首府苏呼米，格阿武装冲突爆发。由于俄罗斯对格鲁吉亚采取以动荡促转变的策略，听任北高加索志愿军甚至俄罗斯驻格鲁吉亚军队援助阿布哈兹，因此阿布哈兹武装力量不久扭转战局，控制了阿布哈兹全境。进退两难的格鲁吉亚只得请求俄罗斯出面调停，俄罗斯迫使格鲁吉亚1993年加入独联体和集体安全条约。1994年6月俄罗斯维和部队进驻阿布哈兹，9月叶利钦总统促成格鲁吉亚和阿布哈兹领导人在索契签订长期停火协定。南奥塞梯自治州最高苏维埃1989年11月通过将自治州升格为自治共和国的决议，1990年8月宣布成立隶属于联盟中央的“南奥塞梯民主共和国”。同年12月格鲁吉亚最高苏维埃通过取消南奥塞梯自治地位的法律，格鲁吉亚军队随后进入南奥塞梯，双方开始武装对抗。在俄罗斯的调解下，1992年7月格鲁吉亚和南奥塞梯签署停火协定，俄罗斯维和部队进驻南奥塞梯。

俄罗斯与欧安组织的调停和冲突各方的谈判只是结束了军事行动，没有使争端朝着根本解决的方向发展。阿塞拜疆和格鲁吉亚坚持要求纳—卡、阿布哈兹和南奥塞梯在各自主权范围内实行自治，而亚美尼亚力图使纳—卡完全独立于阿塞拜疆，阿布哈兹和南奥塞梯谋求完全独立于格鲁吉亚，分歧难以弥合，因此谈判时断时续，毫无进展。阿布哈兹、南奥塞梯和纳—卡未能争取到对其独立地位的国际承认，而格鲁吉亚和阿塞拜疆则丧失了对上述领土的实际控制。

俄罗斯掌握了纳—卡、格阿和格南冲突调解的主导权。它一方面因为有自己的车臣问题，主张保持阿塞拜疆和格鲁吉亚的领土完整，同时应给予纳—卡、阿布哈兹、南奥塞梯近乎独立的自治权；另一方面，出于维护自己在南高加索地区战略利益的需要，俄罗斯希望维持这种不战不和、冲突各方都有求于己的状况，从而达到将南高加索三国都重新纳入自己的军事政治和经济轨道的目的。俄罗斯的这种调解政策引起了阿塞拜疆和格鲁吉亚的强烈不满，它们开始请求西方和土耳其参与冲突调解，向西方靠拢。只有亚美尼亚对俄罗斯的调解作用持肯定态度，奉行亲俄政策。

南高加索三国在维护国家安全，首先是边界安全方面需要俄罗斯的帮助。俄罗斯为了保持自己在南高加索地区的军事政治影响，致力于保卫独联体外部边界、保留俄罗斯军事基地。亚美尼亚与俄罗斯军事关系最为密切。1992 年 5 月亚美尼亚与俄罗斯等国签署了独联体集体安全条约。两国在 1994 年 10 月签署了吉姆里和埃里温军事基地条约，在 1995 年 3 月签署了关于亚美尼亚境内俄罗斯军事基地和由俄罗斯边防军保卫亚美尼亚外部边界的条约。格鲁吉亚受俄罗斯“冲突杠杆”所控，被动地同俄罗斯进行军事合作。1993 年 2 月格鲁吉亚和俄罗斯签署了友好、睦邻与合作条约及多项协定，条约规定，在格鲁吉亚境内建立五个俄罗斯军事基地，由俄罗斯边防军保卫格鲁吉亚与土耳其的边界。阿塞拜疆独立后奉行亲西方和疏远俄罗斯的政策，没有同意在其境内建立俄罗斯军事基地和由俄罗斯边防军保卫其外部边界。

作为里海沿岸国家，阿塞拜疆和俄罗斯围绕里海法律地位和石油开采权问题展开持久的争论。里海近海大陆架油气资源分布很不平衡，阿塞拜疆一侧大陆架已探明石油储量远远高于俄罗斯一侧大陆架，因此如何界定里海的国际法地位，从而确定里海油气矿床的归属和开采权，攸关俄、阿两国经济利益。俄罗斯认为里海是封闭的湖泊，主张共同开发海底资源；阿塞拜疆认为里海是开放的海域，主张彻底划分里海。俄罗斯打算凭借自身较强的经济实力和开采能力在共同开发油气资源方面占据优势，同时阻止里海地区之外的美欧国家参与里海能源开发。但是阿塞拜疆等里海沿岸国家都将引进外资、开发能源视为振兴经济和维护国家独立的有效途径，反对俄罗斯的立场，并积极吸引美欧石油公司参与里海油气开发。1996 年在里海沿岸五国外长会议上俄方提出“45 海里管辖权和保留里海中央共有水域”的妥协性划分方案，也没有得到阿塞拜疆的赞同。

（二）南高加索国家疏远俄罗斯。从 1997 年开始，南高加索国家开始推行去俄就美的政策。导致这一转变的主要原因有二：一是格鲁吉亚和阿塞拜疆日益丧失通过俄罗斯解决各自冲突问题的耐心和希望，纷纷转向美国和北约求助，因而在外交上积极向美欧靠拢；二是俄美在包括南高加索三国在内的独联体展开地缘政治角逐，美国对南高加索国家政治独立和经济发展的支持加剧了这些国家脱离俄罗斯控制的倾向。

格鲁吉亚将对外政策重心由俄罗斯转向美国，公开排挤俄罗斯驻军。格鲁吉亚议会通过边界保卫法，规定俄罗斯边防军须在1997—1998年撤出格鲁吉亚。1998年11月，俄、格两国签署政府间协定，规定俄罗斯边防军在1999年撤出格鲁吉亚，将格土（耳其）边界防务移交格边防军。从1998年下半年起，格鲁吉亚开始呼吁维和力量“国际化”，要求俄罗斯撤出驻扎在阿布哈兹的维和部队并以北约军队取而代之。1999年4月格鲁吉亚拒绝续签集体安全条约。同年11月俄罗斯边防军撤出格鲁吉亚。同年底，俄罗斯和格鲁吉亚发表联合声明，宣布俄罗斯将于2001年7月1日前关闭瓦贾尼和古达乌塔两个军事基地。2001年俄罗斯履行协议撤除了上述两个基地。

阿塞拜疆与俄罗斯关系虽然实现正常化，但是横亘其中的关键路障并未排除，随着阿塞拜疆与美国关系的加强，阿塞拜疆开始疏远俄罗斯。1997年5月盖·阿利耶夫总统访问俄罗斯，阿、俄两国签署友好与合作条约。尽管俄罗斯承认阿塞拜疆领土完整，但还是呼吁阿塞拜疆尊重纳—卡地区亚美尼亚人的“民族特性”，给予纳—卡近乎独立的自治权，阿塞拜疆对此非常不满。消极影响阿俄关系发展的其他问题包括：阿塞拜疆重视发展与俄罗斯的宿敌土耳其的军事政治合作，而俄罗斯重视发展与阿塞拜疆的“头号敌人”亚美尼亚的军事政治关系；两国在里海问题上争论不休；俄罗斯在阿塞拜疆过境出口石油方面设卡布障，在车臣局势紧张时封锁与阿塞拜疆的边界从而导致后者对外经济联系的中断等等。1997年7月盖·阿利耶夫总统访问美国后，阿美关系显著加强，阿塞拜疆将解决纳—卡问题和社会经济问题的希望转向美国。1999年4月阿塞拜疆退出集体安全条约，与格鲁吉亚等国组建了具有反俄色彩的“古阿姆”集团，并声称要尽快加入北约。

亚美尼亚是俄罗斯在南高加索的忠实盟友。亚美尼亚“除了与俄罗斯紧密结盟外，别无选择。它在原材料、能源、食品供应，以及在边界防范像阿塞拜疆和土耳其这样的历史宿敌上，都依赖于俄罗斯”。[①] 1997年8月亚美尼亚总统捷尔—彼得罗相访问俄罗斯，亚、俄两国签署友好、合作和互助条约，为巩固双方军事政治同盟和发展战略伙伴关系奠定了法律基

① ［美］亨廷顿著：《文明的冲突与世界秩序的重建》，周琪等译，新华出版社1999年版中译本，第319页。

础。1998 年 4 月科恰良总统执政后，继续奉行发展与俄罗斯战略同盟关系的路线。1999 年 4 月亚美尼亚续签了集体安全条约，与俄罗斯一道推动该机制下的军事合作，2002 年 5 月将其进一步升格为集体安全条约组织。

随着南高加索国家民族冲突的平息和社会经济建设的展开，三国与俄罗斯中断数年的传统经贸联系有所恢复。历史上形成的经济联系和地理上的封闭性驱使南高加索三国寻求与俄罗斯的经济合作，俄罗斯也开始有意识地利用经济杠杆恢复自己在这一地区的影响。从 1996 年起南高加索与俄罗斯的贸易出现增长势头，其中与阿塞拜疆和格鲁吉亚的贸易额比 1995 年增长 1 倍，1997 年俄罗斯与阿塞拜疆的贸易额达到 3.22 亿美元，为独立以来两国贸易之最。① 俄罗斯是亚美尼亚和格鲁吉亚能源的主要供给国，亚、格两国主要向俄罗斯出口贵重金属、矿产品和机械设备等。阿塞拜疆主要从俄罗斯进口有色金属、铝、家具、电器、汽车及其配件等，向俄罗斯出口石油产品、棉花、农产品、纺织品等。俄罗斯对亚美尼亚的投资主要集中在能源、矿山开采和化工部门，对格鲁吉亚的投资主要集中在锰矿开采、能源和机器制造业，对阿塞拜疆的投资主要集中在石油开采和石油运输方面。

为了抑制格鲁吉亚和阿塞拜疆的离心倾向，俄罗斯对它们分别采取了“大棒”政策和“胡萝卜”政策，但收效甚微。2000 年 12 月俄罗斯对阿布哈兹和南奥塞梯之外的格鲁吉亚居民实行签证制度，以此向格鲁吉亚施加压力。俄罗斯以种种借口保留格鲁吉亚境内的另外两个军事基地。为迫使格鲁吉亚配合俄罗斯清剿藏匿在潘基西峡谷的车臣非法武装分子，2002 年 8 月俄军战机数次轰炸潘基西峡谷。俄罗斯的“强力”政策使俄格关系更加紧张和疏远。2001 年 1 月普京总统首次访问巴库，与阿塞拜疆总统签署了旨在加强两国合作，建立新的战略伙伴关系的巴库宣言。阿、俄两国 2002 年 1 月签署了 2010 年前长期经济合作条约和加巴林雷达站地位、使用原则及条件协议，2003 年 9 月签署了里海邻接海底划分协议，消除了困扰双边关系多年的里海之争。但是俄阿关系的发展没能改变阿塞拜疆的亲美路线。

（三）南高加索国家与俄罗斯渐行渐远。以格鲁吉亚爆发“玫瑰革命”为标志，南高加索国家与俄罗斯的关系发生了新的质变：在美国进行经济军事援助和推行“民主改造”效果初显的情况下，格鲁吉亚反俄、阿

---

① Независимый Азербайджан：новые ориентиры，Москва，2000г. 2-ой т. с. 14.

塞拜疆亲美的政策取向不可逆转，俄罗斯在南高加索的影响急剧弱化。

2003年11月2日，格鲁吉亚举行议会选举。以议长布尔贾纳泽为代表的反对派指责选举存在大规模舞弊行为，在首都第比利斯组织抗议活动。格鲁吉亚中央选举委员会强行公布亲政权党派获胜的“选举结果”，召开新一届议会会议，进一步激化了矛盾，局势开始失控，22日反对派的支持者冲击并控制了议会大厦。由于格鲁吉亚长期奉行亲美疏俄政策，俄罗斯在此次危机中没有支持谢瓦尔德纳泽总统。11月23日凌晨俄罗斯外长伊·伊万诺夫紧急访问格鲁吉亚，呼吁当局和反对派通过对话解决危机。23日晚上内外交困的谢瓦尔德纳泽被迫辞职，格鲁吉亚“玫瑰革命”宣告成功。格鲁吉亚新政权立即表明了亲西方的政策取向，2004年1月当选的总统萨卡什维利则公开推行亲美反俄的外交政策。

格鲁吉亚加快排挤俄罗斯驻军的步伐，为实施加入北约和欧盟的战略目标创造条件。2005年3月，格鲁吉亚议会通过关于俄罗斯驻格军事基地的决议，决议要求俄罗斯在5月15日前与格鲁吉亚就军事基地撤除时间达成一致，否则就在2006年1月1日前撤除军事基地。4月25日俄罗斯和格鲁吉亚两国外长在莫斯科举行会谈，因双方分歧较大，谈判无果而终。俄罗斯极力拖延撤军时间，主要是担心俄军撤离之后，美国或北约军队进驻格鲁吉亚。萨卡什维利政府拒绝向俄罗斯作出格鲁吉亚未来不会允许其他国家在其境内部署军队的书面承诺，加重了俄罗斯的这种忧虑。但是在格鲁吉亚持久而高涨的反俄驻军声浪中，在美国和北约其他成员国的外交压力下，5月30日俄罗斯与格鲁吉亚两国外长在莫斯科签署协议，宣布俄罗斯将于2008年最终完成驻扎在格鲁吉亚巴统和阿哈尔卡拉基两处军事基地的撤除工作。格鲁吉亚随后宣布议会3月通过的针对俄罗斯军事基地的决议将自动暂停实施。7月30日，俄军开始撤离巴统。格鲁吉亚的反俄声浪并未平息。10月20日，格鲁吉亚总统萨卡什维利撤销了被议会指责为亲俄罗斯的祖拉比什维利的外长职务，11月22日，格鲁吉亚议会一致通过开始审议格继续留在独联体合理性问题的决议，11月25日，格鲁吉亚公布2010年前格鲁吉亚国家军事战略，该文件明确将俄驻格军事基地和维和部队列入格鲁吉亚军事威胁清单之中。

格鲁吉亚推进独联体“颜色革命”和瓦解独联体，致使格俄矛盾更加深刻。格鲁吉亚在乌克兰“橙色革命”和吉尔吉斯斯坦政权更迭事件中为反对派呐喊助威，积极激活近年来缺乏生气的“古阿姆”集团，与乌克兰等国在2005年12月成立旨在构造“波罗的海—黑海—里海民主带”的民主选择共同体，这些反俄活动引起了俄罗斯的强烈不满。作为对格鲁吉亚反俄政策的惩罚，俄罗斯决定从2006年1月起将出口格鲁吉亚的天然气的价格由过去的63美元/千立方米提高到110美元/千立方米。

阿塞拜疆在保持与俄罗斯稳定关系的同时，继续奉行亲美政策。俄罗斯在南高加索失去格鲁吉亚之后，更加重视阿塞拜疆。在阿塞拜疆极为关心的纳—卡问题上，俄罗斯开始以“中立者和协调员”的身份出现，强调该问题应由阿、.亚两国自己解决，尽可能摆脱“暗中支持亚美尼亚”的印象。2004年2月阿塞拜疆总统伊利哈姆·阿利耶夫对俄罗斯进行首次访问，与普京总统签署了旨在发展两国战略伙伴关系，加强双方在反恐、经贸、科技、能源等领域合作的莫斯科宣言。普京总统还亲赴巴库参加了老阿利耶夫的葬礼。俄罗斯继续加强与阿塞拜疆的经贸合作，保持了自己作为阿塞拜疆最大贸易伙伴国的地位。2003年两国贸易额达到近5亿美元，同比增长40%。尽管如此，阿塞拜疆仍旧以美国为首要外交方向，积极加强与美国在各个领域的合作，允许美国在阿塞拜疆临时部署机动部队，并为美国扩大军事存在创造了条件。

二　南高加索国家与美国的关系

南高加索三国独立后，均将美国作为外交政策的优先方向之一，积极发展与美国的关系，以期在解决民族冲突和发展社会经济等方面获得美国的帮助。不过南高加索国家与美国关系的发展状况主要取决于美国对与它们发展关系的利益认知、政治意愿和实际政策，因此，受美国忽视、渗透和争夺南高加索的政策变化影响，南高加索国家与美国关系经历了接触、接近和倚重三个阶段。

（一）南高加索国家发展与美国一般性政治和经济关系。独立初期，南高加索三国面临着异常复杂的任务：应对民族冲突、稳定国内局势、建设国家体制、发展社会经济等等，因此三国的外交除了维护国家独立和领土完整、获取国际承认、参与国际事务等任务，还要争取国际社会在民族冲突问题上对本国的支持和国外经济援助。三国的对美政策当然也秉承这些宗旨。1992年1—3月，南高加索三国先后与美国建立外交关系，此后双方的政治和经济联系逐渐发展起来。

冷战后初期，美国专注于填补中东欧地缘政治“真空”，原则上认同关于独联体是俄罗斯势力范围的观点，对独联体奉行“俄罗斯第一”的政策，因而没有对南高加索地区给予特别的重视。美国承认并支持南高加索三国的主权和独立，鼓励它们实行民主政治和市场经济改革，向它们提供了一定的经济援助，但是美国尚未形成明确的对南高加索政策，它在该地区的存在主要体现在有限参与纳—卡冲突调解和美国石油公司涉足里海石油开采两个方面。

美国作为欧安会全权进行纳—卡冲突调解谈判的明斯克小组的成员国，曾促成亚美尼亚和阿塞拜疆 1992 年 7 月至 1993 年 10 月在明斯克小组框架下举行定期谈判。由于欧安组织的维和计划缺乏成效，当时的亚阿和谈，包括 1994 年 5 月达成停火协定的莫斯科会谈，主要是在俄罗斯的斡旋下进行的。1996 年 12 月欧安组织决定由俄罗斯、美国和法国三主席国共同主持明斯克小组的工作，并明确提出了欧安组织对纳—卡冲突的立场：阿塞拜疆恢复对纳—卡行使主权，纳—卡在阿塞拜疆境内实行高度自治。尽管如此，欧安组织和美国在纳—卡冲突调解过程中发挥的作用都很有限。美国对阿塞拜疆封锁亚美尼亚和纳—卡政策持批评态度，由于在美国生活着约 100 万亚美尼亚裔人，他们通过游说和施压等途径，促使国会在 1992 年通过了旨在禁止美国向阿塞拜疆提供政府渠道援助的自由援助法 907 修正案，因此美国在纳—卡冲突问题上采取了亲亚美尼亚的立场。为帮助亚美尼亚人渡过由于土耳其和阿塞拜疆封锁而造成的社会经济危机，20 世纪 90 年代中期，美国亚美尼亚裔人每年向亚美尼亚提供的援助达到 5000 万至 7500 万美元。亚美尼亚成为人均接受美国援助额占第三位的国家，因此被喻为“高加索的以色列”。[①] 当时美国默认俄罗斯在维持南高加索地区安全与和平方面的主导地位，因此对该地区民族冲突调解采取了较为克制的态度，甚至对谢瓦尔德纳泽政府请求美国促使联合国向阿布哈兹派遣维和部队时，美国也没有给予明确的支持。美国的旁观态度妨碍了格鲁吉亚和阿塞拜疆与美国的进一步接近，也使这两个国家别无选择地接受了俄罗斯的调解并向俄罗斯靠拢。

苏联解体和里海沿岸国家引进外资开发里海能源，使里海由此前封闭水域变成开放海域，从而为美国石油公司介入里海油气开采打开了方便之门。苏联解体后，里海沿岸五国围绕里海法律地位和油气开采问题争论不休，俄罗斯力主里海沿岸国家共同开发资源以阻止区外国家涉足里海。为了促使里海能源开发“门户开放”，便于美国资本向里海地区渗透，美国

---

① ［美］亨廷顿著：《文明的冲突与世界秩序的重建》，周琪等译，新华出版社 1999 年版，第 320 页。

积极支持阿塞拜疆关于彻底划分里海的主张，反对俄罗斯控制里海能源开发的图谋。1994 年阿塞拜疆单方面划定自己的专属经济区，吸引外国石油公司开采油气，同年 9 月，美国、英国、挪威、日本、沙特阿拉伯、土耳其、阿联酋和俄罗斯等国 10 大石油公司与阿塞拜疆在巴库签署了《联合开发里海阿塞拜疆水域油田合同》。合同有效期为 30 年，总投资额为 74 亿美元，该合同被称为“世纪合同”。美国在该合同中所占股份为 44%。[①] 1995 年 11 月 10 日，阿塞拜疆与美国、俄罗斯等国在巴库签署了联合开采里海“卡拉巴赫”油田的合同。

（二）南高加索国家加强与美国的关系。1997 年，格鲁吉亚和阿塞拜疆两国总统先后访问美国，大力发展与美国的关系，同时美国宣布南高加索地区为自己“生命攸关利益区”，开始与俄罗斯争夺这一地区为标志，南高加索国家与美国关系进入一个新的阶段。

20 世纪 90 年代中期，格鲁吉亚和阿塞拜疆对于俄罗斯无意帮助它们恢复国家统一，却有意利用冲突调解杠杆控制它们的现实已经有了清醒的认识，开始将各自的外交政策取向由北方转向西方，期冀美国能够帮助它们实现统一梦想。1997 年 7 月谢瓦尔德纳泽总统访问美国，双方就美国促进格鲁吉亚民族冲突问题的解决，开展政治、经济和军事合作等问题达成共识。同年 8 月盖·阿利耶夫总统对美国进行首次访问，双方决心进行全面合作，加强伙伴关系。此后阿塞拜疆和格鲁吉亚开始偏离俄美“等距离”原则，奉行亲美政策。格鲁吉亚在排挤俄罗斯驻军的同时，积极发展与美国的军事合作。

同时，随着美国战略触角向欧亚大陆东部的转移，里海地区油气资源的大规模开发，美国开始重视南高加索地区，并日益深刻地卷入南高加索—里海地缘政治博弈当中。1997 年初，美国政府公开宣称南高加索三国“对美具有生命攸关的政治和经济意义”。[②] 同年 7 月美国参议院外交委员会通过一项决议，宣布南高加索是对美国具有切身重要意义的地区，要求政府帮助该地区国家抵御俄罗斯和伊朗的影响。为实施在这一“生命攸关利益区”的政策，美国在国务院、国家安全委员会设立了一些专门从事高加索事务的机构。国务卿奥尔布莱特将“构建这个地区的未来”确立为优

① 刘清鉴：《围绕里海石油的纷争与角逐》，http：//www. cass. net. cn/chinese/s24_ oys/chinese/Production/projects22/016. html。

② Сергей Маркедонов，Россия проиграла геополитический тендер，http：//www. apn. ru/2005/05/27.

先方向之一。[1]前美国总统安全顾问布热津斯基将阿塞拜疆称作欧亚大陆的地缘政治支轴国家，认为为它提供保护是美国全球地缘战略的一个重要方面[2]。同年8月盖·阿利耶夫总统访问美国后，美国开始调整亲亚美尼亚方针，重视发展与阿塞拜疆关系，并对907修正案通过了一系列允许美阿两国进行互利合作的例外规定。在这一时期，美国对南高加索政策着眼于巩固该地区国家独立、主权及其民主政治制度，调解冲突，开发能源，巩固地区安全。

美国开始积极参与冲突调解，巩固南高加索地区的和平与稳定。美国认为，没有冲突的南高加索可以使美国顺利地推行经济扩张政策，逐渐地将俄罗斯排挤出这个地区，相反，如果种族冲突久拖不决，不仅会阻碍美国实施其渗透和扩张政策，而且使俄罗斯得以利用冲突因素保持在该地区的军事存在。美国首先利用政治和经济杠杆，敦促亚美尼亚、阿塞拜疆和纳—卡走向和解，继而寻求相互可以接受的解决问题的方案。美国促使盖·阿利耶夫总统邀请亚美尼亚领导人参加1998年9月在巴库召开的建立欧洲—高加索—亚洲交通走廊问题国际研讨会，促成阿、亚两国总统1999年4月在华盛顿，2001年4月在基韦斯特举行会谈，但是这些会谈均未取得进展。

美国在军事政治方面推动南高加索国家与俄罗斯分道扬镳的同时，积极支持修建绕过俄罗斯的里海石油外运管线。在美国的主导下，1999年11月阿塞拜疆、格鲁吉亚和土耳其签署了修建巴库—第比利斯—杰伊汉输油管道的协议。2003年4月巴库—杰伊汉输油管道破土动工。巴库—杰伊汉管道项目缺乏经济效益是众所周知的，美国推动这条“政治管线”上马表明，美国力图减少南高加索和中亚国家石油出口对俄罗斯输油管道的依赖性，增强这些国家的经济独立性和根除独联体地区在俄罗斯主导下重新一体化的可能性。

“9·11”事件后，南高加索国家积极加强与美国的军事关系。2001年10月格鲁吉亚总统谢瓦尔德纳泽访问美国，表示格鲁吉亚愿意与美国进行反恐合作，向美军开放领土和领空。2002年4月美国与格鲁吉亚签署“培训与装备”军事援助计划协议，根据协议，美国将拨款6400万美元，

---

① Сергей Маркедонов, Россия проиграла геополитический тендер, http: //www. apn. ru/2005/05/27.

② ［美］布热津斯基著：《大棋局——美国的首要地位及其地缘战略》，中国国际问题研究所译，上海人民出版社1998年版，第55页。

用于训练和装备格鲁吉亚特种部队。2003 年 3 月，格鲁吉亚议会批准格美加强军事合作协定，为美军进入格鲁吉亚提供了法律基础。2002 年 1 月美国总统小布什签署命令，暂停执行旨在制裁阿塞拜疆的 907 修正案。同年 3 月，阿塞拜疆国防部长阿比耶夫宣布向美国提供空中走廊和机场。2003 年 8 月，美阿两国在里海举行了首次联合军事演习。南高加索三国还在北约“和平伙伴关系”计划框架下发展与美国的军事合作。同年 6 月北约在亚美尼亚领土上首次举行没有俄罗斯参加的军事演习。

美国积极支持格鲁吉亚和阿塞拜疆等与俄罗斯在解决民族冲突和实施独联体经济一体化等问题上存在严重分歧的国家建立“古阿姆”集团。1999 年 4 月，格鲁吉亚和阿塞拜疆退出集体安全条约，并与乌克兰、摩尔多瓦和乌兹别克斯坦正式组建“古阿姆”集团，五国表示将在北约“和平伙伴关系”计划框架内发展相互合作，格鲁吉亚和阿塞拜疆进一步表达了尽快加入北约的愿望。2001 年 6 月“古阿姆”五国总统在雅尔塔会晤并签署雅尔塔宪章，“古阿姆”集团正式成为一个地区性的国际组织。“古阿姆”集团的成立及其活动在一定程度上弱化了俄罗斯对独联体国家的控制能力，加剧了独联体地区的离心进程。

（三）南高加索国家倚重美国。2003 年 11 月格鲁吉亚发生“玫瑰革命”后，走上了亲美反俄的道路。阿塞拜疆继续奉行亲美政策，与美国军事合作的加强正在使阿塞拜疆变成美国在南高加索的“地缘政治支轴”。

美国通过渗透和支持帮助格鲁吉亚反对派和平夺权，格鲁吉亚新政权推行全面亲美政策。自格鲁吉亚独立以来，美国从未停止对格鲁吉亚进行民主“渗透”，美国为此提供的援助高达 10 多亿美元，这些“民主援助”在格鲁吉亚培育了民主政治的社会基础，也造就了发动“民主革命”的反对派。2003 年 11 月，格鲁吉亚反对派以议会选举不公为由向当局发难，引发政治危机。美国支持反对派，抨击格鲁吉亚议会选举存在大规模舞弊行为，要求谢瓦尔德纳泽总统在宪法范围内处理政治危机，不要诉诸武力。11 月 23 日孤立无援的谢瓦尔德纳泽被迫辞职，格鲁吉亚“玫瑰革命”宣告成功。美国国务院随即发表声明，表示将与格鲁吉亚新政权合作。格鲁吉亚代理总统布尔贾纳泽上台之初即表明了格新政府亲西方的政策取向，2004 年 1 月萨卡什维利当选格鲁吉亚总统后，多次重申格鲁吉亚优先发展与美国关系、致力加入北约和欧盟的外交政策。2004 年萨卡什维利两次出访美国，竭力拉近与美国的关系。

“玫瑰革命”之后，南高加索三国与美国的军事合作得到进一步的发展。2003 年 12 月美国国防部长拉姆斯菲尔德访问阿塞拜疆，表示美国将继续发展和扩大与阿塞拜疆的军事合作，帮助其提高保护领海和保障能源安全的能力，并透露了美国有意在阿塞拜疆部署军事基地的信息。2004 年 1 月美国与阿塞拜疆签署了加强在防止大规模杀伤性武器扩散方面的合作协议，根据该协议，美国将向阿塞拜疆提供 1000 万美元的援助，用于帮助阿培训专业人员、增添相关装备。2004 年美国在两个军事合作计划框架下拨给阿塞拜疆 340 万美元军援，在“国外军事拨款”计划框架下向阿提供了 250 万美元援助，在“国际军事教学与培养”计划框架下向阿提供了 90 万美元援助。① 2003 年 12 月 5 日，拉姆斯菲尔德访问格鲁吉亚，称赞“格鲁吉亚是西方可靠的朋友”，格加入北约的努力是“正确的选择”。② 2004 年仅购买美国军备这一项，美国就向格鲁吉亚拨款 1000 万美元援助。美国拨给格鲁吉亚 7700 万美元用以实施“培训与装备”军援计划。③ 亚美尼亚每年从美国获得 400 万美元左右的军援。

格鲁吉亚在加快敦促俄罗斯撤除其驻格军事基地的步伐的同时，加强与美国和北约的关系。2005 年 1 月，美国“培训与装备”格鲁吉亚军援计划结束后，美国又启动了“保持与稳定行动计划”，继续帮助格鲁吉亚按照北约的标准建军。美国继续资助格鲁吉亚改造其境内的军用机场，推动格鲁吉亚防空系统与北约实现“联网与共享”。2 月小布什总统在美欧峰会上表示支持格鲁吉亚加入北约，并呼吁北约成员国向格鲁吉亚伸出援助之手。3 月 2 日，格鲁吉亚向北约提供空中、公路和铁路等交通通道协议签署，为北约军队进入格鲁吉亚提供了可乘之机。5 月 9 日小布什总统访问格鲁吉亚，向格鲁吉亚大唱“民主赞歌”，并表示所有国家必须尊重格鲁吉亚的领土完整。

巴库—杰伊汉管道的运营不仅将加强美国在南高加索的经济存在，而且可能催生美国在该地区的军事存在。2005 年 5 月，全长 1767 公里，设计输油能力为每天 100 万桶的巴库—第比利斯—杰伊汉输油管道正式通油，这标志着里海地区北向俄罗斯、西向欧美的石油输出多元化格局的形成。巴库—杰伊汉管道通油后，阿塞拜疆开采的大部分石油经由该管道出口欧洲，格鲁吉亚每年都能收取可观的过境运输费，这扩大了美国在两国

---

① Михаил Александров, О военно-политической стратегии НАТО в Закавказье, http: // www. materik. ru/ 2004/06/ 30.

② Там же.

③ Там же.

的经济影响。同时，美国可能以保护巴库—杰伊汉管道为借口向阿塞拜疆派遣驻军的问题提上了议事日程。早在 2003 年 11 月，美国军方就曾表示，美国和北约将派军保卫巴库—杰伊汉输油管道①。为此，美国已经帮助阿塞拜疆按北约标准改造了丘尔达米尔、纳索斯内和久利三个军用机场，美国欧洲司令部正在组建一支由美国、阿塞拜疆、格鲁吉亚和土耳其四国军队构成的特种部队，并计划在上述机场部署军力。

总之，就南高加索国家与俄罗斯和美国关系进行的上述分析来看，可以得出以下的结论：

（一）南高加索三国以俄罗斯能否真正促使冲突问题按照自己预期方式解决为建立双边关系紧密度的标准，而俄罗斯对南高加索政策的两难困境在于，要么在对立的亚美尼亚和阿塞拜疆之间，要么在格鲁吉亚和与北高加索民族有亲缘关系的格鲁吉亚的分离地区之间二者择一。俄罗斯采取的维持现状政策迫使格鲁吉亚和阿塞拜疆另觅靠山，投靠美国。

（二）亚美尼亚近期仍将继续优先发展与俄罗斯的战略伙伴关系，但是鉴于美国在南高加索地区的影响日益增强和阿塞拜疆同美国关系不断靠近，为了防止美国在纳—卡问题上袒护阿塞拜疆，亚美尼亚也开始推行模糊亚俄战略伙伴关系、加强与美国关系的外交政策。这种政策会否在中长期发展成亲美政策，将取决于美俄在南高加索争夺的结果。

（三）在俄美两国进行的南高加索博弈中，俄罗斯的根本弱点在于，它的南高加索政策需要借助于经济实力来推行，而在经济实力方面俄罗斯根本不是美国的竞争对手。

因此，受俄美在南高加索地区争夺的美强俄弱的战略态势影响，南高加索国家将继续奉行亲美疏俄的外交政策。

本章小结

独立初年的中亚和南高加索国家普遍处于经济困境之中，而且这两个次地区的若干国家还因为民族和边界冲突处于常年的战乱之中。在 20 世纪 90 年代的大多数时间里，俄罗斯在中亚和南高加索地区的经济和安全领域具有主导性的影响。从 1997 年开始，美国政府出于能源利益和瓦解俄罗斯在该地区领导权的考虑，通过北约“和平伙伴关系”机制以及扩大

① Михаил Александров, О военно-политической стратегии НАТО в Закавказье, http: // www. materik. ru/ 2004/06/ 30.

经济和军事援助等手段，加强了在中亚和南高加索的政策实施力度。20世纪90年代末期油气资源的进一步发现使中亚的国际地位有所上升。“9·11”事件之后，中亚成为反恐战争的前沿基地，俄罗斯与美国在该地区的地缘政治争夺空前激化。“上海合作组织”经过若干年的发展壮大，在中亚地区的安全和经济合作领域发挥了越来越大的影响。

思 考 题

一、名词解释

美国《支持自由法案》　中亚经济共同体　“中亚维和”联合军演　美军进驻中亚　巴库—第比利斯—杰伊汉石油管道　“安集延事件”

二、简答题

1. 俄罗斯对中亚“甩包袱”经济政策的主要内容是什么？
2. 苏联解体后中国与中亚国家签订了哪些边界协定？
3. 乌兹别克斯坦为什么要求美军撤出？

三、思考题

1. 中亚国家与俄罗斯的关系经历哪几个发展阶段？
2. “9·11”事件前后中亚地区在美国对外政策中的地位发生了什么变化？
3. 上海合作组织是在何种背景下建立起来的？什么是上海精神？

阅读参考文献

郑羽主编：《独联体十年：现状 问题 前景》，世界知识出版社2002年版。

孙壮志著：《中亚新格局与地区安全》，中国社会科学出版社2001年版。

中国现代国际关系研究所著：《上海合作组织：新安全观与新机制》，时事出版社2002年版。

Искандер В.，Геополитическая ситуация на постсоветском пространстве（Центральная Азия，Закавказье）и внешняя политика России（1991—1997），М.，2000.

Отв. Ред. А. Г. Яковлев，Китай в мировой и региональной политике:

История и современность, М. , 2000.

Edited by Robert Legvold, Thinking Strategically: The Major Powers, Kazakhstan, and the Central Asian Nexus, Cambridge, MA, 2003.

Olga Oliker, David A. Shlapak, U. S. Interests in Central Asia: Policy Priorities and Military Roles, The RAND Corporation Prepared for the United States Air Force, Published 2005 by the RAND Corporation.